高职高专智能交通类系列教材
专创融合型教材

本书配有电子课件等资源

交通工程项目管理与质量控制

（第二版）

主　编　王任映　赵　竹

副主编　陈　岚　胡　琰　王倩倩　潘　屹

参　编　刘虹秀　李璐明

西安电子科技大学出版社

内 容 简 介

  本书以满足智能交通工程项目管理与质量控制的教学与实训要求、培养智能交通工程项目管理人员的岗位技能为目的,按照典型工作项目的工作流程精心设计,以典型工作任务来驱动,注重实际操作,突出岗位技能和职业素养的培养。全书分项目启动阶段和项目施工阶段两大部分,内容包括组织项目经理部、工程项目招投标、项目成本管理、项目进度管理、项目质量控制、项目职业健康安全与文明施工管理、项目合同与风险管理、项目信息与竣工管理 8 个情境(项目),共计 31 个任务。本书及时将新技术、新规范、新标准融入其中,并嵌入了大量一级建造师、二级建造师考试的真题,凸显"岗课赛证"并举的育人特色。

  本书既可作为职业院校智能交通技术相关专业的教材及企业技术人员的培训教材,也可作为广大交通运输行业项目管理人员、专业技术人员的参考书。

  本书配有电子课件等资源,凡选用本书作为教材的教师,均可登录西安电子科技大学出版社网站索取。

图书在版编目(CIP)数据

交通工程项目管理与质量控制 / 王任映,赵竹主编. --2 版.

西安 : 西安电子科技大学出版社, 2024.8. -- ISBN 978-7-5606-6879-6

Ⅰ. U491

中国国家版本馆 CIP 数据核字第 20240YJ533 号

策　　划　李惠萍
责任编辑　李惠萍
出版发行　西安电子科技大学出版社(西安市太白南路 2 号)
电　　话　(029)88202421　88201467　　　邮　编　710071
网　　址　www.xduph.com　　　　　　　电子邮箱　xdupfxb001@163.com
经　　销　新华书店
印刷单位　陕西日报印务有限公司
版　　次　2024 年 8 月第 2 版　　2024 年 8 月第 1 次印刷
开　　本　787 毫米×1092 毫米　1/16　印 张　18.25
字　　数　430 千字
定　　价　47.00 元
ISBN 978-7-5606-6879-6
XDUP 7181002-1
*** 如有印装问题可调换 ***

前　言

作为现代管理科学的一个重要分支学科，工程项目管理 1982 年引入我国，1988 年在全国进行应用试点，1993 年开始正式推广。经过 30 多年的发展，国内出现了很多研究工程项目管理的文献、规范和教材。虽然我国的工程项目管理发展方向一直与国际接轨，在具体的规范制订及实施过程中也参照了国外先进的项目管理理论和经验，但是这些知识并不能完全照搬到中国市场，也并不是所有规范都适合交通工程的项目管理工作。同时，目前已出版的同类教材虽然各有所长，但是针对高职高专学生特点编写的教材并不很多，而能够与交通工程行业接轨的教材更是凤毛麟角。本书的编写正是立足于此。

本书在编写时，不但考虑了目前全国高职教学改革的思路和方法，与交通工程行业的具体情况和自身特点接轨，从承包商的角度出发，根据工程项目管理中的职责分工、管理任务和具体工作环节制订了全书的编写大纲，而且结合交通工程施工的具体内容和难点问题，选定质量控制部分作为重点进行介绍。本书内容以交通工程项目施工需要经历的生命期为主线，突出不同时期项目管理工作的特点。在编写过程中，编者根据多年的教学经验和实践工作经验，简化了实际工作中用处不大的理论介绍，注重理论与实际相结合，强调理论内容的工程背景，并在每一情境中增加"读一读"环节，拓宽学生在工程项目管理领域的眼界，提高学生的实战能力。同时，在此基础上，考虑到建筑市场对"建造师"的需求，本书将各情境与建造师考试接轨，在每个情境最后加入"练一练"环节，通过建造师考试中的真题训练，帮助学生将所学知识转化为建造师能力考核的内容，真正达到"学以致用"的效果。

本书共分两个部分。第一部分为项目启动阶段的内容，包括情境一和情境二，分别是组织项目经理部、工程项目招投标；第二部分为项目施工阶段直到项目竣工收尾的内容，包括情境三至情境八，分别是项目成本管理、项目进度管理、项目质量控制、项目职业健康安全与文明施工管理、项目合同与风险管理以及项目信息与竣工管理。

本书主要特点如下：

• 提供配套项目管理任务考核单，实现考核有支撑、学习有记录，内容更迭灵活，携带方便；

• 融入思政元素，强化立德树人根本目标；

• 关注教学创新，将纸质教材与数字资源有机融合，打造新形态立体化教材；

• 校企双元开发，契合市场导向，适应社会需要。

本书由湖南交通职业技术学院王任映、赵竹任主编；湖南交通职业技术学院陈岚、胡琰、王倩倩、潘屹任副主编；湖南交通职业技术学院刘虹秀、李璐明参与了部分编写工作。在本书的编写过程中，我们参考了国内外许多专家学者所著的文献资料及相关工程规范，在此谨向各位文献资料、规范的作者、编者表示感谢，并向在本书编写过程中为我们提供帮助的各位领导、同仁表示衷心的感谢。

由于我们工程实践经验和水平有限，书中难免存在不足之处，恳请各位读者批评指正。

编　者
2023 年 8 月

目　录

第一部分　项目启动阶段

第二部分　项目施工阶段

第一部分

项目启动阶段

情境一

组织项目经理部

任务一 认识交通工程项目管理

一、项目的概念

1. 项目的含义

项目是指在一定的约束条件下(如限定资源、限定时间),具有特定目标的一次性任务。

项目包括许多内容,可以是建设一项工程,如建造一栋大楼、一座酒店、一座工厂、一座电站;也可以是完成某项科研课题或者研制一台设备,甚至写一篇论文。这些都具备项目的共同特点:有时间、质量的要求,且为一次性的任务。

2. 项目的特征

对任何项目进行项目定位,必须看其是否具备了项目的四个基本特征。重复的、大批量的生产活动及其成果,不能称之为"项目"。

(1) **项目实施的一次性**。这是项目最基本、最主要的特征。没有完全相同的两个项目,有些项目从表面上看比较类似,地理位置甚至建设时间都相同,但从任务本身的性质与最终成果上分析都有其特殊之处。只有认识到项目不可重复的一次性特点,才能有针对性地根据项目的特殊性进行管理。

(2) **项目实施的目标性**。项目的目标有成果性目标和约束性目标。成果性目标是指项目的功能要求,即设计规定的产品规格、品种、生产能力等目标;约束性目标是指限制条件,如工程质量、工期、投资目标、效益指标等。

(3) **项目实施的整体性**。一个项目是一个整体,在按其需要配置生产要素时,必须追求高费用效益,做到数量、质量、结构的总体优化。如何合理配置资源,如何协调好项目实施过程中的各方关系,是整个项目管理的重要环节。

(4) **项目与环境的制约性**。项目总是在一定的环境下立项、实施、交付使用,要受环境的制约;项目在其寿命全过程中又对环境造成正、负两方面的影响,从而对周围的环境造成制约。

二、交通工程施工项目

(一) 交通工程设施的组成

作为公路工程的附属设施,交通工程设施主要由道路交通标志、标线、护栏、视线诱导设施、防眩设施、隔离栅等(统称交通安全设施)及监控、通信、收费系统等(统称交通机电系统)组成。其综合作用是向驾驶员提供有关路况的各种信息,传送交通管理者对驾驶员提出的各种警告、指令、指导及应采取的安全措施,并为车辆提供一定的安全防护保障,保证车辆安全、高效行驶;同时,也能让交通管理者了解道路使用情况,处理相关的交通问题。

交通工程设施主要包括交通安全设施和交通机电系统两大部分。

交通安全设施包括标志、标线、视线诱导标、护栏、防眩设施、隔离栅等设施。

交通机电系统包括通信、收费、监控、照明及供配电等设施。

另外,广义的交通工程设施除交通安全设施和交通机电系统两部分之外,还包括救援系统、服务设施、环保设施等部分。

因为国内目前对交通工程设施的相关规范和质量检评标准主要针对前两部分,所以,本书内容将不包含救援系统、服务设施、环保设施等内容。

1. 交通安全设施

交通安全设施用于向道路使用者提供各种警告、禁令、道路指示和诱导信息,以达到安全和畅通的目的,同时起到美化道路的作用。

(1) **交通标志**。交通标志是显示交通法规及道路信息的图形符号,它可使交通法规得到形象、具体、简明的表达,同时还能表达难以用文字描述的内容。其具体作用是提供交通信息,充当道路语言;指挥控制交通,保障交通安全;指路导向,提高行车效率。交通标志是交通管理部门执法的依据。

交通标志按作用不同分为警告标志、禁令标志、指示标志、指路标志四种。为了区别各种标志表达的内容,使交通标志清晰易见,并且具有良好的认读性,其形状有正三角形、长方形、正方形、圆形等,并且配以不同的颜色以强调其不同的作用。为了给夜间行车提供方便,要求标志板上应用反光材料。标志牌的尺寸大小应保证驾驶员在一定视距内能清晰识别其图案、文字和符号,文字、符号大小应满足视认距离。

(2) **交通标线**。交通标线是由不同颜色的线条、符号、文字等组成的,常敷设或涂画于路面及构造物上。交通标线起着引导交通与保障交通安全的作用,具有强制性、服务性和诱导性。交通标线主要采用黄色和白色两种颜色,要求有一定的耐磨性、耐溶剂性。为适应夜间行车的需要,还要求标线有反光性能。

(3) **护栏**。护栏设于中央分隔带及公路两侧,以防止车辆闯入对向车道或驶出公路。其作用是一旦车辆失控发生事故,可使车辆及人员的损伤减少到最低限度。护栏目前主要有三种形式:一种是刚性护栏,多用混凝土或石料制成墙式,其特点是对车辆的防护性能较好,但它使乘客感受到的安全性和视觉舒适性较差,有较强的行驶压迫感。该类型的护栏抗腐蚀性好,适用于沿海及炎热潮湿地区。另一种是柔性护栏,如钢导轨、钢缆等,具有一定的弹性,既能拦挡车辆,又能缓冲撞击。第三种是半刚性护栏,具有一定的刚性和柔性,目前应用最广泛的波形梁护栏就是其中一种。

(4) **隔离栅**。隔离栅是指把金属网(或钢板网、刺铁丝)绷紧在支撑结构上的栅栏,用于阻止人、畜进入公路或其他禁入区域,防止非法侵占公路用地的设施。

(5) **防眩设施**。防眩设施是指公路工程中,用于帮助车辆驾驶员在夜间行车时不受对向车辆前照灯灯光眩目的设施。

（6）**视线诱导标**。视线诱导标是指沿车道两侧设置的，用以指示道路方向、车行道边界及危险路段的设施的总称，包括轮廓标、线形诱导标、突起路标。

2. 交通机电系统

交通机电系统是发挥道路设施交通功能的主要辅助系统，是对公路实施现代化管理的主要工具。

机电系统包含以下多个子系统。

（1）**收费系统**。收费系统是一个基于远程计算机网络的收费管理信息系统。它主要由收费管理系统、收费控制系统、收费土建系统、收费监控系统及收费计算机网络组成。其作用主要是收费管理和车流统计等。

（2）**监控系统**。监控系统主要用于监视道路及车辆状况和形态，根据气象、环境、交通流、异常事故、路网等的动态变化，为高速公路上的司乘人员提供交通信息，发出禁令、限速、劝诱、路径诱导等指令，避免道路拥挤及交通事故的发生。它主要由信息采集系统、信息提供系统、信息显示系统、紧急电话系统和闭路电视系统组成。

（3）**通信系统**。通信系统是高速公路现代化管理的支撑系统，承担监控系统和收费系统的数据、音频、视频等各类信息的传输任务，承担高速公路各管理营运部门内部办公自动化、事故救助、道路养护等通信任务，承担管理营运、公安、消防、医疗等部门的联系任务。它主要由交换系统、传输系统和接入系统三部分组成。

（4）**照明系统**。照明系统有利于驾驶员在夜间或环境恶劣条件下准确判断道路形状和交通状况，及时发现障碍物和各类标志，保证交通的安全和畅通。它主要包括一般路段照明、广场照明、立交广场照明、收费广场照明和桥隧照明等。

（5）**供电系统**。供电系统是收费系统、监控系统、通信系统及其他机电设备的电力支持系统，主要涉及供电配置、光（电）缆敷设及电磁兼容系统。

（二）交通工程设施及项目施工的特点

1. 交通安全设施工程的特点

交通安全设施工程以成品或半成品的安装为主，其构造简单、工程重要、管理困难，工程施工、管理的协调工作量大。

交通安全设施施工的特点是点多面广，工程量小，现场分散；交叉施工多，平行施工多；施工面受土建工程进度和质量的制约严重（比如路基不密实、沉降未稳定、混凝土结构上的预埋件施工粗糙等，均可降低安全设施的施工质量）；进场材料绝大部分为成品或半成品；单点施工难度相对较低，但要达到较高的总体质量标准，则需要花费极大工夫。

（1）**护栏**。目前国内应用最多的是波形梁钢护栏，属半刚性护栏。其特点是分布线长、量大，并采用标准件、全钢制，是一种连续的梁柱式结构，具有一定的刚性和柔性，利用土基、立柱和横梁的变形来吸收车辆撞击能量，并迫使失控车辆改变方向。其损坏部件容易更换，具有一定的视线诱导作用。

（2）**隔离设施**。隔离设施主要有金属网型、刺钢丝和常青绿篱三大类。其特点是分布线长，在天然地基上安装，要求基础有足够的稳定性，在桥梁、通道、沟渠等部位设置时，应有较好的支撑和连接措施，才能达到完全的隔离效果。

(3) **交通标志**。交通标志的特征是规范性、耐候性、耐久性和统一性的结合。标志的形状、颜色、图符及逆反射性能均有严格要求，其设置须合理。除单柱式标志用量较大而有一定的通用性外，其他如单悬式、双悬式、门架式等均是在加工厂定制加工后再运到施工现场进行安装的，针对性较强。

(4) **交通标线及视线诱导标、突起路标**。标线工程与标志工程有一定的共同点。标线的形状、颜色、图符及逆反射性能均有严格的要求指标，对设置位置的要求较高。热熔型标线需在野外加温敷设，应对其施工的环境条件及施工工艺进行严格控制。

(5) **防眩设施**。防眩设施要能有效地遮挡对向车辆前照灯的眩光，还应保证横向通视良好、部分遮光、能看到斜前方，满足对驾驶员心理影响小的要求。防眩设施应具有耐候性、耐久性，整体美观，与道路其他设施相协调。防眩设施对尺寸、强度有严格的要求，安装时要求准确、牢固。

2. 交通机电工程的特点

交通机电工程既有土木部分，又有机电部分，既有硬件，也有软件。随着硬件设施的逐步标准化，软件的功能、稳定性越来越重要。机电工程关键工序是设备的现场安装及调试。

机电工程联合设计对工程的顺利实施有重大影响。机电工程设备的更新换代较快，设备标准不断提高，设计所要求的设备在机电工程实施时往往已不相适宜。另外，机电工程的施工质量也受到路基、桥涵及房建等工程施工变更的影响，针对实施的具体情况，应再进行一次详细具体的设计。按目前我国惯例，机电工程在初步设计完成后，不进行施工图设计即开始编制招标文件，在招标文件中再详细规定机电设备的选型及标准、监控中心的设备布局及规范、软件系统和功能及规范，有关设备布设及详细的安装细节、设备监造、测试、备件以及管理维护人员的培训等。在招标文件中也详细地规定了系统的实施/集成规范条款、系统的后评估/再升级规范条款等，通过招投标选定承包人后，由设计单位牵头，与承包人、业主及监理进行联合设计，然后由承包人配合设计单位完成施工图，报监理工程师审批。承包人必须按照监理工程师批复后的图纸进行施工。

机电工程施工质量和进度受工作界面的影响较大。公路工程线路较长，土建工程进度难以统一，各标段施工计划安排存在差异；房建工程一般开工较晚，且往往由于场地、拆迁等因素影响，房建工程进度安排较紧。这些因素导致难以充分考虑机电工程的安装需要，存在工作面的质量水平与适时提供的问题。

(1) **通信、监控及收费系统**。三大系统的主要特点是设备的安装对整体协调性有较高要求，施工过程中须进行单机调试及综合调试。三大系统均具有远程联系，关联性较强，系统对安全性能的要求较高。系统的稳定性应经一定时间的试用后才能确定。

(2) **供配电及照明系统**。供配电是整个机电工程的使用基础，其配置应与机电工程设备的要求相匹配；对安全性能的要求更高，完工时应经供电部门验收认可。由于通信、收费及监控等工作不可间断，要求具有连续性，因此供配电系统应有良好的备用设备。从节约能源出发，太阳能等新科技成果的应用也得到了越来越多的重视。

照明系统对灯具的耐久性要求较高，且应尽可能采用节能产品。

三、工程项目管理的类型

1. 工程项目管理的概念

工程项目管理的内涵：自项目开始至项目完成，通过项目策划和项目控制，以使项目的费用目标、进度目标和质量目标得以实现。

"自项目开始至项目完成"指的是项目的实施期；"项目策划"指的是项目实施的策划(区别于项目决策期的策划)，即项目目标控制前的一系列筹划和准备工作；"费用目标"对业主而言是投资目标，对施工方而言是成本目标。

项目决策期管理工作的主要任务是确定项目的定义，而项目实施期管理的主要任务是通过管理使项目的目标得以实现。两个阶段的具体工作如图1.1所示。

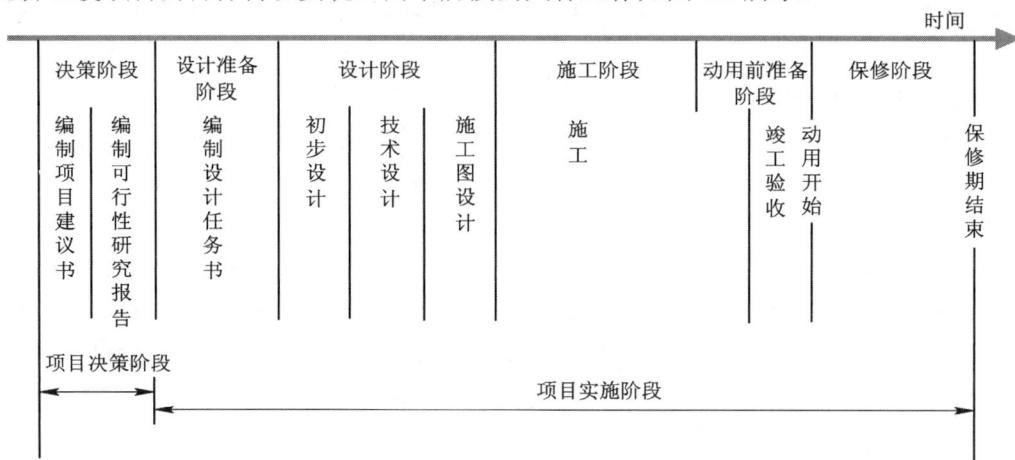

图 1.1　工程项目的决策阶段和实施阶段

2. 工程项目管理的类型

按建设工程生产组织的特点，一个项目往往由众多参与单位承担不同的建设任务，而各参与单位的工作性质、工作任务和利益不同，因此就形成了不同类型的项目管理。按建设工程项目不同参与方的工作性质和组织特征划分，项目管理有如下几种类型：

(1) 业主方的项目管理(包含投资方、开发方和由咨询公司提供的代表业主方利益的项目管理服务)；

(2) 设计方的项目管理；

(3) 施工方的项目管理(包含施工总承包方和分包方的项目管理)；

(4) 供货方的项目管理(包含材料和设备供应方的项目管理)；

(5) 建设项目工程总承包方的项目管理等。

其中，建设项目工程总承包有多种形式，如设计和施工任务综合的承包，设计、采购和施工任务综合的承包(简称EPC承包)等。本书将着重介绍施工方的项目管理工作。

四、施工方项目管理

施工方作为项目建设的参与方之一，其项目管理主要服务于项目的整体利益和施工方本身的利益。其项目管理的目标包括施工的成本目标、施工的进度目标和施工的质量目标。

施工方的项目管理工作主要在施工阶段进行，但它也涉及设计准备阶段、设计阶段、动用前准备阶段和保修阶段。在工程实践中，设计阶段和施工阶段往往是交叉的，因此施工方的项目管理工作也涉及设计阶段。

1．施工方项目管理的任务

施工方项目管理的任务包括施工安全管理、施工成本控制、施工进度控制、施工质量控制、施工合同管理、施工信息管理和与施工有关的组织与协调。

施工方是承担施工任务的单位的总称谓，它可能是施工总承包方、施工总承包管理方、分包施工方、建设项目总承包的施工任务执行方或仅仅提供施工劳务的参与方。施工方担任的角色不同，其项目管理的任务和工作重点也会有差异。

2．施工总承包方的管理任务

施工总承包方(General Contractor，GC)对所承包的建设工程承担施工任务的执行和组织的总的责任。它的主要管理任务如下：

(1) 负责整个工程的施工安全、施工总进度控制、施工质量控制和施工的组织与协调等。

(2) 控制施工的成本(这是施工总承包方内部的管理任务)。

(3) 施工总承包方是工程施工的总执行者和总组织者，它除了完成自己承担的施工任务以外，还负责组织和指挥它自行分包的分包施工单位和业主指定的分包施工单位的施工(业主指定的分包施工单位有可能与业主单独签订合同，也可能与施工总承包方签约，不论采用何种合同模式，施工总承包方应负责组织和管理业主指定的分包施工单位的施工，这也是国际惯例)，并为分包施工单位提供和创造必要的施工条件。

(4) 负责施工资源的供应组织。

(5) 代表施工方与业主方、设计方、工程监理方等外部单位进行必要的联系和协调等。

分包施工方承担合同所规定的分包施工任务，以及相应的项目管理任务。若采用施工总承包或施工总承包管理模式，分包方(不论是一般的分包方还是由业主指定的分包方)必须接受施工总承包方或施工总承包管理方的工作指令，服从其总体的项目管理。

3．施工总承包管理方的主要特征

施工总承包管理方(Managing Contractor，MC)对所承包的建设工程承担施工任务组织的总责任。它的主要特征如下：

(1) 一般情况下，施工总承包管理方不承担施工任务，它主要进行施工的总体管理和协调。如果施工总承包管理方通过投标(在平等条件下竞标)获得一部分施工任务，则它也可参与施工。

(2) 一般情况下，施工总承包管理方不与分包方和供货方直接签订施工合同，这些合同都由业主方直接签订。但若施工总承包管理方应业主方的要求，协助业主参与施工的招标和发包工作，其参与的工作深度由业主方决定。业主方也可能要求施工总承包管理方负责整个施工的招标和发包工作。

(3) 不论是业主方选定的分包方，还是经业主方授权由施工总承包管理方选定的分包方，施工总承包管理方都承担对其的组织和管理责任。

(4) 施工总承包管理方和施工总承包方承担相同的管理任务和责任，即负责整个工程的施工安全控制、施工总进度控制、施工质量控制和施工的组织与协调等。因此，由业主方选定的分包方应经施工总承包管理方的认可，否则施工总承包管理方难以承担工程管理的总责任。

(5) 负责组织和指挥分包施工单位的施工，并为分包施工单位提供和创造必要的施工条件。

(6) 与业主方、设计方、工程监理方等外部单位进行必要的联系和协调等。

4. 建设项目工程总承包的特点

工程总承包和工程项目管理是国际通行的工程建设项目组织实施方式。积极推行工程总承包和工程项目管理，是深化我国工程建设项目组织实施方式改革，提高工程建设管理水平，保证工程质量和投资效益，规范建筑市场秩序的重要措施；是勘察、设计、施工、监理企业调整经营结构，增强综合实力，加快与国际工程承包和管理方式接轨，适应社会主义市场经济发展和加入世界贸易组织后新形势的必然要求；是积极开拓国际承包市场，带动我国技术、机电设备及工程材料的出口，促进劳务输出，提高我国企业国际竞争力的有效途径。

建设项目工程总承包的基本出发点是借鉴工业生产组织的经验，实现建设生产过程的组织集成化，以克服由于设计与施工的分离致使投资增加，以及由于设计和施工的不协调而影响建设进度等弊病。

建设项目工程总承包的主要意义并不在于总价包干，也不是"交钥匙"，其核心是通过设计与施工过程的组织集成，促进设计与施工的紧密结合，以达到为项目建设增值的目的。即使采用总价包干的方式，稍大一些的项目也难以用固定总价包干，而多数采用变动总价合同。

任务二　理解项目管理组织机构

一、基本的组织结构模式

组织结构模式可用组织结构图来描述，如图1.2所示。组织结构图也是一个重要的组织工具，反映一个组织系统中各组成部门(组成元素)之间的组织关系(指令关系)。在组织结构图中，矩形框表示工作部门，上级工作部门对其直接下属工作部门的指令关系用单向箭线表示。

组织论的三个重要的组织工具——项目结构图、组织结构图和合同结构图(见图1.3)的区别，见表1.1。

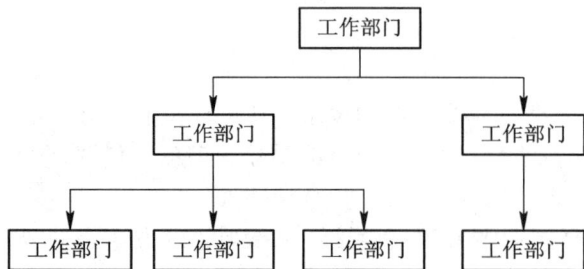

图1.2　组织结构图　　　　　图1.3　合同结构图

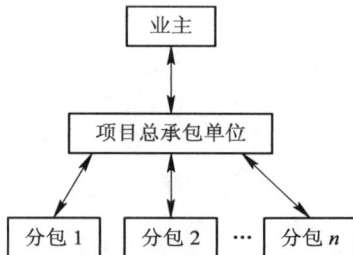

表 1.1 项目结构图、组织结构图和合同结构图的区别

组织工具	表达的含义	图中矩形框的含义	矩形框连接的表达
项目结构图	对一个项目的结构进行逐层分解，以反映组成该项目的所有工作任务(该项目的组成部分)	一个项目的组成部分	直线
组织结构图	反映一个组织系统中各组成部门(组成元素)之间的组织关系(指令关系)	一个组织系统中的组成部分(工作部门)	单向箭线
合同结构图	反映一个建设项目参与单位之间的合同关系	一个建设项目的参与单位	双向箭线

组织结构模式反映了一个组织系统中各子系统之间或各元素(各工作部门)之间的指令关系。组织分工反映了一个组织系统中各子系统或各元素的工作任务分工和管理职能分工。组织结构模式和组织分工都是一种相对静态的组织关系。而工作流程组织则反映一个组织系统中各项工作之间的逻辑关系，是一种动态关系。在一个工程项目实施过程中，其管理工作的流程、信息处理的流程，以及设计工作、物资采购和施工的流程的组织都属于工作流程组织的范畴。

常用的组织结构模式包括职能组织结构、线性组织结构和矩阵组织结构等。这几种常用的组织结构模式既可以在企业管理中运用，也可以在建设项目管理中运用。

1. 职能组织结构的特点及其应用

在现代企业内，需要设置对人、财、物和产、供、销管理的职能部门，这样就产生了初级的职能组织结构。因此，职能组织结构是一种传统的组织结构模式。在职能组织结构中，每一个职能部门可根据它的管理职能对其直接和非直接的下属工作部门下达工作指令。因此，每一个工作部门可能得到其直接和非直接的上级工作部门下达的工作指令，它可能会有多个矛盾的指令源。一个工作部门的多个矛盾的指令源会影响企业管理机制的运行。

在一般的工业企业中，设有人、财、物和产、供、销管理的职能部门，另有生产车间和后勤保障机构等。虽然生产车间和后勤保障机构并不一定是职能部门的直接下属部门，但是，职能管理部门可以在其管理的职能范围内对生产车间和后勤保障机构下达工作指令，这是典型的职能组织结构。在高等院校中，设有人事、财务、教学、科研和基本建设等管理职能部门(处室)，另有学院、系和研究中心等教学和科研机构，其组织结构模式也是职能组织结构，人事处和教务处等都可对学院和系下达其分管范围内的工作指令。我国多数的企业、学校、事业单位目前还沿用这种传统的组织结构模式。许多建设项目也还用这种传统的组织结构模式，在工作中常出现交叉和矛盾的工作指令关系，严重影响了项目管理机制的运行和项目目标的实现。

在图 1.4 所示的职能组织结构中，A、B1、B2、B3、C5 和 C6 都是工作部门，A 可以对 B1、B2、B3 下达指令；B1、B2、B3 都可以在其管理的职能范围内对 C5 和 C6 下达指令；因此 C5 和 C6 有多个指令源，其中有些指令可能是矛盾的。

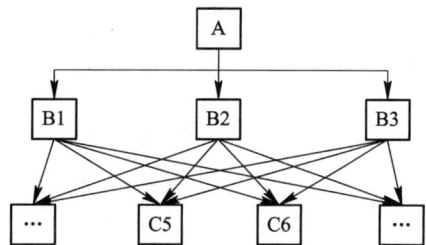

图 1.4 职能组织结构

2. 线性组织结构的特点及其应用

在军事组织系统中，组织纪律非常严谨，军、师、旅、团、营、连、排和班的组织关系是指令逐级下达，一级指挥一级和一级对一级负责。线性组织结构就是来自于这种十分严谨的军事组织系统。在线性组织结构中，每一个工作部门只能对其直接的下属部门下达工作指令，每一个工作部门也只有一个直接的上级部门，因此，每一个工作部门只有唯一一个指令源，避免了由于矛盾的指令而影响组织系统的运行。

在国际上，线性组织结构模式是建设项目管理组织系统的一种常用模式，因为一个工程项目的参与单位很多，少则数十个，多则数百个，大型项目的参与单位更是数以千计，在项目实施过程中矛盾的指令会给工程项目目标的实现造成很大的影响，而线性组织结构模式可确保工作指令的唯一性。但在一个特大的组织系统中，由于线性组织结构模式的指令路径过长，有可能会造成组织系统在一定程度上运行困难。

在图 1.5 所示的线性组织结构中：

(1) A 可以对其直接的下属部门 B1、B2、B3 下达指令。

(2) B2 可以对其直接的下属部门 C21、C22、C23 下达指令。

(3) 虽然 B1 和 B3 比 C21、C22、C23 高一个组织层次，但是，B1 和 B3 并不是 C21、

图 1.5 线性组织结构

C22、C23 的直接上级部门，它们不允许对 C21、C22、C23 下达指令。

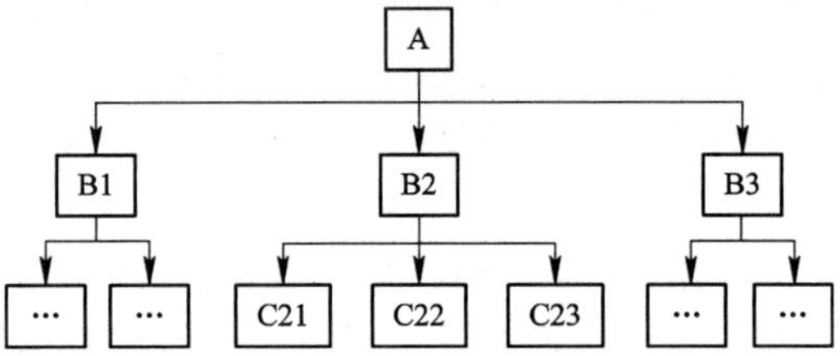

由此可见，在该组织结构中，每一个工作部门的指令源是唯一的。

3. 矩阵组织结构的特点及其应用

矩阵组织结构是一种较新型的组织结构模式。在矩阵组织结构最高指挥者(部门)下设纵向和横向两种不同类型的工作部门。纵向工作部门如人、财、物、产、供、销的职能管理部门，横向工作部门如生产车间等。一个施工企业，如采用矩阵组织结构模式，则纵向工作部门可以是计划管理、技术管理、合同管理、财务管理和人事管理等部门，而横向工作部门可以是项目部(见图 1.6)。

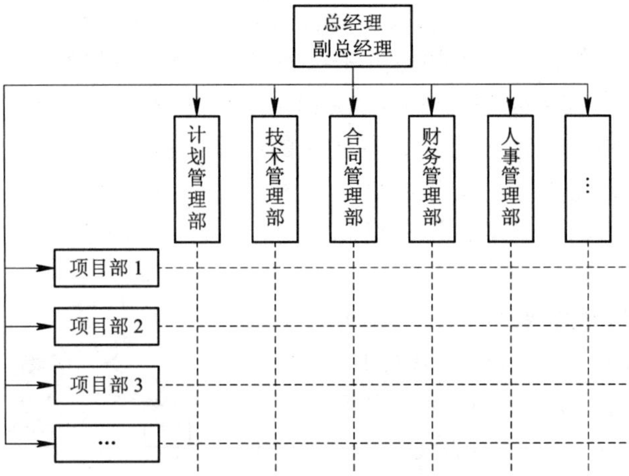

图 1.6 施工企业矩阵组织结构模式示例

一个大型建设项目如采用矩阵组织结构模式,则纵向工作部门可以是投资控制、进度控制、质量控制、合同管理、信息管理、人事管理、财务管理和物资管理等部门,而横向工作部门可以是各子项目的项目管理部(见图1.7)。矩阵组织结构适宜用于大的组织系统,例如在上海地铁和广州地铁一号线建设中都采用了矩阵组织结构模式。

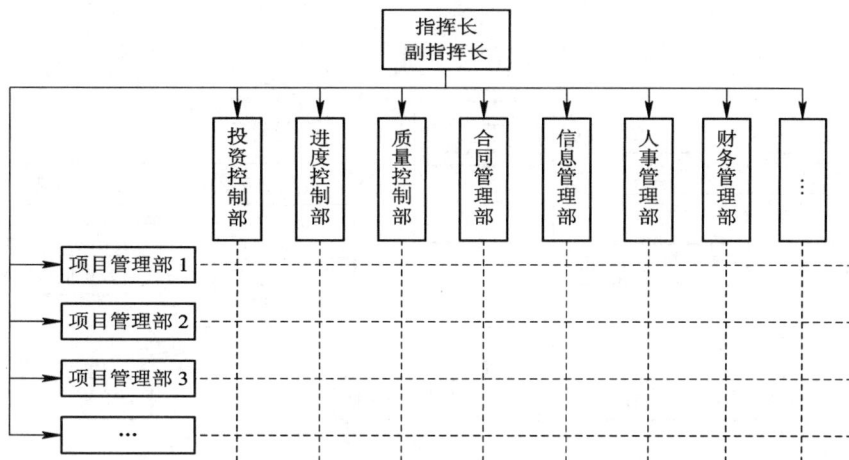

图1.7 一个大型项目采用矩阵组织结构模式的示例

在矩阵组织结构中,每一项纵向和横向交汇的工作(如图1.7所示的项目管理部1涉及的投资问题),指令来自于纵向和横向两个工作部门,因此其指令源为两个。当纵向和横向工作部门的指令发生矛盾时,由该组织系统的最高指挥者(部门),即如图1.8(a)所示的A进行协调或决策。

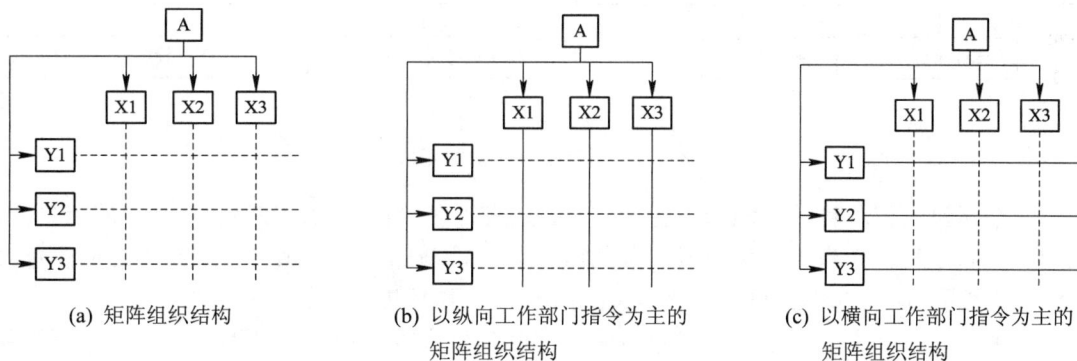

(a) 矩阵组织结构　　　(b) 以纵向工作部门指令为主的　　(c) 以横向工作部门指令为主的
　　　　　　　　　　　　　　矩阵组织结构　　　　　　　　　矩阵组织结构

图1.8 矩阵组织结构

在矩阵组织结构中,为避免纵向和横向工作部门指令矛盾对工作的影响,可以采用以纵向工作部门指令为主(见图1.8(b))或以横向工作部门指令为主(见图1.8(c))的矩阵组织结构模式,这样也可减轻该组织系统的最高指挥者(部门),即如图1.8(b)和如图1.8(c)所示A的协调工作量。

二、项目管理的组织结构图

对一个项目的组织结构进行分解,并用图的方式表示,就形成了项目组织结构图(Diagram

of Organizational Breakdown Structure，DOBS)，或称项目管理组织结构图。项目组织结构图反映一个组织系统(如项目管理班子)中各子系统之间和各元素(如各工作部门)之间的组织关系，即反映的是各工作单位、各工作部门和各工作人员之间的组织关系。而项目结构图描述的是工作对象之间的关系。如图 1.9 所示是项目组织结构图的示例，它属于职能组织结构。

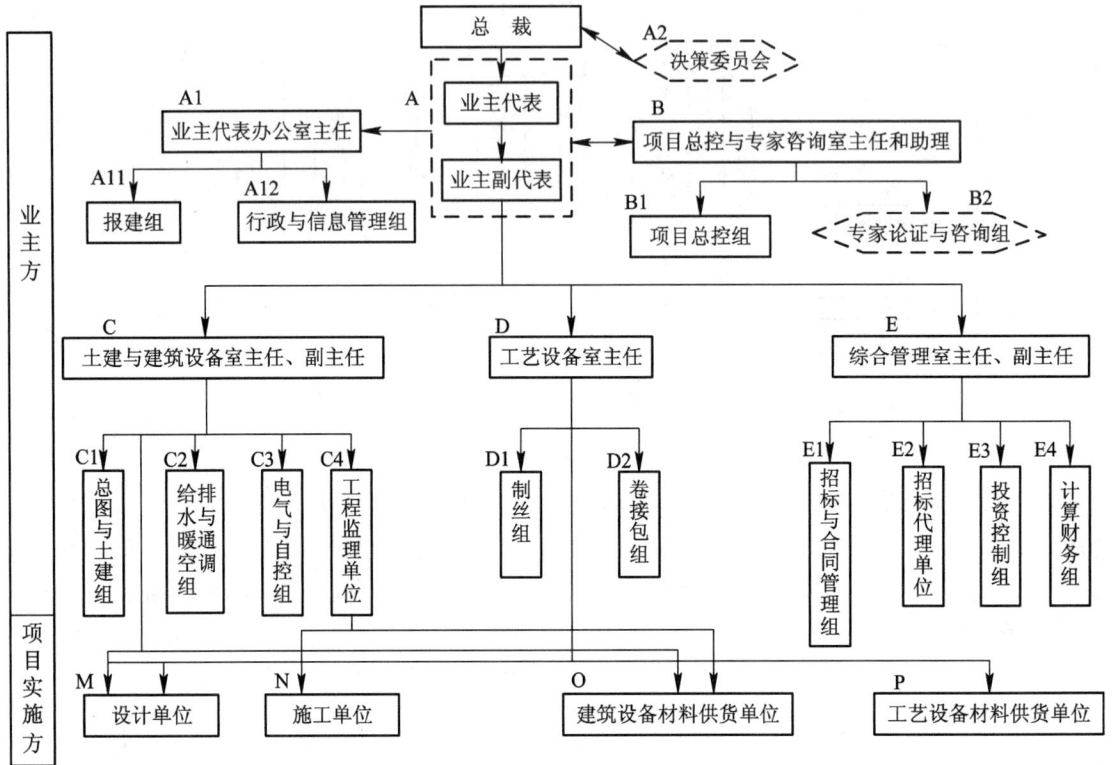

图 1.9　项目组织结构图示例

一个建设工程项目的实施除了业主方外，还有许多单位参加，如设计单位、施工单位、供货单位和工程管理咨询单位以及有关的政府行政管理部门等，项目组织结构图应注意表达业主方以及项目的参与单位有关的各工作部门之间的组织关系。

业主方、设计方、施工方、供货方和工程管理咨询方的项目管理的组织结构都可用各自的项目组织结构图予以描述。项目组织结构图应反映项目经理和费用(投资或成本)控制、进度控制、质量控制、合同管理、信息管理及组织与协调等主管工作部门或主管人员之间的组织关系。

如图 1.10 所示是一个线性组织结构的项目组织结构图示例。在线性组织结构中，每一个工作部门只有唯一的上级工作部门，其指令来源是唯一的。图 1.10 表示，总经理不允许对项目经理、设计方直接下达指令，总经理必须通过业主代表下达指令；而业主代表也不允许对设计方等直接下达指令，他必须通过项目经理下达指令，否则就会出现矛盾的指令。项目的实施方(如图 1.10 所示的设计方、施工方和甲供物资方)的唯一指令来源是业主方的项目经理，这有利于项目的顺利进行。

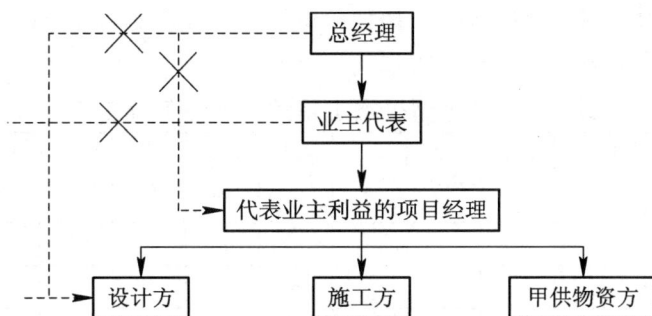

图 1.10　线性组织结构中不允许多重指令

三、施工管理的工作任务分工

业主方和项目各参与方，如设计单位、施工单位、供货单位和工程管理咨询单位等都有各自的项目管理的任务，上述各方都应该编制各自的项目管理任务分工表。

为了编制项目管理任务分工表，首先应对项目实施的各阶段的费用(投资或成本)控制、进度控制、质量控制、合同管理、信息管理和组织与协调等管理任务进行详细分解，在项目管理任务分解的基础上确定项目经理和费用(投资或成本)控制、进度控制、质量控制、合同管理、信息管理及组织与协调等主管工作部门或主管人员的工作任务。

1. 工作任务分工

每一个建设项目都应编制项目管理任务分工表，这是一个项目的组织设计文件的一部分。在编制项目管理任务分工表前，应结合项目的特点，对项目实施各阶段的费用(投资或成本)控制、进度控制、质量控制、合同管理、信息管理和组织与协调等管理任务进行详细分解。在项目管理任务分解的基础上，明确项目经理和上述管理任务主管工作部门或主管人员的工作任务，从而编制工作任务分工表(见表 1.2)。

表 1.2　工作任务分工表

工作部门 ╲ 工作任务	项目经理部	投资控制部	进度控制部	质量控制部	合同管理部	信息管理部		

2. 工作任务分工表

在工作任务分工表中应明确各项工作任务由哪个工作部门(或个人)负责，由哪些工作部门(或个人)配合或参与。无疑，在项目的进展过程中，应视必要性对工作任务分工表进行调整。

某大型公路工程属国家重点工程，在项目实施的初期，项目管理咨询公司建议把工作任务划分成 26 个大块，针对这 26 个大块任务编制了工作任务分工表(见表 1.3)。随着工程的进展，任务分工表还将不断深化和细化。

表 1.3 某大型公路工程的工作任务分工表

序号	工作项目	经理室、指挥部室	技术委员会	专家顾问组	办公室	总工程师室	综合部	财务部	计划部	工程部	设备部	运营部	物业开发部
1	人事	☆					△						
2	重大技术审查决策	☆	△	○	○	△	○	○	○	○	○	○	○
3	设计管理			○		☆				○	△	○	
4	技术标准			○		☆				△	△	○	
5	科研管理			○		☆				○	○	○	
6	行政管理				☆	○	○	○	○	○	○	○	○
7	外事工作			○	☆								
8	档案管理			○	☆	○	○	○	○	○	○	○	
9	资金保险						○	☆	○				
10	财务管理						○	☆	○				
11	审计						☆	○					
12	计划管理						○	○	☆	△	△	○	
13	合同管理						○	○	☆	△	△	○	
14	招投标管理			○					☆	△	△		
15	工程筹划			○		○				☆	○		
16	土建评定项目管理			○						☆			
17	工程前期工作			○					○	☆	○		○
18	质量管理			○		△				☆	○		
19	安全管理						○	○		☆	△		
20	设备选型			△		○					☆		
21	设备材料采购							○	○	△	△		☆
22	安装工程项目管理			○					○		☆		
23	运营准备			○		○				△	△	☆	
24	开通、调试、验收			○		△				△	☆	△	
25	系统交换			○	○	○	○	○	○	☆	☆	☆	
26	物业开发						○	○	○	○	○	○	☆

☆—主办；△—协办；○—配合。

表 1.3 有如下特点：

(1) 任务分工表主要明确哪项任务由哪个工作部门(机构)负责主办，同时，明确协办部门和配合部门，主办、协办和配合部门在表中分别用三个不同的符号表示。

(2) 在任务分工表的每一行，即每一个任务中，都有至少一个主办工作部门。

(3) 运营部和物业开发部参与整个项目实施过程，而不是在工程竣工前才介入工作。

四、施工管理的管理职能分工

管理职能的内涵：管理是由多个环节组成的过程(见图 1.11)，即：

(1) 提出问题；

(2) 筹划——提出解决问题的可能的方案，并对多个可能的方案进行分析；

(3) 决策；

(4) 执行；

(5) 检查。

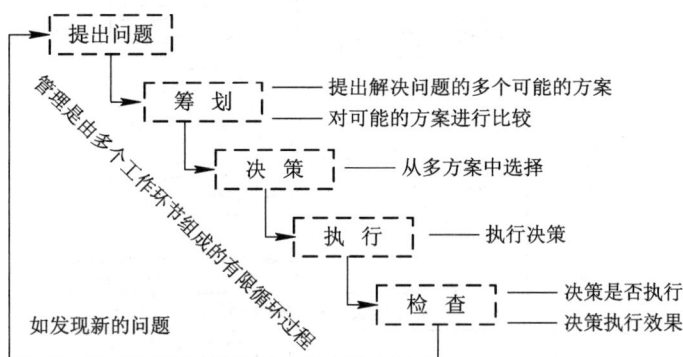

图 1.11　管理职能

这些组成管理的环节就是管理的职能。管理的职能在一些文献中也有不同的表述，但其内涵是类似的。

以下以一个示例来解释管理职能的含义：

(1) 提出问题——通过进度计划值和实际值的比较，发现进度推迟了；

(2) 筹划——加快进度有多种可能的方案，如改一班工作制为两班工作制，增加夜班作业，增加施工设备或改变施工方法，针对这几个方案进行比较；

(3) 决策——从上述几个可能的方案中选择一个将被执行的方案，如增加夜班作业；

(4) 执行——落实夜班施工的条件，组织夜班施工；

(5) 检查——检查增加夜班施工的决策是否被执行，如已执行，则检查执行的效果如何。

如通过增加夜班施工，工程进度的问题解决了，但发现新的问题：施工成本增加了，这样就进入了管理的一个新的循环：提出问题、筹划、决策、执行和检查。在整个施工过程中，管理工作就是不断发现问题和不断解决问题的过程。

以上不同的管理职能可由不同的职能部门承担，如：

(1) 进度控制部门负责跟踪和提出有关进度的问题；

(2) 施工协调部门对进度问题进行分析，提出几个可能的方案，并对其进行比较；

(3) 项目经理在几个可供选择的方案中，决定采用第一方案，即增加夜班作业；

(4) 施工协调部门负责执行项目经理的决策，组织夜班施工；

(5) 项目经理助理检查夜班施工后的效果。

业主方和项目各参与方，如设计单位、施工单位、供货单位和工程管理咨询单位等都有各自的项目管理的任务和其管理职能分工，上述各方都应该编制各自的项目管理职能分工表。

五、施工管理的工作流程组织

如图 1.12 所示，工作流程组织包括：

(1) 管理工作流程组织，如投资控制、进度控制、合同管理、付款和设计变更等流程；

(2) 信息处理工作流程组织，如与生成月度进度报告有关的数据处理流程；

(3) 物质流程组织，如钢结构深化设计工作流程、弱电工程物资采购工作流程、外立面施工工作流程等。

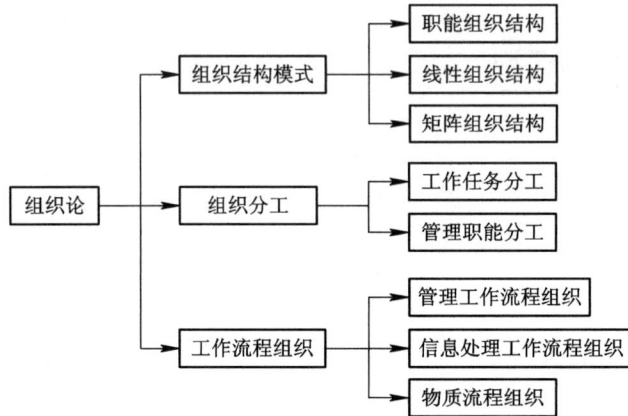

图 1.12　组织论的基本框架

1. 工作流程组织的任务

每一个建设项目应根据其特点，从多个可能的工作流程方案中确定以下几个主要的工作流程组织：

(1) 设计准备工作的流程；

(2) 设计工作的流程；

(3) 施工招标工作的流程；

(4) 物资采购工作的流程；

(5) 施工作业的流程；

(6) 各项管理工作(投资控制、进度控制、质量控制、合同管理和信息管理等)的流程；

(7) 与工程管理有关的信息处理的流程。

这也就是工作流程组织的任务，即全面定义工作的流程。

工作流程图应视需要逐层细化，如投资控制工作流程可细化为初步设计阶段投资控制工作流程图、施工图阶段投资控制工作流程图和施工阶段投资控制工作流程图等。

业主方和项目各参与方，如工程管理咨询单位、设计单位、施工单位和供货单位等都有各自的工作流程组织的任务。

2. 工作流程图

工作流程图用图的形式反映一个组织系统中各项工作之间的逻辑关系，它可用以描述工作流程组织。工作流程图是一个重要的组织工具，如图 1.13 所示。工作流程图用 矩形框表示工作(见图 1.13(a))，箭线表示工作之间的逻辑关系，菱形框表示判别条件。也可用两个矩形框分别表示工作和工作的执行者(见图1.13(b))。

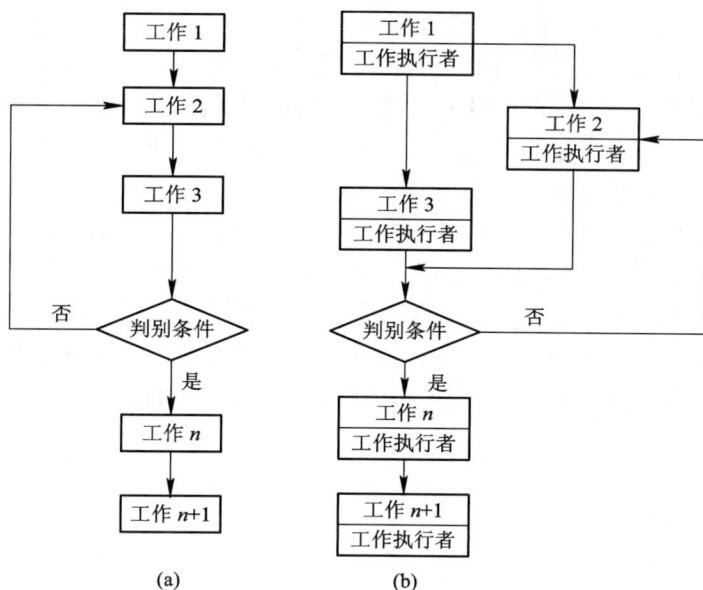

图1.13 工作流程图示例

任务三 成为一名项目经理

一、施工项目经理的任务

项目经理在承担工程项目施工管理过程中，履行下列职责：

(1) 贯彻执行国家和工程所在地政府的有关法律、法规和政策，执行企业的各项管理制度；

(2) 严格财务制度，加强财经管理，正确处理国家、企业与个人的利益关系；

(3) 执行项目承包合同中由项目经理负责履行的各项条款；

(4) 对工程项目施工进行有效控制，执行有关技术规范和标准，积极推广应用新技术，确保工程质量和工期，实现安全、文明生产，努力提高经济效益。

项目经理在承担工程项目施工的管理过程中，应当按照建筑施工企业与建设单位签订的工程承包合同，与本企业法定代表人签订项目承包合同，并在企业法定代表人授权范围内，行使以下管理权力：

(1) 组织项目管理班子；

(2) 以企业法定代表人的代表身份处理与所承担的工程项目有关的外部关系，受托签署有关合同；

(3) 指挥工程项目建设的生产经营活动，调配并管理进入工程项目的人力、资金、物资、机械设备等生产要素；

(4) 选择施工作业队伍；

(5) 进行合理的经济分配;

(6) 企业法定代表人授予的其他管理权力。

在一般的施工企业中设工程计划、合同管理、工程管理、工程成本控制、技术管理、物资采购、设备管理、人事管理、财务管理等职能管理部门(各企业所设的职能部门的名称不一,但其主管的工作内容是类似的),项目经理可能在工程管理部,或项目管理部下设的项目经理部主持工作。施工企业项目经理往往是一个施工项目施工方的总组织者、总协调者和总指挥者,他所承担的管理任务不仅依靠所在的项目经理部的管理人员来完成,还依靠整个企业各职能管理部门的指导、协作、配合和支持。项目经理不仅要考虑项目的利益,还应服从企业的整体利益。企业是工程管理的一个大系统,项目经理部则是其中的一个子系统。过分地强调子系统的独立性是不合理的,对企业的整体经营也是不利的。

项目经理的任务包括项目的行政管理和项目管理两个方面,其在项目管理方面的主要任务是:

(1) 施工安全管理;

(2) 施工成本控制;

(3) 施工进度控制;

(4) 施工质量控制;

(5) 工程合同管理;

(6) 工程信息管理;

(7) 工程组织与协调等。

二、施工项目经理的责任

1. 项目管理目标责任书

项目管理目标责任书应在项目实施之前,由法定代表人或其授权人与项目经理协商制定。编制项目管理目标责任书应依据下列资料:

(1) 项目合同文件;

(2) 组织的管理制度;

(3) 项目管理规划大纲;

(4) 组织的经营方针和目标。

(5) 项目特点和实施条件与环境。

项目管理目标责任书宜包括下列内容:

(1) 项目管理实施目标;

(2) 组织和项目管理机构职责、权限和利益的划分;

(3) 项目现场质量、安全、环保、文明、职业健康和社会责任目标;

(4) 项目设计、采购、施工、试运行管理的内容和要求;

(5) 项目所需资源的获取和核算办法;

(6) 法定代表人向项目管理机构负责人委托的相关事项;

(7) 项目管理机构负责人和项目管理机构应承担的风险;

(8) 项目应急事项和突发事件处理的原则与方法;

(9) 项目管理效果和目标实现的评价原则、内容与方法；

(10) 项目实施过程中相关责任和问题的认定与处理原则；

(11) 项目完成后对项目管理机构负责人的奖惩依据、标准和办法；

(12) 项目管理机构负责人解职和项目管理机构解体的条件及办法；

(13) 缺陷责任制、质量保修期及之后对项目管理机构负责人的相关要求。

2．项目经理的职责

项目经理应履行下列职责：

(1) 项目管理目标责任书中规定的职责；

(2) 工程质量安全责任承诺书中应履行的职责；

(3) 组织或参与编制项目管理规划大纲、项目管理实施规划，对项目目标进行系统管理；

(4) 主持制定并落实质量、安全技术措施和专项方案，负责相关的组织协调工作；

(5) 对各类资源进行质量管控和动态管理；

(6) 对进场的机械、设备、工器具的安全、使用进行监控；

(7) 建立各类专业管理制度并组织实施；

(8) 制定有效的安全、文明和环境保护措施并组织实施；

(9) 组织或参与评价项目管理绩效；

(10) 进行授权范围内的任务分解和利益分配；

(11) 按规定完善工程资料，规范工程档案文件，准备工程结算和竣工资料，参与工程竣工验收；

(12) 接受审计，处理项目管理机构解体的善后工作；

(13) 协助和配合组织进行项目检查、鉴定和评奖申报；

(14) 配合组织完善缺陷责任期的相关工作。

3．项目经理的权限

项目经理应具有下列权限：

(1) 参与项目招标、投标和合同签订；

(2) 参与组建项目管理机构；

(3) 参与组织对项目各阶段的重大决策；

(4) 主持项目管理机构的工作；

(5) 决定授权范围内的项目资源使用；

(6) 在组织制度的框架下制定项目管理机构的管理制度；

(7) 参与选择并直接管理具有相应资质的分包人；

(8) 参与选择大宗资源的供应单位；

(9) 在授权范围内与项目相关方进行直接沟通；

(10) 法定代表人和组织授予的其他权利。

项目经理应接受法定代表人和组织机构的业务管理，组织机构有权对项目经理给予奖励和处罚。

4．施工项目经理的责任

项目经理应承担施工安全和质量的责任，要加强对建筑业企业项目经理市场行为的监督管理，对发生重大工程质量安全事故或市场违法违规行为的项目经理，必须依法予以严肃处理。

项目经理对施工承担全面管理的责任：工程项目施工应建立以项目经理为首的生产经营管理系统，实行项目经理负责制。项目经理在工程项目施工中处于中心地位，对工程项目施工负有全面管理的责任。

项目经理由于主观原因，或由于工作失误有可能承担法律责任和经济责任。政府主管部门将追究的主要是其法律责任，企业将追究的主要是其经济责任。但是，如果由于项目经理的违法行为而导致企业的损失，企业也有可能追究其法律责任。

而在国际上，由于项目经理是施工企业内的一个工作岗位，项目经理的责任则由企业领导根据企业管理的体制和机制，以及项目的具体情况而定。企业针对每个项目有十分明确的管理职能分工表，在该表中明确项目经理对哪些任务承担策划、决策、执行、检查等职能，其将承担相应的策划、决策、执行、检查的责任。

建设工程管理进入细节竞争时代

建设业是我国经济改革中最早涉及的行业之一。20 世纪 80 年代的改革初期，建筑施工企业曾经是城市建设最为紧缺的行业，许多单位的工程施工计划批准了，却找不到施工队伍。到了 20 世纪 90 年代，聚集在北京的施工队伍已经开始找饭吃了。其中一些施工单位感到了压力，开始创造自己的优势。

北京某工程大队，在一个繁华大街的工程施工中，工地的管理整洁有序、为施工场地周边邻近居民提供方便、工程质量管理到位，建设单位比较满意。经电视新闻和报纸报导后，轰动了整个北京城。一时间，建设单位登门去请他们施工的络绎不绝，竟然需要排队预约。该工程大队的领导为了应对这样的局面，只有扩大队伍。一变二，二变四，施工队伍迅速扩大起来。由于管理人员不足，工程技术人员紧缺，要求他们承接工程的建设单位对工程结果感到失望，不到 3 年时间，企业就走入了困境。至今该单位再也没有当时的风光。

社会呼唤高水平的管理，使用单位追捧高质量工程。经过 20 年的改革发展，经过优胜劣汰的不断演化，竞争已经逐步成为现今市场经济的主要形式。同时，竞争也成为在市场经济条件下企业生存和发展的压力和动力。

在经济全球化的条件下，中国的建筑企业在国际市场上已经感受到所面临的艰难处境。加入 WTO 之后，中国企业不得不与世界跨国大公司同台竞技。一方面跨国公司资金雄厚、管理先进，它们进入中国市场攻城略地，咄咄逼人。另一方面，中国企业之间的竞争也日趋白热化。企业面临可用资源越来越昂贵、利润空间越来越小的现状。许多企业及公司管理层面对如此状况倍感压力，深感他们以前所了解和使用的管理方式不足以应对不断发展的局势，期盼从管理中找到扩大效益的空间。

中国房地产界的领头羊万科集团的董事长王石先生说：万科的下一个十年要致力于"精细化"。

何谓"精细化"？简而言之，精细化就是一种追求精益求精的努力，就是当下所说的"不求最好，但求更好"，就是在现有条件的基础上，不断地改进，改进，再改进。

　　精细化以避免一切浪费为最基本的着眼点，即避免对资金、材料、人才的浪费，以及对空间、时间等的浪费。通过不断改进，消除生产或管理过程中多余的动作、多余的材料、无效的劳动、重叠的管理、不必要的程序等，充分发挥人的潜能，提高管理效益。这样，就能使生产和管理过程中的每一个细节都能够有效地衔接，使管理或生产保持最佳的运行状态。

　　精细化管理涉及管理科学的许多方面，需要许多层次方面的共同努力。本书希望通过大量工程管理中的某些细节问题，引起管理工作者的注意和重视，使管理者的思维加入细节意识，重视细节管理的落实。

　　如同前面所讲，做好某个工程管理的细节，并不能保证把工程管理好，但是工程管理中的某个细节做不好，就会把其他所有做好的细节成果都化为乌有。

　　在此仅举几个小例子说明。

　　(1) 某承包商在一项国外皇宫建造项目的投标中，工作人员误将楼内设计的"纯金"扶手翻译成"镀金"扶手，该工程按镀金扶手的投标报价，与按照纯金扶手的投标报价相比较，仅此一字之差就相差100多万美元，中标开工后才发现此问题，已经没有挽回的余地。无论继续履行合同还是主动废除合同，都面临重大经济损失。

　　(2) 某建设单位因不按照国家法规的建设程序规定进行工程管理，同意施工单位无资质设计，在楼顶临时加建水箱间，造成楼房倒塌的安全事故及重大经济损失。

　　(3) 某建设单位在施工合同中约定要为施工项目投保，工作中忘记实施投保，施工中发生火灾，被索赔300多万元人民币。

　　(4) 某设计单位选用新技术前没有进行环境适用性方面的技术咨询，导致大雨后全楼墙缝严重渗漏水的事故，造成重大损失。

　　(5) 2005年3月28日上午，《人民日报》和人民网同时披露"圆明园湖底铺设防渗膜遭专家质疑"的消息，随后引起大学教授、环保专家、文物保护专家、相关部门，乃至全社会的广泛关注。

　　以水景著称的圆明园，从2003年8月到2005年，政府投入约2亿元资金整治。但开工之前却没有进行环境评价，没有经过公开的招标、投标，而且在砍伐园中灌木时，没有经过市园林局的批准。政府如此大的投资，两年多的施工时间，涉及文物、环保、园林等众多部门的生态工程出现的监管严重缺失，竟然是2005年3月22日从兰州到北京办事的张教授游园时的偶然发现。

　　(6) 某综合楼已结构封顶后，脚手架外侧垂直封闭设置的安全网和脚手架内施工面下方水平封闭设置的两道安全网都未做变动，距地面高度分别为4.6 m和5.6 m。在装饰施工期间，瓦工张师傅带领自己的三个徒弟在距室外地面高度16 m的外脚手架上做一圆形柱子装饰的准备工作，需要从楼顶到地面做一根垂直吊线，用来确定圆形柱子的垂直度。因做垂直吊线时受到下面设置的水平封闭安全网影响，就擅自把两道水平封闭的安全网各解开一个50多厘米宽的缺口，完成了对圆形柱子垂直度的测定工作，之后未对安全网进行恢复，就去做其他装饰的事情。结果张师傅施工操作时不慎失手从16 m高的操作面坠落，穿过解开的两道水平封闭安全网的漏洞坠落地面。尽管现场人员将其立即送往医院，但最终经抢救无效死亡。

　　许多事情看起来并不复杂，也没有很高的技术含量，但就是因为不能认真地去做，结果总是出现这样或那样的"意外"事情。效益又从何谈起呢？又凭借什么能够与他人展开竞争呢？正如汪中求先生所讲："中国绝不缺少雄韬伟略的战略家，缺少的是精益求精的执行者；绝不缺少各类管理制度，缺少的是对规章条款不折不扣的执行。"从以上列举的工程设计、施工承包、工程投保、行政监管、安全生产等不同事例中，我们应当能够看到一个共同性的问题，就是缺少实施中的执行力。

一位管理专家要求一位公司老板谈谈他自己公司的行业优势。老板说，他拥有最先进的设备，严格的管理制度，精细的工作规程，不怕竞争对手，显得十分自豪。不料这位专家听后说："我相信你的设备、管理制度都是好的，可是，你的那些工作人员都是什么情况的？他们的头脑状况是不是能够发挥你的设备的作用？能不能执行好你的那些制度？他们是否是最优秀的？"

说到底，市场的竞争最终是人的竞争，人的观念的更新，这不是一朝一夕能够实现的。建设工程管理进入细节竞争时代，需要一个逐步认识和理解的过程。

练一练

1. 工程施工项目经理部根据项目特点制定了项目成本控制、进度控制、质量控制和合同管理等工作流程，这些工作流程组织属于( )。
   A. 信息处理工作流程组织　　　　B. 物流流程组织
   C. 管理工作流程组织　　　　　　D. 施工作业流程组织

2. 下列组织工具中，能够反映项目所有工作任务的是( )。
   A. 组织结构图　　　　　　　　　B. 工作流程图
   C. 工作任务分工表　　　　　　　D. 项目结构图

3. 施工方项目经理在承担工程项目施工管理过程中，以( )身份处理与所承担的工程项目有关的外部联系。
   A. 施工企业决策者　　　　　　　B. 施工企业法定代表人的代表
   C. 施工企业法定代表人　　　　　D. 建设单位项目管理者

4. 组织结构模式反映一个组织系统中各子系统之间或各工作部门之间的( )关系。
   A. 指令　　　B. 协作　　　C. 监督　　　　　D. 配合

5. 建设工程项目总进度目标的控制是( )项目管理的任务。
   A. 业主方　　　B. 设计方　　　C. 施工方　　　　D. 供货方

6. 关于施工总承包方项目管理任务的说法，正确的是( )。
   A. 施工总承包方一般不承担施工任务，只承担施工的总体管理和协调工作
   B. 施工总承包方只负责所施工部分的施工安全，对业务指定分包商的施工安全不承担责任
   C. 施工总承包方不与分包商直接签订施工合同，均由业主方签订
   D. 施工总承包方负责施工资源的供应组织

7. 关于项目管理工作任务分工表特点的说法，正确的是( )。
   A. 每一个任务只能有一个主办部门
   B. 每一个任务只能有一个协办部门和一个配合部门

C．项目运营部应在项目竣工后介入工作

D．项目管理工作任务分工表应作为组织设计文件的一部分

8．关于线性组织结构的说法，错误的是(   )。

A．每个工作部门的指令源是唯一的

B．高组织层次部门可以向任何低组织层次下达指令

C．在特大组织系统中，指令路径会很长

D．可以避免相互矛盾的指令影响系统运行

9．项目经理在承担工程项目施工的管理工程中，其管理权力不包括(   )。

A．组织项目管理班子   B．指挥项目建设的生产经营活动

C．签署项目参与人员聘用合同   D．选择施工作业队伍

10．对建设工程项目施工负有全面管理责任的是(   )。

A．企业法定代表人   B．项目经理

C．项目总工程师   D．总监理工程师

11．关于施工总承包模式和施工总承包管理模式比较的说法，正确的是(   )。

A．采用费率招标的施工总承包模式，对投资控制有利

B．施工总承包管理模式下，发包方招标和合同管理的工作量较小

C．施工总承包管理模式可以提前开工，缩短建设周期

D．在施工总承包管理模式下，发包方管理和组织协调的工作量增大

情境二

工程项目招投标

任务一　认识工程项目施工招标工作

对工程项目的发包人来说，很重要的是如何找到理想的、有能力承担建设工程任务的合格单位，用经济合理的价格，获得满意的服务和产品。根据建设工程的通常做法，工程项目的发包人一般都通过招标或其他竞争方式选择建设工程任务的实施单位，包括设计、咨询、施工承包和供货等单位。当然，发包人也可以通过询价采购和直接委托等方式选择建设工程任务的实施单位。

建设工程施工招标应该具备的条件包括以下几项：

(1) 招标人已经依法成立；

(2) 初步设计及概算应当履行审批手续的，已经批准；

(3) 招标范围、招标方式和招标组织形式等应当履行核准手续的，已经核准；

(4) 有相应资金或资金来源已经落实；

(5) 有招标所需的设计图纸及技术资料。

这些条件和要求，一方面是从法律上及制度上保证了项目和项目法人的合法化；另一方面，也从技术和经济上为项目的顺利实施提供了支持和保障。

一、招标投标项目的确定

从理论上讲，在市场经济条件下，建设工程项目是否采用招标的方式确定承包人，业主有着完全的决定权；采用何种方式进行招标，业主也有着完全的决定权。但是为了保证公共利益，各国的法律都规定了有政府资金投资的公共项目(包括部分投资的项目或全部投资的项目)，涉及公共利益的其他资金投资项目，投资额在一定额度之上时，要采用招标的方式进行采购。对此我国也有详细的规定。

按照《中华人民共和国招标投标法》(以下简称《招标投标法》)，以下项目宜采用招标的方式确定承包人：

(1) 大型基础设施、公用事业等关系社会公共利益、公众安全的项目；

(2) 全部或者部分使用国有资金投资或者国家融资的项目；

(3) 使用国际组织或者外国政府资金的项目。

上述建设工程项目的具体范围和标准,在原国家计划委员会 2000 年 5 月 1 日第 3 号令《工程建设项目招标范围和规模标准规定》中有明确的规定。除此以外,各地方政府遵照《招标投标法》和有关规定,也对所在地区应该实行招标的建设工程项目的范围和标准作了具体规定。

二、招标方式的确定

《招标投标法》规定,招标分公开招标和邀请招标两种方式。

1. 公开招标

公开招标亦称无限竞争性招标,招标人在公共媒体上发布招标公告,提出招标项目和要求,符合条件的一切法人或者组织都可以参加投标竞争,都有同等竞争的机会。按规定应该招标的建设工程项目,一般应采用公开招标方式。

公开招标的优点是招标人有较大的选择范围,可在众多的投标人中选择报价合理、工期较短、技术可靠、资信良好的中标人。但是公开招标的资格审查和评标的工作量比较大,耗时长、费用高,且有可能因资格预审把关不严导致鱼目混珠的现象发生。

如果采用公开招标方式,招标人就不得以不合理的条件限制或排斥潜在的投标人。例如不得限制本地区以外或本系统以外的法人或组织参加投标等。

2. 邀请招标

邀请招标亦称有限竞争性招标,招标人事先经过考察和筛选,将投标邀请书发给某些特定的法人或者组织,邀请其参加投标。

为了保护公共利益,避免邀请招标方式被滥用,各个国家和世界银行等金融组织都有相关规定:按规定应该招标的建设工程项目,一般应采用公开招标,如果要采用邀请招标,需经过批准。

对于有些特殊项目,采用邀请招标方式确实更加有利。根据《工程建设项目施工招标投标办法》(七部委 30 号令),依法必须进行公开招标的项目有下列情形之一的,可以邀请招标:

(1) 技术复杂、有特殊要求或者受自然环境限制,只有少量潜在投标人可供选择;

(2) 涉及国家安全、国家秘密或抢险救灾,适宜招标但不宜公开招标;

(3) 采用公开招标方式的费用占项目合同金额的比例过大。

招标人采用邀请招标方式,应当向三个以上具备承担招标项目能力、资信良好的特定的法人或者其他组织发出投标邀请书。

世界银行贷款项目中的工程和货物的采购,可以采用国际竞争性招标、有限国际招标、国内竞争性招标、询价采购、直接签订合同、自营工程等采购方式。其中,国际竞争性招标和国内竞争性招标都属于公开招标,而有限国际招标则相当于邀请招标。

三、自行招标与委托招标

招标人可自行办理招标事宜,也可以委托招标代理机构代为办理招标事宜。

招标人自行办理招标事宜,应当具有编制招标文件和组织评标的能力,即招标人具有与招标项目规模和复杂程度相适应的技术、经济等方面的专业人员。

招标人不具备自行招标能力的，必须委托具备相应资质的招标代理机构代为办理招标事宜。

工程招标代理机构资格分为甲、乙两级。其中，乙级工程招标代理机构只能承担工程投资额(不含征地费、大市政配套费与拆迁补偿费)3000万元以下的工程招标代理业务。

工程招标代理机构可以跨省、自治区、直辖市承担工程招标代理业务。

四、招标信息的发布与修正

1. 招标信息的发布

工程招标是一种公开的经济活动，因此要采用公开的方式发布信息。

根据中华人民共和国国家发展和改革委员会2017年11月23日颁布的第10号令《招标公告和公示信息发布管理办法》(2018年1月1日开始执行)，依法必须招标项目的招标公告和公示信息应当在"中国招标投标公共服务平台"或者项目所在地省级电子招标投标公共服务平台(以下统一简称"发布媒介")发布。

招标人或其委托的招标代理机构应当保证招标公告内容的真实、准确和完整。

依法必须招标项目的招标公告和公示信息应当根据招标投标法律法规，以及国家发展改革委员会同有关部门制定的标准文件编制要求，实现标准化、格式化。

拟发布的招标公告和公示信息文本应当由招标人或其招标代理机构盖章，并由主要负责人或其授权的项目负责人签名。采用数据电文形式的，应当按规定进行电子签名。招标人或其招标代理机构发布招标公告和公示信息时，应当遵守招标投标法律法规关于时限的规定。

依法必须招标项目的招标公告和公示信息除在发布媒介发布外，招标人或其招标代理机构也可以同步在其他媒介公开，并确保内容一致。其他媒介可以依法全文转载依法必须招标项目的招标公告和公示信息，但不得改变其内容，同时必须注明信息来源。

2. 招标信息的修正

如果招标人在招标文件已经发布之后，发现有问题需要进一步澄清或修改，必须依据以下原则进行：

(1) **时限**。招标人对已发出的招标文件进行必要的澄清或者修改，应当在招标文件要求提交投标文件截止时间至少15日前发出；

(2) **形式**。所有澄清文件必须以书面形式进行；

(3) **全面**。所有澄清文件必须直接通知所有招标文件收受人。

由于修正与澄清文件是对原招标文件的进一步补充或说明，因此该澄清或者修改的内容应为招标文件的有效组成部分。

五、资格预审

招标人可以根据招标项目本身的特点和要求，要求投标申请人提供有关资质、业绩和能力等的证明，并对投标申请人进行资格审查。资格审查分为资格预审和资格后审。

　　资格预审是指招标人在招标开始之前或者开始初期，由招标人对申请参加投标的潜在投标人的资质条件、业绩、信誉、技术、资金等多方面的情况进行资格审查；经认定合格的潜在投标人，才可以参加投标。

　　通过资格预审可以使招标人了解潜在投标人的资信情况，包括财务状况、技术能力以及以往从事类似工程的施工经验，从而选择优秀的潜在投标人参加投标，降低将合同授予不合格的投标人的风险。通过资格预审，可以淘汰不合格的潜在投标人，从而有效地控制投标人的数量，减少多余的投标，进而缩短评审阶段的工作时间，减少评审费用，也为不合格的潜在投标人节约投标的无效成本。通过资格预审，招标人可以了解潜在投标人对项目投标的兴趣，如果潜在投标人的兴趣大大低于招标人的预料，招标人可以修改招标条款，以吸引更多的投标人参加竞争。

六、标前会议

　　标前会议也称为投标预备会或招标文件交底会，是招标人按投标须知在规定的时间和地点召开的会议。标前会议上，招标人除了介绍工程概况以外，还可以对招标文件中的某些内容加以修改或补充说明，以及对投标人书面提出的问题和会议上即席提出的问题给以解答。会议结束后，招标人应将会议纪要用书面通知的形式发给每一个投标人。

　　无论是会议纪要还是对个别投标人的问题的解答，都应以书面形式发给每一个获得投标文件的投标人，以保证招标的公平和公正。但对问题的答复不需要说明问题来源。会议纪要和答复函件形成招标文件的补充文件，都是招标文件的有效组成部分，与招标文件具有同等法律效力，当补充文件与招标文件内容不一致时，应以补充文件为准。

　　为了使投标单位在编写投标文件时有充分的时间考虑招标人对招标文件的补充或修改内容，招标人可以根据实际情况在标前会议上确定延长投标截止时间。

七、评标

　　评标分为评标的准备、初步评审、详细评审、编写评标报告等过程。

　　初步评审主要是进行符合性审查，即重点审查投标书是否实质上响应了招标文件的要求。审查内容包括：投标资格审查、投标文件完整性审查、投标担保的有效性、与招标文件是否有显著的差异和保留等。如果投标文件实质上不响应招标文件的要求，将作无效标处理，不必进行下一阶段的评审。另外，还要对报价计算的正确性进行审查，如果计算有误，通常的处理方法是：大小写不一致的以大写为准，单价与数量的乘积之和与所报的总价不一致的应以单价为准；标书正本和副本不一致的，则以正本为准。这些修改一般应由投标人代表签字确认。

　　详细评审是评标的核心，即对投标书进行实质性审查，包括技术评审和商务评审。技术评审主要是对投标书的技术方案、技术措施、技术手段、技术装备、人员配备、组织结构、进度计划等的先进性、合理性、可靠性、安全性、经济性等进行分析评价。商务评审主要是对投标书的报价高低、报价构成、计价方式、计算方法、支付条件、取费标准、价格调整、税费、保险及优惠条件等进行评审。

　　评标方法可以采用评议法、综合评分法或评标价法等，可根据不同的招标内容选择确定相应的方法。

评标结束，应该推荐中标候选人。评标委员会推荐的中标候选人应当限定在 1 至 3 人，并标明排列顺序。

依据 2017 年修订的《中华人民共和国招标投标法实施条例》，招标人根据评标委员会提出的书面评标报告和推荐的中标候选人确定中标人。招标人也可以授权评标委员会直接确定中标人，或者在招标文件中规定排名第一的中标候选人为中标人，并明确排名第一的中标候选人不能作为中标人的情形和相关处理规则。

任务二　认识工程项目施工投标工作

一、研究招标文件

投标单位取得投标资格，获得招标文件之后的首要工作就是认真仔细地研究招标文件，充分了解其内容和要求，以便有针对性地安排投标工作。

研究招标文件的重点应放在投标者须知、合同条款、设计图纸、工程范围及工程量表上，还要研究技术规范要求，看是否有特殊的要求。

投标人应该重点注意招标文件中的以下几个方面的问题。

1. 投标人须知

"投标人须知"是招标人向投标人传递基础信息的文件，包括工程概况、招标内容、招标文件的组成、投标文件的组成、报价的原则、招标投标时间安排等的关键信息。

首先，投标人需要注意招标工程的详细内容和范围，避免遗漏或多报。

其次，还要特别注意投标文件的组成，避免因提供的资料不全而被作为废标处理。例如，曾经有一资信良好的著名企业在投标时因为遗漏资产负债表而失去了本来非常有希望的中标机会。在工程实践中，这方面的先例不在少数。

还要注意招标答疑时间、投标截止时间等重要时间安排，避免因遗忘或迟到等原因而失去竞争机会。

2. 投标书附录与合同条件

这是招标文件的重要组成部分，其中可能标明了招标人的特殊要求，即投标人在中标后应享受的权利、所要承担的义务和责任等，投标人在报价时需要考虑这些因素。

3. 技术说明

投标人要研究招标文件中的施工技术说明，熟悉所采用的技术规范，了解技术说明中有无特殊施工技术要求和有无特殊材料设备要求，以及有关选择代用材料、设备的规定，以便根据相应的定额和市场确定价格，计算有特殊要求项目的报价。

4. 永久性工程之外的报价补充文件

永久性工程是指合同的标的物——建设工程项目及其附属设施，但是为了保证工程建设的顺利进行，不同的业主还会对承包商提出额外的要求。这些要求可能包括对旧有建筑物和设施的拆除、工程师的现场办公室及其各项开支、模型、广告、工程照片和会议费用等。如果有的话，则需要将其列入工程总价中去，弄清一切费用纳入工程总报价的方式，以免产生遗漏，从而导致损失。

二、进行各项调查研究

在研究招标文件的同时，投标人需要开展详细的调查研究，即对招标工程的自然、经济和社会条件进行调查，这些都是工程施工的制约因素，必然会影响到工程成本，是投标报价所必须考虑的，因此在报价前必须了解清楚。

(1) **市场宏观经济环境调查**。应调查工程所在地的经济形势和经济状况，包括与投标工程实施有关的法律法规、劳动力与材料的供应状况、设备市场的租赁状况、专业施工公司的经营状况与价格水平等。

(2) **工程现场考察和工程所在地区的环境考察**。要认真地考察施工现场，认真调查具体工程所在地区的环境，包括一般自然条件、施工条件及环境，如地质地貌、气候、交通、水电等的供应和其他资源情况等。

(3) **工程业主方和竞争对手公司的调查**。搞清楚业主、咨询工程师的情况，尤其是业主的项目资金落实情况、参加竞争的其他公司与工程所在地的工程公司的情况，与其他承包商或分包商的关系。参加现场踏勘与标前会议，可以获得更充分的信息。

三、复核工程量

有的招标文件中提供了工程量清单，尽管如此，投标者还是需要进行复核，因为这直接影响到投标报价以及中标的机会。例如，当投标人大体上确定了工程总报价以后，可适当采用报价技巧如不平衡报价法，对某些工程量可能增加的项目提高报价，而对某些工程量可能减少的可以降低报价。

对于单价合同，尽管是以实测工程量结算工程款，但投标人仍应根据图纸仔细核算工程量，当发现相差较大时，投标人应向招标人要求澄清。

对于总价固定合同，更要特别引起重视，工程量估算的错误可能带来无法弥补的经济损失，因为总价合同是以总报价为基础进行结算的，如果工程量出现差异，可能对施工方极为不利。对于总价合同，如果业主在投标前对争议工程量不予更正，而且是对投标者不利的情况，投标者在投标时要附上声明：工程量表中某项工程量有错误，施工结算应按实际完成量计算。

承包商在核算工程量时，还要结合招标文件中的技术规范弄清工程量中每一细目的具体内容，避免出现在计算单位、工程量或价格方面的错误与遗漏。

四、选择施工方案

施工方案是报价的基础和前提，也是招标人评标时要考虑的重要因素之一。有什么样的方案，就有什么样的人工、机械与材料消耗，就会有相应的报价。因此，必须弄清分项工程的内容、工程量、所包含的相关工作、工程进度计划的各项要求、机械设备状态、劳动与组织状况等关键环节，据此制定施工方案。

施工方案应由投标单位的技术负责人主持制定，主要应考虑施工方法、主要施工机具的配置、各工种劳动力的安排及现场施工人员的平衡、施工进度及分批竣工的安排、安全措施等。施工方案的制定应在技术、工期和质量保证等方面对招标人有吸引力，同时又有利于降低施工成本。

(1) 要根据分类汇总的工程数量和工程进度计划中该类工程的施工周期、合同技术规范要求以及施工条件和其他情况选择和确定每项工程的施工方法，应根据实际情况和自身的施工能力来确定各类工程的施工方法。对各种不同施工方法应当从保证完成计划目标、保证工程质量、节约设备费用、降低劳务成本等多方面综合比较，选定最适用的、经济的施工方案。

(2) 要根据上述各类工程的施工方法选择相应的机具设备并计算所需数量和使用周期，研究确定采购新设备、租赁当地设备或调动企业现有设备。

(3) 要研究确定工程分包计划。根据概略指标估算劳务数量，考虑其来源及进场时间安排。注意当地是否有限制外籍劳务的规定。另外，从所需劳务的数量，估算所需管理人员和生活性临时设施的数量和标准等。

(4) 要用概略指标估算主要的和大宗的建筑材料的需用量，考虑其来源和分批进场的时间安排，从而可以估算现场用于存储、加工的临时设施(例如仓库、露天堆放场、加工场地或工棚等)。

(5) 根据现场设备、高峰人数和一切生产与生活方面的需要，估算现场用水、用电量，确定临时供电和排水设施；考虑外部和内部材料供应的运输方式，估计运输和交通车辆的需要及来源；考虑其他临时工程的需要和建设方案；提出某些特殊条件下保证正常施工的措施，例如排除或降低地下水以保证地面以下工程施工的措施；规划冬期、雨期施工措施以及其他必需的临时设施安排，例如现场安全保卫设施，包括临时围墙、警卫设施、夜间照明等，现场临时通信联络设施等。

五、投标计算

投标计算是投标人对招标工程施工所要发生的各种费用的计算。在进行投标计算时，必须先根据招标文件复核或计算工程量。作为投标计算的必要条件，应预先确定施工方案和施工进度。此外，投标计算还必须与采用的合同计价形式相协调。

六、确定投标策略

正确的投标策略对提高中标率并获得较高的利润有重要作用。常用的投标策略又以信誉取胜、以低价取胜、以缩短工期取胜、以改进设计取胜或者以先进或特殊的施工方案取胜等。不同的投标策略要在不同投标阶段的工作(如制定施工方案、投标计算等)中体现和贯彻。

七、正式投标

投标人按照招标人的要求完成标书的准备与填报之后，就可以向招标人正式提交投标文件。在投标时需要注意以下几个方面：

(1) **注意投标的截止日期。** 招标人所规定的投标截止日就是提交标书最后的期限。投标人在投标截止日之前所提交的投标文件是有效的，超过该日期之后就会被视为无效投标。在招标文件要求提交投标文件的截止时间后送达的投标文件，招标人可以拒收。

(2) 投标文件的完备性。投标人应当按照招标文件的要求编制投标文件。投标文件应当对招标文件提出的实质性要求和条件作出响应。投标文件不完备或投标没有达到招标人的要求，在招标范围以外提出新的要求，均被视为对于招标文件的否定，不会被招标人所接受。投标人必须为自己所投出的标书负责，如果中标，必须按照投标文件中所阐述的方案来完成工程，这其中包括质量标准、工期与进度计划、报价限额等基本指标以及招标人所提出的其他要求。

(3) 注意标书的标准。标书的提交要满足固定标准的要求，标书文本的基本内容要求签章、密封。如果不密封或密封不满足要求，投标是无效的。投标书还需要按照要求签章，投标书需要盖有投标企业公章以及企业法定代表人的名章(或签字)。如果项目所在地与企业距离较远，由当地项目经理部组织投标，需要提交企业法人对于投标项目经理的授权委托书。

(4) 注意投标的担保。通常投标需要提交投标担保，应注意要求的担保方式、金额以及担保期限等。

任务三　熟悉合同谈判与签约工作

一、合同订立的程序

与其他合同的订立程序相同，建设工程合同的订立也要采取要约和承诺方式，根据《招标投标法》对招标、投标的规定，招标、投标、中标的过程实质就是要约、承诺的一种具体方式。招标人通过媒体发布招标公告，或向符合条件的投标人发出招标邀请，为要约邀请；投标人根据招标文件内容在约定的期限内向招标人提交投标文件，为要约；招标人通过评标确定中标人，发出中标通知书，为承诺。招标人和中标人按照中标通知书、招标文件和中标人的投标文件等订立书面合同时，合同成立并生效。

建设工程施工合同的订立往往要经历一个较长的过程。在明确中标人并发出中标通知书后，双方即可就建设工程施工合同的具体内容和有关条款展开谈判，直到最终签订合同。

二、建设工程施工承包合同谈判的主要内容

1. 关于工程内容和范围的确认

招标人和中标人可就招标文件中的某些具体工作内容进行讨论、修改、明确或细化，从而确定工程承包的具体内容和范围。在谈判中双方达成一致的内容，包括在谈判讨论中经双方确认的工程内容和范围方面的修改或调整，应以文字方式确定下来，并以"合同补遗"或"会议纪要"方式作为合同附件，并明确它是构成合同的一部分。

对于为监理工程师提供的建筑物、家具、车辆以及各项服务，也应逐项详细地予以明确。

2. 关于技术要求、技术规范和施工技术方案

双方可对技术要求、技术规范和施工技术方案等进行进一步讨论和确认，必要的情况

下甚至可以变更技术要求和施工方案。

3．关于合同价格条款

依据计价方式的不同，建设工程施工合同可以分为总价合同、单价合同和成本加酬金合同。一般在招标文件中就会明确规定合同将采用什么计价方式，在合同谈判阶段往往没有讨论的余地。但在可能的情况下，中标人在谈判过程中仍然可以提出降低风险的改进方案。

4．关于价格调整条款

对于工期较长的建设工程，容易遭受货币贬值或通货膨胀等因素的影响，可能给承包人造成较大损失。价格调整条款可以比较公正地解决这一承包人无法控制的风险损失。

无论是单价合同还是总价合同，都可以确定价格调整条款，即是否调整以及如何调整等。可以说，合同计价方式以及价格调整方式共同确定了工程承包合同的实际价格，直接影响着承包人的经济利益。在建设工程实践中，由于各种原因导致费用增加的几率远远大于费用减少的几率，有时最终的合同价格调整金额会很大，远远超过原定的合同总价。因此承包人在投标过程中，尤其是在合同谈判阶段，务必对合同的价格调整条款予以充分的重视。

5．关于合同款支付方式的条款

建设工程施工合同的付款分四个阶段进行，即预付款、工程进度款、最终付款和退还保留金。关于支付时间、支付方式、支付条件和支付审批程序等有很多种可能的选择，并且可能对承包人的成本、进度等产生比较大的影响，因此，合同支付方式的有关条款是谈判的重要方面。

6．关于工期和维修期

中标人与招标人可根据招标文件中要求的工期，或者根据投标人在投标文件中承诺的工期，并考虑工程范围和工程量的变动而产生的影响来商定一个确定的工期。同时，还要明确开工日期、竣工日期等。双方可根据各自的项目准备情况、季节和施工环境因素等条件洽商适当的开工时间。

对于具有较多的单项工程的建设工程项目，可在合同中明确允许分部位或分批提交业主验收(例如成批的房屋建筑工程应允许分栋验收；分多段的公路维修工程应允许分段验收；分多片的大型灌溉工程应允许分片验收等)，并从该批工程验收时起开始计算该部分的维修期，以缩短承包人的责任期限，最大限度地保障自己的利益。

双方应通过谈判明确，由于工程变更(业主在工程实施中增减工程或改变设计等)、恶劣的气候影响，以及种种"作为一个有经验的承包人无法预料的工程施工条件的变化"等原因对工期产生不利影响时的解决办法，通常在上述情况下应该给予承包人要求合理延长工期的权利。

合同文本中应当对维修工程的范围、维修责任及维修期的开始和结束时间有明确的规定，承包人应该只承担由于材料和施工方法及操作工艺等不符合合同规定而产生的缺陷所造成的损失。

承包人应力争以维修保函来代替业主扣留的保留金。与保留金相比，维修保函对承包人有利，主要是因为可提前取回被扣留的现金，而且保函是有时效的，期满将自动作废。同时，它对业主并无风险，真正发生维修费用，业主可凭保函向银行索回款项。因此，这一做法是比较公平的。维修期满后，承包人应及时从业主处撤回保函。

7．合同条件中其他特殊条款的完善

其他特殊条款主要包括：关于合同图纸；关于违约罚金和工期提前奖金；工程量验收以及衔接工序和隐蔽工程施工的验收程序；关于施工占地；关于向承包人移交施工现场和基础资料；关于工程交付；预付款保函的自动减额条款等等。

三、建设工程施工承包合同最后文本的确定和合同签订

1．合同风险评估

在签订合同之前，承包人应对合同的合法性、完备性、合同双方的责任、权益以及合同风险进行评审、认定和评价。

2．合同文件内容

建设工程施工承包合同文件的构成为：合同协议书；工程量及价格；合同条件，包括合同一般条件和合同特殊条件；投标文件；合同技术条件(含图纸中标通知书)；双方代表共同签署的合同补遗(有时也以合同谈判会议纪要形式呈现)；招标文件；其他双方认为应该作为合同组成部分的文件，如投标阶段业主要求投标人澄清问题的函件和承包人所做的文字答复、双方往来函件等。

对所有在招标投标及谈判前后各方发出的文件、文字说明、解释性资料进行清理。对凡是与上述合同构成内容有矛盾的文件，应宣布作废。双方可以在签署的《合同补遗》中，对此作出排除性质的声明。

3．关于合同协议的补遗

在合同谈判阶段双方谈判的结果一般以《合同补遗》的形式呈现，有时也可以以《合同谈判纪要》的形式呈现，形成书面文件。

同时应该注意的是，建设工程施工承包合同必须遵守法律。对于违反法律的条款，即使由合同双方达成协议并签了字，也不受法律保护。

4．签订合同

双方在合同谈判结束后，应按上述内容和形式形成一个完整的合同文本草案，经双方代表认可后形成正式文件。双方核对无误后，由双方代表草签，至此，合同谈判阶段即告结束。此时，承包人应及时准备和递交履约保函，准备正式签署施工承包合同。

实例扩展

××市轨道交通工程全过程造价咨询服务项目(第一期)一、二标段招标公告

招标编号： GLTC——2012HN264

招标人： ××市轨道交通集团有限公司

××市轨道交通集团有限公司对其××市轨道交通工程全过程造价咨询服务项目(第一期)进行国内公开招标，欢迎符合条件的投标人参与。

一、工程概况

××市轨道交通1号线一期工程从汽车北站起，止于××路高架站，线路全长23.86 km，其中地下线21.36 km，高架线2.5 km，全线设站20座，其中地下站19座，高架站1座，换乘站有4座。设尚双塘车辆段一座，在汽车北站与侯家塘设两座主变电所，与2号线共用控制中心。1号线总概算约142亿元，其中建安工程费用(含设备购置费，不含车辆购置费)约93亿元。

××市轨道交通2号线工程包括2号线一期工程及2号线西延线工程，从梅溪湖西站起，止于光达站，线路全长26.915 km，全部为地下线，全线设站22座，换乘站有6座。设黄兴车辆段与综合基地，在西湖公园与体育新城设两座主变电所，在武广片区设运营控制中心。2号线一期工程及2号线西延线总概算约146亿元，其中建安工程费用(含设备购置费，不含车辆购置费)约97亿元。

1. 工程名称：××市轨道交通工程全过程造价咨询服务项目(第一期)。
2. 标段划分：划分为两个标段。
第一标段：××轨道交通工程1号线全过程造价咨询服务；
第二标段：××轨道交通工程2号线全过程造价咨询服务。
3. 项目预算：第一标段约为1500万元，第二标段约为1430万元。
4. 资金来源：自筹和财政资金。
5. 咨询服务时间：自合同签订之日起至2015年12月完成(暂定)。若咨询服务时间调整，投标人应适时调整其工作进度，费率不因时间调整而变化。
6. 招标范围：
第一标段招标范围包括：
(1) 1号线轨道交通机电设备安装工程的工程量清单及招标控制价编制工作；
(2) 2号线西延线、黄兴车辆段、运营控制中心机电设备安装工程的工程量清单及招标控制价审核工作；
(3) 全过程造价咨询包括但不限于轨道交通工程1号线全线工程(包括尚双塘车辆段)施工图的工程量价核算；全线工程变更的工程量价及施工索赔洽商审核；管线迁改、交通疏解、设备采购、机电设备安装等建设全过程造价咨询工作，具体见投标须知工作服务内容。

第二标段招标范围包括：
(1) 1号线轨道交通机电设备安装工程的工程量清单及招标控制价审核工作；
(2) 2号线西延线、黄兴车辆段和运营控制中心的机电设备安装工程的工程量清单及招标控制价编制工作；
(3) 全过程造价咨询包括但不限于轨道交通工程2号线全线工程(包括西延线、黄兴车辆段和运营控制中心)施工图的工程量价核算；全线工程变更的工程量价及施工索赔洽商审核；管线迁改、交通疏解、设备采购、机电设备安装等建设全过程造价咨询工作，具体见投标须知工作服务内容。

二、投标人资格要求

1. 投标人须为具有独立法人资格，自主经营、独立核算的公司，营业执照经年检合格，且具备由相关行政主管部门颁发的工程造价咨询甲级资质。

2. 投标人须同时承担过以下两种类似业绩项目：

(1) 承担过 1 个或以上合同签订时间在 2011 年 9 月 30 日前的中国境内(不含港、澳、台地区)城市轨道交通工程全过程造价咨询服务的项目。

类似工程业绩以合同为准，其合同内容至少包括施工图的工程量价审核、设计变更和结算审核内容，上述工作内容可不在同一合同项下。若合同中不能体现上述工作内容的，还须提供业主证明文件等相关资料予以证明。

(2) 本项目开标日前已完成过 1 个或以上中国境内(不含港、澳、台地区)的城市轨道交通工程机电设备安装工程的工程量清单及招标控制价编制工作的项目。

类似工程业绩以合同及成果文件为准，其合同内容至少包括轨道工程、通信、信号和自动化控制(综合监控、门禁、ACC\AFC)专业，各专业可不在同一个合同项下，以上资料须同时提供；若合同及成果文件不能体现上述工作内容的，须提供业主证明文件等相关资料予以证明。

3. 拟任项目负责人须具有相关行政主管部门颁发的在本单位注册的全国造价工程师执业资格证，并以同等职位承担过 1 个或以上合同签订时间在 2011 年 9 月 30 日前的中国境内(不含港、澳、台地区)城市轨道交通工程全过程造价咨询服务的项目。

类似工程业绩以合同为准，其合同内容至少包括施工图的工程量价审核、设计变更和结算审核内容，上述工作内容可不在同一合同项下。若合同中不能体现上述工作内容和项目负责人情况的，还须提供业主证明文件等相关资料予以证明。

4. 单位负责人为同一人或者存在控股、管理关系的不同单位，不得参加同一标段投标或者未划分标段的同一招标项目投标；招标人的任何不具独立法人资格的附属机构(单位)，或者为招标项目的前期准备或者监理工作提供招标代理、设计、咨询服务的任何法人及其任何附属机构(单位)，都无资格参加该招标项目的投标。违反以上规定的，相关投标均无效。

三、招标文件及其他资料的获取

凡有意参加投标者，请于 2012 年 10 月 22 日至 2012 年 11 月 13 日登录××市建设工程招标投标监管网和××市公共资源交易监管网免费下载招标文件、图纸及其他资料。

四、投标保证金

1. 投标保证金金额：第一标段人民币叁拾万元整，第二标段人民币贰拾伍万元整。

2. 投标保证金的形式：各投标单位从其相应的基本存款账户以转账方式交纳至以下账号，企业付款名称必须与投标人名称相一致(分支机构提交无效)：

保证金开户名称：××市公共资源交易中心投标保证金专户

项目名称：××市轨道交通工程全过程造价咨询服务项目(第一期)　　标段

开户银行：××行××××支行

账号：43001792061059778899

3. 截止时间：投标截止时间前到账，以银行到账为准，在开标时予以查验，请投标人携带转账凭证在开标现场备查。

4. 未按上述要求提交投标保证金的，其投标文件不合格，被确定为不合格投标人。

5. 退还保证金时仍以转账方式退回到投标人原转出账户，一律不退现金。

投标人在提交投标保证金时须在转账支票的进账单或电汇单上的用途栏或备注栏中正确填写所投项目名称。

五、招标答疑

投标人若对招标文件及其他资料有任何疑问，应在 2012 年 10 月 28 日 17:00 前将疑问上传至××市建设工程招标投标监管网和××市公共资源交易监管网的答疑专区内，逾时不予受理，投标人的疑问不得透露单位和个人信息，不得出现投标单位名称。

答疑文件及招标文件的修改或澄清于投标截止时间 15 天前将在××市建设工程招标投标监管网及××市公共资源交易监管网上发布，敬请投标人关注，恕不另行通知，如有遗漏，招标人概不负责。当招标文件、招标文件的澄清、修改、补充等在同一内容的表述上不一致时，以最后发出的文件为准。

六、投标文件的递交及开标

1. 开标时间和投标截止时间：2012 年 11 月 14 日 9:00(北京时间)。
2. 开标及投标地点：××公共资源交易中心(××市××路××号××××大厦)。
3. 逾期送达的或者未送达指定地点的投标文件，招标人不予受理。
4. 开标时由投标人法定代表人携带法定代表人资格证明资料或授权委托人携带授权委托书原件(须由法定代表人亲笔签署)及本人身份证、《投标承诺函》、资格后审资料及投标文件参加。

七、资格审查方式

资格后审。

八、评标办法

综合评估法。

九、发布公告的媒介

本次招标公告在湖南省招标投标监管网、××市建设工程招标投标监管网、××市公共资源交易监管网发布。

 读一读

想到的邮件未发出，没想到的投诉却到来

案情简介：

H 采购招标代理机构接受委托，为某宾馆发布了多功能厅进行音响及照明设备采购招标公告，按照招标程序经过资格审查确定了七家供应商，发售了招标文件。在招标文件答疑会上，多数供应商对招标文件中要求"所有采购设备均需要提供生产厂家授权证明"表示很难做到。经过专业人员的相互沟通，并与参加答疑会的供应商商定，把招标文件中的"所有采购设备均须提供生产厂家授权证明"这一条款改为"设备列表中的前六项必须提供生产厂家的授权证明"。

主持人表示，有关人员将会把答疑文件用电子邮件发送给供应商。

有关人员则认为，所谓答疑文件就这么一句话，再也没有其他内容。会上都明确了，并已经达成共识，他们提供的设备列表中前六项生产厂家授权证明我们已经认可了，如愿

意多提供也没有什么坏处。结果没有给供应商发送答疑邮件。

采购招标按照预定的程序进行投标、开标、评标、确定中标人、公告中标人。

在评标过程中，以答疑的方式向评标专家组写明"设备列表中的前六项必须提供生产厂家的授权证明"的招标要求。

评定的中标人公告发布之后，一个参加投标但未中标的供应商，向招投标监管部门提出投诉称："公告的中标供应商未能按招标文件的要求提供所有设备的厂家授权证明。""未能实质性地响应招标要求。"投诉供应商主张本次招标无效，应重新组织招标。

招投标监管部门依据相关法律规定以及招标文件进行查处。招标代理虽感委屈，但已经口说无凭，认从处罚。

本案点评：

招投标工作是一项政策性很强的工作，它直接涉及招标人是否给投标人创造了平等的竞争机会，能否选择合适的承包者，更直接涉及投标人的经济利益。因此，招标人在招标工作中的每一项程序，每一个步骤，每一个细节，都必须按照相关规定和要求规范操作。不能怕麻烦，凭个人判断办事。任何一个细小环节的差错、漏洞都可能前功尽弃。本案中的招标代理由于工作不够严谨，导致被投诉后整项招标工作无效，实在是一个很好的警示。

本案中，招标代理工作人员认为，答疑会上所修改的招标文件条款要求，与原发招标文件要求相比，是对其中的非主要设备降低了标准，而不是提高了标准。而且，修改要求是多数供应商先提出来的，即使没有书面文件也不应该发生投诉。但实际情况是，投诉人就是参加了项目答疑会的供应商。

当未中标供应商出于某种动机抓住漏洞提起诉讼时，招投标监管部门只能以法律规定和招标、投标文件为依据进行处理。招标代理只能是接受教训，已经无法改变对自己十分不利的局面。

从招标、投标工作管理细节看，通过本案应该得到以下几点启示：

(1) 只要是更改招标文件内容的事项，哪怕是一个术语，一个标题，或者是对其中条款的先后顺序进行的调整，都必须形成书面文件进行更正，按照相关的规定，发给每个招标文件收受人，并应当要求接收更正招标文件的人进行签收确认。

(2) 此案有一个细节应当引起当事人注意，即在答疑会上提出修改招标文件内容事项的是多数供应商，而不是所有供应商。因此，这种对招标文件内容降低要求的修改很有可能会抹杀某些有能力供应商的竞争优势。

(3) 如本案的情况下，可以当场写下这句话，并由与会供应商当场签字确认，即可避免遭受投诉时没有书面证据的不利境地。

练一练

1. 当采用单价合同招标时，对于投标书中明显的数字计算错误，业主有权利先做修改再投标，当总价和单价的计算结果不一致时，以单价为准调整总价，这体现了单价合同的(　　)特点。

A. 工程量优先　　　　　　　　B. 总价优先

C．单价优先　　　　　　　　　　D．风险均摊

2．下列建设工程项目招标投标活动中，属于合同要约行为的是(　　)。

A．提交投标文件　　　　　　　　B．订立承包合同

C．发出中标通知书　　　　　　　D．发布招标公告

3．组成联合体投标的，中标后联合体各方应当共同与招标人签订合同。就中标项目，联合体应向招标人承担责任的方式是(　　)。

A．联合体各方各自承担自己的责任　　B．指定一方承担责任

C．联合体各方承担连带责任　　　　　D．由承包额最大的一方承担责任

4．根据《招标投标法》规定，投标人在提交投标文件截止日后、投标有效期终止日前撤回标书，则招标人(　　)。

A．应无偿退回投标保证金　　　　　B．可处以两倍保证金的罚款

C．扣除保证金的50%　　　　　　　D．可没收投标保证金

5．下列各项关于投标担保的说法中，正确的是(　　)。

A．与投标担保相类似，投标人在招标时也应提供招标担保

B．当投标项目出现问题，需要重新招标甚至终止招标时，即使责任完全在招标人一方，招标人仍可以拒绝所有招标，且无需对投标人承担赔偿责任

C．在招标文件规定的投标有效期内，投标人可以撤回投标文件

D．施工招投标中的投标担保应当在领取招标文件时提供

6．根据我国招标、投标的有关规定，下列说法正确的是(　　)。

A．招标人必须委托招标代理机构代为办理招标事宜

B．工程招标代理机构的资格分为甲、乙两级

C．乙级工程招标代理机构只能承担工程投资额5000万元以下的工程招标代理业务

D．乙级工程招标代理机构不可以跨省、自治区、直辖市承担业务

7．根据我国《招标投标法》的规定，若招标人需要对已发出的招标文件进行必要的修改，应当至少在招标文件中规定的投标文件截止时间的(　　)日内，以书面形式通知所有投标文件收受人。

A．14　　　　　　B．15　　　　　　C．28　　　　　　D．30

8．招标人自行办理招标事宜，应具备(　　)的能力。

A．编制预算和编制招标文件　　　　B．编制工程量清单和编制招标文件

C．编制工程量清单和组织评标　　　D．编制招标文件和组织评标

9．对招标公告的要求，说法不正确的是(　　)。

A．招标公告应当在国家指定的媒介上发表

B．招标公告应当载明招标人名称、地址及招标项目的性质、数量、实施地点和时间

C．招标公告应当载明投标截止日期和获取招标文件的办法

D．拟发布的招标公告应由招标人或招标代理机构的招标负责人签名并加盖公章

10．《招标投标法》明文规定的招标方式为(　　)。

A．公开招标和邀请招标　　　　　　B．公开投标和邀请投标

C．公开招标和公开投标　　　　　　D．公开投标和邀请招标

第二部分

项目施工阶段

情境三

项目成本管理

任务一　认识项目施工成本管理工作

工程项目施工成本管理应从工程投标报价开始，直至项目保证金返还为止，贯穿于项目实施的全过程。成本作为项目管理的一个关键性目标，包括责任成本目标和计划成本目标，它们的性质和作用不同。前者反映公司对施工成本目标的要求，后者是前者的具体化，把施工成本在公司层和项目经理部的运行有机地连接起来。

根据成本运行规律，成本管理责任体系应包括公司层和项目经理部。公司层的成本管理除生产成本以外，还包括经营管理费用；项目经理部应对生产成本进行管理。公司层贯穿于项目投标、实施和结算过程，体现效益中心的管理职能；项目经理部则着眼于执行公司确定的施工成本管理目标，发挥现场生产成本控制中心的管理职能。

一、施工成本管理的任务

施工成本是指在建设工程项目的施工过程中所发生的全部生产费用的总和，包括所消耗的原材料、辅助材料、构配件等费用；周转材料的摊销费或租赁费；施工机械的使用费或租赁费；支付给生产工人的工资、奖金、工资性质的津贴以及进行施工组织与管理所发生的全部费用支出等。建设工程项目施工成本由直接成本和间接成本所组成。

直接成本是指施工过程中耗费的构成工程实体或有助于工程实体形成的各项费用支出，是可以直接计入工程对象的费用，包括人工费、材料费和施工机具使用费等。

间接成本是指准备施工、组织和管理施工生产的全部费用支出，是非直接用于也无法直接计入工程对象，但为进行工程施工所必须发生的费用，包括管理人员工资、办公费、差旅交通费等。

施工成本管理就是要在保证工期和质量满足要求的情况下，采取相应管理措施，包括组织措施、经济措施、技术措施、合同措施，把成本控制在计划范围内，并进一步寻求最大程度的成本节约。施工成本管理的任务和环节主要包括施工成本预测、施工成本计划、施工成本控制、施工成本核算、施工成本分析和施工成本考核。

1. 施工成本预测

施工成本预测是在工程施工前对成本进行的估算，它是根据成本信息和施工项目的具体情况，运用一定的专门方法，对未来的成本水平及其发展趋势作出科学的估计。通过成本预测，可以在满足项目业主和本企业要求的前提下，选择成本低、效益好的最佳成本方案，并能够在施工项目成本形成过程中，针对薄弱环节，加强成本控制，克服盲目性，提高预见性。因此，施工成本预测是施工项目成本决策与计划的依据。施工成本预测，通常是对施工项目计划工期内影响其成本变化的各个因素进行分析，比照近期已完工施工项目或将完工施工项目的成本(单位成本)，预测这些因素对工程成本中有关项目(成本项目)的影响程度，预测出工程的单位成本或总成本。

2. 施工成本计划

施工成本计划是以货币形式编制施工项目在计划期内的生产费用、成本水平、成本降低率以及为降低成本所采取的主要措施和规划的书面方案。它是建立施工项目成本管理责任制、开展成本控制和核算的基础，此外，它还是项目降低成本的指导文件，是设立目标成本的依据，即成本计划是目标成本的一种形式。

1) 施工成本计划编制原则

为了编制出能够发挥积极作用的施工成本计划，在编制施工成本计划时应遵循以下一些原则：

(1) **从实际情况出发**。编制成本计划必须根据国家的方针政策，从企业的实际情况出发，充分挖掘企业内部潜力，使降低成本指标既积极可靠，又切实可行。施工项目管理部门降低成本的潜力在于正确选择施工方案，合理组织施工；提高劳动生产率；改善材料供应；降低材料消耗；提高机械利用率；节约施工管理费用等。但必须注意避免以下情况发生：

① 为了降低成本而偷工减料，忽视质量；

② 不顾机械的维护修理而过度、不合理使用机械；

③ 片面增加劳动强度，加班加点；

④ 忽视安全工作，未给职工办理相应的保险等。

(2) **与其他计划相结合**。施工成本计划必须与施工项目的其他计划，如施工方案、生产进度计划、财务计划、材料供应及消耗计划等密切结合，保持平衡。一方面，成本计划要根据施工项目的生产、技术组织措施、劳动工资、材料供应和消耗等计划来编制；另一方面，其他各项计划指标又影响着成本计划，所以其他各项计划在编制时应考虑降低成本的要求，与成本计划密切配合，而不能单纯考虑单一计划本身的要求。

(3) **采用先进技术经济定额**。施工成本计划必须以各种先进的技术经济定额为依据，并结合工程的具体特点，采取切实可行的技术组织措施作保证。只有这样，才能编制出既有科学依据，又切实可行的成本计划，从而发挥施工成本计划的积极作用。

(4) **统一领导、分级管理**。编制成本计划时应采用统一领导、分级管理的原则，同时应树立全员进行施工成本控制的理念。在项目经理的领导下，以财务部门和计划部门为主体，发动全体职工共同进行，总结降低成本的经验，找出降低成本的正确途径，使成本计划的制定与执行更符合项目的实际情况。

(5) **适度弹性**。施工成本计划应留有一定的余地，保持计划的弹性。在计划期内，项目经理部的内部或外部环境都有可能发生变化，尤其是材料供应、市场价格等具有很大的不确定性，给拟定计划带来困难。因此在编制计划时应充分考虑到这些情况，使计划具有一定的适应环境变化的能力。

2) 施工成本计划应满足的要求

(1) 合同规定的项目质量和工期要求；

(2) 组织对项目成本管理目标的要求；

(3) 以经济合理的项目实施方案为基础的要求；

(4) 有关定额及市场价格的要求；

(5) 类似项目提供的启示。

3) 施工成本计划的具体内容

(1) **编制说明**。编制说明指对工程的范围、投标竞争过程及合同条件、承包人对项目经理提出的责任成本目标、施工成本计划编制的指导思想和依据等的具体说明。

(2) **施工成本计划的指标**。施工成本计划的指标应经过科学的分析预测确定，可以采用对比法、因素分析法等方法。一般情况下有以下三类指标：

① 成本计划的数量指标，如：

● 按子项汇总的工程项目计划总成本指标；

● 按分部汇总的各单位工程(或子项目)计划成本指标；

● 按人工、材料、机具等各主要生产要素划分的计划成本指标。

② 成本计划的质量指标，如施工项目总成本降低率，可采用：

● 设计预算成本计划降低率 = 设计预算总成本计划降低额 / 设计预算总成本；

● 责任目标成本计划降低率 = 责任目标总成本计划降低额 / 责任目标总成本。

③ 成本计划的效益指标，如工程项目成本降低额：

● 设计预算成本计划降低额 = 设计预算总成本 − 计划总成本；

● 责任目标成本计划降低额 = 责任目标总成本 − 计划总成本。

(3) **单位工程计划成本汇总表**。按工程量清单列出单位工程计划成本汇总表，见表3.1。

表3.1 单位工程计划成本汇总表

	清单项目编码	清单项目名称	合同价格	计划成本
1				
2				
⋮				

(4) **单位工程成本计划表**。按成本性质划分的单位工程成本汇总表，根据清单项目的造价分析，分别对人工费、材料费、机具费和企业管理费进行汇总，形成单位工程成本计划表。

成本计划应在项目实施方案确定和不断优化的前提下进行编制，因为不同的实施方案将导致人、料、机费和企业管理费的差异。成本计划的编制是施工成本预控的重要手段。因此，应在工程开工前编制完成，以便将计划成本目标分解落实，为各项成本的执行提供明确的目标、控制手段和管理措施。

3. 施工成本控制

施工成本控制是在施工过程中，对影响施工成本的各种因素加强管理，并采取各种有效措施，将施工中实际发生的各种消耗和支出严格控制在成本计划范围内；通过动态监控并及时反馈，严格审查各项费用是否符合标准，计算实际成本和计划成本之间的差异并进行分析，进而采取多种措施，减少或消除施工中的损失浪费。

建设工程项目施工成本控制应贯穿于项目从投标阶段开始直至保证金返还的全过程，它是企业全面成本管理的重要环节。施工成本控制可分为事先控制、事中控制(过程控制)和事后控制。在项目的施工过程中，需按动态控制原理对实际施工成本的发生过程进行有效控制。

合同文件和成本计划规定了成本控制的目标，进度报告、工程变更与索赔资料是成本控制过程中的动态资料。

成本控制的程序体现了动态跟踪控制的原理。成本控制报告可单独编制，也可以根据需要与进度、质量、安全和其他进展报告结合，提出综合进展报告。

成本控制应满足下列要求：

(1) 要按照计划成本目标值来控制生产要素的采购价格，并认真做好材料、设备进场数量和质量的检查、验收与保管；

(2) 要控制生产要素的利用效率和消耗定额，如任务单管理、限额领料、验工报告审核等。同时要做好不可预见成本风险的分析和预控，包括编制相应的应急措施等；

(3) 控制影响效率和消耗量，进而引起成本增加的其他因素(如工程变更等)；

(4) 把施工成本管理责任制度与对项目管理者的激励机制结合起来，以增强管理人员的成本意识和控制能力；

(5) 承包人必须有一套健全的项目财务管理制度，按规定的权限和程序对项目资金的使用和费用的结算支付进行审核、审批，使其成为施工成本控制的一个重要手段。

4. 施工成本核算

施工成本核算包括两个基本环节：一是按照规定的成本开支范围对施工费用进行归集和分配，计算出施工费用的实际发生额；二是根据成本核算对象，采用适当的方法，计算出该施工项目的总成本和单位成本。施工成本管理需要正确及时地核算施工过程中发生的各项费用，计算施工项目的实际成本。施工项目成本核算所提供的各种成本信息，是成本预测、成本计划、成本控制、成本分析和成本考核等各个环节的依据。

施工成本核算一般以单位工程为对象，但也可以按照承包工程项目的规模、工期、结构类型、施工组织和施工现场等情况，结合成本管理要求，灵活划分成本核算对象。施工成本核算的基本内容包括：

(1) 人工费核算；

(2) 材料费核算；

(3) 周转材料费核算；

(4) 结构件费核算；

(5) 机械使用费核算；

(6) 措施费核算；

(7) 分包工程成本核算；

(8) 企业管理费核算；

(9) 项目月度施工成本报告编制。

施工成本核算制是明确施工成本核算的原则、范围、程序、方法、内容、责任及要求的制度。项目管理必须实行施工成本核算制，它和项目经理责任制等共同构成了项目管理的运行机制。公司层与项目经理部的经济关系、管理责任关系、管理权限关系，以及项目管理组织所承担的责任成本核算的范围、核算业务流程和要求等，都应以制度的形式作出明确的规定。

项目经理部要建立一系列项目业务核算台账和施工成本会计账户，实施全过程的成本核算，具体可分为定期的成本核算和竣工工程成本核算。定期的成本核算，如：每天、每周、每月的成本核算等，是竣工工程全面成本核算的基础。

形象进度、产值统计、实际成本归集"三同步"，即三者的取值范围应是一致的。形象进度表达的工程量、统计施工产值的工程量和实际成本归集所依据的工程量均应是相同的数值。

对竣工工程的成本核算，应区分为竣工工程现场成本和竣工工程完全成本，分别由项目经理部和企业财务部门进行核算分析，其目的在于分别考核项目管理绩效和企业经营效益。

5．施工成本分析

施工成本分析是在施工成本核算的基础上，对成本的形成过程和影响成本升降的因素进行分析，以寻求进一步降低成本的途径，包括有利偏差的挖掘和不利偏差的纠正。施工成本分析贯穿于施工成本管理的全过程，它是在成本的形成过程中，主要利用施工项目的成本核算资料(成本信息)，与目标成本、预算成本以及类似的施工项目的实际成本等进行比较，了解成本的变动情况；同时也要分析主要技术经济指标对成本的影响，系统地研究成本变动的因素，检查成本计划的合理性，并通过成本分析，深入研究成本变动的规律，寻找降低施工项目成本的途径，以便有效地进行成本控制。成本偏差的控制，分析是关键，纠偏是核心；要针对分析得出的偏差发生原因，采取切实措施，加以纠正。

成本偏差分为局部成本偏差和累计成本偏差。局部成本偏差包括按项目的月度(或周、天等)核算成本偏差、按专业核算成本偏差以及按分部分项作业核算成本偏差等；累计成本偏差是指已完工程在某一时间点上实际总成本与相应的计划总成本的差异。分析成本偏差的原因，应采取定性和定量相结合的方法。

6．施工成本考核

施工成本考核是指在施工项目完成后，施工项目成本形成中的各责任者，按施工项目成本目标责任制的有关规定，将成本的实际指标与计划、定额、预算进行对比和考核，评定施工项目成本计划的完成情况和各责任者的业绩，并以此给予相应的奖励和处罚。通过成本考核，做到有奖有惩，赏罚分明，才能有效地调动每一位员工在各自施工岗位上努力完成目标成本的积极性，从而降低施工项目成本，提高企业的效益。

施工成本考核是衡量成本降低的实际成果，也是对成本指标完成情况的总结和评价。成本考核制度包括考核的目的、时间、范围、对象、方式、依据、指标、组织领导、评价与奖惩原则等内容。

以施工成本降低额和施工成本降低率作为成本考核的主要指标，要加强公司层对项目经理部的指导，并充分依靠技术人员、管理人员和作业人员的经验和智慧，防止项目管理在企业内部异化为靠少数人承担风险的以包代管模式。成本考核也可分别考核公司层和项目经理部。

公司层对项目经理部进行考核与奖惩时，既要防止虚盈实亏，也要避免实际成本归集差错等的影响，使施工成本考核真正做到公平、公正、公开，在此基础上落实施工成本管理责任制的奖惩或激励措施。

施工成本管理的每一个环节都是相互联系和相互作用的。成本预测是成本决策的前提，成本计划是成本决策所确定目标的具体化。成本计划控制则是对成本计划的实施进行控制和监督，保证决策的成本目标的实现，而成本核算又是对成本计划是否实现的最后检验，它所提供的成本信息又将为下一个施工项目成本预测和决策提供基础资料。成本考核是实现成本目标责任制的保证和实现决策目标的重要手段。

二、施工成本管理的措施

1．施工成本管理的基础工作

施工成本管理的基础工作是多方面的，成本管理责任体系的建立是其中最根本、最重要的基础工作，涉及成本管理的一系列组织制度、工作程序、业务标准和责任制度的建立。除此而外，应从以下各方面为施工成本管理创造良好的基础条件。

(1) 统一组织内部工程项目成本计划的内容和格式。其内容应能反映施工成本的划分、各成本项目的编码及名称、计量单位、单位工程量计划成本及合计金额等。这些成本计划的内容和格式应由各个企业按照自己的管理习惯和需要进行设计。

(2) 建立企业内部施工定额并保持其适应性、有效性和相对的先进性，为施工成本计划的编制提供支持。

(3) 建立生产资料市场价格信息的收集网络和必要的派出询价网点，做好市场行情预测，保证采购价格信息的及时性和准确性。同时，建立企业的分包商、供应商评审注册名录，发展稳定、良好的供方关系，为编制施工成本计划与采购工作提供支持。

(4) 建立已完项目的成本资料、报告报表等的归集、整理、保管和使用管理制度。

(5) 科学设计施工成本核算账册体系、业务台账、成本报告报表，为施工成本管理的业务操作提供统一的范式。

2．施工成本管理的措施

为了取得施工成本管理的理想成效，应当从多方面采取措施实施管理，通常可以将这些措施归纳为组织措施、技术措施、经济措施、合同措施。

(1) **组织措施**。组织措施是从施工成本管理的组织方面采取的措施。施工成本控制是全员的活动，如实行项目经理责任制，落实施工成本管理的组织机构和人员，明确各级施工成本管理人员的任务和职能分工、权力与责任。施工成本管理不仅是专业成本管理人员的工作，各级项目管理人员都负有成本控制责任。

组织措施的另一方面是编制施工成本控制工作计划，确定合理详细的工作流程。要做好施工采购计划，通过生产要素的优化配置、合理使用、动态管理，有效控制实际成本；加强施工定额管理和施工任务单管理，控制活劳动和物化劳动的消耗；加强施工调度，避免因施工计划不周和盲目调度造成窝工损失、机械利用率降低、物料积压等现象。成本控制工作只有建立在科学管理的基础之上，具备合理的管理体制、完善的规章制度、稳定的作业秩序、完整准确的信息传递，才能取得成效。组织措施是其他各类措施的前提和保障，而且一般不需要增加额外的费用，运用得当可以取得良好的效果。

(2) **技术措施**。施工过程中降低成本的技术措施，包括进行技术经济分析，确定最佳的施工方案；结合施工方法，进行材料使用的比选，在满足功能要求的前提下，通过代用、改变配合比、使用外加剂等方法降低材料消耗的费用；确定最合适的施工机械、设备使用方案；结合项目的施工组织设计及自然地理条件，降低材料的库存成本和运输成本；应用先进的施工技术，运用新材料，使用先进的机械设备等。在实践中，也要避免仅从技术角度选定方案而忽视对其经济效果的分析论证。

技术措施不仅对解决施工成本管理过程中的技术问题是不可缺少的，而且对纠正施工成本管理目标偏差也有相当重要的作用。因此，运用技术纠偏措施的关键，一是要能提出多个不同的技术方案；二是要对不同的技术方案进行技术经济分析比较，以选择最佳方案。

(3) **经济措施**。经济措施是最易为人们所接受和采用的措施。管理人员应编制资金使用计划，确定、分解施工成本管理目标。对施工成本管理目标进行风险分析，并制定防范性对策。对各种支出，应认真做好资金的使用计划，并在施工中严格控制各项开支。及时准确地记录、收集、整理、核算实际支出的费用。对各种变更，及时做好增、减账，及时落实业主签证，及时结算工程款。通过偏差分析和未完工工程预测，可发现一些潜在的可能引起未完工程施工成本增加的问题，对这些问题应以主动控制为出发点，及时采取预防措施。因此，经济措施的运用绝不仅仅是财务人员的事情。

(4) **合同措施**。采用合同措施控制施工成本，应贯穿整个合同周期，包括从合同谈判开始到合同终结的全过程。对于分包项目，首先是选用合适的合同结构，对各种合同结构模式进行分析、比较，在合同谈判时，要争取选用适合于工程规模、性质和特点的合同结构模式。其次，在合同的条款中应仔细考虑一切影响成本和效益的因素，特别是潜在的风险因素。通过对引起成本变动的风险因素的识别和分析，采取必要的风险对策，如通过合理的方式，增加承担风险的个体数量，降低损失发生的比例，并最终将这些策略体现在合同的具体条款中。在合同执行期间，合同管理的措施既要密切注视对方合同执行的情况，以寻求合同索赔的机会，同时也要密切关注自己履行合同的情况，以防被对方索赔。

任务二　编制项目施工成本计划

一、成本计划的类型

对于施工项目而言，其成本计划的编制是一个不断深化的过程。在这一过程的不同阶段形成深度和作用不同的成本计划，若按照其发挥的作用可以分为以下三类：

(1) **竞争性成本计划**。竞争性成本计划是施工项目投标及签订合同阶段的估算成本计划。这类成本计划以招标文件中的合同条件、投标者须知、技术规范、设计图纸和工程量清单为依据，以有关价格条件说明为基础，结合调研、现场踏勘、答疑等情况，根据施工企业自身的工料消耗标准、水平、价格资料和费用指标等，对本企业完成投标工作所需要支出的全部费用进行估算。在投标报价过程中，虽也着力考虑降低成本的途径和措施，但总体上比较粗略。

(2) **指导性成本计划**。指导性成本计划是选派项目经理阶段的预算成本计划，是项目经理的责任成本目标。它是以合同价为依据，按照企业的预算定额标准制定的设计预算成本计划，且一般情况下会确定责任总成本的目标。

(3) **实施性成本计划**。实施性成本计划是项目施工准备阶段的施工预算成本计划，它是以项目实施方案为依据，以落实项目经理责任目标为出发点，采用企业的施工定额，通过施工预算的编制而形成的实施性施工成本计划。

以上三类成本计划相互衔接、不断深化，构成了整个工程项目施工成本的计划过程。其中，竞争性成本计划带有成本战略的性质，是施工项目投标阶段商务标书的基础，而有竞争力的商务标书又是以其先进合理的技术标书为支撑的。因此，它奠定了施工成本的基本框架和水平。指导性成本计划和实施性成本计划，都是战略性成本计划的进一步开展和深化，是对战略性成本计划的战术安排。

二、施工预算

施工预算是编制实施性成本计划的主要依据，是施工单位为了加强企业内部的经济核算，在施工图预算的控制下，依据企业内部的施工定额，以建筑安装单位工程为对象，根据施工图纸、施工定额、施工及验收规范、标准图集、施工组织设计(或施工方案)编制的单位工程(或分部分项工程)施工所需的人工、材料和施工机械台班用量的技术经济文件。它是施工企业的内部文件，同时也是施工企业进行劳动调配、物资技术供应、控制成本开支、成本分析和班组经济核算的依据。施工预算不仅规定了单位工程(或分部分项工程)所需人工、材料和施工机械台班用量，还规定了工种的类型，工程材料的规格、品种，所需各种机械的规格，以便有计划、有步骤地合理组织施工，从而达到节约人力、物力和财力的目的。

(一) 施工预算内容

施工预算的内容是以单位工程为对象，进行人工、材料、机械台班数量及其费用总和的计算。它由编制说明和预算表格两部分组成。

1. 编制说明部分

施工预算的编制说明应简明扼要地叙述以下几方面的内容：

(1) 工程概况及建设地点；

(2) 编制的依据(如采用的定额、图纸、图集、施工组织设计等)；

(3) 对设计图纸和说明书的审查意见及编制中的处理方法；

(4) 所编工程的范围;

(5) 在编制时所考虑的新技术、新材料、新工艺、冬季及雨期施工措施、安全措施等;

(6) 工程中还存在和需要进一步解决的其他问题。

2．预算表格部分

(1) **工程量计算汇总表**。工程量计算汇总表是按照施工定额的工程量计算规则做出的重要基础数据。为了便于生产、调度、计划、统计及分期材料供应,根据工程情况,可将工程量分层、分段、分部位进行汇总,然后进行单位工程汇总。

(2) **施工预算工料分析表**。施工预算工料分析表与施工图预算的工料分析表编制方法基本相同,要注意按照工程量计算汇总表的划分,做出分层、分段、分部位的工料分析结果,为施工分期生产计划提供方便条件。

(3) **人工汇总表**。人工汇总表是将工料分析表中的人工按工种分层、分段、分部位进行汇总的表格,是编制劳动力计划、合理调配劳动力的依据。

(4) **材料消耗量汇总表**。机械消耗量汇总表是将工料分析表中不同品种、规格的材料按层、段、部位进行汇总。材料消耗量汇总表是编制材料供应计划的依据。

(5) **机械台班使用量汇总表**。机械台班使用量汇总表是将工料分析表中各种施工机具及消耗台班数量按层、段、部位进行汇总。

(6) **施工预算表**。施工预算表是将已汇总的人工、材料、机械台班消耗数量分别乘以所在地区的人工工资标准、材料预算价格、机械台班单价,计算出人工费、材料费、机械费(有定额单价时可直接使用定额单价)。

(7) **"两算"对比表**。"两算"对比表指同一工程内容的施工预算与施工图预算的对比分析表。将计算出的人工、材料、机械台班消耗数量,以及人工费、材料费、机械费等与施工图预算进行对比,找出节约或超支的原因,作为开工之前的预测分析依据。

(二) 施工预算编制方法

1．施工预算编制依据

(1) 会审后的施工图纸、设计说明书和有关的标准图;

(2) 施工组织设计或施工方案;

(3) 施工图预算书;

(4) 现行的施工定额、材料预算价格、人工工资标准、机械台班费用定额及有关文件;

(5) 工程现场实际勘察与测量资料,如工程地质报告、地下水位标高等;

(6) 建筑材料手册等常用工具性资料。

2．施工预算编制方法

施工预算的具体编制方法如图 3.1 所示。

3．编制时应注意的问题

当定额中仅给出砌筑砂浆、混凝土标号(强度等级),而没有给出砂、石子、水泥用量时,必须根据砂浆或混凝土的标号(强度等级),按定额附录《砂浆配合比表》及《混凝土配合比表》的使用说明进行二次分析,计算出各原材料的用量。

```
┌─────────────────────────────┐   ┌─────────────────────────┐
│熟悉施工图纸、施工组织设计及现场资料│   │熟悉施工定额及有关文件规定│
└─────────────────────────────┘   └─────────────────────────┘
                    │
                    ▼
        ┌─────────────────────────┐
        │ 列出工程项目，计算工程量 │
        └─────────────────────────┘
                    │
                    ▼
  ┌───────────────────────────────────────┐
  │套用定额，计算人工费、材料费、机械费并进行工料分析│
  └───────────────────────────────────────┘
                    │
                    ▼
        ┌─────────────────────────┐
        │ 列出工程项目，计算工程量 │
        └─────────────────────────┘
                    │
                    ▼
  ┌───────────────────────────────────────┐
  │单位工程人工费、材料费、机械费及         │
  │人工、材料、机械台班消耗量汇总           │
  └───────────────────────────────────────┘
                    │
                    ▼
        ┌─────────────────────────┐
        │   进行"两算"对比分析     │
        └─────────────────────────┘
                    │
                    ▼
  ┌───────────────────────────────────────┐
  │ 编写编制说明并填写封面，装订成册        │
  └───────────────────────────────────────┘
```

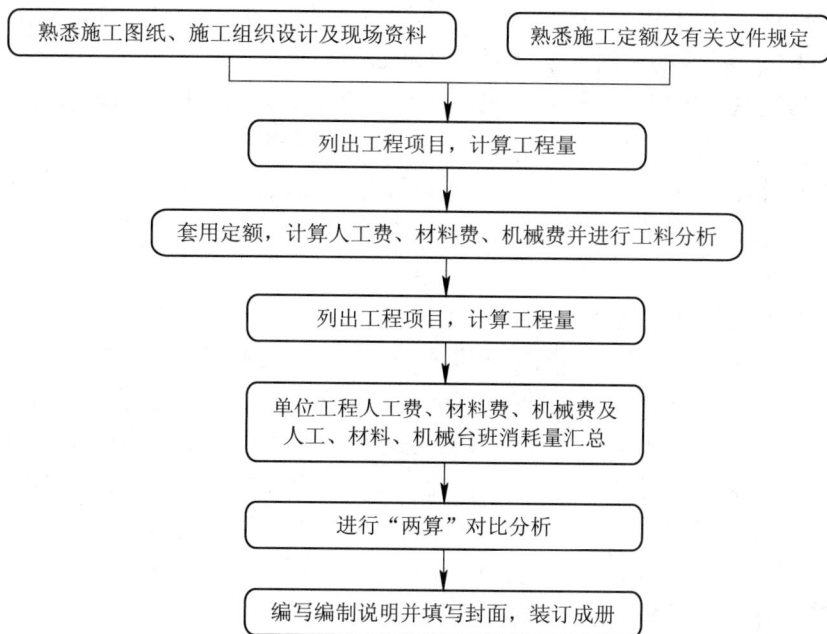

图 3.1　施工预算编制方法

凡确定外加工的成品、半成品，如预制混凝土构件、钢木门窗制作等，不需进行工料分析，应与现场施工的项目区别开，便于基层施工班组的经济核算。

人工分析中的其他用工是指各工种搭接和单位工程之间转移操作地点，临时停水停电，个别材料超运距以及其他细小、难以计算工程量的直接用工。下达班组施工任务单时不应包括这些用工。

(三) 施工图预算与施工预算的对比

施工预算不同于施工图预算。虽然有一定联系，但区别较大。

1．编制的依据不同

施工预算的编制以施工定额为主要依据，施工图预算的编制以预算定额为主要依据。而施工定额比预算定额划分得更详细、更具体，并对其中所包括的内容，如质量要求、施工方法以及所需劳动工日、材料品种、规格型号等均有较详细的规定或要求。

2．适用的范围不同

施工预算是施工企业内部管理用的一种文件，与发包人无直接关系；而施工图预算既适用于发包人，又适用于承包人。

3．发挥的作用不同

施工预算是承包人组织生产、编制施工计划、准备现场材料、签发任务书、考核工效、进行经济核算的依据，它也是承包人改善经营管理、降低生产成本和推行内部经营承包责任制的重要手段；而施工图预算则是投标报价的主要依据。

在编制实施性计划成本时要进行施工预算和施工图预算的对比分析，通过"两算"对比，分析节约和超支的原因，以便提出解决问题的措施，防止工程亏损，为降低工程成本提供依据。"两算"对比的方法有实物对比法和金额对比法。

(1) **实物对比法**。将施工预算和施工图预算计算出的人工、材料消耗量，分别填入"两算"对比表进行对比分析，算出节约或超支的数量及百分比，并分析其原因。

(2) **金额对比法**。将施工预算和施工图预算计算出的人工费、材料费、机具费分别填入"两算"对比表进行对比分析，算出节约或超支的金额及百分比，并分析其原因。

"两算"对比的内容如下：

(1) **人工量及人工费的对比分析**。施工预算的人工数量及人工费比施工图预算一般要低 6%左右。这是由于两者使用不同定额造成的。例如，在砌砖墙项目中，砂子、标准砖和砂浆的场内水平运输距离，施工定额按 50 m 考虑；而计价定额则包括了材料、半成品的超运距用工。同时，计价定额的人工消耗指标还考虑了在施工定额中未包括，而在一般正常施工条件下又不可避免发生的一些零星用工因素，如土建施工各工种之间的工序搭接所需停歇的时间；因工程质量检查和隐蔽工程验收而影响工人操作的时间；施工中不可避免的其他少数零星用工等。因此，施工定额的用工量一般都比预算定额低。

(2) **材料消耗量及材料费的对比分析**。施工定额的材料损耗率一般都低于计价定额，同时，编制施工预算时还要考虑扣除技术措施的材料节约量。因此，施工预算的材料消耗量及材料费一般低于施工图预算。

有时，由于两种定额之间的水平不一致，个别项目也会出现施工预算的材料消耗量大于施工图预算的情况。不过，总的水平应该是施工预算低于施工图预算。如果出现反常情况，则应进行分析研究，找出原因，制定相应的措施。

(3) **施工机具费的对比分析**。施工预算机具费指施工作业所发生的施工机械、仪器仪表使用费或其租赁费。而施工图预算的施工机具是计价定额综合确定的，与实际情况可能不一致。因此，施工机具部分只能采用两种预算的机具费进行对比分析。如果发生施工预算的机具费大量超支，而又无特殊原因，则应考虑改变原施工方案，尽量做到不亏损而略有盈余。

(4) **周转材料使用费的对比分析**。周转材料主要指脚手架和模板。施工预算的脚手架是根据施工方案确定的搭设方式和材料计算的，施工图预算则是综合了脚手架搭设方式，按不同结构和高度，以建筑面积为基数计算的；施工预算模板是按混凝土与模板的接触面积计算的，施工图预算的模板则是按混凝土体积综合计算的。因而，周转材料宜按其发生的费用进行对比分析。

三、施工成本计划的编制依据

施工成本计划是施工项目成本控制的一个重要环节，是实现降低施工成本任务的指导性文件。如果针对施工项目所编制的成本计划达不到目标成本要求，就必须组织施工项目经理部的有关人员重新研究，寻找降低成本的途径，重新进行编制。同时，编制成本计划的过程也是动员全体施工项目管理人员的过程，是挖掘降低成本潜力的过程，是检验施工技术质量管理、工期管理、物资消耗和劳动力消耗管理等是否有效落实的过程。

编制施工成本计划，需要广泛收集相关资料并进行整理，以作为施工成本计划编制的依据。在此基础上，根据有关设计文件、工程承包合同、施工组织设计、施工成本预测资料等，按照施工项目应投入的生产要素，结合各种因素变化的预测和拟采取的各种措施，估算施工项目生产费用支出的总水平，进而提出施工项目的成本计划控制指标，确定目标总成本。在目标总成本确定后，应将总目标分解落实到各级部门，以便有效地进行控制。最后，通过综合平衡，编制完成施工成本计划。

成本计划编制依据应包括下列内容：

(1) 合同文件；

(2) 项目管理实施规划；

(3) 相关设计文件；

(4) 价格信息；

(5) 相关定额；

(6) 类似项目的成本资料。

项目管理机构应通过系统的成本策划，按成本组成、项目结构和工程实施阶段分别编制项目成本计划。成本计划编制应符合下列规定：

(1) 由项目管理机构负责组织编制；

(2) 项目成本计划对项目成本控制具有指导性；

(3) 各成本项目指标和降低成本指标明确。

项目成本计划编制应符合下列程序：

(1) 预测项目成本；

(2) 确定项目总体成本目标；

(3) 编制项目总体成本计划；

(4) 项目管理机构与组织的职能部门根据其责任的成本范围，分别确定自己的成本目标，并编制相应的成本计划；

(5) 针对成本计划制定相应的控制措施；

(6) 由项目管理机构与组织的职能部门负责人分别审批相应的成本计划。

四、按施工成本组成编制施工成本计划的方法

施工总成本目标确定之后，还需通过编制详细的实施性施工成本计划把目标成本层层分解，落实到施工过程的每个环节，有效地进行成本控制。施工成本计划的编制方式有：

(1) 按施工成本构成编制施工成本计划；

(2) 按施工项目组成编制施工成本计划；

(3) 按施工进度编制施工成本计划。

按照成本构成要素划分，建筑安装工程费由人工费、材料(包含工程设备)费、施工机具使用费、企业管理费、利润、规费和税金组成。其中人工费、材料费、施工机具使用费、企业管理费和利润包含在分部分项工程费、措施项目费、其他项目费中，如图 3.2 所示。

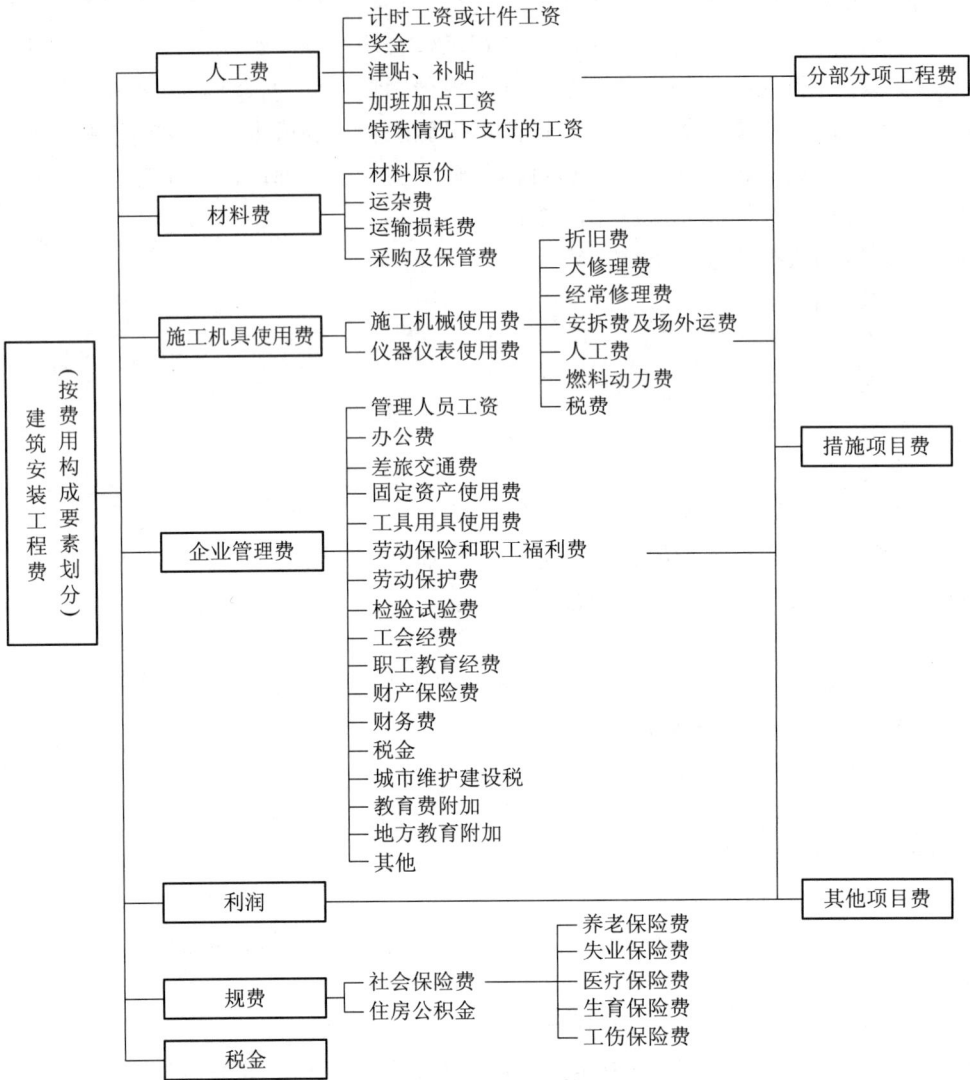

图 3.2　按成本构成要素划分的建筑安装工程费用项目组成

施工成本可以按成本构成分解为人工费、材料费、施工机具使用费和企业管理费等，如图 3.3 所示。在此基础上，编制按施工成本构成分解的施工成本计划。

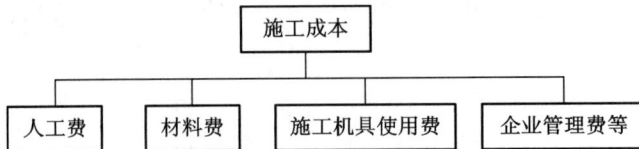

图 3.3　按施工成本构成分解

五、按施工项目组成编制施工成本计划的方法

大中型工程项目通常是由若干单项工程构成的，而每个单项工程包括了多个单位工程，

每个单位工程又是由若干个分部分项工程所构成。因此，首先要把项目总施工成本分解到单项工程和单位工程中，再进一步分解到分部工程和分项工程中，如图 3.4 所示。

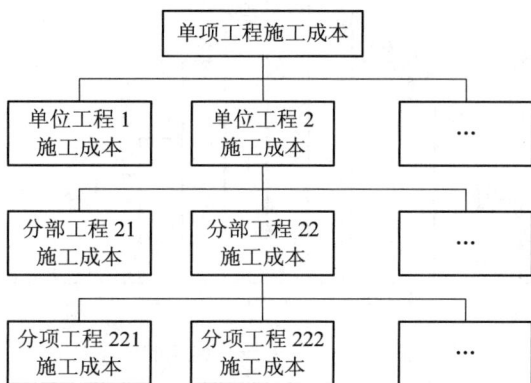

```
              ┌──────────────┐
              │ 单项工程施工成本 │
              └──────────────┘
        ┌─────────┼─────────┐
   ┌─────────┐ ┌─────────┐ ┌─────────┐
   │ 单位工程 1 │ │ 单位工程 2 │ │   …    │
   │ 施工成本   │ │ 施工成本   │ │        │
   └─────────┘ └─────────┘ └─────────┘
        ┌─────────┼─────────┐
   ┌─────────┐ ┌─────────┐ ┌─────────┐
   │ 分部工程 21 │ │ 分部工程 22 │ │   …    │
   │ 施工成本    │ │ 施工成本    │ │        │
   └─────────┘ └─────────┘ └─────────┘
        ┌─────────┼─────────┐
   ┌─────────┐ ┌─────────┐ ┌─────────┐
   │ 分项工程 221 │ │ 分项工程 222 │ │   …    │
   │ 施工成本     │ │ 施工成本     │ │        │
   └─────────┘ └─────────┘ └─────────┘
```

图 3.4　按项目组成分解

在完成施工项目成本目标分解之后，接下来就要具体地分配成本，编制分项工程的成本支出计划，从而形成详细的成本计划表，见表 3.2。

表 3.2　分项工程成本计划表

分项工程编码	工程内容	计量单位	工程数量	计划成本	本分项总计
(1)	(2)	(3)	(4)	(5)	(6)

在编制成本支出计划时，要在项目总体层面上考虑总的预备费，也要在主要的分项工程中安排适当的不可预见费，避免在具体编制成本计划时，可能发现个别单位工程或工程量表中某项内容的工程量计算有较大出入，偏离原来的成本预算。因此，应在项目实施过程中对其尽可能地采取一些措施。

六、按施工进度编制施工成本计划的方法

按施工进度编制施工成本计划，通常可在控制项目进度的网络图的基础上进一步扩充得到。即在建立网络图时，一方面确定完成各项工作所需花费的时间；另一方面确定完成这一工作合适的施工成本支出计划。在实践中，将工程项目分解为既能方便地表示时间，又能方便地表示施工成本支出计划的工作是不容易的，通常如果项目分解程度对时间控制合适的话，则对施工成本支出计划可能分解过细，以至于不可能对每个项目都确定其施工成本支出计划；反之亦然。因此在编制网络计划时，应在充分考虑进度控制对项目划分要求的同时，还要考虑确定施工成本支出计划对项目划分的要求，做到二者兼顾。

通过对施工成本目标按时间进行分解，在网络计划基础上，可获得项目进度计划的横道图，并在此基础上编制成本计划。其表示方式有两种：一种是在时标网络图上按月编制的成本计划直方图，如图 3.5 所示；另一种是用时间-成本累积曲线(S 形曲线)表示，如图 3.6 所示。

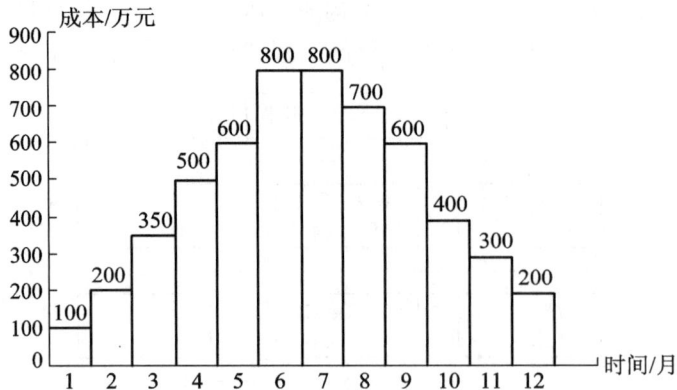

图 3.5　时标网络图上按月编制的成本计划

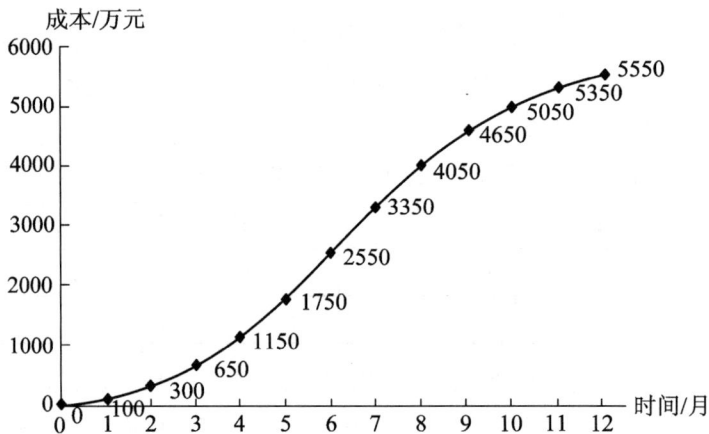

图 3.6　时间-成本累积曲线(S 形曲线)

时间-成本累积曲线的绘制步骤如下：

(1) 确定工程项目进度计划，编制进度计划的横道图。

(2) 根据每单位时间内完成的实物工程量或投入的人力、物力和财力，计算单位时间(月或旬)的成本，在时标网络图上按时间编制成本支出计划，如图 3.5 所示。

(3) 计算规定时间 t 内计划累计支出的成本额。其计算方法是：将各单位时间计划完成的成本额累加求和，计算式为

$$Q_t = \sum_{n=1}^{t} q_n$$

式中：Q_t 为某时间 t 内计划累计支出成本额；q_n 为单位时间 n 的计划支出成本额；t 为某规定计划时刻。

(4) 按各规定时间的 Q_t 值，绘制 S 形曲线，如图 3.6 所示。

每一条 S 形曲线都对应某一特定的工程进度计划。因为在进度计划的非关键路线中存在许多有时差的工序或工作，所以 S 形曲线(成本计划值曲线)必然包络在由全部工作都按

最早开始时间开始和全部工作都按最迟必须开始时间开始的曲线所组成的"香蕉图"内。项目经理可根据编制的成本支出计划来合理安排资金，同时项目经理也可以根据筹措的资金来调整 S 形曲线，即通过调整非关键路线上的工序项目的最早或最迟开工时间，力争将实际的成本支出控制在计划的范围内。

一般而言，所有工作都按最迟开始时间开始，对节约资金贷款利息是有利的，但同时也降低了项目按期竣工的保证率。因此项目经理必须合理地确定成本支出计划，达到既节约成本支出，又能控制项目工期的目的。

以上三种编制施工成本计划的方式并不是相互独立的。在实践中，往往是将这几种方式结合起来使用，从而可以取得扬长避短的效果。例如：将按项目分解总施工成本与按施工成本构成分解总施工成本两种方式相结合，横向按施工成本构成分解，纵向按子项目分解，或相反。这种分解方式有助于检查各分部分项工程施工成本构成是否完整，有无重复计算或漏算；同时还有助于检查各项具体的施工成本支出的对象是否明确或落实，并且可以从数字上校核分解的结果有无错误。或者还可将按子项目分解项目总施工成本计划与按时间分解项目总施工成本计划结合起来，一般纵向按子项目分解，横向按时间分解。

任务三　掌握项目施工成本控制

施工成本控制是在项目成本的形成过程中，对生产经营所消耗的人力资源、物资资源和费用开支进行指导、监督、检查和调整，及时纠正将要发生和已经发生的偏差，把各项生产费用控制在计划成本的范围之内，以保证成本目标的实现。

一、施工成本控制的依据

施工成本控制的依据包括以下内容：

1. 工程承包合同

施工成本控制要以工程承包合同为依据，围绕降低工程成本这个目标，从预算收入和实际成本两方面，研究节约成本、增加收益的有效途径，以求获得最大的经济效益。

2. 施工成本计划

施工成本计划是根据施工项目的具体情况制定的施工成本控制方案，既包括预定的具体成本控制目标，又包括实现控制目标的措施和规划，是施工成本控制的指导文件。

3. 进度报告

进度报告提供了对应时间节点的工程实际完成量、工程施工成本实际支付情况等重要信息。施工成本控制工作正是通过实际情况与施工成本计划相比较，找出二者之间的差别，分析偏差产生的原因，从而采取措施改进以后的工作。此外，进度报告还有助于管理者及时发现工程实施中存在的隐患，并在可能造成重大损失之前采取有效措施，尽量避免损失。

4. 工程变更与索赔资料

在项目的实施过程中，由于各方面的原因，工程变更与索赔是很难避免的。工程变更一般包括设计变更、进度计划变更、施工条件变更、技术规范与标准变更、施工次序变更、工程量变更等。一旦出现工程变更，工程量、工期、成本都有可能发生变化，从而使得成本控制工作变得更加复杂和困难。因此，成本管理人员应当通过对工程变更与索赔中各类数据的计算、分析，及时掌握工程变更情况，包括已发生工程量、将要发生工程量、工期是否拖延、支付情况等重要信息，判断工程变更与索赔可能带来的成本增减。

5. 各种资源的市场信息

根据各种资源的市场价格信息和项目的实施情况，计算项目的成本偏差，估计成本的发展趋势。

二、施工成本控制的程序

要做好施工成本的过程控制，必须制定规范化的过程控制程序。在成本的过程控制中，有两类控制程序，一是管理行为控制程序；二是指标控制程序。管理行为控制程序是对成本全过程控制的基础，指标控制程序则是成本进行过程控制的重点。两个程序既相对独立又相互联系，既相互补充又相互制约。

1. 管理行为控制程序

管理行为控制的目的是确保每个岗位人员在成本管理过程中的管理行为符合事先确定的程序和方法的要求。从这个意义上讲，首先要清楚企业建立的成本管理体系是否能对成本形成的过程进行有效的控制；其次要考察体系是否处在有效的运行状态。管理行为控制程序就是为规范项目施工成本的管理行为而制定的约束和激励机制，内容如下：

(1) **建立项目施工成本管理体系的评审组织和评审程序**。成本管理体系的建立不同于质量管理体系，质量管理体系反映的是企业的质量保证能力，由社会有关组织进行评审和认证；成本管理体系的建立是企业自身生存发展的需要，没有社会组织来评审和认证。因此，企业必须建立项目施工成本管理体系的评审组织和评审程序，定期进行评审和总结，持续改进。

(2) **建立项目施工成本管理体系运行的评审组织和评审程序**。项目施工成本管理体系的运行有一个逐步推行的渐进过程。一个企业的各分公司、项目经理部的运行质量往往是不平衡的。因此，必须建立专门的常设组织，依照程序定期地进行检查和评审。发现问题，总结经验，以保证成本管理体系的保持和持续改进。

(3) **目标考核，定期检查**。管理程序文件应明确每个岗位人员在成本管理中的职责，确定每个岗位人员的管理行为，如应提供的报表、提供的时间和原始数据的质量要求等。要把每个岗位人员是否按要求去履行职责作为一个目标来考核。为了方便检查，应将考核指标具体化，并设专人定期或不定期地进行检查。考核表格可参考表 3.3 来进行设计。

表 3.3 项目成本岗位责任考核表

序号	岗位名称	职 责	检查方法	检查人	检查时间
1	项目经理	建立项目成本管理组织; 组织编制项目施工成本管理手册; 定期或不定期地检查有关人员管理行为是否符合岗位职责要求	查看有无组织结构图; 查看《项目施工成本管理手册》	上级或自查	开工初期检查一次,以后每月检查一次
2	项目工程师	指定采用新技术降低成本的措施; 编制总进度计划; 编制总的工具及设备使用计划	查看资料; 将现场实际情况与计划进行对比	项目经理或其委托人	开工初期检查一次,以后每月检查1~2次
3	主管材料员	编制材料采购计划; 编制材料采购月报表; 对材料管理工作每周组织检查一次; 编制月材料盘点表及材料收发结存报表	查看资料; 对现场实际情况与管理制度中的要求进行对比	项目经理或其委托人	每月或不定期抽查
4	成本会计	编制月度成本计划; 进行成本核算,编制月度成本核算表; 每月编制一次材料复核报告	查看资料; 审核编制依据	项目经理或其委托人	每月检查一次
5	施工员	编制月度用工计划; 编制月材料需求计划; 编制月度工具及设备计划; 开具限额领料单	查看资料; 将计划与实际对比,考核其准确性及实用性	项目经理或其委托人	每月或不定期抽查

应根据检查的内容编制相应的检查表,由项目经理或其委托人检查后填写检查表。检查表要由专人负责整理归档。

(4) **制定对策,纠正偏差**。对管理工作进行检查的目的是为了保证管理工作按预定的程序和标准进行,从而保证项目施工成本管理能够达到预期的目的。因此,对检查中发现的问题,要及时进行分析,然后根据不同的情况,及时采取对策。

2. 指标控制程序

能否达到预期的成本目标,是施工成本控制是否成功的关键。对各岗位人员的成本管理行为进行控制,就是为了保证成本目标的实现。施工项目成本指标控制程序如下:

(1) **确定施工项目成本目标及月度成本目标**。在工程开工之初,项目经理部应根据公司与项目承包方签订的《项目承包合同》确定项目的成本管理目标,并根据工程进度计划确定月度成本计划目标。

(2) **收集成本数据,监测成本形成过程**。过程控制的目的就在于不断纠正成本形成过程中的偏差,保证成本项目的发生是在预定范围之内。因此,在施工过程中要定期收集反映施工成本支出情况的数据,并将实际发生情况与目标计划进行对比,从而保证有效控制成本的整个形成过程。

(3) **分析偏差原因,制定对策**。施工过程是一个多工种、多方位立体交叉作业的复杂活动，成本的发生和形成是很难按预定的目标进行的，因此，需要对产生的偏差及时分析原因，分清是客观因素(如市场调价)还是人为因素(如管理行为失控)，及时制定对策并予以纠正。

(4) **用成本指标考核管理行为**。用管理行为来保证成本指标管理行为的控制程序和成本指标的控制程序是对项目施工成本进行过程控制的主要内容，这两个程序在实施过程中，是相互交叉、相互制约又相互联系的。只有把成本指标的控制程序和管理行为的控制程序相结合，才能保证成本管理工作有序地、富有成效地进行。如图 3.7 所示是成本指标控制程序图。

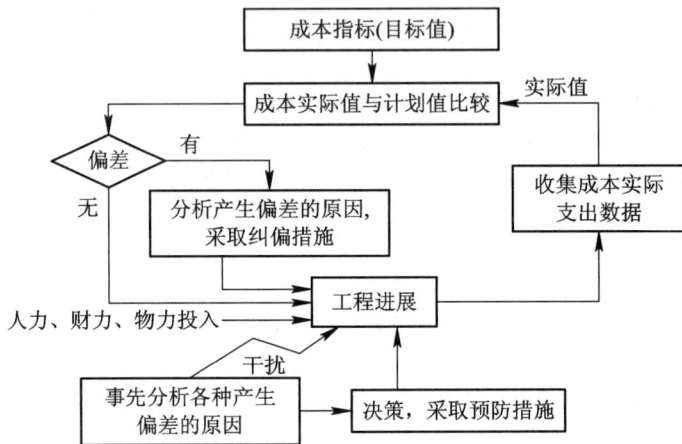

图 3.7　成本指标控制程序图

三、施工成本控制的方法

要做好施工成本的过程控制，必须制定规范化的过程控制程序。在成本的过程控制中，有两类控制程序，一是管理行为控制程序；二是指标控制程序。管理行为控制程序是对成本全过程控制的基础，指标控制程序则是成本进行过程控制的重点。两个程序既相对独立又相互联系，既相互补充又相互制约。

1. 施工成本的过程控制方法

施工阶段是成本发生的主要阶段，这个阶段的成本控制主要是通过确定成本目标并按计划成本组织施工，合理配置资源，对施工现场发生的各项成本费用进行有效控制，其具体的控制方法如下：

(1) **人工费的控制**。人工费的控制实行"量价分离"的方法，将作业用工及零星用工按定额工日的一定比例综合确定用工数量与单价，通过劳务合同进行控制。加强劳动定额管理，提高劳动生产率，降低工程耗用人工工日，是控制人工费支出的主要手段。

(2) **材料费的控制**。材料费控制同样按照"量价分离"原则，控制材料用量和材料价格。

对于材料用量的控制，在保证符合设计要求和质量标准的前提下，合理使用材料，通过定额控制、指标控制、计量控制、包干控制等手段有效控制物资材料的消耗。

而材料价格主要由材料采购部门控制。由于材料价格是由买入价、运杂费、运输中的合理损耗等所组成的，因此控制材料价格主要是通过掌握市场信息，应用招标和询价等方式控制材料、设备的采购价格。

施工项目的材料物资，包括构成工程实体的主要材料和结构件，以及有助于工程实体形成的周转使用材料和低值易耗品。从价值角度看，材料物资的价值约占建筑安装工程造价的 60%甚至 70%以上，因此，对材料价格的控制非常重要。

(3) **施工机械使用费的控制**。合理选择施工机械设备与合理使用施工机械设备对成本控制具有十分重要的意义，尤其是大规模使用机械施工的情况。因此在选择机械时，应根据工程特点和施工条件确定采取机械的组合方式。在确定采用何种组合方式时，首先应满足施工需要；其次要考虑到费用的高低和综合经济效益。

施工机械使用费主要由台班数量和台班单价两方面决定，因此为有效控制施工机械使用费支出，应主要从这两个方面进行控制。

(4) **施工分包费用的控制**。分包工程价格的高低，必然对项目经理部的施工项目成本产生一定的影响。因此，施工项目成本控制的重要工作之一是对分包价格的控制。项目经理部应在确定施工方案的初期就确定需要分包的工程范围，决定分包范围的因素主要是施工项目的专业性和项目规模。对分包费用的控制，主要是要做好分包工程的询价、订立平等互利的分包合同、建立稳定的分包关系网络、加强施工验收和分包结算等工作。

2. 赢得值(挣值)法

赢得值法(Earned Value Management, EVM)作为一项先进的项目管理技术，最初是美国国防部于 1967 年确立的。目前，国际上先进的工程公司已普遍采用赢得值法进行工程项目的费用、进度综合分析控制。用赢得值法进行费用、进度综合分析控制，基本参数有三项，即已完工作预算费用、计划工作预算费用和已完工作实际费用。

1) 赢得值法的三个基本参数

(1) **已完工作预算费用**。已完工作预算费用(Budgeted Cost for Work Performed, BCWP)，指在某一时间已经完成的工作(或部分工作)，以批准认可的预算为标准所需要的资金总额，由于发包人正是根据这个值为承包人完成的工作量支付相应的费用，也就是承包人获得(挣得)的金额，故称赢得值或挣值。

已完工作预算费用(BCWP) = 已完成工作量 × 预算单价

(2) **计划工作预算费用**。计划工作预算费用(Budgeted Cost for Work Scheduled，BCWS)，即根据进度计划，在某一时刻应当完成的工作(或部分工作)，以预算为标准所需要的资金总额。一般来说，除非合同有变更，BCWS 在工程实施过程中应保持不变。

计划工作预算费用(BCWS) = 计划工作量 × 预算单价

(3) **已完工作实际费用**。已完工作实际费用(Actual Cost for Work Performed，ACWP)，即到某一时刻为止，已完成的工作(或部分工作)所实际花费的总金额。

已完工作实际费用(ACWP) = 已完成工作量 × 实际单价

2) 赢得值法的四个评价指标

在这三个基本参数的基础上，可以确定赢得值法的四个评价指标，它们都是时间的函数。

(1) **费用偏差(Cost Variance，CV)**。

费用偏差(CV) = 已完工作预算费用(BCWP) – 已完工作实际费用(ACWP)

当费用偏差 CV 为负值时，表示项目运行超出预算费用；

当费用偏差 CV 为正值时，表示项目运行节支，实际费用没有超出预算费用。

(2) 进度偏差(Schedule Variance，SV)。

进度偏差(SV) = 已完工作预算费用(BCWP) − 计划工作预算费用(BCWS)

当进度偏差 SV 为负值时，表示进度延误，即实际进度落后于计划进度；

当进度偏差 SV 为正值时，表示进度提前，即实际进度快于计划进度。

(3) 费用绩效指数(CPI)。

费用绩效指数(CPI) = 已完工作预算费用(BCWP)/已完工作实际费用(ACWP)

当费用绩效指数(CPI) < 1 时，表示超支，即实际费用高于预算费用；

当费用绩效指数(CPI) > 1 时，表示节支，即实际费用低于预算费用。

(4) 进度绩效指数(SPI)。

进度绩效指数(SPI) = 已完工作预算费用(BCWP)/计划工作预算费用(BCWS)

当进度绩效指数(SPI) < 1 时，表示进度延误，即实际进度比计划进度慢；

当进度绩效指数(SPI) > 1 时，表示进度提前，即实际进度比计划进度快。

费用(进度)偏差反映的是绝对偏差，结果很直观，有助于费用管理人员了解项目费用出现偏差的绝对数额，并依此采取一定措施，制定或调整费用支出计划和资金筹措计划。但是，绝对偏差有其不容忽视的局限性。如同样是 10 万元的费用偏差，对于总费用 1000 万元的项目和总费用 1 亿元的项目而言，其严重性显然是不同的。因此，费用(进度)偏差仅适合于对同一项目作偏差分析。费用(进度)绩效指数反映的是相对偏差，它不受项目层次的限制，也不受项目实施时间的限制，因而在同一项目和不同项目比较中均可采用。

在项目的费用、进度综合控制中引入赢得值法，可以克服过去进度、费用分开控制的缺点，即当发现费用超支时，很难立即知道是由于费用超出预算，还是由于进度提前。相反，当发现费用低于预算时，也很难立即知道是由于费用节省，还是由于进度拖延。而引入赢得值法即可定量地判断进度、费用的执行效果。

3．偏差分析的表达方法

偏差分析可以采用不同的表达方法，常用的有横道图法、表格法和曲线法。

1) 横道图法

用横道图法进行费用偏差分析，是用不同的横道标识已完工作预算费用、计划工作预算费用和已完工作实际费用，横道的长度与其金额成正比例。

横道图法具有形象、直观、一目了然等优点，它能够准确表达出费用的绝对偏差，而且能直观表明偏差的严重性。但这种方法反映的信息量少，一般在项目的较高管理层应用。

2) 表格法

表格法是进行偏差分析最常用的一种方法。它将项目编号、名称、各费用参数以及费用偏差数综合归纳入一张表格中，并且直接在表格中进行比较。由于各偏差参数都在表中列出，使得费用管理者能够综合地了解并处理这些数据。

用表格法进行偏差分析具有如下优点：

(1) 灵活、适用性强，可根据实际需要设计表格，进行增、减项操作方便。

(2) 信息量大，可以反映偏差分析所需的资料，从而有利于费用控制人员及时采取针对性措施，加强控制。

(3) 表格处理可借助于计算机，从而节约大量数据处理所需的人力，并大大提高速度。

3) 曲线法

在项目实施过程中，三个参数可以形成三条曲线，即计划工作预算费用(BCWS)、已完工作预算费用(BCWP)、已完工作实际费用(ACWP)曲线，如图 3.8 所示。

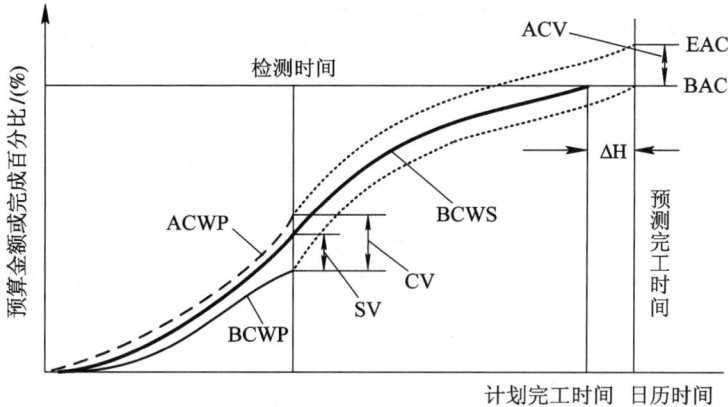

图 3.8　赢得值法评价曲线

图中：

CV = BCWP － ACWP，因为两项参数均以已完工作为计算基准，所以两项参数之差反映项目进展的费用偏差。

SV = BCWP － BCWS，因为两项参数均以预算值(计划值)作为计算基准，所以两者之差反映项目进展的进度偏差。

采用赢得值法进行费用、进度综合控制，还可以根据当前的进度、费用偏差情况，通过原因分析，对趋势进行预测，预测项目结束时的进度、费用情况。

BAC(Budget At Completion)——项目完工预算，指编计划时预计的项目完工费用。

EAC(Estimate At Completion)——预测的项目完工估算，指计划执行过程中根据当前的进度、费用偏差情况预测的项目完工总费用。

ACV(At Completion Variance)——预测项目完工时的费用偏差，其值为

$$ACV = BAC － EAC$$

4. 偏差原因分析与纠偏措施

1) 偏差原因分析

在实际执行过程中，最理想的状态是已完工作实际费用(ACWP)、计划工作预算费用(BCWS)、已完工作预算费用(BCWP)三条曲线靠得很近、平稳上升，表示项目按预定计划目标进行。如果三条曲线离散度不断增加，则可能出现较大的投资偏差。

偏差分析的一个重要目的就是要找出引起偏差的原因，从而采取有针对性的措施，减少或避免相同问题的再次发生。在进行偏差原因分析时，首先应当将已经导致和可能导致偏差的各种原因逐一列举出来。导致不同工程项目产生费用偏差的原因具有一定的共性，因而可以通过对已建项目的费用偏差原因进行归纳、总结，为该项目采取预防措施提供依据。

一般来说，产生费用偏差的原因有如图 3.9 所示几种。

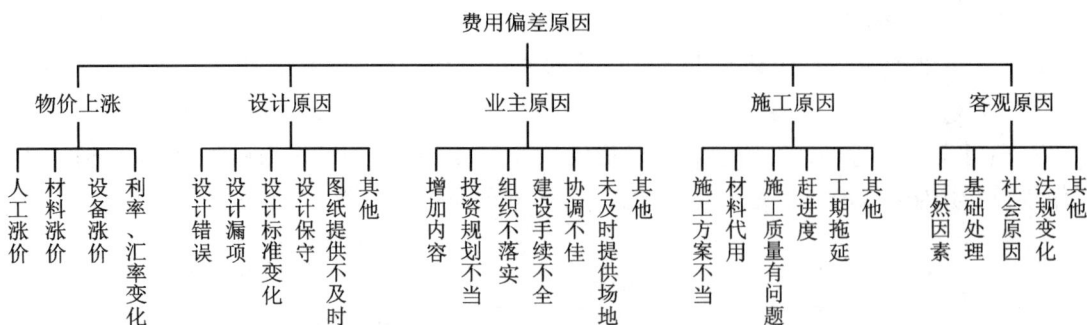

图 3.9　费用偏差原因

2) 纠偏措施

通常要压缩已经超支的费用，而不影响其他目标是十分困难的，一般只有当给出的措施比原计划已选定的措施更为有利时，比如使工程范围减少或生产效率提高等，成本才能降低。例如：

(1) 寻找新的、效率更高的设计方案；

(2) 购买部分产品，而不是采用完全由自己生产的产品；

(3) 重新选择供应商，但会产生供应风险，选择需要时间；

(4) 改变实施过程；

(5) 变更工程范围；

(6) 索赔，例如向业主、承(分)包商、供应商索赔以弥补费用超支。表 3.4 为赢得值法参数分析与对应措施表。

表 3.4　赢得值法参数分析与对应措施表

序号	图　型	三参数关系	分　析	措　施
1	ACWP—BCWS／BCWP	ACWP > BCWS > BCWP SV < 0　CV < 0	效率低、进度较慢、投入超前	用工作效率高的人员更换一批工作效率低的人员
2	BCWP—BCWS／ACWP	BCWP > BCWS > ACWP SV > 0　CV > 0	效率高、进度较快、投入延后	若偏离不大，维持现状
3	BCWP／ACWP—BCWS	BCWP > ACWP > BCWS SV > 0　CV > 0	效率较高、进度快、投入超前	抽出部分人员，放慢进度
4	ACWP／BCWP—BCWS	ACWP > BCWP > BCWS SV > 0　CV < 0	效率较低、进度较快、投入超前	抽出部分人员，增加少量骨干人员
5	BCWS／ACWP／BCWP	BCWS > ACWP > BCWP SV < 0　CV < 0	效率较低、进度慢、投入延后	增加高效人员投入
6	BCWS／BCWP／ACWP	BCWS > BCWP > ACWP SV < 0　CV > 0	效率较高、进度较慢、投入延后	迅速增加人员投入

任务四　掌握项目施工成本分析

一、施工成本分析的依据

通过施工成本分析，可从账簿、报表反映的成本现象中看清成本的实质，从而增强项目成本的透明度和可控性，为加强成本控制、实现项目成本目标创造条件。施工成本分析的主要依据是会计核算、业务核算和统计核算所提供的资料。

1. 会计核算

会计核算主要是价值核算。会计是对一定单位的经济业务进行计量、记录、分析和检查，作出预测，参与决策，实行监督，旨在实现最优经济效益的一种管理活动。它通过设置账户、复式记账、填制和审核凭证、登记账簿、计算成本、清查财产和编制会计报表等一系列有组织有系统的方法，来记录企业的一切生产经营活动，然后据此提出一些用货币来反映的有关各种综合性经济指标的数据，如资产、负债、所有者权益、收入、费用和利润等。因为会计记录具有连续性、系统性、综合性等特点，所以它是施工成本分析的重要依据。

2. 业务核算

业务核算是各业务部门根据业务工作的需要建立的核算制度，它包括原始记录和计算登记表，如单位工程及分部分项工程进度登记，质量登记，工效、定额计算登记，物资消耗定额记录，测试记录等。业务核算的范围比会计、统计核算要广。会计和统计核算一般是对已经发生的经济活动进行核算，而业务核算不但可以核算已经完成的项目是否达到原定的目的、取得预期的效果，而且可以对尚未发生或正在发生的经济活动进行核算，以确定该项经济活动是否有经济效果，是否有执行的必要。它的特点是对个别的经济业务进行单项核算，例如各种技术措施、新工艺等项目。业务核算的目的，在于迅速取得资料，以便在经济活动中及时采取措施进行调整。

3. 统计核算

统计核算是利用会计核算资料和业务核算资料，把企业生产经营活动客观现状的大量数据，按统计方法加以系统整理，以发现其规律性。它的计量尺度比会计宽，可以用货币计算，也可以用实物或劳动量计量。它通过全面调查和抽样调查等特有的方法，不仅能提供绝对数指标，还能提供相对数和平均数指标，可以计算当前的实际水平，还可以确定变动速度以预测发展的趋势。

二、施工成本分析的方法

由于施工项目成本涉及的范围很广，需要分析的内容较多，因此应该在不同的情况下采取不同的分析方法，除了基本的分析方法外，还有综合成本的分析方法、成本项目的分析方法和专项成本的分析方法等。

施工成本分析的基本方法包括比较法、因素分析法、差额计算法、比率法等。

1) 比较法

比较法又称"指标对比分析法",是指对比技术经济指标,检查目标的完成情况,分析产生差异的原因,进而挖掘降低成本的方法。这种方法通俗易懂、简单易行、便于掌握,因而得到了广泛的应用,但在应用时必须注意各技术经济指标的可比性。比较法的应用通常有以下形式。

(1) **将实际指标与目标指标对比**。通过对比检查目标完成情况,分析影响目标完成的积极因素和消极因素,以便及时采取措施,保证成本目标的实现。在进行实际指标与目标指标对比时,还应注意目标本身有无问题,如果目标本身出现问题,则应调整目标,重新评价实际工作。

(2) **本期实际指标与上期实际指标对比**。通过本期实际指标与上期实际指标的对比,可以看出各项技术经济指标的变动情况,反映施工管理水平的提高程度。

(3) **与本行业平均水平、先进水平对比**。通过这种对比,可以反映本项目的技术和经济管理水平与行业的平均及先进水平的差距,进而采取措施提高本项目管理水平。

以上三种对比,可以在一张表中同时反映。例如,某项目本年计划节约"三材"100 000元,实际节约 120 000 元,上年节约 95 000 元,本企业先进水平节约 130 000 元。根据上述资料编制分析表 3.5。

表 3.5 实际指标与上期指标、先进水平对比表 （单位：元）

指标	本年计划数	上年实际数	企业先进水平	本年实际数	差 异 数		
					与计划比	与上年比	与先进比
"三材"节约额	100 000	95 000	130 000	120 000	20 000	25 000	−10 000

2) 因素分析法

因素分析法又称连环置换法,可用来分析各种因素对成本的影响程度。在进行分析时,假定众多因素中的一个因素发生了变化,而其他因素不变,然后逐个替换,分别比较其计算结果,以确定各个因素的变化对成本的影响程度。因素分析法的计算步骤如下:

(1) 确定分析对象,计算实际与目标数的差异;

(2) 确定该指标是由哪几个因素组成的,并按其相互关系进行排序(排序规则是:先实物量,后价值量;先绝对值,后相对值);

(3) 以目标数为基础,将各因素的目标数相乘,作为分析替代的基数;

(4) 将各个因素的实际数按照已确定的排列顺序进行替换计算,并将替换后的实际数保留下来;

(5) 将每次替换计算所得的结果,与前一次的计算结果相比较,两者的差异即为该因素对成本的影响程度;

(6) 各个因素的影响程度之和,应与分析对象的总差异相等。

实例分析

某施工项目经理部在某交通工程施工中，将某工作的实际成本、目标成本情况进行比较，数据见表 3.6。

表 3.6　实际成本与目标成本的对比

项　目	单　位	计　划	实　际	差　额
产　量	m	300	310	10
单　价	元	800	820	20
损耗率	%	4	3	−1
成　本	元	249 600	261 826	12 226

问题： 用因素分析法分析成本增加的原因。

解答：（1）分析对象为浇筑某层商品混凝土的成本，实际成本与目标成本之间的差额为 12 226 元。该指标由产量、单价、损耗率三个因素组成。

（2）以目标 249 600 元(= 300 × 800 × 1.04)为分析替代的基础。

第一次替代产量因素：以 310 替代 300，即

$$310 × 800 × 1.04 = 257\ 920\ 元$$

第二次替代单价因素：以 820 替代 800，并保留上次替代后的值，即

$$310 × 820 × 1.04 = 264\ 368\ 元$$

第三次替代损耗率因素：以 1.03 替代 1.04，并保留上两次替代后的值，即

$$310 × 820 × 1.03 = 261\ 826\ 元$$

（3）计算差额。

第一次替代与目标数的差额 = 257 920 − 249 600 = 8320 元

第二次替代与第一次替代的差额 = 264 368 − 257 920 = 6448 元

第三次替代与第二次替代的差额 = 261 826 − 264 368 = −2542 元

（4）分析。

产量增加使成本增加了 8320 元

单价提高使成本增加了 6448 元

损耗率下降使成本减少了 2542 元

（5）各因素的影响程度之和 = 8320 + 6448 − 2542 = 12 226 元，与实际成本和目标成本的总差额相等。

3）差额计算法

差额计算法是因素分析法的一种简化形式，它利用各个因素的目标值与实际值的差额来计算其对成本的影响程度。

实例分析

某施工项目某月的实际成本降低额比计划提高了 1.40 万元，见表 3.7。

表 3.7　预算成本与实际成本对比表

项　目	单位	计划	实际	差额
预算成本	万元	300	320	+20
成本降低率	%	4	4.5	+0.5
成本降低额	万元	12	14.40	+2.40

问题： 根据表中资料，应用差额计算法分析预算成本和成本降低率对成本降低额的影响程度。

解答： 预算成本增加对成本降低额的影响程度：$(320-300) \times 4\% = 0.80$ 万元；

成本降低率提高对成本降低额的影响程度：$(4.5\% - 4\%) \times 320 = 1.60$ 万元；

以上两项合计：$0.80 + 1.60 = 2.40$ 万元。

4) 比率法

比率法是指用两个以上的指标的比例进行分析的方法。它的基本特点是：先把对比分析的数值变成相对数，再观察其相互之间的关系。常用的比率法有以下几种：

(1) **相关比率法**。由于项目经济活动的各个方面是相互联系、相互依存、相互影响的，因而可以将两个性质不同且相关的指标加以对比，求出比率，并以此来考察经营成果的好坏。例如：产值和工资是两个不同的概念，但它们是投入与产出的关系。在一般情况下，都希望以最少的工资支出完成最大的产值。因此，用产值工资率指标来考核人工费的支出水平，可以很好地分析人工成本。

(2) **构成比率法**。构成比率法又称比例分析法或结构对比分析法，通过构成比率，可以考察成本总量的构成情况及各成本项目占总成本的比例，同时也可看出预算成本、实际成本和降低成本的比例关系，从而寻求降低成本的途径，见表 3.8。

表 3.8　成本构成比例分析表　　　　　　　　　　(单位：万元)

成本项目	预算成本		实际成本		降低成本		
	金额	比例	金额	比例	金额	占本项/(%)	占总量/(%)
一、直接成本	1263.79	93.2	1200.31	92.38	63.48	5.02	4.68
1.人工费	113.36	8.36	119.28	9.18	−5.92	−1.09	−0.44
2.材料费	1006.56	74.23	939.67	72.32	66.89	6.65	4.93
3.机具使用费	87.6	6.46	89.65	6.9	−2.05	−2.34	−0.15
4.措施费	56.27	4.15	51.71	3.98	4.56	8.1	0.34
二、间接成本	92.21	6.8	99.01	7.62	−6.8	−7.37	0.5
总成本	1356	100	1299.32	100	56.68	4.18	4.18
比例/(%)	100	—	95.82	—	4.18	—	—

(3) **动态比率法**。动态比率法是将同类指标不同时期的数值进行对比,求出比率,以分析该项指标的发展方向和发展速度。动态比率的计算,通常采用基期指数和环比指数两种方法,见表3.9。

表3.9 指标动态比值表

指 标	第一季度	第二季度	第三季度	第四季度
降低成本(万元)	45.60	47.80	52.50	64.30
基期指数(%)(上一季度=100)		104.82	115.13	141.01
环比指数(%)(上一季度=100)		104.82	109.83	122.48

读一读

铜管的价格是否应该调整

案情简介:

发包方:××社科研究所基建中心

承包方:××安装工程公司

发包方筹建的3号专家公寓楼生活给水设计采用铜管。受国际原材料电解铜价格的影响,国内铜管价格一直攀升。发包方在年底前将铜管材料的采购按照招投标的程序确定了供货商,铜管价格中标价格为每吨39800元。按照施工安装合同的约定,铜管由承包方订立采购合同并负责实施。招投标结束后,承包方在春节前的1月25日与供货方签订了采购合同。采购合同中付款条款是这样明确的:

"供货期为订立合同生效后45天,首批材料进场时间为××年3月10日。分两批供货,每批供货到场交货经验收合格后付至相对应批次货款的80%,系统调试验收合格后付至总货款的95%,其余5%保修三年后付清。"

但过了合同约定的××年3月10日的进场时间,承包方仍没有进材料的迹象。原因是春节期间劳务人员不稳定,相关专业施工队未能按施工计划完成,影响了管材的进场条件。直至5月初,承包方才开始向现场供货。事隔仅两个月,铜管价格就涨了50%以上,此时铜管价格已涨到每吨60 000多元。

5月25日,供货方向承包方提交了一份关于给水铜管的价格调整申请报告称:

"……因铜管市场价格已由原来签订合同时的不足40 000元/吨涨到了60 000多元/吨,涨价幅度较大,原铜管及管件招标价格难以执行,我公司恳请在原合同价格基础上上浮20%。"对此,双方就给水铜管价格一事进行交涉。

焦点细节:

承包方:市场行情是我们无法控制的,我们已经和供货方认真地协商多次,原铜管材料及管件的招标价格难以执行,现在唯一的办法就是请求业主给予理解和支持。

发包方:你们的申请我们看过了。但是,有些情况还需要与你们沟通一下。订、供货合同中约定定金了吗?按照约定交付定金了吗?

承包方:约定定金了。定金为合同额的10%,是按照约定的数额交付的。

发包方:那就说明你们的订货合同是有效的。合同既然有效,就应当按照合同履行。

供货方首批铜管送到现场后，你们按照合同约定付款了吗？

承包方：合同约定要付款的，不付款就影响工程安装的使用了。

发包方：他们按照合同要求送货到现场，你们按照合同约定支付了货款，说明合同履行一切正常。那么，原铜管及管件招标价格难以执行，还恳请在原合同价格基础上上浮20%，究竟是什么原因？

承包方：因为我们没有按照合同的约定接受送货，推迟了近两个月的时间，不仅给供货方造成了压库，因推迟后价格发生大幅上涨，供货方提出要上调铜管价格。根据造价信息和市场价格询价情况，确定2006年初至4月期间铜价上浮比例为20%，所以就提出了这个价格调整申请。

发包方：压库的问题是实际情况，但是，压库的原因在于施工组织没有落实。再说，压库最多是造成占用供货商的库房。这不到两个月的库房存放费能超过货价的5%吗？

承包方：不会超过。没有那么高的存货费。

发包方：通过招标确定的采购价格是不能做调整的，你们的购货合同中也没有调价的条款。事实上，合同已经正常履行，发生压库问题刚才也已经说过。如果增加这一部分费用的话，是在我们之间的合同约定范围之内。在合同专用条款第23条：合同价款及调整23.3中有"因市场、政策等因素引起的价格波动，涨幅高于8%以上部分，由承包方提出经发包方及监理核实确认后进行调整。"现在的情况是没有超过8%。我想，你们也并不是希望超过8%的。因为那样你们首先要先承担足8%，无利可图了。还有一点，我们之间的合同条款，是不能沿用到你们和供货方的合同之中的。

本案点评：

本案中的承包方想利用铜管价格短期内暴涨的行情，向发包方提出铜管价格调整。但是，发包方一眼就看出了"给水铜管的价格调整申请报告"中的破绽。

(1) 铜管价格已涨到60 000多元/吨，价格比签订合同时上涨了50%以上。他们却提出调增20%的要求。难道他们自己愿意承担那比30%还多的差价吗？

(2) 铜管按照合同要求已经送到现场，并且用于工程。如果是供应商要求提高价格，在送货期间就会发生合同履行不顺畅的问题或矛盾，承包方更不会拖延到5月底才提出价格调整申请。实际上已经执行完了，可申请中却说"原铜管及管件招标价格难以执行"，显然不能自圆其说。

(3) 在交谈中，承包商提到了供货方的压库问题。发包方马上意识到存货压库的现象，恰好说明供货方已经按照订货合同的合理价位从生产厂将铜管运进了他的库房，不存在供货方亏损问题，只有库房存放费的增加而已。

但是，发包方没有直截了当指出承包方的错误，而是通过分析事实过程和评价工作，拒绝了承包方的要求。

练一练

1. 施工成本控制的步骤是(　　)。

A. 比较→分析→预测→纠偏→检查　　　　B. 预测→检查→比较→分析→纠偏

C．检查→比较→分析→预测→纠偏　　　D．分析→检查→比较→预测→纠偏

2．工程包含两个子项工程：甲子项工程估计工程量为 5000 m³，合同单价为 240 元/m³；乙子项估计工程量为 2500 m³，合同单价为 580 元/m³，工程预付款为合同价的 12%，主要材料和构配件所占比例为 60%，则该工程预付款的起扣点为(　　)万元。

A．96　　　　　B．212　　　　　C．116　　　　　D．176

3．通过加强施工定额管理和施工任务单管理，控制活劳动和物化劳动的消耗，这属于施工成本管理措施的(　　)。

A．技术措施　　　B．组织措施　　　C．经济措施　　　D．合同措施

4．某分部工程商品混凝土消耗情况见表 3.10，由于混凝土量增加导致的成本增加额为(　　)元。

表 3.10　商品混凝土消耗情况

项　目	单　位	计　划	实　际
消耗量	m³	300	320
单价	元/m³	430	460

A．8600　　　　　B．9200　　　　　C．9600　　　　　D．18 200

5．某工程某月计划完成工程桩 100 根，计划单价为 1.3 万元/根，实际完成工程桩 110 根，实际单价为 1.4 万元/根，则费用偏差(CV)为(　　)万元。

A．11　　　　　B．13　　　　　C．−13　　　　　D．−11

6．根据《建筑安装工程费用项目组成》(建标[2013]44 号)，下列费用中，应计入措施项目费的是(　　)。

A．检验试验费　　　　　　　　　B．总承包服务费
C．施工机具使用费　　　　　　　D．工程定位复测费

7．关于分部分项工程成本分析的说法，正确的是(　　)。

A．施工项目成本分析是分部分项成本分析的基础
B．分部分项工程成本分析的对象是已完成分部分项工程
C．分部分项工程成本分析的资料来源是施工预算
D．分部分项工程成本分析的方法是进行预算成本与实际成本的"两算"对比

8．根据《建设工程工程量清单计价规范》(GB50500—2013)，单价合同和总价合同两种合同形式均可采用工程量清单计价，其主要区别在于(　　)。

A．当采用单价合同时，工程量清单中所填写的工程量不可调整
B．当采用总价合同时，工程量清单中所填写的工程量可调整
C．当采用固定单价合同时，工程量清单项目综合单价在约定条件内可调整
D．当采用固定单价合同时，工程量清单项目综合单价在约定条件内不可调整

9．根据《建筑安装工程费用项目组成》(建标[2013]44 号)，下列租金组合中，应计入建筑安装企业管理费的是(　　)。

A．营业税、房产税、车船使用税、土地使用税
B．城市维护建设税、教育费附加、地方教育附加
C．房产税、土地使用税、营业税
D．房产税、车船使用税、土地使用税、印花税

10. 根据《建设工程工程量清单计价规范》(GB50500—2013)，关于暂列金额的说法，正确的是(　　)。

A. 已签约合同的暂列金额应由发包人掌握使用

B. 已签约合同的暂列金额应由承包人掌握使用

C. 发包人按照合同规定将暂列金额作出支付后，剩余金额归承包人所有

D. 发包人按照合同规定将暂列金额作出支付后，剩余金额由发包人和承包人共同所有

11. 根据《建设工程工程量清单计价规范》(GB 50500—2013)，关于投标价编制原则的说法，正确的是(　　)。

A. 投标报价只能由投标人自行编制

B. 投标报价可以另行设定情况优惠总价

C. 投标报价高于招标控制价的必须下调后采用

D. 投标报价不得低于工程成本

12. 施工成本偏差的控制，其核心工作是(　　)。

A. 成本分析　　　　　　　　　　B. 纠正偏差

C. 成本考核　　　　　　　　　　D. 调整成本计划

13. 某土方工程，月计划工程量为 2800 m^3，预算单价为 25 元/m^3；到月末时已完工程量 3000 m^3，实际单价为 26 元/m^3。对该项工作采用赢得值法进行偏差分析的说法，正确的是(　　)。

A. 已完成工作实际费用为 75 000 元。

B. 费用绩效指标>1，表明项目运行超出预算费用

C. 进度绩效指标<1，表明实际进度比计划进度拖后

D. 费用偏差为 −3000 元，表明项目运行超出预算费用

14. 关于竞争性成本计划、指导性成本计划和实施性成本计划三者区别的说法，正确的是(　　)。

A. 指导性成本计划是项目施工准备阶段的施工预算成本计划，比较详细

B. 实施性成本计划是选派项目经理阶段的预算成本计划

C. 指导性成本计划是以项目实施方案为依据编制的

D. 竞争性成本计划是项目投标和签订合同阶段的估算成本计划，比较粗略

15. 施工企业建立施工项目成本管理责任制、开展成本控制和核算的基础是(　　)。

A. 施工成本预算　　　　　　　　B. 施工成本分析

C. 施工成本考核　　　　　　　　D. 施工成本计划

16. 关于成本加酬金合同的说法，正确的是(　　)。

A. 采用该计价方式对业主的投资控制不利

B. 成本加酬金合同不适用于抢险、救灾工程

C. 成本加酬金合同不宜用于项目管理合同

D. 对承包商来说，成本加酬金合同比固定总价合同的风险高

17. 下列施工成本计划指标中，属于质量指标的是(　　)。

A. 设计预算成本计划降低率　　　B. 单位工程成本计划额

C. 设计预算成本计划降低额　　　D. 材料计划成本额

情境四

项目进度管理

任务一　认识工程项目进度控制的目标和任务

　　施工方是工程实施的一个重要参与方，许许多多的工程项目，特别是大型重点建设项目，工期要求十分紧迫，施工方的工程进度压力非常大。数百天的连续施工，一天两班制施工，甚至 24 小时连续施工时有发生。但是，不能正常有序地施工，盲目赶工难免会导致施工质量问题和施工安全问题的出现，并且会引起施工成本的增加。施工进度控制不仅关系到施工进度目标能否实现，它还直接关系到工程的质量和成本。在工程施工实践中，必须树立和坚持一个最基本的工程管理原则，即在确保工程安全和质量的前提下，控制工程的进度。

　　为了有效地控制施工进度，尽可能摆脱因进度压力而造成工程组织和管理的被动，施工方有关管理人员应深化理解：

　　(1) 如何科学合理地确定整个建设工程项目的进度目标；

　　(2) 影响整个建设工程项目进度目标实现的主要因素；

　　(3) 如何正确处理工程进度与工程安全和质量的关系；

　　(4) 施工方在整个建设工程项目进度目标实现中的地位和作用；

　　(5) 影响施工进度目标实现的主要因素；

　　(6) 施工进度控制的基本理论、方法、措施和手段等。

一、总进度目标

1. 建设工程项目的总进度目标的内涵

　　建设工程项目的总进度目标指的是整个项目的进度目标，它是在项目决策阶段项目定义时确定的，项目管理的主要任务是在项目的实施阶段对项目的目标进行控制。建设工程项目总进度目标的控制是业主方项目管理的任务(若采用建设项目总承包的模式，协助业主进行项目总进度目标的控制也是建设项目总承包方项目管理的任务)。在进行建设工程项目总进度目标控制前，首先应分析和论证目标实现的可能性。若项目总进度目标不可能实现，则项目管理者应提出调整项目总进度目标的建议，提请项目决策者审议。

　　在项目的实施阶段，项目总进度不仅只是施工进度，它包括：

　　(1) 设计前准备阶段的工作进度；

　　(2) 设计工作进度；

(3) 招标工作进度;

(4) 施工前准备工作进度;

(5) 工程施工和设备安装工作进度;

(6) 工程物资采购工作进度;

(7) 项目动用前的准备工作进度等。

2. 建设工程项目总进度目标的论证

当建设工程项目总进度目标论证时,应分析和论证上述各项工作的进度,以及上述各项工作交叉进行的关系。

当建设工程项目总进度目标论证时,往往还不掌握比较详细的设计资料,也缺乏比较全面的有关工程发包的组织、施工组织和施工技术方面的资料以及其他有关项目实施条件的资料,因此,总进度目标论证并不是单纯的总进度规划的编制工作,它涉及许多工程实施的条件分析和工程实施策划方面的问题。

大型建设工程项目总进度目标论证的核心工作是通过编制总进度纲要论证总进度目标实现的可能性。总进度纲要的主要内容包括:

(1) 项目实施的总体部署;

(2) 总进度规划;

(3) 各子系统进度规划;

(4) 确定里程碑事件的计划进度目标;

(5) 总进度目标实现的条件和应采取的措施等。

建设工程项目总进度目标论证的工作步骤如下:

(1) 调查研究和收集资料;

(2) 进行项目结构分析;

(3) 进行进度计划系统的结构分析;

(4) 确定项目的工作编码;

(5) 编制各层(各级)进度计划;

(6) 协调各层进度计划的关系和编制总进度计划;

(7) 若所编制的总进度计划不符合项目的进度目标,则设法调整;

(8) 若经过多次调整,进度目标无法实现,则报告项目决策者。

3. 建设工程项目进度计划系统

建设工程项目进度计划系统是由多个相互关联的进度计划组成的系统,它是项目进度控制的依据。由于各种进度计划编制所需要的必要资料是在项目进展过程中逐步形成的,因此项目进度计划系统的建立和完善也有一个过程,它也是逐步完善的。如图 4.1 所示是一个建设工程项目进度计划系统的示例,这个计划系统有 4 个计划层次。

由于项目进度控制不同的需要和不同的用途,业主方和项目各参与方可以编制多个不同的建设工程项目进度计划系统,如:

(1) 由多个相互关联的不同计划深度的进度计划组成的计划系统;

(2) 由多个相互关联的不同计划功能的进度计划组成的计划系统;

(3) 由多个相互关联的不同项目参与方的进度计划组成的计划系统;

(4) 由多个相互关联的不同计划周期的进度计划组成的计划系统。

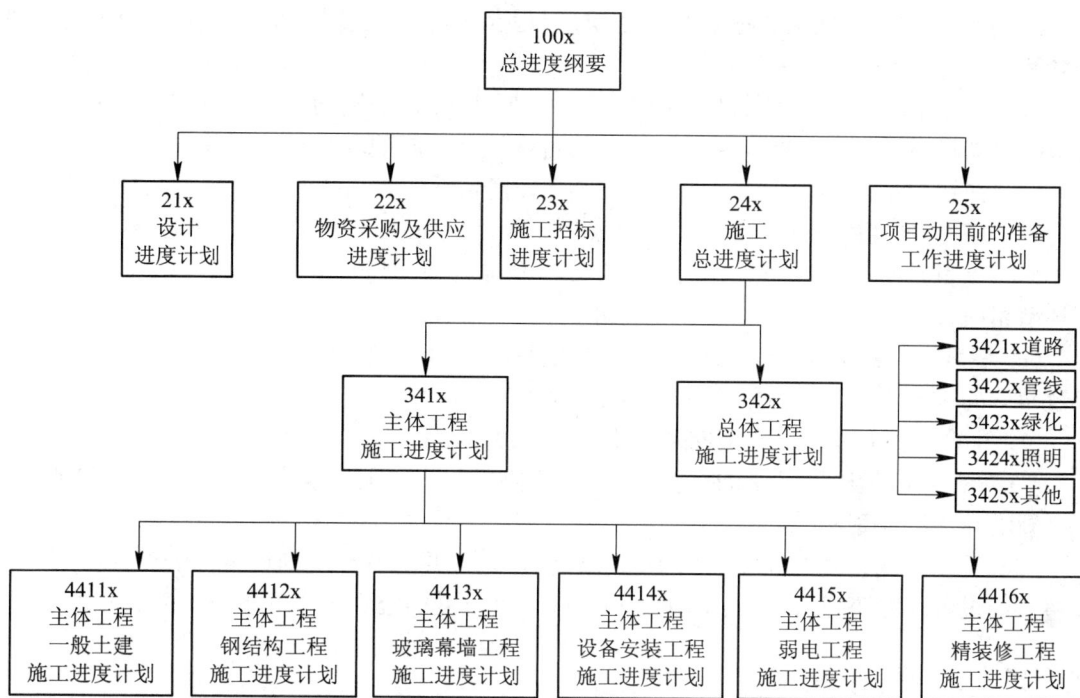

图 4.1　建设工程项目进度计划系统示例

由不同深度的计划构成的进度计划系统包括：

(1) 总进度规划(计划)；

(2) 项目子系统进度规划(计划)；

(3) 项目子系统中的单项工程进度计划等。

由不同功能的计划构成的进度计划系统包括：

(1) 控制性进度规划(计划)；

(2) 指导性进度规划(计划)；

(3) 实施性(操作性)进度计划等。

由不同项目参与方的计划构成的进度计划系统包括：

(1) 业主方编制的整个项目实施的进度计划；

(2) 设计进度计划；

(3) 施工和设备安装进度计划；

(4) 采购和供货进度计划等。

由不同周期的计划构成的进度计划系统包括：

(1) 5 年(或多年)建设进度计划；

(2) 年度、季度、月度和旬计划等。

在建设工程项目进度计划系统中各进度计划或各子系统进度计划编制和调整时必须注意其相互间的联系和协调，如：

(1) 总进度规划(计划)、项目子系统进度规划(计划)与项目子系统中的单项工程进度计划之间的联系和协调；

(2) 控制性进度规划(计划)、指导性进度规划(计划)与实施性(操作性)进度计划之间的联系和协调；

(3) 业主方编制的整个项目实施的进度计划、设计方编制的进度计划、施工和设备安装方编制的进度计划与采购和供货方编制的进度计划之间的联系和协调等。

正如前述，建设工程项目管理有多种类型，代表不同方利益的项目管理(业主方和项目参与各方)都有进度控制的任务，但是，其控制的目标和时间范畴是不相同的。

建设项目是在动态条件下实施的，进度控制也就必须是一个动态的管理过程，它由下列环节组成：

(1) 进度目标的分析和论证，以论证进度目标是否合理，目标是否有可能实现。如果经过科学的论证，目标不可能实现，则必须调整目标；

(2) 在收集资料和调查研究的基础上编制进度计划；

(3) 定期跟踪检查所编制的进度计划执行情况，若其执行有偏差，则采取纠偏措施，并视必要调整进度计划。

如只重视进度计划的编制，而不重视进度计划必要的调整，则进度无法得到控制。进度控制的过程是在确保进度目标的前提下，在项目进展的过程中不断调整进度计划的过程。

二、进度控制的任务

业主方进度控制的任务是控制整个项目实施阶段的进度，包括控制设计准备阶段的工作进度、设计工作进度、施工进度、物资采购工作进度以及项目动用前准备阶段的工作进度。

设计方进度控制的任务是依据设计任务委托合同对设计工作进度的要求来控制设计工作进度，这是设计方履行合同的义务。另外，设计方应尽可能使设计工作的进度与招标、施工和物资采购等工作进度相协调。在国际上，设计进度计划主要是确定各设计阶段的设计图纸(包括有关的说明)的出图计划，在出图计划中标明每张图纸的出图日期。

施工方进度控制的任务是依据施工任务委托合同对施工进度的要求来控制施工工作进度，这是施工方履行合同的义务。在进度计划编制方面，施工方应视项目的特点和施工进度控制的需要，编制深度不同的控制性和指导性施工进度计划，以及按不同计划周期编制计划，如年度、季度、月度和旬计划等。

供货方进度控制的任务是依据供货合同对供货的要求来控制供货工作进度，这是供货方履行合同的义务。供货进度计划应包括供货的所有环节，如采购、加工制造、运输等。

任务二　了解施工进度计划的类型及作用

一、施工进度计划的类型

施工方所编制的与施工进度有关的计划包括施工企业的施工生产计划和建设工程项目施工进度计划，如图 4.2 所示。

```
                                          ┌─────────────────┐
                                    ┌────→│ 企业年度生产计划 │
                                    │     └─────────────────┘
                                    │     ┌─────────────────┐
                                    ├────→│ 企业季度生产计划 │
                 ┌──────────────┐   │     └─────────────────┘
                 │ 施工企业的   │───┤     ┌─────────────────┐
                 │ 施工生产计划 │   ├────→│ 企业月度生产计划 │
            ┌───→└──────────────┘   │     └─────────────────┘
            │                       │     ┌─────────────────┐
┌────────┐  │                       └────→│ 企业旬生产计划   │
│与施工进度│ │                             └─────────────────┘
│有关的计划├─┤
└────────┘  │                             ┌──────────────────────────┐
            │                       ┌────→│ 整个项目施工总进度方案、施工总进度规 │
            │                       │     │ 划、施工总进度计划         │
            │  ┌──────────────┐     │     └──────────────────────────┘
            │  │ 建设工程项目 │     │     ┌──────────────────────────┐
            └─→│ 施工进度计划 │─────┼────→│ 子项目施工进度计划         │
               └──────────────┘     │     │ 单体工程施工进度计划       │
                                    │     └──────────────────────────┘
                                    │     ┌──────────────────────────┐
                                    │     │ 项目施工的年度施工计划、项目施工的 │
                                    └────→│ 季度施工计划、项目施工的月度施工计 │
                                          │ 划和旬施工作业计划         │
                                          └──────────────────────────┘
```

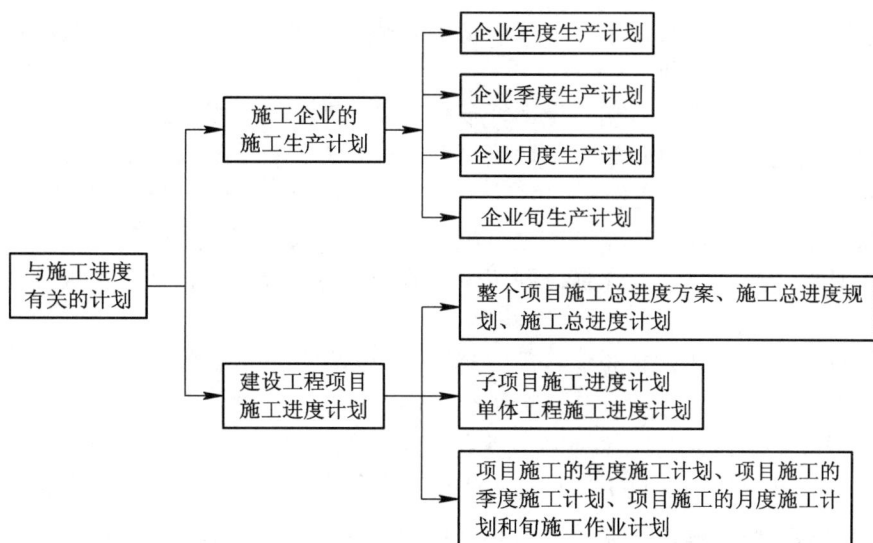

图 4.2　与施工进度有关的计划

施工企业的施工生产计划，属企业计划的范畴。它以整个施工企业为系统，根据施工任务量、企业经营的需求和资源利用的可能性等，合理安排计划周期内的施工生产活动，如年度生产计划、季度生产计划、月度生产计划和旬生产计划等。

建设工程项目施工进度计划，属工程项目管理的范畴。它以每个建设工程项目的施工为系统，依据企业的施工生产计划的总体安排和履行施工合同的要求，以及施工的条件包括设计资料提供的条件、施工现场的条件、施工的组织条件、施工的技术条件和资源(主要指人力、物力和财力)条件等和资源利用的可能性，合理安排一个项目施工的进度，如：

(1) 整个项目施工总进度方案、施工总进度规划、施工总进度计划(这些进度计划的名称尚不统一，应视项目的特点、条件和需要而定，大型建设工程项目进度计划的层次就多一些，而小型项目只需编制施工总进度计划)；

(2) 子项目施工进度计划和单体工程施工进度计划；

(3) 项目施工的年度施工计划、项目施工的季度施工计划、项目施工的月度施工计划和旬施工作业计划等。

施工企业的施工生产计划与建设工程项目施工进度计划虽属两个不同系统的计划，但是，两者是紧密相关的。前者针对整个企业，而后者则针对一个具体工程项目，计划的编制有一个自下而上和自上而下的往复多次的协调过程。

建设工程项目施工进度计划若从计划的功能区分，可分为控制性施工进度计划、指导性施工进度计划和实施性施工进度计划。具体组织施工的进度计划是实施性施工进度计划，它必须非常具体。控制性进度计划和指导性进度计划的界限并不十分清晰，前者更宏观一些。大型和特大型建设工程项目需要编制控制性施工进度计划、指导性施工进度计划和实施性施工进度计划，而小型建设工程项目仅编制两个层次的计划即可。

二、控制性施工进度计划的作用

以上列举的许多进度计划的名称，在理论上和工程实践中并没有非常明确的界定。何为控制性进度计划，一般而言，一个工程项目的施工总进度规划或施工总进度计划是工程项目的控制性施工进度计划。

对于特大型工程项目，它往往包括许多子项目，即使对其编制施工总进度计划的条件已基本具备，还是应该先编制施工总进度规划，以便进度目标逐层分解和细化，使计划的编制由粗到细，且可对计划逐层协调，而不宜一步到位，编制较为具体的施工总进度计划。另外，如果一个大型工程项目在签订施工承包合同后，设计资料的深度和其他条件还不足以编制比较具体的施工总进度计划，则可先编制施工总进度规划，待条件成熟时再编制施工总进度计划。

控制性施工进度计划编制的主要目的是通过计划的编制，对施工承包合同所规定的施工进度目标进行再论证，并对进度目标进行分解，确定施工的总体部署，并确定为实现进度目标的里程碑事件的进度目标(或称其为控制节点的进度目标)，作为进度控制的依据。

控制性施工进度计划是整个项目施工进度控制的纲领性文件，是组织和指挥施工的依据。在编制控制性施工进度计划时，初步设计还刚开始。因此它不仅是控制施工进度的依据，也是协调设计进度、物资采购计划和制定资金使用计划等的重要参考文件。

控制性施工进度计划的主要作用如下：

(1) 论证施工总进度目标；

(2) 施工总进度目标的分解，确定里程碑事件的进度目标；

(3) 作为编制实施性进度计划的依据；

(4) 作为编制与该项目相关的其他各种进度计划的依据或参考依据(如子项目施工进度计划、单体工程施工进度计划，项目施工的年度施工计划、项目施工的季度施工计划等)；

(5) 作为施工进度动态控制的依据。

三、实施性施工进度计划的作用

月度施工计划和旬施工作业计划是用于直接组织施工作业的计划，它是实施性施工进度计划。旬施工作业计划是月度施工计划在一个旬中的具体安排。实施性施工进度计划的编制应结合工程施工的具体条件，并以控制性施工进度计划所确定的里程碑事件的进度目标为依据。

针对一个项目的月度施工计划，应反映该月度中将进行的主要施工作业的名称、实物工程量、工作持续时间、所需的施工机械名称、施工机械的数量等。月度施工计划还反映各施工作业相应的日历天的安排，以及各施工作业的施工顺序。

针对一个项目的旬施工作业计划，应反映该旬中每一个施工作业(或称其为施工工序)的名称、实物工程量、工种、每天的出勤人数、工作班次、工效、工作持续时间、所需的施工机械名称、施工机械的数量、机械的台班产量等。旬施工作业计划还应反映各施工作业相应的日历天的安排，以及各施工作业的施工顺序。

实施性施工进度计划的主要作用如下：

(1) 确定施工作业的具体安排；

(2) 确定(或据此可计算)一个月度或旬的人工需求(工种和相应的数量)；

(3) 确定(或据此可计算)一个月度或旬的施工机械的需求(机械名称和数量)；

(4) 确定(或据此可计算)一个月度或旬的建筑材料(包括成品、半成品和辅助材料等)的需求(建筑材料的名称和数量);

(5) 确定(或据此可计算)一个月度或旬的资金的需求等。

任务三 学会编制施工进度计划

一、横道图进度计划的编制方法

横道图是一种最简单并运用广泛的传统的计划方法,尽管出现了许多新的计划技术,横道图在建设领域中的应用还是非常普遍的。

通常横道图的表头为工作及其简要说明,项目进展表示在时间表格上,如图 4.3 所示。按照所表示工作的详细程度,时间单位可以为小时、天、周、月等。这些时间单位经常用日历日表示,此时可表示非工作时间,如停工时间、公众假日、假期等。根据此横道图使用者的要求,具体工作可按照时间先后、责任、项目对象、同类资源等进行排序。

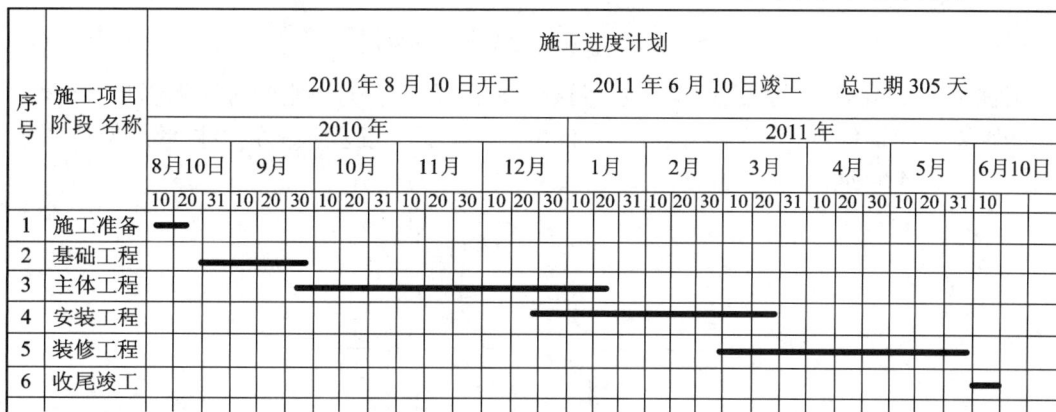

序号	施工项目阶段 名称	施工进度计划											
		2010 年 8 月 10 日开工　　　　2011 年 6 月 10 日竣工　　　总工期 305 天											
		2010 年					2011 年						
		8月10日	9月	10月	11月	12月	1月	2月	3月	4月	5月	6月10日	
1	施工准备												
2	基础工程												
3	主体工程												
4	安装工程												
5	装修工程												
6	收尾竣工												

图 4.3 横道图示例

横道图中,也可将工作简要说明直接放在横道上,可将最重要的逻辑关系标注在图内,但是,如果将所有逻辑关系均标注在图上,则横道图简洁性的最大优点将丧失。

横道图用于小型项目或大型项目的子项目上,或用于计算资源需要量、概要预示进度,也可用于其他计划技术的表示结果。

横道图计划表中的进度线(横道)与时间坐标相对应,这种表达方式较直观,易看懂计划编制的意图。但是,横道图进度计划法也存在一些问题,例如:

(1) 工序(工作)之间的逻辑关系可以设法表达,但不易表达清楚,如图 4.4 所示;

(2) 适用于手工编制计划;

(3) 没有通过严谨的进度计划时间参数计算,不能确定计划的关键工作、关键路线与时差;

(4) 计划调整只能用手工方式进行,其工作量较大;

(5) 难以适应较大的进度计划系统。

	工作名称	持续时间/d	开始时间	完成时间	紧前工作	12月 21	1月 1	11	21	2月 1	11	21	3月 1	11	21	4月 1	11	21	5月 1	11	21	6月 1	11
1	基础	0	1993-12-28	1993-12-28																			
2	预制柱	35	1993-12-28	1994-2-14	1																		
3	预制屋架	20	1993-12-28	1994-1-24	1																		
4	预制楼梯	15	1993-12-28	1994-1-27	1																		
5	吊装	30	1994-2-15	1994-3-28	2, 3, 4																		
6	砌砖墙	20	1994-3-29	1994-4-25	5																		
7	屋面找平	5	1994-3-29	1994-4-4	5																		
8	钢窗安装	4	1994-4-19	1994-4-22	6SS＋15d																		
9	二毡三油一砂	5	1994-4-5	1994-4-11	7																		
10	外粉刷	20	1994-4-25	1994-5-20	8																		
11	内粉刷	30	1994-4-25	1994-6-3	8, 9																		
12	油漆、玻璃	5	1994-6-6	1994-6-10	10, 11																		
13	竣工	0	1994-6-10	1994-6-10	12																		

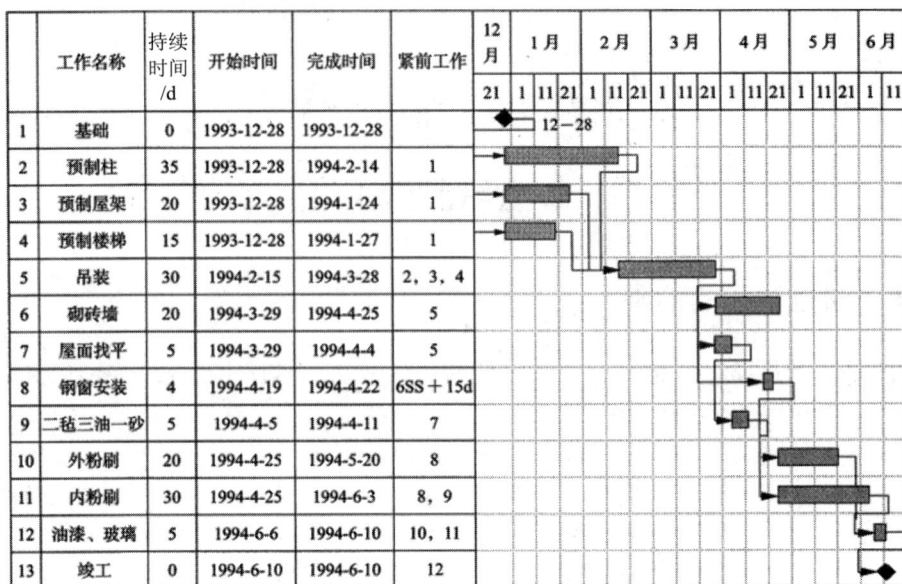

图 4.4　带逻辑关系的横道图示例

工程项目的施工组织方式是受其内部施工顺序、施工场地、空间等因素影响和制约的。将这些因素有效地组织在一起，按照一定的顺序、时间、空间展开，可以通过横道图来进行表达，如图 4.5 所示。

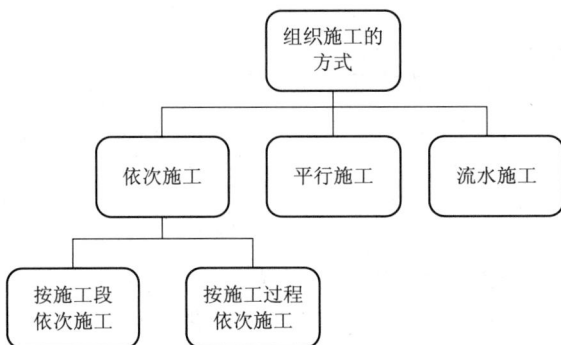

图 4.5　施工组织方式

实例分析：某智能交通系统的土建基础施工分路段时间安排如表 4.1 所示，试按不同的施工组织方式来绘制横道图。（单位：天）

表 4.1　土建基础工作计划表

序号	施 工 项 目		A1 路段	A2 路段	A3 路段
1	土建基础	土方开挖	10	10	10
2		基础制作	5	5	5
3		管路预埋	10	10	10
4		土方回填	5	5	5

1. 依次施工

1) 按施工段依次施工

这种施工组织方式是在前一个施工段完成后，后一个施工段才开始施工，直至全部工程任务完成，如图 4.6 所示。

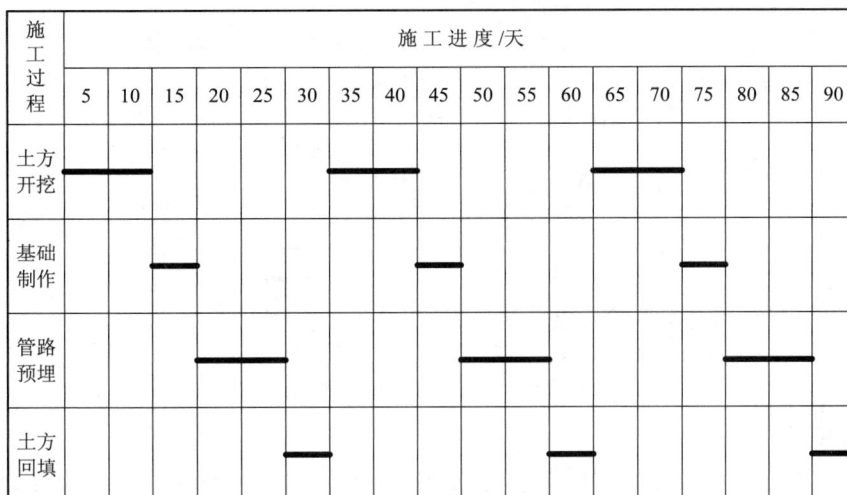

施工过程	施工进度/天																	
	5	10	15	20	25	30	35	40	45	50	55	60	65	70	75	80	85	90
土方开挖	▬						▬	▬					▬	▬				
基础制作			▬					▬							▬			
管路预埋				▬	▬					▬	▬					▬	▬	
土方回填						▬						▬						▬

图 4.6 按施工段依次施工对应横道图

2) 按施工过程依次施工

这种施工组织方式是依次完成每个施工段的第一个施工过程后，再开始第二个施工过程，直至完成最后一个施工过程的施工，如图 4.7 所示。

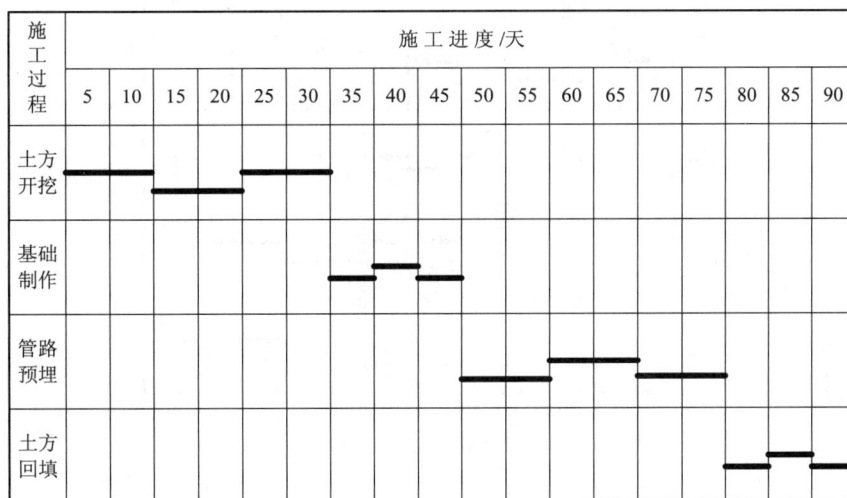

施工过程	施工进度/天																	
	5	10	15	20	25	30	35	40	45	50	55	60	65	70	75	80	85	90
土方开挖	▬		▬		▬	▬												
基础制作							▬	▬	▬									
管路预埋										▬		▬	▬	▬				
土方回填																▬	▬	▬

图 4.7 按施工过程依次施工对应横道图

2. 平行施工

平行施工是指全部工程任务的各施工段同时开工、同时完成的施工组织方式，如图 4.8 所示。

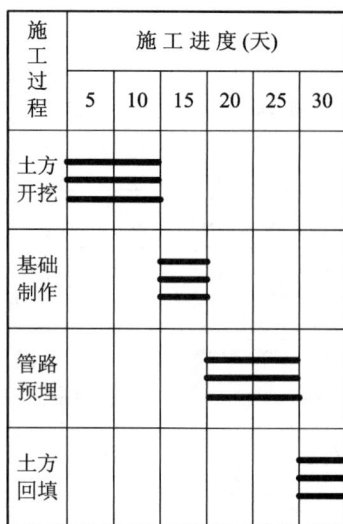

图 4.8 平行施工对应横道图

3. 流水施工

流水施工是指所有的施工过程按一定的时间间隔依次投入施工,各个施工过程陆续开工、陆续竣工,使同一施工过程的施工队伍保持连续、均衡施工,不同的施工过程尽可能平行搭接施工的组织方式,如图 4.9 所示。

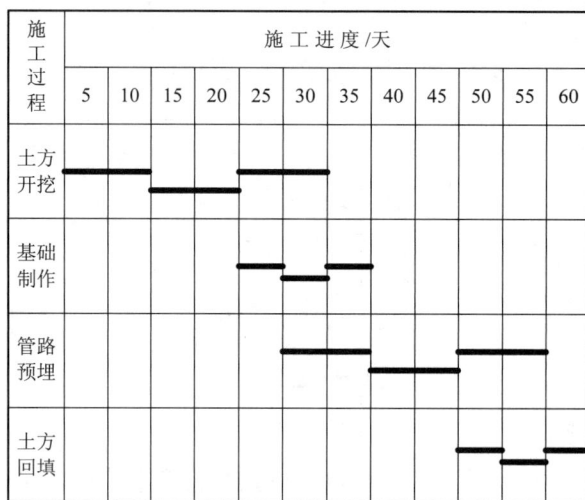

图 4.9 流水施工对应横道图

二、工程网络计划的类型和应用

国际上,工程网络计划有许多名称,如 CPM、PERT、CPA、MPM 等。工程网络计划的类型有如下几种不同的划分方法。

(1) 工程网络计划按工作持续时间的特点划分,可划分为

① 肯定型问题的网络计划；

② 非肯定型问题的网络计划；

③ 随机网络计划等。

(2) 工程网络计划按工作和事件在网络图中的表示方法划分，可划分为

① 事件网络——以节点表示事件的网络计划；

② 工作网络

——以箭线表示工作的网络计划(我国 JGJ/T 121—2015 称为双代号网络计划)；

——以节点表示工作的网络计划(我国 JGJ/T 121—2015 称为单代号网络计划)。

(3) 工程网络计划按计划平面的个数划分，可划分为

① 单平面网络计划；

② 多平面网络计划(多阶网络计划、分级网络计划)。

美国较多使用双代号网络计划，欧洲则较多使用单代号搭接网络计划。我国《工程网络计划技术规程》(JGJ/T 121—2015)推荐常用的工程网络计划类型包括：

(1) 双代号网络计划；

(2) 单代号网络计划；

(3) 双代号时标网络计划；

(4) 单代号搭接网络计划。

以下重点讨论双代号、单代号网络计划和双代号时标网络计划的概念及其应用。

(一) 双代号网络计划

1. 双代号网络计划的基本概念

双代号网络图是以箭线及其两端节点的编号表示工作的网络图，如图 4.10 所示。

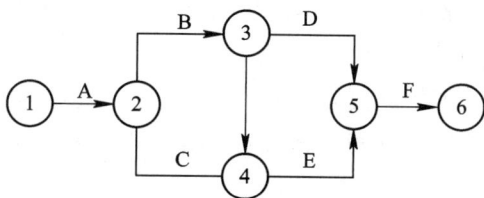

图 4.10　双代号网络图

1) 箭线(工作)

工作是泛指一项需要消耗人力、物力和时间的具体活动过程，也称工序、活动、作业。在双代号网络图中，每一条箭线表示一项工作。箭线的箭尾节点 i 表示该工作的开始，箭线的箭头节点 j 表示该工作已完成。工作名称标注在箭线的上方，完成该项工作所需要的持续时间标注在箭线的下方，如图 4.11 所示。由于一项工作需用一条箭线及其箭尾和箭头处两个圆圈中的号码来表示，故称为双代号表示法。在双代号网络图中，任意一条实箭线都要占用时间、消耗资源(有时，只占时间，不消耗资源，如混凝土养护)。在工程项目中，一条箭线表示项目中的一个施工过程，它可以是一道工序、一个分项工程、一个分部工程或一个单位工程，其粗细程度、大小范围的划分根据计划任务的需要来确定。

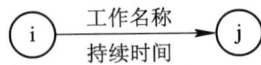

图 4.11　双代号网络图工作的表示方法

在双代号网络图中，为了正确地表达图中工作之间的逻辑关系，往往需要应用虚箭线。虚箭线是实际工作中并不存在的一项虚设工作，故它们既不占用时间，也不消耗资源，一般起着工作之间的联系、区分和断路三个作用：

(1) 联系作用是指应用虚箭线正确表达工作之间相互依存的关系；

(2) 区分作用是指双代号网络图中每一项工作都必须用一条箭线和两个代号表示，若两项工作的代号相同，应使用虚工作加以区分，如图 4.12 所示。

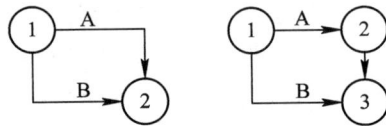

图 4.12　虚箭线的区分作用

(3) 断路作用是用虚箭线断掉多余联系，即在网络图中把无联系的工作连接上时，应加上虚工作将其断开。

在无时间坐标限制的网络图中，箭线的长度原则上可以任意画，其占用的时间以下方标注的时间参数为准。箭线可以为直线、折线或斜线，但其行进方向均应从左向右。在有时间坐标限制的网络图中，箭线的长度必须根据完成该工作所需持续时间的大小按比例绘制。

在双代号网络图中，通常将被研究的工作用工作表示。紧排在本工作之前的工作称为紧前工作，紧排在本工作之后的工作称为紧后工作，与之平行进行的工作称为平行工作。

2) 节点(又称结点、事件)

节点是网络图中箭线之间的连接点。在时间上，节点表示指向某节点的工作全部完成后该节点后面的工作才能开始的瞬间，它反映前、后工作的交接点。网络图中有三个类型的节点：

(1) 起点节点，即网络图的第一个节点，它只有外向箭线，一般表示一项任务或一个项目的开始。

(2) 终点节点，即网络图的最后一个节点，它只有内向箭线，一般表示一项任务或一个项目已完成。

(3) 中间节点，即网络图中既有内向箭线，又有外向箭线的节点。

在双代号网络图中，节点应用圆圈表示，并在圆圈内编号。一项工作应当只有唯一的一条箭线和相应的一对节点，且要求箭尾节点的编号小于其箭头节点的编号，即 $i<j$。网络图节点的编号顺序应从小到大，可不连续，但不允许重复。

3) 线路

网络图中从起点节点开始，沿箭头方向顺序通过一系列箭线与节点，最后达到终点节点的通路称为线路。在一个网络图中可能有很多条线路，线路中各项工作持续时间之和就是该线路的长度，即线路所需要的时间。一般网络图有多条线路，可依次用该线路上的节点代号来记述，例如网络图 4.10 所示的线路有①—②—③—⑤—⑥、①—②—④—⑤—⑥、①—②—③—④—⑤—⑥。

在各条线路中，有一条或几条线路的总时间最长，此线路称为关键路线，一般用双线或粗线标注。其他线路长度均小于关键线路，称为非关键线路。

4) 逻辑关系

网络图中工作之间相互制约或相互依赖的关系称为逻辑关系，它包括工艺关系和组织关系，在网络中均应表现为工作之间的先后顺序。

(1) 工艺关系。生产性工作之间由工艺过程决定的、非生产性工作之间由工作程序决定的先后顺序称为工艺关系。

(2) 组织关系。工作之间由于组织安排需要或资源(人力、材料、机械设备和资金等)调配需要而规定的先后顺序关系称为组织关系。

网络图必须正确地表达整个工程或任务的工艺流程和各工作开展的先后顺序及它们之间相互依赖、相互制约的逻辑关系。因此，绘制网络图时必须遵循一定的基本规则和要求。

2．双代号网络计划的绘图规则

双代号网络图必须正确表达已定的逻辑关系。网络图中常见的各种工作逻辑关系的表示方法见表 4.2。

表 4.2　网络图中常见的各种工作逻辑关系的表示方法

序号	工作间逻辑关系	网络图中的表示方法
1	A、B、C 无紧前工作，即工作 A、B、C 均为计划的第一项工作，且平行进行	
2	A 完成后，B、C、D 才能开始	
3	A、B、C 均完成后，D 才能开始	
4	A、B 均完成后，C、D 才能开始	
5	A 完成后，D 才能开始；A、B 均完成后，E 才能开始；A、B、C 均完成后，F 才能开始	
6	A 与 D 同时开始，B 为 A 的紧后工作	
7	A、B 均完成后，D 才开始；A、B、C 均完成后，E 才开始；D、E 完成后，F 才开始	

续表

序号	工作间逻辑关系	网络图中的表示方法
8	A 结束后，B、C、D 才开始；B、C、D 结束后，E 才开始	（网络图）
9	A、B 完成后，D 才能开始；B、C 完成后，E 才能开始	（网络图）
10	工作 A、B 分为三个施工阶段，且分段流水施工，a_1 完成后进行 a_2、b_1；a_2 完成后进行 a_3；a_2、b_1 完成后进行 b_2、a_3；b_2 完成后进行 b_3	第一种表示法（网络图）第二种表示法（网络图）
11	A、B 均完成后，C 才开始；A、B 分别分为 a_1、a_2、a_3 和 b_1、b_2、b_3 三个施工段，C 分为 c_1、c_2、c_3 三个施工段；A、B、C 三段作业交叉进行	（网络图）
12	A、B、C 为最后三项工作，即 A、B、C 无紧后作业	有三种可能情况（网络图）

(1) 在双代号网络图中，严禁出现循环回路。所谓循环回路，是指从网络图中的某一个节点出发，顺着箭线方向又回到了原来出发点的线路。

(2) 在双代号网络图中，在节点之间严禁出现带双向箭头或无箭头的连线。

(3) 在双代号网络图中，严禁出现没有箭头节点或没有箭尾节点的箭线。

(4) 当双代号网络图的某些节点有多条外向箭线或多条内向箭线时，为使图形简洁，可使用母线法绘制(但应满足一项工作用一条箭线和相应的一对节点表示的规则)，如图 4.13 所示。

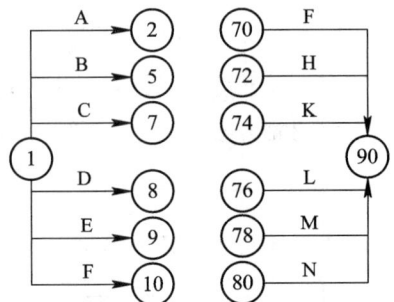

图 4.13　母线法绘制

(5) 当绘制网络图时，箭线不宜交叉。当交叉不可避免时，可用过桥法或指向法。如图 4.14 所示。

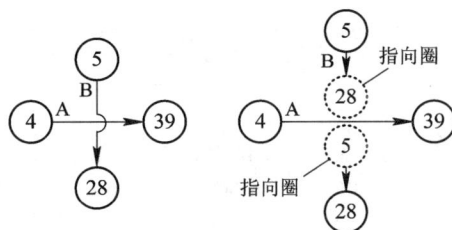

图 4.14　箭线交叉的表示方法

(6) 双代号网络图中应只有一个起点节点和一个终点节点(多目标网络计划除外)，而其他所有节点均应是中间节点。

(7) 双代号网络图应条理清楚，布局合理。例如，网络图中的工作箭线不宜画成任意方向或曲线形状，尽可能用水平线或斜线；关键线路、关键工作安排在图面中心位置，其他工作分散在两边；避免倒回箭头等。

3. 双代号网络计划时间参数的计算

双代号网络计划时间参数计算的目的在于通过计算各项工作的时间参数，确定网络计划的关键工作、关键线路和计算工期，为网络计划的优化、调整和执行提供明确的时间参数。双代号网络计划时间参数的计算方法很多，一般常用的有按工作计算法和按节点计算法进行计算。以下只讨论按工作计算法在图上进行计算的方法。

1) 时间参数的概念及其符号

(1) 工作持续时间(D_{i-j})。工作持续时间是一项工作从开始到完成的时间。

(2) 工期(T)。工期泛指完成任务所需要的时间，一般有以下三种：

① 计算工期，根据网络计划时间参数计算出来的工期，用 T_c 表示；

② 要求工期，任务委托人所要求的工期，用 T_r 表示；

③ 计划工期，根据要求工期和计算工期所确定的作为实施目标的工期，用 T_p 表示。

网络计划的计划工期 T_p 应按下列情况分别确定：

当已规定了要求工期 T_r 时，$T_p \leqslant T_r$；

当未规定要求工期时，可令计划工期等于计算工期，即 $T_p = T_r$。

2) 网络计划中工作的六个时间参数

最早开始时间(ES_{i-j})，是指在各紧前工作全部完成后，工作 i-j 有可能开始的最早时刻。

最早完成时间(EF_{i-j})，是指在各紧前工作全部完成后，工作 i-j 有可能完成的最早时刻。

最迟开始时间(LS_{i-j})，是指在不影响整个任务按期完成的前提下，工作 i-j 必须开始的最迟时刻。

最迟完成时间(LF_{i-j})，是指在不影响整个任务按期完成的前提下，工作 i-j 必须完成的最迟时刻。

总时差(TF_{i-j})，是指在不影响总工期的前提下，工作 i-j 可以利用的机动时间。

自由时差(FF_{i-j})，是指在不影响其紧后工作最早开始的前提下，工作 i-j 可以利用的机动时间。

按工作计算法计算网络计划中各时间参数,其计算结果应标注在箭线之上,如图 4.15 所示。

图 4.15　时间参数的标注

3) 双代号网络计划时间参数计算

按工作计算法在网络图上计算六个工作时间参数,必须在清楚计算顺序和计算步骤的基础上,列出必要的公式,以加深对时间参数计算的理解。时间参数的计算步骤如下:

(1) **最早开始时间和最早完成时间的计算**。工作最早时间参数受到紧前工作的约束,故其计算顺序应从起点节点开始,顺着箭线方向依次逐项计算。以网络计划的起点节点为开始节点的工作最早开始时间为 0。如网络计划起点节点的编号为 1,则

$$ES_{i-j} = 0 \ (i = 1)$$

最早完成时间等于最早开始时间加上其持续时间:

$$EF_{i-j} = ES_{i-j} + D_{i-j}$$

最早开始时间等于各紧前工作的最早完成时间 EF_{h-i} 的最大值:

$$ES_{i-j} = \max \{EF_{h-i}\}$$

或

$$ES_{i-j} = \max \{ES_{h-i} + D_{h-i}\}$$

(2) **确定计算工期 T_c**。计算工期等于以网络计划的终点节点为箭头节点的各个工作的最早完成时间的最大值。当网络计划终点节点的编号为 n 时,计算工期为

$$T_c = \max \{EF_{i-n}\}$$

当无要求工期的限制时,取计划工期等于计算工期,即取 $T_p = T_c$。

(3) **最迟开始时间和最迟完成时间的计算**。工作最迟时间参数受到紧后工作的约束,故其计算顺序应从终点节点起,逆着箭线方向依次逐项计算。

以网络计划的终点节点(j = n)为箭头节点的工作的最迟完成时间等于计划工期,即

$$LF_{i-n} = T_p$$

最迟开始时间等于最迟完成时间减去其持续时间:

$$LS_{i-j} = LF_{i-j} - D_{i-j}$$

最迟完成时间等于各紧后工作的最迟开始时间 LS_{j-k} 的最小值:

$$LF_{i-j} = \min \{LS_{j-k}\}$$

或

$$LF_{i-j} = \min \{LF_{j-k} - D_{j-k}\}$$

(4) **计算工作总时差**。总时差等于其最迟开始时间减去最早开始时间,或等于最迟完成时间减去最早完成时间,即

$$TF_{i-j} = LS_{i-j} - ES_{i-j}$$

$$TF_{i-j} = LF_{i-j} - EF_{i-j}$$

(5) **计算工作自由时差**。当工作 i-j 有紧后工作 j-k 时,其自由时差应为

$$FF_{i-j} = ES_{j-k} - EF_{i-j}$$

或
$$FF_{i-j} = ES_{j-k} - ES_{i-j} - D_{i-j}$$

以网络计划的终点节点$(j = n)$为箭头节点的工作，其自由时差 FF_{i-n} 应由网络计划的计划工期 T_p 确定，即

$$FF_{i-j} = T_p - EF_{i-n}$$

4) 关键工作和关键线路的确定

(1) **关键工作**。网络计划中总时差最小的工作是关键工作。

(2) **关键线路**。自始至终全部由关键工作组成的线路为关键线路，或线路上总的工作持续时间最长的线路为关键线路。网络图上的关键线路可用双线或粗线标注。

实例分析

已知网络计划的资料如表 4.3 所示，试绘制双代号网络计划。若计划工期等于计算工期，试计算各项工作的六个时间参数，确定关键线路，并标注在网络图上。

表 4.3　某网络计划工作逻辑关系及持续时间表

工　作	紧前工作	紧后工作	持续时间
A_1	—	A_2、B_1	2
A_2	A_1	A_3、B_2	2
A_3	A_2	B_3	2
B_1	A_1	B_2、C_1	3
B_2	A_2、B_1	B_3、C_2	3
B_3	A_3、B_2	D、C_3	3
C_1	B_1	C_2	2
C_2	B_2、C_1	C_3	4
C_3	B_3、C_2	E、F	2
D	B_3	G	2
E	C_3	G	1
F	C_3	I	2
G	D、E	H、I	4
H	G	—	3
I	F、G	—	3

　解答：(1) 根据表中网络计划的有关资料，按照网络图的绘图规则，绘制双代号网络图如图 4.16 所示。

(2) 计算各项工作的时间参数，并将计算结果标注在箭线上方相应的位置。

① 计算各项工作的最早开始时间和最早完成时间。

从起点节点(节点①)开始顺着箭线方向依次逐项计算到终点节点(节点　)。

a. 以网络计划起点节点为开始节点的各工作的最早开始时间为零。

工作 1-2 的最早开始时间 ES_{1-2} 从网络计划的起点节点开始，顺着箭线方向依次逐项计

算，因未规定其最早开始时间 ES_{1-2}，故可按公式确定：$ES_{1-2} = 0$。

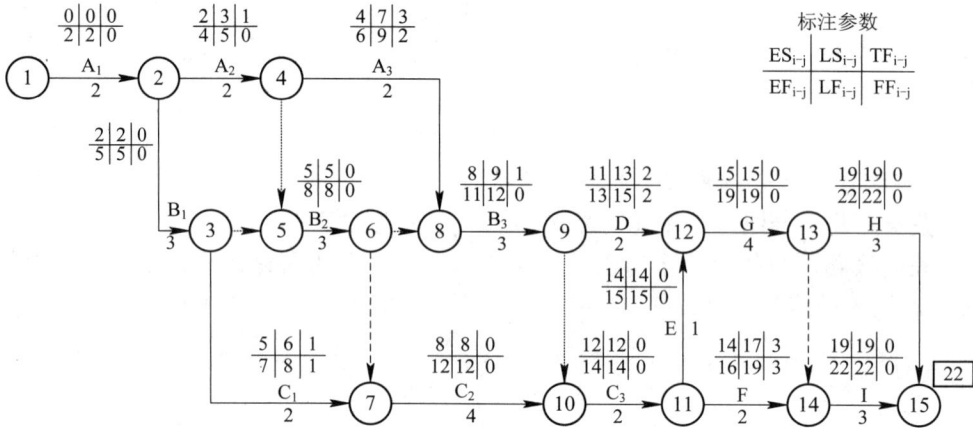

图 4.16 双代号网络图

b. 计算各项工作的最早开始和最早完成时间。

工作的最早开始时间 ES_{i-j} 按公式计算，如：

$$ES_{2-3} = ES_{1-2} + D_{1-2} = 0 + 2 = 2$$

$$ES_{2-4} = ES_{1-2} + D_{1-2} = 0 + 2 = 2$$

$$ES_{3-5} = ES_{2-3} + D_{2-3} = 2 + 3 = 5$$

$$ES_{4-5} = ES_{2-4} + D_{2-4} = 2 + 2 = 4$$

$$ES_{5-6} = \max\{ES_{3-5} + D_{3-5}, \ ES_{4-5} + D_{4-5}\} = \max\{5 + 0, \ 4 + 0\} = \max\{5, \ 4\} = 5$$

工作的最早完成时间就是本工作的最早开始时间 ES_{i-j} 与本工作的持续时间 D_{i-j} 之和，按公式计算，如：

$$EF_{1-2} = ES_{1-2} + D_{1-2} = 0 + 2 = 2$$

$$EF_{2-4} = ES_{2-4} + D_{2-4} = 2 + 2 = 4$$

$$EF_{5-6} = ES_{5-6} + D_{5-6} = 5 + 3 = 8$$

② 确定计算工期 T_c 及计划工期 T_p。

已知计划工期等于计算工期，即网络计划的计算工期 T_c 取以终点节点 ⑮ 为箭头节点的工作 13-15 和工作 14-15 的最早完成时间的最大值，按公式计算：

$$T_c = \max\{EF_{13-15}, \ EF_{14-15}\} = \max\{22, \ 22\} = 22$$

③ 计算各项工作的最迟开始时间和最迟完成时间。

从终点节点(及各个节点)开始逆着箭线方向依次逐项计算到起点节点(①节点)。

a. 以网络计划终点节点为箭头节点的工作的最迟完成时间等于计划工期。

网络计划结束工作 i–j 的最迟完成时间按公式计算，如：

$$LF_{13-15} = T_p = 0$$

$$LF_{14-15} = T_p = 0$$

b. 计算各项工作的最迟开始和最迟完成时间。

以此类推，算出其他工作的最迟完成时间，如：

$$LF_{13-14} = \min\{LF_{14-15} - D_{14-15}\} = 22 - 3 = 19$$

$$LF_{12\text{-}13} = \min\{LF_{13\text{-}15} - D_{13\text{-}15}, \ LF_{13\text{-}14} - D_{13\text{-}14}\} = \min\{22 - 3, \ 19 - 0\} = 19$$

$$LF_{11\text{-}12} = \min\{LF_{12\text{-}13} - D_{12\text{-}13}\} = 19 - 4 = 15$$

网络计划所有工作 i–j 的最迟开始时间均按公式计算，如：

$$LF_{14\text{-}15} = LF_{14\text{-}15} - D_{14\text{-}15} = 22 - 3 = 19$$

$$LF_{13\text{-}15} = LF_{13\text{-}15} - D_{13\text{-}15} = 22 - 3 = 19$$

$$LF_{12\text{-}13} = LF_{12\text{-}13} - D_{12\text{-}13} = 19 - 4 = 15$$

④ 计算各项工作的总时差。

可以用工作的最迟开始时间减去最早开始时间或用工作的最迟完成时间减去最早完成时间来计算各项工作的总时差，即

$$TF_{1\text{-}2} = LS_{1\text{-}2} - ES_{1\text{-}2} = 0 - 0 = 0$$

$$TF_{2\text{-}3} = LS_{2\text{-}3} - ES_{2\text{-}3} = 2 - 2 = 0$$

$$TF_{5\text{-}6} = LS_{5\text{-}6} - ES_{5\text{-}6} = 5 - 5 = 0$$

⑤ 计算各项工作的自由时差。

网络中工作 i–j 的自由时差等于紧后工作的最早开始时间减去本工作的最早完成时间，可按公式计算，如：

$$FF_{1\text{-}2} = ES_{2\text{-}3} - EF_{1\text{-}2} = 2 - 2 = 0$$

$$FF_{2\text{-}3} = ES_{3\text{-}5} - EF_{2\text{-}3} = 5 - 5 = 0$$

$$FF_{5\text{-}6} = ES_{6\text{-}8} - EF_{5\text{-}6} = 8 - 8 = 0$$

网络计划中的结束工作 i–j 的自由时差按公式计算，如：

$$FF_{13\text{-}15} = T_p - EF_{13\text{-}15} = 22 - 22 = 0$$

$$FF_{14\text{-}15} = T_p - EF_{14\text{-}15} = 22 - 22 = 0$$

将以上计算结果标注在图中的相应位置。

(3) 确定关键工作及关键线路。由于凡是总时差为 0 的工作均为关键工作，因此该例中的关键工作是 A_1、B_1、B_2、C_2、C_3、E、G、H、I。

在图 4.16 中，自始至终全由关键工作组成的关键线路用粗箭线进行标注。

(二) 单代号网络计划

单代号网络图是以节点及其编号表示工作，以箭线表示工作之间逻辑关系的网络图，并在节点中加注工作代号、名称和持续时间，以形成单代号网络计划，如图 4.17 所示。

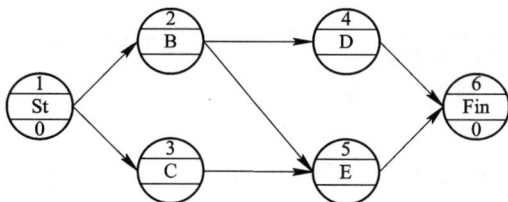

图 4.17 单代号网络计划图

1. 单代号网络图的特点

单代号网络图与双代号网络图相比，具有以下特点：

(1) 工作之间的逻辑关系容易表达，且不用虚箭线，故绘图较简单；

(2) 网络图便于检查和修改；

(3) 由于工作持续时间表示在节点之中，没有长度，故不够形象直观；

(4) 表示工作之间逻辑关系的箭线可能产生较多的纵横交叉现象。

2．单代号网络图的基本符号

(1) 节点。单代号网络图中的每一个节点表示一项工作，节点宜用圆圈或矩形表示。节点所表示的工作名称、持续时间和工作代号等应标注在节点内，如图 4.18 所示。

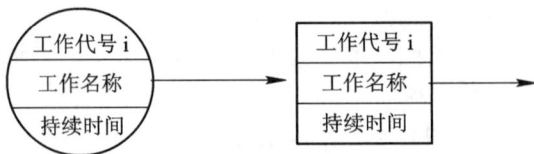

图 4.18　单代号网络图工作的表示方法

单代号网络图中的节点必须编号。编号标注在节点内，其号码可间断，但严禁重复。箭线的箭尾节点的编号应小于箭头节点的编号。一项工作必须有唯一的一个节点及相应的一个编号。

(2) 箭线。单代号网络图中的箭线表示紧邻工作之间的逻辑关系，既不占用时间，也不消耗资源。箭线应画成水平直线、折线或斜线。箭线水平投影的方向应自左向右，表示工作的行进方向。工作之间的逻辑关系包括工艺关系和组织关系，在网络图中均表现为工作之间的先后顺序。

(3) 线路。在单代号网络图中，各条线路应用该线路上的节点编号从小到大依次表述。

3．单代号网络图的绘图规则

(1) 在单代号网络图中必须正确表达已定的逻辑关系。

(2) 在单代号网络图中严禁出现循环回路。

(3) 在单代号网络图中严禁出现双向箭头或无箭头的连线。

(4) 在单代号网络图中严禁出现没有箭尾节点的箭线和没有箭头节点的箭线。

(5) 当绘制网络图时，箭线不宜交叉，当交叉不可避免时，可采用过桥法或指向法绘制。

(6) 单代号网络图中只应有一个起点节点和一个终点节点。当网络图中有多项起点节点或多项终点节点时，应在网络图的两端分别设置一项虚工作，作为该网络图的起点节点(St)和终点节点(Fin)。

单代号网络图的绘图规则大部分与双代号网络图的绘图规则相同，故不再进行解释。

4．单代号网络计划时间参数的计算

单代号网络计划时间参数的计算应在确定各项工作的持续时间之后进行。时间参数的计算顺序和计算方法基本上与双代号网络计划时间参数的计算相同。单代号网络计划时间参数的标注形式如图 4.19 所示。

单代号网络计划时间参数的计算步骤如下：

(1) 计算最早开始时间和最早完成时间。网络计划中各项工作的最早开始时间和最早完成时间的计算应从网络计划的起点节点开始，顺着箭线方向依次逐项计算。

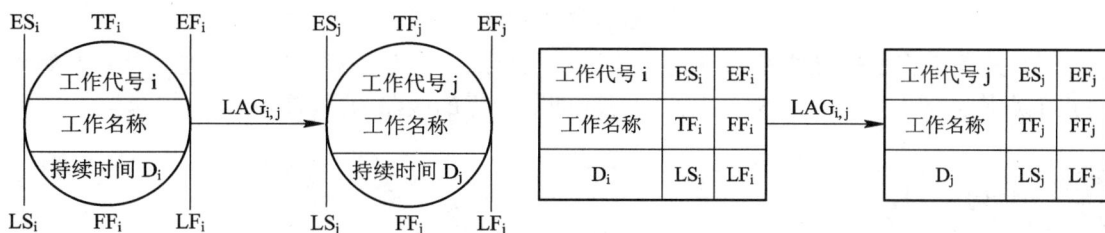

图 4.19　单代号网络图时间参数的标注形式

网络计划的起点节点的最早开始时间为 0。如起点节点的编号为 1，则

$$ES_i = 0 \ (i = 1)$$

工作最早完成时间等于该工作最早开始时间加上其持续时间，即

$$EF_i = ES_i + D_i$$

工作最早开始时间等于该工作的各个紧前工作的最早完成时间的最大值，如工作 j 的紧前工作的代号为 i，则

$$ES_j = max \ \{ EF_i \}$$

或

$$ES_j = max \ \{ EF_i + D_i \}$$

式中，ES_j 为工作 j 的各项紧前工作的最早开始时间。

(2) 网络计划的计算工期 T_c。 T_c 等于网络计划的终点节点 n 的最早完成时间 EF_n，即

$$T_c = EF_n$$

(3) 计算相邻两项工作之间的时间间隔 LAG_{i-j}。 相邻两项工作 i 和 j 之间的时间间隔 LAG_{i-j} 等于紧后工作 j 的最早开始时间 ES_j 和本工作的最早完成时间 EF_i 之差，即

$$LAG_{i-j} = ES_j - EF_i$$

(4) 计算工作总时差 TF_i。 工作 i 的总时差 TF_i 应从网络计划的终点节点开始，逆着箭线方向依次逐项计算。

网络计划终点节点的总时差 TF_n，如计划工期等于计算工期，其值为 0，即

$$TF_n = 0$$

其他工作 i 的总时差 TF_i 等于该工作的各个紧后工作 j 的总时差 TF_j 加上该工作与其紧后工作之间的时间间隔 LAG_{i-j} 之和的最小值，即

$$TF_i = min \ \{ TF_j + LAG_{i-j} \}$$

(5) 计算工作自由时差。 当工作 i 无紧后工作时，其自由时差 FF_i 等于计划工期 T_p 减去该工作的最早完成时间 EF_n，即

$$FF_i = T_p - EF_n$$

当工作 i 有紧后工作 j 时，其自由时差 FF_i 等于该工作与其紧后工作 j 之间的时间间隔 LAG_{i-j} 的最小值，即

$$FF_i = min \ \{ LAG_{i-j} \}$$

(6) 计算工作的最迟开始时间和最迟完成时间。 工作 i 的最迟开始时间 LS_i 等于该工作的最早开始时间 ES_i 与其总时差 TF_i 之和，即

$$LS_i = ES_i + TF_i$$

工作 i 的最迟完成时间 LF_i 等于该工作的最早完成时间 EF_i 与其总时差 TF_i 之和，即

$$LF_i = EF_i + TF_i$$

(7) 关键工作和关键线路的确定。总时差最小的工作是关键工作。从起点节点开始到终点节点均为关键工作，且所有工作的时间间隔为零的线路为关键线路。

实例分析

已知网络计划的资料如表 4.3 所示，试绘制单代号网络计划。若计划工期等于计算工期，试计算各项工作的六个时间参数并确定关键线路，标注在网络计划上。

解答：(1) 根据表 4.3 中网络计划的有关资料，按照网络图的绘图规则，绘制单代号网络图如图 4.20 所示。

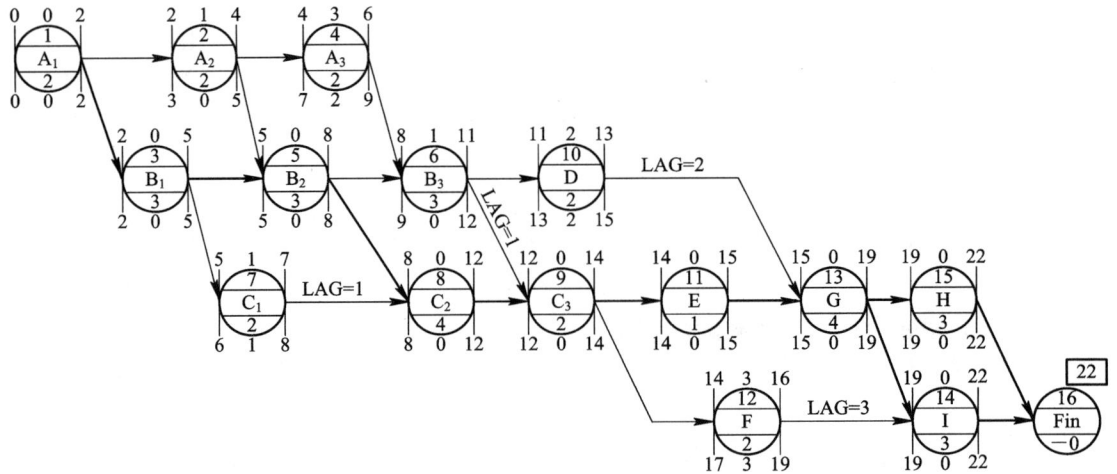

图 4.20　单代号网络图

(2) 计算最早开始时间和最早完成时间。

因为未规定其最早开始时间，所以由公式可得

$$ES_1 = 0$$

其他工作 i 的最早开始时间和最早完成时间按公式依次计算，如：

$$EF_1 = 0 + 2 = 2$$

$$ES_5 = \max \{EF_2, EF_3\} = \max \{4, 5\} = 5$$

$$EF_5 = ES_5 + D_5 = 5 + 3 = 8$$

已知计划工期等于计算工期，故有

$$T_p = T_c = EF_{16} = 22$$

(3) 计算相邻两项工作之间的时间间隔 LAG_{i-j}，如：

$$LAG_{15-16} = T_p - EF_{15} = 22 - 22 = 0$$

$$LAG_{14-16} = T_p - EF_{14} = 22 - 22 = 0$$

$$LAG_{12-14} = ES_{14} - EF_{12} = 19 - 16 = 3$$

(4) 计算工作的总时差 TF_i。已知计划工期等于计算工期 $T_p = T_c = 22$，故终点节点⑯的

总时差为零，即

$$TF_{16} = T_p - EF_{16} = 22 - 22 = 0$$

其他工作总时差如：

$$TF_{15} = TF_{16} + LAG_{15-16} = 0 - 0 = 0$$
$$TF_{14} = TF_{16} + LAG_{14-16} = 0 - 0 = 0$$
$$TF_{13} = \min\{(TF_{15} + LAG_{13-16}),\ (TF_{14} + LAG_{13-14})\} = \min\{0,\ 0\} = 0$$
$$TF_{12} = TF_{14} + LAG_{12-14} = 0 - 3 = -3$$

(5) 计算工作的自由时差 FF_i。

已知计划工期等于计算工期 $T_p = T_c = 22$，故自由时差为

$$FF_{16} = T_p - EF_{16} = 22 - 22 = 0$$
$$FF_{15} = LAG_{15-16} = 0$$
$$FF_{14} = LAG_{14-16} = 0$$
$$FF_{13} = \min\{LAG_{13-15},\ LAG_{13-14}\} = \min\{0,0\} = 0$$
$$FF_{12} = LAG_{12-14} = 3$$

(6) 计算工作的最迟开始时间 LS_i 和最迟完成时间 LF_i，如：

$$LS_1 = ES_1 + TF_1 = 0 + 0 = 0$$
$$LF_1 = EF_1 + TF_1 = 2 + 0 = 2$$
$$LS_2 = ES_2 + TF_2 = 2 + 1 = 3$$
$$LF_2 = EF_2 + TF_2 = 4 + 1 = 5$$

将以上计算结果标注在图中的相应位置。

(7) 关键工作和关键线路的确定。

根据计算结果，总时差为零的工作：A_1、B_1、B_2、C_2、C_3、E、G、H、I 为关键工作。

从起点节点①节点开始到终点节点⑯节点均为关键工作，且所有工作之间时间间隔为零的线路，即①—③—⑤—⑧—⑨—⑪—⑬—⑭—⑯、①—③—⑤—⑧—⑨—⑪—⑬—⑮—⑯为关键线路，用粗箭线标示在图中。

(三) 双代号时标网络计划

双代号时标网络计划是以时间坐标为尺度编制的网络计划。时标网络计划中应以实箭线表示工作，以虚箭线表示虚工作，以波形线表示工作的自由时差。

1. 双代号时标网络计划的特点

双代号时标网络计划是以水平时间坐标为尺度编制的双代号网络计划，其主要特点如下：

(1) 时标网络计划兼有网络计划与横道计划的优点，它能够清楚地表明计划的时间进程，使用方便。

(2) 时标网络计划能在图上直接显示出各项工作的开始与完成时间、工作的自由时差及关键线路。

(3) 在时标网络计划中可以统计每一个单位时间对资源的需要量，以便进行资源优化和调整。

(4) 由于箭线受到时间坐标的限制，当情况发生变化时，对网络计划的修改比较麻烦，往往要重新绘图，可以使用计算机软件配合绘图来解决这一问题。

2．双代号时标网络计划的一般规定

(1) 双代号时标网络计划必须以水平时间坐标为尺度表示工作时间。时标的时间单位应根据需要在编制网络计划之前确定，可为时、天、周、月或季。

(2) 时标网络计划应以实箭线表示工作，以虚箭线表示虚工作，以波形线表示工作的自由时差。

(3) 时标网络计划中所有符号在时间坐标上的水平投影位置，都必须与其时间参数相对应。节点中心必须对准相应的时标位置。

(4) 时标网络计划中虚工作必须以垂直方向的虚箭线表示，有自由时差时加波形线表示。

3．双代号时标网络计划的编制

时标网络计划宜按各个工作的最早开始时间编制。在编制时标网络计划之前，应先按已确定的时间单位绘制出时标计划表，见表 4.4。

表 4.4 时标计划表

日 历																	
(时间单位)	1	2	3	4	5	6	7	8	9	10	11	12	13	14	15	16	17
网络计划																	
(时间单位)	1	2	3	4	5	6	7	8	9	10	11	12	13	14	15	16	17

双代号时标网络计划的编制方法有以下两种：

(1) **间接法绘制**。先绘制出时标网络计划，计算各工作的最早时间参数，再根据最早时间参数在时标计划表上确定节点位置，连线完成。当某些工作箭线长度不足以到达该工作的完成节点时，用波形线补足。

(2) **直接法绘制**。根据网络计划中工作之间的逻辑关系及各工作的持续时间，直接在时标计划表上绘制时标网络计划。绘制步骤如下：

① 将起点节点定位在时标表的起始刻度线上。

② 按工作持续时间在时标计划表上绘制起点节点的外向箭线。

③ 其他工作的开始节点必须在其所有紧前工作都绘出以后，定位在这些紧前工作最早完成时间最大值的时间刻度上。当某些工作的箭线长度不足以到达该节点时，用波形线补足，箭头画在波形线与节点连接处。

用上述方法从左至右依次确定其他节点位置，直至网络计划终点节点定位，绘图完成。

实例分析

已知网络计划的资料见表 4.3，试用直接法绘制双代号时标网络计划。

解答：

(1) 将起始节点①定位在时标网络计划的起始刻度线上，如图 4.21 所示。

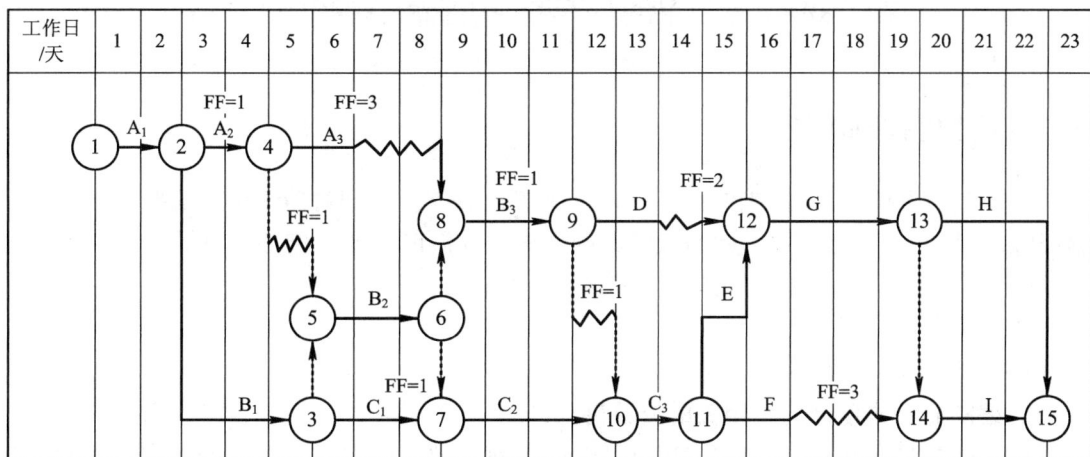

图 4.21　绘制双代号时标网络计划

(2) 按工作的持续时间绘制节点①的外向箭线①→②，即按 A_1 工作的持续时间，画出无紧前工作的工作 A_1，确定节点②的位置。

(3) 自左至右依次确定其余各节点的位置。如节点②、③、④、⑥、⑨、⑪、⑬之前只有一条内向箭线，则在其内向箭线绘制完成后即可在其末端将上述节点绘出。节点⑤、⑦、⑧、⑩、⑫、⑭、⑮则必须待其前面的两条内向箭线都绘制完成后才能定位在这些内向箭线中最晚完成的时刻处。其中，⑤、⑦、⑧、⑩、⑫、⑭各节点均有长度不足以达到该节点的内向实箭线，故用波形线补足。

(4) 用上述方法自左至右依次确定其他节点位置，直至画出全部工作，确定终点节点⑮的位置，该时标网络计划即绘制完成。

三、关键工作、关键路线和时差

关键工作指的是网络计划中总时差最小的工作。当计划工期等于计算工期时，总时差为零的工作就是关键工作。

在双代号网络计划和单代号网络计划中，关键路线是总的工作持续时间最长的路线。一个网络计划可能有一条或几条关键路线，在网络计划执行过程中，关键路线有可能转移。

当计算工期不能满足要求工期时，可通过压缩关键工作的持续时间来满足工期要求。在选择缩短持续时间的关键工作时，宜考虑下述因素：

(1) 缩短持续时间对质量和安全影响不大的工作；

(2) 有充足备用资源的工作；

(3) 缩短持续时间所需增加的费用最少的工作等。

总时差指的是在不影响总工期的前提下，可以利用的机动时间。

自由时差指的是在不影响其紧后工作最早开始时间的前提下，本工作可以利用的机动时间。

任务四　熟悉施工进度控制的任务和措施

一、施工进度控制的任务

正如前述，施工进度控制的任务是依据施工任务委托合同对施工进度的要求控制施工工作进度，这是施工方履行合同的义务。施工进度控制的主要工作环节包括：

(1) 编制施工进度计划及相关的资源需求计划；

(2) 组织施工进度计划的实施；

(3) 施工进度计划的检查与调整。

1. 编制施工进度计划及相关的资源需求计划

施工方应视项目的特点和施工进度控制的需要，编制如图 4.1 所示的深度不同的控制性和指导性施工进度计划，以及按不同计划周期的计划等。为确保施工进度计划能得以实施，施工方还应编制劳动力需求计划、物资需求计划以及资金需求计划等。

2. 组织施工进度计划的实施

施工进度计划的实施指的是按进度计划的要求组织人力、物力和财力进行施工。在进度计划实施过程中，应进行下列工作：

(1) 跟踪检查，收集实际进度数据；

(2) 将实际进度数据与进度计划对比；

(3) 分析计划执行的情况；

(4) 对产生的偏差，采取措施予以纠正或调整计划；

(5) 检查措施的落实情况；

(6) 进度计划的变更必须与有关单位和部门及时沟通。

3. 施工进度计划的检查与调整

(1) 施工进度计划的检查应按统计周期的规定定期进行，并应根据需要进行不定期的检查。施工进度计划检查的内容包括：

① 检查工程量的完成情况；

② 检查工作时间的执行情况；

③ 检查资源使用及与进度保证的情况；

④ 前一次进度计划检查提出问题的整改情况。

(2) 施工进度计划检查后应按下列内容编制进度报告：

① 进度计划实施情况的综合描述；

② 实际工程进度与计划进度的比较；

③ 进度计划在实施过程中存在的问题，及其原因分析；

④ 进度执行情况对工程质量、安全和施工成本的影响情况；

⑤ 将采取的措施；

⑥ 进度的预测。

(3) 施工进度计划的调整应包括下列内容：

① 工程量的调整；

② 工作(工序)起止时间的调整；

③ 工作关系的调整；

④ 资源提供条件的调整；

⑤ 必要目标的调整。

二、施工进度控制的措施

施工进度控制的措施主要包括组织措施、管理措施、经济措施和技术措施。

1. 施工进度控制的组织措施

施工进度控制的组织措施如下：

(1) 如前所述，组织是目标能否实现的决定性因素，因此，为实现项目的进度目标，应充分重视健全项目管理的组织体系(见图 4.22)。

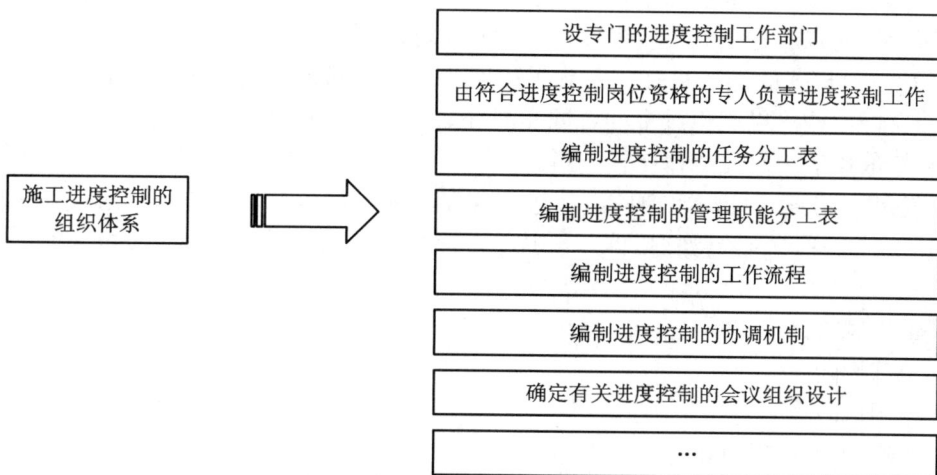

图 4.22　进度控制的组织体系

(2) 在项目组织结构中，应有专门的工作部门和符合进度控制岗位资格的专人负责进度控制工作。

(3) 进度控制的主要工作环节包括进度目标的分析和论证、编制进度计划、定期跟踪进度计划的执行情况、采取纠偏措施以及调整进度计划。这些工作任务和相应的管理职能应在项目管理组织设计的任务分工表和管理职能分工表中标示并落实。

(4) 应编制施工进度控制的工作流程，如：

① 定义施工进度计划系统(由多个相互关联的施工进度计划组成的系统)的组成；

② 确定各类进度计划的编制程序、审批程序和计划调整程序等。

(5) 进度控制工作包含了大量的组织和协调工作，而会议是组织和协调的重要手段，应进行有关进度控制会议的组织设计，以明确：

① 会议的类型；

② 各类会议的主持人和参加单位与人员；

③ 各类会议的召开时间;

④ 各类会议文件的整理、分发和确认等。

2. 施工进度控制的管理措施

施工进度控制在管理观念方面存在的主要问题:

(1) 缺乏进度计划系统的观念——往往分别编制各种独立而互不关联的计划,这样就形成不了计划系统;

(2) 缺乏动态控制的观念——只重视计划的编制,而不重视及时地进行计划的动态调整;

(3) 缺乏进度计划多方案比较和选优的观念——合理的进度计划应体现资源的合理使用、工作面的合理安排,有利于提高建设质量,有利于文明施工和有利于合理地缩短建设周期。

施工进度控制的管理措施如下:

(1) 施工进度控制的管理措施涉及管理的思想、管理的方法、管理的手段、承发包模式、合同管理和风险管理等。在理顺组织的前提下,科学和严谨的管理十分重要。

(2) 用工程网络计划的方法编制进度计划必须很严谨地分析和考虑工作之间的逻辑关系,通过工程网络的计算可发现关键工作和关键路线,也可知道非关键工作可使用的时差,工程网络计划的方法有利于实现进度控制的科学化。

(3) 承发包模式的选择直接关系到工程实施的组织和协调。为了实现进度目标,应选择合理的合同结构,以避免过多的合同交界面影响工程的进展。工程物资的采购模式对进度也有直接的影响,对此应作比较分析。

(4) 为实现进度目标,不但应进行进度控制,还应注意分析影响工程进度的风险,并在分析的基础上采取风险管理措施,以减少进度失控的风险量。常见的影响工程进度的风险如下:

① 组织风险;

② 管理风险;

③ 合同风险;

④ 资源(人力、物力和财力)风险;

⑤ 技术风险等。

(5) 应重视信息技术(包括相应的软件、局域网、互联网以及数据处理设备等)在进度控制中的应用。虽然信息技术对进度控制而言只是一种管理手段,但它的应用有利于提高进度信息处理的效率,有利于提高进度信息的透明度,有利于促进进度信息的交流和项目各参与方的协同工作。

3. 施工进度控制的经济措施

施工进度控制的经济措施涉及工程资金需求计划和加快施工进度的经济激励措施等。

为确保进度目标的实现,应编制与进度计划相适应的资源需求计划(资源进度计划),包括资金需求计划和其他资源(人力和物力资源)需求计划,以反映工程施工的各时段所需要的资源。通过资源需求的分析,可发现所编制的进度计划实现的可能性,若资源条件不具备,则应调整进度计划。

在编制工程成本计划时,应考虑加快工程进度所需要的资金,其中包括为实现施工进度目标将要采取的经济激励措施所需要的费用。

4. 施工进度控制的技术措施

施工进度控制的技术措施涉及对实现施工进度目标有利的设计技术和施工技术的选用。

不同的设计理念、设计技术路线、设计方案会对工程进度产生不同的影响，在工程进度受阻时，应分析是否存在设计技术的影响因素，为实现进度目标有无设计变更的必要和是否可能变更。

施工方案对工程进度有直接的影响，在决策其选用与否时，不仅应分析技术的先进性和经济合理性，还应考虑其对进度的影响。在工程进度受阻时，应分析是否存在施工技术的影响因素，为实现进度目标有无改变施工技术、施工方法和施工机械的可能性。

读一读 "合同约定" 与 "合同关系"

案情简介：

发包方：××房地产股份有限公司

承包方：××城市综合建设工程公司

经承包方、发包方议定，于 2000 年 4 月双方签订了一份 3 号办公楼的《建设工程施工合同》，工程合同总价暂定人民币 1400 万元；由于签订合同时设计图纸只完成了初步设计，施工图设计正在进行中，合同约定工程竣工结算方式为："工程竣工验收后 28 天，承包方向发包方提交工程竣工结算书，由发包方委托双方认可的 A 咨询公司进行审核，以 A 咨询公司审核认定的工程造价结算工程款。"2000 年 12 月工程竣工经双方共同验收，承包方按时提交竣工结算书，发包方委托 A 咨询公司进行审核。2001 年 2 月经 A 咨询公司认定工程竣工结算造价为 1885 万元。发包方看到此审核结果后，总觉得与签订合同时的暂定价差距太大，又找到 B 咨询公司再次进行审核，承包商了解事情真相后，提出尽快按照 A 咨询公司的审核结果结算拖欠工程款 490 万元(施工中已经支付工程进度款 1395 万元)。发包方以审核结论需要进一步核实为由，迟迟不予答复。双方就此发生了争执。

焦点细节：

承包方：在整个合同的合作过程中，双方的合作是诚信友好的，在工程结算工作方面，应该在前一阶段的合作基础上继续下去。我方再次申明，按照合同的约定，要尽快按照 A 咨询公司的审核结果结算拖欠工程款 490 万元。

发包方：前一阶段的合作是诚信友好的，现在我方也没有认为出现了什么不诚信、不友好的情况，A 咨询公司对工程结算的审核提出了一个审核结果，作为投资方面对审核结论进一步核实也是应该的。在核实工作没有做完之前，暂缓支付工程尾款希望能够理解。

承包方：按照我们合同的约定，是"以 A 咨询公司审核认定的工程造价结算工程款"，现在 A 咨询公司的审核结果已经正式提出，结算却被中止，是一种违约行为。

发包方：合同中是"以 A 咨询公司审核认定的工程造价结算工程款"，并没有否定我投资方有进一步核实的权力，在我方委托 A 咨询公司的委托书中，就有这类的条件，不能和违约问题相提并论。

承包方：这是两个不同的合同相对应的两个不同的问题，我们之间的施工合同是确定面前的这份工程款结算书是不是"A 咨询公司审核认定的工程造价"，如果承认是，就进行结算付款的具体工作，如认为不是，请贵方拿出 A 咨询公司的审核认定结论来。

　　发包方：经过我方核实后，肯定会回答这个问题。

　　承包方：这是找理由拖延付款时间，是继续违约行为。

　　发包方：这是合同约定的条件未完全具备，不存在哪一方违约的问题。

　　合同双方僵持不下，按照合同约定，双方达成仲裁协议，向××市仲裁委员会申请仲裁。经仲裁的最终结果是：应该按照合同双方约定的工程结算条件"以 A 咨询公司审核认定的工程造价结算工程款"。

本案点评：

　　本案中的发包方以进一步核实审计结果为理由延迟结算，违反双方合同约定的付款条件，是一种明显的违约行为。另一方面，在委托 A 咨询公司审核认定工程造价后，又去找 B 咨询公司进行核实，在做法上也欠妥当。在本书中对此不多做评论。

　　按照《中华人民共和国合同法》第 286 条的规定，"发包人未按照约定支付价款的，承包人可以催告发包人在合理期限内支付价款。发包人逾期不支付的，除按照建筑工程的性质不宜折价、拍卖的以外，承包人可以与发包人进行协议后将工程折价，也可以申请人民法院将该工程依法拍卖。建设工程的价款就该工程折价或者拍卖的价款优先受偿。"本案的案情是比较简单的，双方既然在所签订的合同中约定了工程竣工结算的条件，就应该按照约定的结算条件进行，似乎不应该再发生争议。由于该工程合同价签约时只是暂估价，按照合同约定条件审核的工程造价大大超过发包人的预期计划后，发包人对原来较为信任的 A 咨询公司信心动摇，做出的所谓核实之举是可以理解的。但是此举给承包人造成的印象是节外生枝，制造借口推迟结算及工程付款。这是工程结算中比较敏感的问题。在合同双方的约定条件"以 A 咨询公司审核认定的工程造价结算工程款"中，没有条件成熟后的时间限制，是承包人感到发包人已经违约和可能无限推延的原因。

　　在本案的工程结算约定中，如增加一个时间条件(如 14 天、28 天等)约定，发包人将有更多的回旋余地，解决 A 咨询公司审核认定的工程造价中可能存在的问题。但是，合同的约定具有法律效力，无论怎样，都不应违背双方合同条款已经约定的条件。

练一练

1. 某工程双代号网络计划如图 4.23 所示(时间单位：天)，其关键线路有(　　)条。

A. 2　　　　　　　B. 4　　　　　　　C. 3　　　　　　　D. 5

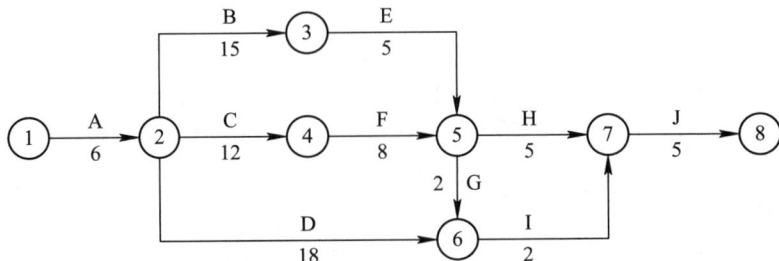

图 4.23　双代号网络计划

2．施工企业的施工生产计划与建设工程项目施工进度计划的关系是(　　)。

A．施工生产计划是项目施工进度计划的集合

B．属同一个计划系统，但范围不同

C．属两个不同系统的计划，但两者紧密相关

D．属两个不同系统的计划，两者之间没有关系

3．下列进度计划中，属于实施性施工进度计划的是(　　)。

A．项目施工总进度计划　　　　　　　B．项目施工年度计划

C．项目月度施工计划　　　　　　　　D．企业旬施工生产计划

4．某工程的单代号网络计划如图4.24所示(时间单位：天)，该计划的计算工期为(　　)天。

A．9　　　　　　　B．11　　　　　　　C．12　　　　　　　D．15

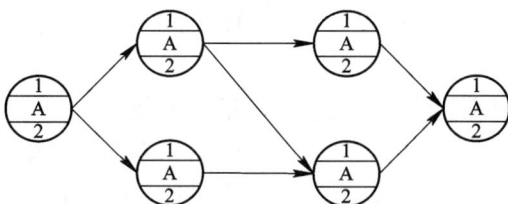

图4.24　单代号网络计划

5．建设工程项目总进度目标论证的工作包括：① 项目结构分析；② 编制各层进度计划；③ 进度计划系统的结构分析；④ 项目的工作编码。其正确的工作顺序是(　　)。

A．①③②④　　　　　B．①③④②　　　　　C．③②①④　　　　　D．④①③②

6．某工程网络计划中，工作N最早完成时间为17天，持续时间为5天，该工作有三项紧后工作，它们的最早开始时间分别为第25天、第27天和第30天，则工作N的自由时差为(　　)天。

A．7　　　　　　　B．2　　　　　　　C．3　　　　　　　D．8

7．下列建设工程项目进度控制的措施中，属于技术措施的是(　　)。

A．确定各类进度计划的审批程序　　　B．选择合理的合同结构

C．选择工程承发包方式　　　　　　　D．优化项目的设计方案或施工方案

8．双代号网络图中，工作是用(　　)表示的。

A．节点及其编号　　　　　　　　　　B．箭线及其两端节点编号

C．箭线及其起始节点编号　　　　　　D．箭线及其终点节点编号

9．双代号网络计划如图4.25所示(时间单位：天)，其计算工期是(　　)天。

A．16　　　　　　　B．17　　　　　　　C．18　　　　　　　D．20

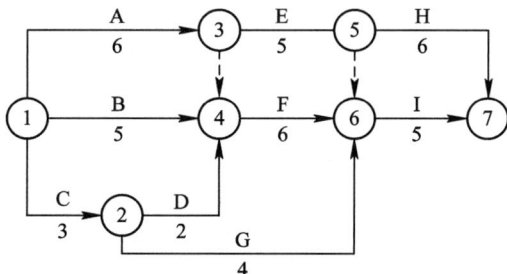

图4.25　双代号网络计划

10. 关于横道图进度计划表的说法，正确的是( )。

A. 可以将工作简要说明直接放到横道图上　　B. 计划调整比较方案

C. 可以直观地确定计划的关键线路　　　　D. 工作逻辑关系易于表达清楚

11. 双代号网络计划中的关键路线是指( )。

A. 总时差为零的路线　　　　　　　B. 工作持续时间最短的路线

C. 一经确定，不会发生转移的路线　　D. 自始至终全部由关键工作组成的路线

12. 在进行建设工程项目总进度目标控制前，首先应( )。

A. 进行项目结构分析　　　　　　　B. 确定项目的工作编码

C. 编制各层进度计划　　　　　　　D. 分析和论证目标实施的可能性

13. 施工进度计划调整的内容不包括( )的调整。

A. 工作关系　　　　　　　　　　　B. 工作量

C. 资源提供条件　　　　　　　　　D. 工程质量

14. 关于双代号网络图绘制规则的说法，正确的是( )。

A. 箭线不能交叉　　　　　　　　　B. 关键工作必须安排在图画中心

C. 只有一个起点节点　　　　　　　D. 工作箭线只能用水平线

15. 关于建设工程项目管理进度计划系统的说法，正确的是( )。

A. 由多个相互独立的进度计划组成　　B. 由项目各参与方共同参与编制

C. 其建立是逐步完善的过程　　　　D. 一个既定项目的进度计划系统是唯一的

情境五

项目质量控制

任务一 认识施工质量管理与控制

一、施工质量与影响因素

根据我国国家标准《质量管理体系——基础和术语》(GB/T 19000—2016)的定义，质量是指客体的一组固有特性满足要求的程度。

客体是指可感知或可想象到的任何事物，可能是物质的、非物质的或想象的，包括产品、服务、过程、人员、组织、体系、资源等。固有特性是指本来就存在的，尤其是那种永久的特性。质量由与要求有关的、客体的固有特性，即质量特性来表征；而要求是指明示的、通常隐含的或必须履行的需求或期望。质量差、好或优秀，以其质量特性满足质量要求的程度来衡量。

建设工程项目质量是指通过项目实施形成的工程实体的质量，是反映建筑工程满足法律、法规的强制性要求和合同约定的要求，包括在安全、使用功能以及在耐久性能、环境保护等方面满足要求的明显和隐含能力的特性总和。其质量特性主要体现在适用性、安全性、耐久性、可靠性、经济性及与环境的协调性六个方面。

影响施工质量的主要因素有"人(Man)、材料(Material)、机械(Machine)、方法(Method)及环境(Environment)"等五大方面，即"4M1E"。

1. 人的因素

这里讲的"人"，包括直接参与施工的决策者、管理者和作业者。人的因素影响主要是指上述人员个人的质量意识及质量活动能力对施工质量的形成造成的影响。我国实行的执业资格注册制度和管理及作业人员持证上岗制度等，从本质上说，就是对从事施工活动的人的素质和能力进行必要的控制。在施工质量管理中，人的因素起决定性的作用。因此，施工质量控制应以控制人的因素为基本出发点。人，作为控制对象，人的工作应避免失误；作为控制动力，应充分调动人的积极性，发挥人的主导作用：必须有效控制参与施工的人员的素质，不断提高人的质量活动能力，才能保证施工质量。

2. 材料的因素

材料包括工程材料和施工用料，又包括原材料、半成品、成品、构配件和周转材料等。各类材料是工程施工的物质条件，材料质量是工程质量的基础，材料质量不符合要求，工程质量就不可能达到标准。因此，加强对材料的质量控制，是保证工程质量的重要基础。

3. 机械的因素

机械设备包括工程设备、施工机械和各类施工工器具。工程设备是指组成工程实体的工艺设备和各类机具，如各类生产设备、装置和辅助配套的电梯、泵机，以及通风空调、消防、环保设备，等等，它们是工程项目的重要组成部分，其质量的优劣，直接影响到工程使用功能的发挥。施工机械设备是指施工过程中使用的各类机具设备，包括运输设备、吊装设备、操作工具、测量仪器、计量器具以及施工安全设施等。施工机械设备是所有施工方案和工法得以实施的重要物质基础，合理选择和正确使用施工机械设备是保证施工质量的重要措施。

4. 方法的因素

施工方法包括施工技术方案、施工工艺、工法和施工技术措施等。从某种程度上说，技术工艺水平的高低，决定了施工质量的优劣。采用先进合理的工艺、技术，依据规范的工法和作业指导书进行施工，必将对组成质量因素的产品精度、强度、平整度、清洁度、耐久性等物理、化学特性等方面起到良性的推进作用。

5. 环境的因素

环境的因素主要包括施工现场自然环境因素、施工质量管理环境因素和施工作业环境因素。环境因素对工程质量的影响，具有复杂多变和不确定性的特点。

(1) 施工现场自然环境因素：主要指工程地质、水文、气象条件和周边建筑、地下障碍物以及其他不可抗力等对施工质量的影响因素。例如，在地下水位高的地区，若在雨季进行基坑开挖，遇到连续降雨或排水困难，就会引起基坑塌方或地基受水浸泡影响承载力等；在寒冷地区冬期施工措施不当，工程会因受到冻融而影响质量；在基层未干燥或大风天进行卷材屋面防水层的施工，就会导致粘贴不牢及空鼓等质量问题。

(2) 施工质量管理环境因素：主要指施工单位质量管理体系、质量管理制度和各参建施工单位之间的协调等因素。根据承发包的合同结构，理顺管理关系，建立统一的现场施工组织系统和质量管理的综合运行机制，确保工程项目质量保证体系处于良好的状态，创造良好的质量管理环境和氛围，是施工顺利进行，提高施工质量的保证。

(3) 施工作业环境因素：主要指施工现场平面和空间环境条件，各种能源介质供应，施工照明、通风、安全防护设施，施工场地给排水，以及交通运输和道路条件等因素。这些条件是否良好，直接影响到施工能否顺利进行，以及施工质量能否得到保证。

对影响施工质量的上述因素进行控制，是施工质量控制的主要内容。

二、施工质量控制的特点

施工质量控制的特点是由建设项目的工程特点和施工生产的特点决定的，施工质量控制必须考虑和适应这些特点，进行有针对性的管理。

1. 建设项目的工程特点和施工生产的特点

(1) 施工的一次性。工程项目施工是不可逆的，施工出现质量问题，不可能完全回到原始状态，严重的质量问题可能导致工程报废。工程项目一般都投资巨大，一旦发生施工质量事故，就会造成重大的经济损失。因此，建设项目施工都应一次成功，不能失败。

(2) **工程的固定性和施工生产的流动性**。每一项工程项目都固定在指定地点的土地上，项目施工全部完成后，由施工单位就地移交给使用单位。工程的固定性特点，决定了工程项目对地基的特殊要求，施工采用的地基处理方案将会对工程质量产生直接影响。相对于工程的固定性特点，施工生产则表现出流动性的特点，表现为各种生产要素既在同一工程上流动，往往同时又在不同工程项目之间流动。由此形成了施工生产管理方式的特殊性。

(3) **产品的单件性**。每一工程项目都要和周围环境相结合，没有完全相同的两个工程项目。由于周围环境以及地基情况的不同，每个工程项目只能单独设计生产，而不能像一般工业产品那样，同一类型可以批量生产。建筑产品即使采用标准图纸生产，也会由于建设地点、时间、施工组织方法等方面的不同，致使工程项目运作和施工不能标准化，施工质量管理的要求也必然有差异。

(4) **工程体形庞大**。工程项目是由大量的工程材料、制品和设备构成的实体，体积庞大，无论是房屋建筑，还是铁路、桥梁、码头等土木工程，都会占用很大的外部空间。一般只能露天进行施工生产，施工质量受气候和环境的影响较大。

(5) **生产的预约性**。施工产品不像一般的工业产品那样先生产后交易，而是先交易后生产，即由建设单位事先选定施工单位签订施工承包合同，然后在施工现场根据合同约定的条件进行生产。因此，通过招标、竞标、定约、成交等步骤选定施工单位，就成为建筑产品生产的主要交易方式。建设单位事先对该项工程产品的工期、造价和质量提出要求，并在生产过程中对工程质量进行必要的监督控制。

2．施工质量控制的特点

(1) **需要控制的因素多**。工程项目的施工质量受到多种因素的影响。这些因素包括地质、水文、气象和周边环境等自然条件因素，勘察、设计、材料、机械、施工工艺、操作方法、技术措施，以及管理制度、办法等人为的技术管理因素。要保证工程项目的施工质量，必须对所有这些影响因素进行有效控制。

(2) **控制的难度大**。由于建筑产品的单件性和施工生产的流动性，不具有一般工业产品生产常有的固定的生产流水线、规范化的生产工艺、完善的检测技术、成套的生产设备和稳定的生产环境等条件，不能进行标准化施工，施工质量容易产生波动；而且施工场面大、人员多、工序多、关系复杂、作业环境差。这些都加大了质量控制的难度。

(3) **过程控制要求高**。工程项目在施工过程中，工序衔接多、中间交接多、隐蔽工程多，施工质量具有一定的过程性和隐蔽性。上道工序的质量往往会影响下道工序的质量，下道工序的施工往往又掩盖了上道工序的质量。因此，在施工质量控制工作中，必须强调过程控制，加强对施工过程的质量检查，及时发现和整改存在的质量问题，并及时做好检查、签证记录，为证明施工质量提供必要的证据。

(4) **终检局限性大**。由于前面所述原因，工程项目建成以后不能像一般工业产品那样，可以依靠终检来判断和控制产品的质量；也不可能像工业产品那样将其拆卸或解体检查内在质量、更换不合格的零部件。工程项目的终检(竣工验收)只能从表面进行检查，难以发现在施工过程中产生、又被隐蔽了的质量隐患，存在较大的局限性。如果在终检时才发现严重质量问题，要整改也很难，如果不得不推倒重建，则必然导致重大损失。

任务二　熟悉施工质量控制的内容和方法

一、施工质量控制的基本环节和一般方法

1. 施工质量控制的基本环节

施工质量控制应贯彻全面、全过程质量管理的思想，运用动态控制原理，进行质量的事前控制、事中控制和事后控制。

(1) **事前质量控制**。事前质量控制即在正式施工前进行的事前主动质量控制，通过编制施工质量计划，明确质量目标，制定施工方案，设置质量管理点，落实质量责任，分析可能导致质量目标偏离的各种影响因素，针对这些影响因素制定有效的预防措施，防患于未然。

(2) **事中质量控制**。事中质量控制即在施工质量形成过程中，对影响施工质量的各种因素进行全面的动态控制。事中质量控制首先是对质量活动的行为约束，其次是对质量活动过程和结果的监督控制。事中质量控制的关键是坚持质量标准，控制的重点是对工序质量、工作质量和质量控制点的控制。

(3) **事后质量控制**。事后质量控制也称为事后质量把关，以使不合格的工序或最终产品(包括单位工程或整个工程项目)不流入下道工序、不进入市场。事后质量控制包括对质量活动结果的评价、认定和对质量偏差的纠正。控制的重点是发现施工质量方面的缺陷，并通过分析提出施工质量改进的措施，保持质量处于受控状态。

以上三大环节不是互相孤立和截然分开的，而是共同构成有机的系统过程，实质上也就是质量管理 PDCA 循环的具体化，在每一次滚动循环中不断提高，达到质量管理和质量控制的持续改进。

2. 施工质量控制的依据

(1) **共同性依据**。共同性依据指适用于施工阶段，且与质量管理有关的通用的、具有普遍指导意义和必须遵守的基本条件。它主要包括：工程建设合同；设计文件、设计交底及图纸会审记录、设计修改和技术变更等；国家和政府有关部门颁布的与质量管理有关的法律和法规性文件，如《中华人民共和国建筑法》(以下简称《建筑法》)、《招标投标法》和《建设工程质量管理条例》等。

(2) **专门技术法规性依据**。专门技术法规性依据指针对不同的行业、不同质量控制对象制定的专门技术法规文件。它包括规范、规程、标准、规定等，如：工程建设项目质量检验评定标准；有关建筑材料、半成品和构配件的质量方面的专门技术法规性文件；有关材料验收、包装和标志等方面的技术标准和规定；施工工艺质量等方面的技术法规性文件；有关新工艺、新技术、新材料、新设备的质量规定和鉴定意见等。

(3) **项目专用性依据**。项目专用性依据指本项目的工程建设合同、勘察设计文件、设计交底及图纸会审记录、设计修改和技术变更通知，以及相关会议记录和工程联系单等。

3．施工质量控制的一般方法

1）质量文件审核

审核有关技术文件、报告或报表，是对工程质量进行全面管理的重要手段。这些文件包括：

(1) 施工单位的技术资质证明文件和质量保证体系文件；

(2) 施工组织设计和施工方案及技术措施；

(3) 有关材料和半成品及构配件的质量检验报告；

(4) 有关应用新技术、新工艺、新材料的现场试验报告和鉴定报告；

(5) 反映工序质量动态的统计资料或控制图表；

(6) 设计变更和图纸修改文件；

(7) 有关工程质量事故的处理方案；

(8) 相关方面在现场签署的有关技术签证和文件等。

2）现场质量检查

(1) 现场质量检查的内容。

① 开工前的检查：主要检查是否具备开工条件，开工后是否能够保持连续正常施工，能否保证工程质量。

② 工序交接的检查：对于重要的工序或对工程质量有重大影响的工序，应严格执行"三检"制度，即自检、互检、专检。未经监理工程师(或建设单位技术负责人)检查认可，不得进行下道工序施工。

③ 隐蔽工程的检查：施工中凡是隐蔽工程，必须检查认证后方可进行隐蔽掩盖。

④ 停工后复工的检查：因客观因素停工或处理质量事故等停工，复工时，经检查认可后方能复工。

⑤ 分项分部工程完工后的检查：分项分部工程完工后应经检查认可，并签署验收记录后，才能进行下一工程项目的施工。

⑥ 成品保护的检查：检查成品有无保护措施以及保护措施是否有效可靠。

(2) 现场质量检查的方法。

① 目测法：即凭借感官进行检查，也称观感质量检验。其手段可概括为"看、摸、敲、照"四个字。所谓看，就是根据质量标准要求进行外观检查。例如，清水墙面是否洁净，喷涂的密实度和颜色是否良好、均匀，工人的操作是否正常，内墙抹灰的大面及口角是否平直，混凝土外观是否符合要求等；摸，就是通过触摸手感进行检查、鉴别。例如油漆的光滑度，浆活是否牢固、不掉粉等；敲，就是运用敲击工具进行音感检查。例如，对地面工程、装饰工程中的水磨石、面砖、石材饰面等，均应进行敲击检查；照，就是通过人工光源或反射光照射，检查难以看到或光线较暗的部位。例如，管道井、电梯井等内的管线、设备安装质量，装饰吊顶内的连接及设备安装质量等。

② 实测法：就是通过实测，将实测数据与施工规范、质量标准的要求及允许偏差值进行对照，以此判断质量是否符合要求。其手段可概括为"靠、量、吊、套"四个字。所谓靠，就是用直尺、塞尺检查诸如墙面、地面、路面等的平整度；量，就是指用测量工具和计量仪表等检查断面尺寸、轴线、标高、湿度、温度等的偏差，例如，大理石板拼缝尺寸

与超差数量、摊铺沥青拌合料的温度、混凝土坍落度的检测等；吊，就是利用拖线板以及线锤吊线检查垂直度，例如，砌体、门窗安装的垂直度检查等；套，是以方尺套方，辅以塞尺检查。例如，对阴阳角的方正、踢脚线的垂直度、预制构件的方正、门窗口及构件的对角线等进行检查。

③ 试验法：是指通过必要的试验手段对质量进行判断的检查方法。其主要包括：

● 理化试验。工程中常用的理化试验包括物理力学性能方面的检验和化学成分及其含量的测定等两个方面。力学性能的检验如各种力学指标的测定，包括抗拉强度、抗压强度、抗弯强度、抗折强度、冲击韧性、硬度、承载力等。各种物理性能方面的测定如密度、含水量、凝结时间、安定性及抗渗、耐磨、耐热性能等。化学成分及其含量的测定如钢筋中的磷、硫含量，混凝土中粗骨料中的活性氧化硅成分，以及耐酸、耐碱、抗腐蚀性等。此外，根据规定有时还需进行现场试验，例如，对桩或地基的静载试验、下水管道的通水试验、压力管道的耐压试验、防水层的蓄水或淋水试验等。

● 无损检测。利用专门的仪器仪表从表面探测结构物、材料、设备的内部组织结构或损伤情况。常用的无损检测方法有超声波探伤、X射线探伤、γ射线探伤等。

二、交通安全设施施工质量控制

(一) 标志

应用于公路的标志一般是固定式标志，通常由标志基础、标志立柱及板面组成(附着式标志无标志基础，只有施工标志立柱及安装板面，其控制以材料质量及安装检查为主)。标志反光膜黏贴在标志板面上。为减轻受力，标志板面一般由铝合金板制作。由于板面受力的需要(设计中应考虑台风等自然条件的影响)，标志板面必须有足够强度的立柱支撑和基础固定，并通过各部件的紧固连接保证其安全性能。标志反光膜的质量、安装角度决定了标志的认读性能。标志的安装角度由标志预埋件的安装位置和角度决定。标志的认读性能和安全性能是标志所应保证的基本质量。随着标志施工控制的逐步成熟，标志的外观质量已是施工质量的重要构成部分，质量控制中应予以充分重视。

标志反光膜(包括字符反光膜)的材料和加工质量、字符的正确性、标志的设置位置、所指引的道路及地名的正确性、板面加工及安装质量是施工中影响标志认读性的主要因素。其中标志反光膜(包括字符反光膜)的材料和加工质量是影响标志认读性的最重要的因素，是施工控制的重点。标志基础(包括预埋件的安装)的施工质量、标志钢构件的安装质量是影响标志安全性的主要因素。在实际施工中，标志基础的施工质量最容易出现质量问题，是施工控制中的重点。

标志布设分散，混凝土方量小，施工组织和管理困难；一般设置在边坡及中央分隔带中，施工期间路面工程已经开展或处于施工高峰期，施工交接环节多，交叉施工多，文明施工组织管理困难；标志属于安装工程，施工时道路尚未完全封闭，容易出现被偷盗现象。上述种种不利条件，是标志施工的难点。

因此，材料质量、标志基础混凝土强度、标志基础预埋件的安装位置及标志立柱、板面的安装质量是施工过程控制的重点部位，标志基础的施工和标志的安装是施工的关键环节。

标志施工的主要程序：施工放样→基础开挖→基底夯实→垫层料填充→模板安装及支

撑固定→钢筋安装→预埋螺栓安装及固定→基础现浇→现场清理→护脚回填及夯实→护脚硬化→绿化恢复。

标志工程施工质量控制工作可从保证标志的认读性和安全性、提高标志的外观质量着手展开，抓住材料质量(反光膜质量)和主要工序(标志基础现浇前检查和标志安装质量)的施工检查开展质量控制工作。在工作中，还应结合标志工程施工点分散，交叉施工和施工交接多的特点，狠抓自检的有效性，做好协调管理。

1. 进场材料管理

施工前质量控制要点在于检查人、机械、材料的进场是否满足合同文件和工程建设的需要。材料的质量是施工前质量控制的重点，具体如下：

(1) 施工前应将拟用于工程的反光膜、立柱钢材样品以及法兰盘、地脚螺栓、连接和紧固件等送检，并配合监理人员对上述材料抽样送检。材料检验合格并报监理工程师批准后才允许材料进场。同时，还应将拟用于工程的砂、石、水泥、钢筋进行标准试验和工艺试验。试验合格后报监理工程师，经平行试验合格，才允许材料进入工地现场。

(2) 所有材料进入现场，质检工程师应进行自检，自检合格并报监理工程师抽检核实同意后，才能用于施工。必须注意的是，反光膜即使为检测结果一致(或基本一致)的材料往往还存在一定的颜色差异，在材料控制中应仔细区别，并建议在同一路段中，采用一种品牌的反光膜，使同一路段的标志牌面颜色一致。

(3) 工程施工前的进场材料包括砂、石、水泥、钢筋、地脚螺栓、标志立柱、标志牌面及其连接和紧固件等。标志立柱、标志牌面的质量检验参照前述要求及国家相关标准和规范。控制内容包括标志板的外形尺寸、标志底板厚度、标志面的粘贴质量和表面缺陷、字符的字体及尺寸、标志面反光膜等级及逆反射系数等，以及标志立柱的尺寸、表面缺陷及焊接质量。

(4) 标志工程的钢构件均要求经过热浸镀锌处理。钢构件的镀锌量为 85 μm，连接和紧固件的镀锌量一般为 50 μm。要求锌层不得脱落、损伤、堆积和漏镀，附着性应符合热浸镀锌的标准要求。

(5) 施工前应检查材料供应厂家相关资料、材料相关质量证明资料、混凝土标准试验、混凝土平行试验和工艺试验成果等，现场检查核实进场材料的质量。

2. 施工放样控制

标志工程在路基完成后进行施工。施工放样时应注意标志的设置位置是否与其他工程存在冲突，包括与设置的监控设施是否相互遮挡视线、设置的标志位置是否属管线路由等。如存在上述情况，应报告监理工程师，经协调处理后才允许施工。施工技术人员在放样后应确定该基础的挖深并标注在施工图上，经质检工程师自检合格，报监理核实检查同意后进行下道工序的施工。标志基础放样检查的内容包括标志的纵向、横向定位和高程。要求标志基础在路线行车方向的定位误差为 ±50 cm，横向误差为 +100 mm，0。门架基础与中央分隔带及路肩的法兰盘之间的相互纵向误差为 ±5 mm。

3. 基坑开挖检查

基坑开挖时应有充分的污染防护措施，不得将余泥直接堆放在基础或边坡上，也不得有污染基础和边坡的现象。基坑开挖前还应对绿化工程进行保护，开挖范围内的绿化植被应妥善存放，以便于回填后恢复原状时使用。

基坑检查内容包括基坑尺寸、夯实及基坑的地基承载力。在检查基坑深度时应注意将垫层计算在内，检查基坑的宽度、长度时应将模板的安装尺寸计算在内。基坑壁和坑底开挖后应平整垂直。基坑承载力应满足设计文件的要求。

基坑开挖完成后质检工程师应进行自检，符合要求后经监理工程师检查确认合格方可进行下道工序施工。通过巡视检查、核实自检资料和监理工程师签认工序检查的成果进行质量控制。

4．钢筋及模板安装检查

模板要求密实紧固，模板的具体要求可见模板检查表。钢筋主要检查其规格、尺寸、绑扎质量。钢筋的规格与设计图纸的说明应相符，要求不小于设计值，绑扎要求牢固可靠。

模板安装和钢筋绑扎完成后，质检工程师应进行自检，自检合格后报监理人员检查核实，同意后进行下道工序的施工。

5．标志的预埋件安装及现浇检查

对大型的标志基础现浇，监理工程师现场监督承包质检工程师的自检工作，在现浇时现场旁站。所有标志基础的现浇，质检工程师现场全程跟进检查。

混凝土的生产应用称重法根据配合比确定材料的用量，应用机械搅拌并达到混凝土搅拌的时间要求。现浇时应按规范要求不大于 30 cm 的填充厚度进行振捣。当法兰盘定位后，应对法兰盘的定位进行检查。法兰盘的水平误差范围为 0°(水平尺目测无偏差)，平面定位应能满足实测项目的要求。法兰盘地脚螺栓外露长度误差范围为 −0，+10，要求安装垂直、牢固，不致现浇时移位。

该道工序的检查(特别是预埋件的安装检查)是标志基础质量控制的重要内容，并能对下一步的安装质量形成影响，应予以充分重视。

6．基础完工后的检查

基础完工后检查施工场地的清理、恢复和护脚的硬化处理。要求现场余泥杂物清除干净，不对周边工程造成污染破坏，护脚硬化充分，绿化恢复完善。

当混凝土养生达到规范的要求时，方可允许拆除模板。在模板拆除后，应在基础周边回填夯实，并用砂浆做成硬化层，防止边坡冲刷。在模板拆除后、标志立柱和标志牌安装前，质检工程师要进行标志基础质量的检查，填写相应的表格，并确定是否能进行下道工序的施工。

7．立柱和标志牌的安装

标志基础经养生达到设计强度的 70%后才允许进行标志立柱和标志牌的安装，立柱和标志牌安装完成后，质检工程师进行自检，合格后再报监理人员检查核实。

标志安装的检查项目及要求如下：

(1) 立柱竖直度误差为 ±3 mm/m；

(2) 门架水平横梁误差为 ±5 mm/m；

(3) 标志牌安装角度误差为 ±3°；

(4) 标志板下缘至路面净空、标志板内侧距路肩边线距离误差要求为 +100 mm，0 mm；

(5) 标志牌紧固螺栓安装螺母后要求有适当余量；

(6) 标志牌要求外观整洁，无透光、起泡、划痕和损伤；

(7) 立柱要求外观整洁，镀锌量符合要求，锌层无脱落、污染和损坏。

(二) 标线

标线设置于路面上，作用是管制和引导交通，能达到分隔车道、诱导车辆行驶、迫使车辆减速和在车辆正常行驶过程中使驾驶员能自测车辆行驶速度的目的。标线的种类按功能来分，包括指示标线、禁止标线、警告标线等。对于高速公路，一、二级公路和城市快速路，主干路，相关标准规定采用反光交通标线。

按标线涂料分类的相关规定，反光交通标线一般采用热熔型 2 号涂料，即涂料中含15%～23%的玻璃珠，热熔施工时再在涂膜上撒布玻璃珠。

标线用于管制和引导交通，应具有鲜明的确认效果；标线设置于路面上，应具有附着力强、经久耐磨、使用寿命长、耐候性好、抗污染、抗变色等性能；从施工方便考虑，标线还应具有施工时干燥迅速、施工方便、安全性能好等性能；标线的线形对行驶车辆的诱导有重要的作用，能减少事故的发生。车辆在夜间行驶时，反光标线具有良好的线形诱导作用。

为使网断的标线达到较好的线形，施工中通过水线辅助施工。控制玻璃珠的质量是使标线获得良好反光性能的基本保证。施工中还应使玻璃珠与涂料均匀混合，注意应避免野外施工因风力使玻璃珠不能与涂料均匀混合的现象发生，造成标线使用初期反光性能达不到要求。为了保证标线与路面有较好的结合性能，应减少施工路面的灰尘杂物并涂抹均匀的底漆，同时控制好涂料的加热温度。

在标线的施工过程中，控制要点在于：

(1) 控制涂料及玻璃珠的材料品质；

(2) 控制路面干燥清洁；

(3) 控制底漆均匀到位；

(4) 控制水线线形顺直及位置正确；

(5) 控制标线线形顺直及位置正确；

(6) 控制逆反射系数达到设计要求；

(7) 无明显外观缺陷。

由于标线与路面高温结合，且在野外施工控制不当，容易出现质量问题。施工中监理工程师应组织好试验段的总结工作，解决存在的问题，吸取成功经验。

标线涂料、玻璃珠质量控制和在路面清洁、水线施工及底漆涂抹完成后的检查是标线控制的重点，标线的水线施工是施工控制的关键工序。

标线各工序的控制要点分述如下：

1. 施工前检查

标线的施工应在路面施工完成后进行。

标线用的涂料、反光玻璃珠等应经送检合格并经监理工程师批准才允许进场。

材料进场后，质检工程师应进行自检，合格后报监理人员检查核实后才可使用。

施工前监理工程师的工作内容是检查承包人报送的材料供应厂家相关资料、材料相关质量证明资料，现场检查、核实进场材料的质量。

标线材料现场检查项目包括如下内容：

(1) 生产合格证明书；

(2) 涂料外观不得发黄发暗，无含杂质等缺陷；

(3) 玻璃珠要求颗粒均匀，光泽较好。

标线的施工机械对标线的施工质量有较大的影响，施工前应按合同文件要求进行对照检查，使用设备的型号及性能不得低于合同文件的要求。

标线施工前应对现场操作人员的施工经历进行了解，并可作为施工控制重点制订的参考依据。对于经验丰富的施工操作人员，应强化其责任心及质量意识；对于经验欠缺的施工操作人员，应加强技术指导。

2．放样检查、画线前工作

标线的水线放样和施工应封闭交通。标线应按设计图量距定位。标线的放样应用放线机，放线机规格应与合同承诺一致。

放线时应先量测加密，取得基本线形，经质检工程师核实合格，才能进行放线。放线完成后，质检工程师经自检合格，报监理人员检查核实，同意后才能进行下道工序施工。

标线涂底漆前应对施工范围的路面进行全面清理，确保洁净才能涂底漆。

标线的放线检查内容包括间距、横向定位、线形等。标线的底漆要求均匀到位。施工操作范围的路面要求洁净、干燥。

3．标线画线检查

标线涂画前，对于热熔型材料，应检查其温度是否合适，玻璃珠撒放是否正常，然后才可进行施工。

画线按放线的线形和放样确定的间距施工。施工过程中应注意风速及风向的变化，必要时适当遮挡，确保玻璃珠撒放正常。标线涂画时应注意不得污染路面。

标线施工完毕，质检工程师自检合格，报监理人员检查核实。

4．中间交工检查

分项工程施工完成，自检合格，提交中间交工申请，由监理工程师组织中间交工检查。

(三) 轮廓标

轮廓标设置于道路边缘，其构造与路边构造物情况有关。当路边无构造物时，轮廓标为柱体，独立设置于路边土路肩中。当路边有护栏、桥梁栏杆、侧墙等构造物时，轮廓标就附着于构造物的适当位置上。设置于土中的轮廓标，主体结构为三角形断面立柱，由柱体、反射器和混凝土基础等部分组成。轮廓标的形状主要有圆形、长方形、梯形等。附着于构造物上的轮廓标，由于所附着的建筑物部位不同，可采用不同的形状，如附着于波形护栏上，为与波形梁护栏板的尺寸相配套，采用梯形，以便于安装。

轮廓标用于指示道路线形轮廓，诱导驾驶员视线，使行车更趋安全、舒适。从轮廓标的应用目的分析，轮廓标的施工成果应达到线形顺畅和反光效果良好。所以，在轮廓标的质量控制上，应保证材料质量合格，安装定位准确，安装牢固，线形顺畅，连续性好。施

工过程的控制重点在于控制材料质量和安装质量,关键工序是轮廓标的安装。轮廓标的施工过程中各工序控制要点阐述如下:

1.施工前检查

轮廓标及其紧固件应经送检合格,经监理工程师批准才允许进场。材料进场后,质检工程师应进行自检,合格后报监理人员检查核实,同意后才可使用。

施工前应检查材料供应厂家相关资料、材料相关质量证明资料、现场检查核实进场材料的质量。

轮廓标现场检查项目包括光度性能、尺寸和外观。

2.施工放样检查

轮廓标的施工应在路面施工完成后进行。

附着于护栏上的轮廓标,可在护栏安装过程中或在护栏安装完成后进行。

轮廓标应按设计图量距定位。附着于护栏上的轮廓标可按立柱间距定位。分流、合流诱导标和线形诱导标均应按设计图量距定位。附着于各类构造物上的轮廓标,按照放样确定的位置进行安装。设置高度宜尽量统一。放样完成后,承包人质检工程师经自检合格,报监理人员检查核实,同意后进行下道工序施工。

轮廓标放样检查内容包括间距、横向定位、高程、线形等。

3.安装检查

轮廓标反射器的安装方向应尽可能与驾驶员视线垂直,施工完成后要求线形顺畅、定位准确、安装牢固、配件齐全、颜色一致,无缺损。

轮廓标安装完成后,质检工程师进行全面的检查,合格后报监理工程师检查核实。

(四)波形梁钢护栏

护栏是车辆行驶安全的重要保障,波形梁钢护栏由于具有降低车辆和驾乘人员冲撞的能力,起到有效的保护作用,降低事故造成的危害,在高速公路(一级公路)上得以广泛使用。波形梁钢护栏是半刚性护栏,其有一定的刚性和柔性,是一种用支柱固定的梁式结构。波形梁钢护栏的防撞性能是通过车辆与护栏的摩擦、车辆与地面的摩擦及车辆和护栏本身产生一定的弹、塑变形来吸收碰撞能量,延长碰撞过程的作用时间,降低速度,确保人员安全和减少车辆损坏的。在车辆与波形护栏产生冲撞和摩擦时,护栏通过土基、立柱、横梁的变形吸收碰撞能量,并迫使车辆改变方向,从而达到防护目的。波形梁钢护栏除具备防撞功能外,还通过其良好的线形,起到对车辆行驶的诱导作用,提高车辆行驶的安全性。

波形梁钢护栏一般由立柱、波形梁板、托架(防阻块)、端头、紧固件(部分护栏还有混凝土基础)组成。

波形梁钢护栏施工过程一般包括护栏立柱的打入安装和波形梁板的安装。波形梁钢护栏材料质量是波形梁可靠防撞性能的前提,施工质量对防撞性能和线形诱导性能具有直接的影响,且其前道工序(护栏立柱的打入施工)的施工质量对下道工序(连接副及护栏板的安装)的施工质量有直接的影响。护栏板、防阻块及连接副的安装应调整线形和检查安装的牢固程度,以弥补立柱打入定位精度不足,达到提高护栏线形和使护栏设施有效的目的。

因此,材料质量和护栏立柱打入质量是施工控制的重点,护栏立柱的打入、护栏板及连接副的安装是护栏施工的关键工序。护栏施工过程工序控制要点阐述如下：

1. 施工前检查

波形梁钢护栏的施工宜在路缘石施工完成后进行。在路缘石施工完成前施工的，应用经纬仪、水准仪进行精确定位。护栏立柱、护栏板、防阻块、连接副及端头的相关材料应经送检证明其材质、强度、锌层品质合格，经监理人员同意才允许进入工地现场。

在材料进场后，质检工程师应按规定频率进行自检，合格后报监理人员检查核实，同意后才允许使用。

现浇基础的波形梁钢护栏，承包人应按规定对混凝土进行标准试验、工艺试验，确定配合比，报监理人员进行平行试验，试验合格并同意后才能使用。

护栏材料现场检查的项目包括护栏立柱、护栏板、防阻块、连接副及端头相关材料的尺寸与镀锌质量。材料的镀锌厚度应符合设计要求，锌层要求无脱落、污染和损伤，锌层的附着性应按规定经敲击无开裂脱落现象。

2. 施工放样检查

在放样前应检查护栏立柱是否与管道工程、排水工程存在冲突；在施工前应做好技术交底工作，避免对管道工程及排水工程造成破坏。

放样时应固定基准线，以确定立柱打入位置和打入深度(准线长度以 50 m～100 m 为宜)。放样完成后，质检工程师应对放样进行检查，合格后报监理人员检查核实，同意后方可组织现场施工。

在施工放样过程中，监理人员的工作是核实施工现场的放样是否正确。

护栏的放样要求定位准确，线形流畅。立柱与路肩边线的定位误差范围为 ±20 mm，立柱中距的误差范围为 ±50 mm。

3. 立柱施工质量检查

立柱质量要求细则包括：

(1) 立柱安装应与设计图相符，并与道路线形相协调；

(2) 立柱应牢固地埋入土中，达到设计深度，并与路面垂直；

(3) 立柱线形经目测应顺直；

(4) 一般路段可采用打入法施工，施工时应精确定位，当打入过深或打入位置不正确时，不得将立柱部分拔出加以矫正，须将其全部拔出，压实孔位后再重新打入；

(5) 无法采用打入法施工时，可采用开挖法埋设立柱；

(6) 立柱安装就位后，其水平方向和竖直方向应形成平顺的线形；

(7) 护栏渐变段及端部的立柱，应按设计规定的平面位置安装。

在立柱施工完成后，质检工程师应按规定频率检查护栏立柱的施工质量水平，合格后报监理人员检查核实，同意后方可进行下道工序的施工。检查内容包括立柱的线形、高程、垂直度、平面定位以及立柱污损破坏的情况。

4. 护栏板安装检查

波形梁通过拼接螺栓连接，施工时注意拼接方向。连接螺栓及拼接螺栓不宜过早拧紧，以便在安装过程中利用波形梁的长圆孔及时调整，使其形成平顺的线形，避免局部凹凸。

波形梁板安装完成后，质检工程师进行自检，合格后报监理人员检查核实。检查内容包括线形、高程、外观等。具体要求包括：

(1) 波形梁顶面应与道路平曲线相协调；

(2) 护栏板的侧面应与道路线形相协调；

(3) 护栏板色泽一致，线形顺畅；

(4) 搭接方向正确，搭接牢固；

(5) 无污染破损等缺陷。

(五) 防眩设施

防眩设施应用于车辆夜间行驶时，避免对面车辆灯光照射产生眩光，影响驾驶员视线而造成交通事故。其形式有防眩板和防眩网，可以由多种材料制成。目前，防眩板采用较多的是钢板、玻璃钢；防眩网一般采用金属网。防眩设施通常以附着方式安装于桥梁混凝土护栏上，或增设防眩座设置于波形梁护栏座上。

由防眩设施的功能和构成特征可知，防眩设施应达到的基本要求是：

(1) 防眩板安装角度能起到有效的防眩作用；

(2) 防眩设施线形应与路线一致；

(3) 防眩板间距合理，以达到防眩效果一致；

(4) 防眩设施材料性能好并应安装牢固，具有可靠的抗风能力。

因此，防眩设施的质量控制重点在于材料的质量和安装质量。施工控制关键工序是防眩设施的安装。安装质量以安装牢固、线形与路线一致、防眩板安装角度及间距合理为主要控制环节。

防眩设施的施工过程各工序控制要点阐述如下：

1. 施工前和放样检查

防眩设施的防眩板及紧固件等材料必须经送检合格才允许进场。质检工程师自检合格，报监理检查核实同意，才允许使用。现场主要检查的项目为防眩设施的尺寸、外观。尺寸必须与设计相符，外观要求整洁、无污染、无损伤划痕等缺陷。具体要求如下：

(1) 防眩设施放样前应清理场地，确定控制点，在控制点之间测距定位；

(2) 放样时要求定位准确无误，线形顺畅；

(3) 施工放样经质检工程师自检合格，报监理人员核实检查同意后才开展安装工作；

(4) 放样检查的内容包括间距、横向定位和线形。

2. 安装检查

(1) 防眩设施安装时应准确定位，保证其顶面在同一水平面上，且防眩板的中心线应与道路中心线重合。

(2) 要求线形顺畅、定位准确、安装牢固、配件齐全。

(3) 安装时，应保证防眩板支撑立柱在一条直线上，并保证立柱顶面在同一水平面上。

(4) 在防眩设施安装过程中，质检工程师应现场检查指导。

(5) 安装完成并经检查合格后报监理人员核实检查。其中，检查内容包括间距、安装角度和相对高度、竖直度、顺直度等。

(六) 突起路标

突起路标的作用在于车辆夜间行驶时，通过反射车辆灯光，起到辅助和加强标线的作用，使驾驶员易于辨认路面边缘或车道边缘，诱导车辆在路面安全范围内或车道内行驶，提高车辆行驶的安全性。

突起路标安装在标线边侧，通过黏结剂与路面固定。

突起路标设置的间距应结合路面平曲线和竖曲线确定，以达到在视线效果上能连点成线且不浪费的目的。

从突起路标构成特征及其功能分析，突起路标应达到下述性能：

(1) 材料和黏结性能经得起车辆辗压和冲击；

(2) 材料反光效果良好；

(3) 安装位置准确和线形顺畅、间距均匀。

由于突起路标在标线完成后施工，量距定位相对容易。所以，突起路标的质量控制重点在于材料质量和黏结剂质量的控制。由于其不可重复安装的原因，建议将施工放样作为关键工序。

突起路标的施工过程控制要点阐述如下：

1. 施工前检查

(1) 突起路标的施工应在标线施工后进行；

(2) 突起路标及其黏结剂应经送检合格，经监理人员批准才允许进场；

(3) 材料进场后，质检工程师应进行自检，合格后报监理人员检查核实，并组织承受压力测试，合格后才可同意使用。

2. 放样检查

(1) 突起路标应按设计图量距定位，与标线线形一致；

(2) 放样完成后，承包人质检工程师经自检合格，报监理人员检查核实，同意才进行下道工序施工；

(3) 轮廓标放样检查内容包括间距、横向定位、线形等。

3. 安装检查

(1) 突起路标反射器的安装方向应尽可能与驾驶人视线垂直；

(2) 施工完成后要求线形顺畅、安装牢固、颜色一致；

(3) 突起路标安装完成后，质检工程师进行全面的检查，合格后报监理人员检查复核。

(七) 隔离栅与防落网

隔离栅和防落网是为了防止外物的侵入对公路的行驶形成安全威胁，对公路界外的人和动物起到提示不得进入和一定的防止进入的作用，是高速公路达到全封闭的最重要的设施。

隔离栅和防落网目前采用的材料及式样有多种，其设计都是以达到有效的隔离作用、美观、降低成本为目的。其中隔离栅由基础、立柱及网面构成(特殊路段包括斜撑)；防落网由预埋的或安装的连接件、立柱和网面构成。

隔离栅及防落网的任何构成部分的严重缺陷都可使其失效。但从工程施工实际情况的角度上看，隔离栅基础是最薄弱的环节，在施工管理中应予以充分的重视。

隔离栅基础达不到质量要求的原因很多：表层土质松散、压实度不足以及基坑开挖尺寸不足(特别是基坑开挖深度)、混凝土强度不足、混凝土浇筑时捣实不足都可使基础达不到足够的支撑作用。

由上可知，隔离栅和防落网的控制重点在于材料质量控制、基础施工及安装的质量，关键工序是基坑开挖及基础浇筑工序。

隔离栅和防落网各工序的控制要点阐述如下：

1. 施工前检查

隔离栅和防落网的刺铁丝或金属立柱、网片及其紧固件应经送检确认其材质和强度达到要求，监理工程师同意才允许材料进场。混凝土应经标准试验和工艺试验确定配合比，并经监理人员平行试验合格才允许材料进场；钢筋应提供相关证明材料并经试验合格，监理人员同意才允许使用。质检工程师应按规定频率对进场材料进行检查，合格后报监理人员按规定频率进行核实和检查。

2. 放样检查

(1) 防落网的施工应在跨线桥施工完成后进行；

(2) 隔离栅工程在工作面基本成型、施工后不致严重影响路基标交通便利的情况下，宜尽早施工，以提高后续工程的车辆行驶条件、尚在继续施工情况下的施工安全；

(3) 隔离栅、防落网应严格按设计图进行施工放样，确定中心线后按规定中距确定立柱的平面位置；

(4) 每个柱位均应按设计要求确定高程，达到线形顺畅；

(5) 隔离栅应与公路界地形相协调。

放样完成后，质检工程师进行自检，合格后报监理人员检查核实，同意后进行下道工序的施工。放样的检查内容包括平面定位、线形等。

3. 基坑开挖检查

(1) 基坑开挖应保证其深度符合设计要求；

(2) 挖到设计要求深度后，应将基底清净；

(3) 基坑开挖后余泥应妥善处理，防止对截水沟、排水沟及绿化等形成污染或破坏。

基坑开挖完成后质检工程师进行自检，合格后报监理人员抽检，经同意才允许进行下道工序施工。检查内容包括基坑深度、基坑中距、基坑线形(目测)等。

4. 基础现浇及立柱安装

基础现浇和立柱安装时，根据地形地貌取合理的长度，在两端各立一标杆并拉线，作为立柱线形的基准，能有效保证立柱的顺直。

基础现浇和立柱安装时，质检工程师应全程跟进检查，保证混凝土的振捣或插实质量；检查立柱的线形、中距、埋深等。

5. 挂网检查

(1) 隔离栅挂网要求使用专用工具，确保符合网面平整度的要求；

(2) 挂网后，质检工程师经自检合格，报监理人员检查复核；

(3) 检查内容包括网面平整度等，要求安装牢固，网面平整。

三、交通机电工程施工质量控制

(一) 设备材料质量控制措施

1. 审查机电设备材料清单及要求

设备材料进场后，熟悉合同文件和技术规范，并根据设计意图和设计要求，审查机电系统的设备材料，尽量避免设备材料的差、错、漏及系统功能缺陷，保证系统的功能齐全，设备性能满足要求。对于存在差、错、漏或矛盾之处，应通过监理人员向业主反映。

2. 联合设计和设备选型

协调和督促检查机电工程联合设计，严格控制技术方案和材料设备的选型，对于有质疑的技术方案和材料设备应及时指出，提交设计联合小组讨论，优化技术方案和避免因材料及设备原因而引起的质量问题。

3. 审查生产厂家资料

提交意向采用生产厂家资料(至少三个厂家)，审查企业资质、信贷情况、产品有关技术报告资料、业绩等，并可到邻近相关公路单位了解产品使用情况或电话了解，并确定"合格材料供应人名录"。

4. 生产厂家考察

应对"合格材料供应人名录"中指定的生产厂家对象进行考察，对生产厂家的资质、信誉、生产规模、原材料来源、生产工艺、质量控制流程等进行考核。

5. 选定生产厂家

完成考察报告，客观评估相关厂家考察情况和意见，通过生产厂家考察比较，在"合格材料供应人名录"中筛选设备，使机电工程设备材料的性能、质量得到充分的保障；如考察小组认为所考察厂家的产品质量有质疑，应重新选定"合格材料供应人名录"。

6. 审查设备材料订购合同

向监理提交一份设备材料的订购合同复印件，并检查设备材料的订购合同中的有关内容(生产厂家名称、印章、订购设备材料的品牌及规格型号、订购日期、发货时间与地点等)，避免错购、漏购及不实信息。

7. 工厂监造和测试

在项目的设备材料生产过程中，项目应制定工厂监造检查和测试制度，应全程参与检查(包括原材料、生产制作工艺、产品企业自检流程等)，并在生产现场随机取样试验，做好检查过程记录，要求设备材料标示专用标志。

8. 运输与装卸要求

产品运输应做好安全保护措施，杜绝野蛮装卸，保证设备材料完好。

9. 进场设备材料的开箱检查

设备材料进场后，应及时申报检查，未经监理人员允许，不可擅自对设备材料进行拆封。监理人员根据申报资料，对设备材料进行100%的开箱检查，开箱检查内容包括包装情况、设备材料的规格型号、生产厂家、设备材料的外观、产品序列号、附件、质量证明资料等，如设备材料有受损，规格型号、生产厂家不符合或资料不全等现象，监理人员不予签收。

10．自检与监理抽样检查、测试

设备材料进场并经开箱检查后，应严格执行自检工作，认为自检合格后报监理人员审查。监理人员根据设备材料的不同，依据技术规范和设计要求进行不同的指标测试检查。检查过程中应积极配合，并提供相关的检测仪器、工具和监理人员需要的资料。监理人员根据检查结果审批设备材料申请报告单。

(1) 自检不合格的，承包人应主动退货，并将设备或材料名称、数量、不合格项目报监理人员备案；

(2) 监理抽检不合格的，通知承包人进行检测现场核实，对检测仪器、仪表进行校正后重新检测，或用不同仪器检测比较，判定检测结果；

(3) 检测结果有争议的，可采用现场抽样外检试验；

(4) 出现设备材料不合格现象时，要求生产厂家分析原因并改进和解决问题，情况严重时，应提请业主要求更换生产厂家。

11．外检试验测试

(1) 按照质量监督部门的规定，现场抽样送到具有 CMA 资质的检测单位进行试验检查。

(2) 对于有争议或监理人员认为有质量疑问的设备材料，抽样送到具有 CMA 资质的检测单位进行试验检查，施工、监理、业主三方共同见证。

(3) 对外检试验结果的裁定。一般情况下，应根据外检试验结果执行；对于存在矛盾(如不同检测机构的检测结果不一致时)的应提请业主召集参建各方及政府监督部门研究界定，并形成会议纪要。

12．对设备进行单机通电检查和运行检查

设备单机通电检查应具备的前提条件如下：

(1) 设备经开箱检验合格；

(2) 资料齐全；

(3) 操作人员应具备相应的资质；

(4) 检测的仪器、仪表已经标定；

(5) 外界运行环境符合要求。

测试时必须通知监理人员到位检查，监理人员检查测试人员资质、测试仪器工具、测试环境无误后，方可进行通电测试，并如实填写测试结果。

测试结果不能满足设计要求的设备，不能用于工程施工，应做好详细记录备案，如设备名称、数量、序列号、不合格缘由等。

13．设备材料库存检查

要求承包人对设备材料、半成品、构配件等进行标识库存，并建立库存台账，设备材料库存应做好防尘、防水和防腐等处理，监理人员不定时对其进行检查，检查发现问题应

及时采取措施整改(放置条件、搬运等)。

14．检查记录审查和签字确认

应做好自检记录，保证检查记录的真实性和准确性，并报监理人员审查，检查合格后给予签字确认，未经检验的设备材料不得用于工程施工。

15．清退与跟踪

对于检验不合格的设备材料，应将设备材料清退出施工现场，不合格的设备材料不得用于工程施工。

(二) 施工过程质量控制措施

1．施工放样的复测

应对施工放样进行复测检查，主要检查施工放样的位置是否正确、合理，放样的位置是否与相邻的设施有干扰，造成影响。检查存在问题，可组织有关各方进行现场处理解决。例如，收费车道检测线圈施工放样，检查其位置、尺寸是否符合要求，线圈埋设位置是否跨过路面收缩缝，如是，则应组织有关各方进行现场处理，调整线圈位置或尺寸。

2．隐蔽工程的施工检查

(1) 隐蔽工程：外场设备基础、通信管道和通信线路等不可分解检查的工程；

(2) 隐蔽工程的检查方法：对于隐蔽工程的施工，应进行全过程的监控，隐蔽工程在隐蔽之前，应对其有关资料进行及时的检查确认；

(3) 缺陷处理：如隐蔽工程施工经检查存在质量缺陷，应及时采取补救措施，情况严重的，应要求进行返工处理。

3．施工工艺检查

在现场施工过程中，应对施工的工艺质量进行巡视检查，主要检查施工是否符合机电操作规程，施工工艺是否达到技术规范要求。对于施工工艺检查不合格的应按要求进行整改，如电缆缆皮的剥除长度、电缆接头制作、BNC 视频接头制作等。

4．施工记录检查签字确认

对于已施工完毕的工序检查记录，由监理人员按一定的频率进行现场抽查，检查合格的给予签字确认后，可进行下一道工序的施工。

5．检测仪器仪表的检查与现场测试

机电工程的测试涉及较多的仪器、仪表，对于用以工程检测的仪器、仪表，应检查其是否经过计量认证，检测的使用范围是否符合要求。在现场测试过程中，还应检查测试人员是否持有相关的有效资质证件，并做好测试记录。

6．整改和返工

上一道工序完成之后，应报监理人员及时对其进行检查，检查结果不合格的，要及时查找原因，分析原因，进行整改或返工处理，直至监理人员认为检查合格，方可进行下一道工序的施工。

7．收费软件设计开发

(1) 检查软件设计负责人、软件编写人的资质、经验；

(2) 检查软件开发工具是否符合国家有关规定；

(3) 检查软件测试、运行与维护是否符合要求；

(4) 检查软件操作说明书及培训工作是否详细等。

(三) 监控系统质量控制

1．监控系统的基本组成

高速公路交通监控系统以功能系统划分，是由交通信息采集系统、交通信息传播系统、交通信息处理和显示系统、交通控制和环境监控系统所构成的。对高速公路的道路、隧道和特大型桥梁的交通和环境实施监测和控制，是保证行车安全和道路畅通，实现高速公路运行管理的重要手段。

监控系统应具有以下功能：

(1) 准确及时采集交通流、交通环境和主要交通设施状态的各种信息；

(2) 根据已掌握的信息，迅速做出有针对性的处理和优化控制方案，并立即执行；

(3) 建立多种信息发布渠道，为用户提供信息服务，调整交通流量；

(4) 监测并对交通事故做出快速响应，迅速排除事故根源和提供救援服务；

(5) 建立道路交通数据库，为改善道路经营和交通管理的决策提供数据分析。

高速公路交通监控系统由多个功能独特的系统所构成，每个功能独立的子系统均是由外场设备所组成的。高速公路隧道是高速公路监控系统重点监控的特殊路段。对于非特长隧道，隧道监控一般由交通监控分中心直接控制；对于特长隧道或隧道群，则设置隧道监控室对隧道实施监控，形成一个相对独立的隧道监控系统。无论是由交通监控分中心直接控制或是由隧道监控室实施监控，隧道监控系统均是由多个功能独特、室内和外场设备组成自成一体的子系统所构成的。因此，根据交通监控系统设备分布特点及系统结构特点，高速公路交通监控系统工程划分为道路交通监控外场设备安装工程、隧道监控外场设备安装工程、隧道监控室设备安装工程和交通监控分中心设备安装工程。

2．监控系统质量控制目标

高速公路交通监控系统是一个由多个功能独特、多种技术集成的复杂程度高的系统。因此，监控系统以系统功能的实现、系统性能的确保为工程质量控制目标，具体包括：

(1) 交通信息采集数据实时、准确，图像信息清晰；

(2) 交通信息传播正确、迅速；

(3) 环境监测实时准确，实时响应、自动控制无误；

(4) 为交通监控、交通安全提供有效的决策支持；

(5) 设备工作可靠、故障少，系统可维护性好。

3．监控系统质量控制方法

根据高速公路监控系统的构成、功能要求和设备特点，对于道路交通监控外场设备安装工程和隧道监控外场设备安装工程，质量控制主要是对车辆检测器、交通事件检测系统、道路环境检测器、视频监视系统、可变情报板、区域控制器等外场设备的设备材料进行控制，对施工过程进行控制，以及对监控软件、系统测试等方面的控制；对于隧道监控室设备安装工程和交通监控分中心设备安装工程，质量控制主要是对服务器、计算机、监视器、大屏幕显示仪、地图板、光端机、监视墙、控制台等的设备材料进行控制，对施工过程进行控制，以及对监控软件、系统测试等方面进行控制，实现质量控制目标。

监控系统一般采用由下至上，逐层逐级数据向上传递的方式，因此，对监控系统质量的控制应严格按照前述的质量控制措施对外场各子系统(车辆检测子系统、交通事件检测子系统、气象检测子系统、视频监视子系统、道路环境检测子系统、可变情报子系统等)的设备材料和施工工艺质量、监控(分)中心的设备材料和施工工艺质量等分别进行控制检查，经检查确认符合设计规范要求后，进行监控(分)中心与各子系统(或通信站)的测试检查。

(四) 通信系统质量控制

1. 通信系统的基本构成

高速公路通信系统是高速公路建设中的重要配套项目和基础设施，它为高速公路各级部门的运营、管理及沿线设立的收费、监控系统提供语音、数据和图像的传输通路，是实现高速公路安全、高效运行的重要保障。高速公路通信技术应用了从单纯的电话业务到包括语音、数据和图像等多种信息的综合通信，从小容量微波通信、PDH 准同步光纤传输系统到目前常用的 SDH 系列数字光纤传输系统，并逐步开始应用先进的综合数字业务通信系统。现阶段，高速公路通信系统主要由光纤数字传输系统、数字程控交换系统、路侧紧急电话系统、数据传输、图像传输、通信管道及光/电线路工程、通信电源等组成。

其中，光纤数字传输系统分为干线传输系统和路段基层用户接入系统。干线传输系统主要是为省内各路段间电话网提供中继通道；为监控、收费数据上传提供数字通道；为 CCTV 图像上传预留传输通道等。路段基层用户接入系统采用 SDH 数字传输设备和光纤用户接入设备一体化的综合业务接入网方式。综合业务接入网用于接入和传输用户信息，传输信号采用基本模块 STM-1 信号(速率为 155 Mb/s)或 STM-4 信号(速率为 622 Mb/s)。整个光纤数字传输系统能提供语音、数据、图像、多媒体业务的综合接入，通过光缆实现大容量的传输，并具有交叉连接系统的灵活系统结构和综合的网络管理系统。

数字程控交换系统设备负责全路段内的电话接续和转接业务。它主要提供全路段的业务电话、对讲电话、指令电话等，以满足路段管理者的运营需要。数字程控交换设备一般设置于路段通信分中心，并预留和相邻路段交通专用电话网的中继接口。

路侧紧急电话系统为高速公路上的驾驶员提供一个直接呼救求援的专用通信系统。一般在路段监控分中心设置紧急电话控制台，沿线紧急电话分机以每千米一对或每两千米一对的间隔设置于全线路段两旁。

通信系统根据收费、监控系统的需求，为各级监控数据和收费系统数据的传输提供传输通路。一般通信系统为监控外场设备至监控分中心的数据传输提供通信光缆或低速率传输通路，并为监控分中心至省监控中心的数据传输提供通路。通信系统为收费站至收费分中心的数据传输提供 10/100 Mb/s 以太网接口或 G.703 2 Mb/s 数字接口，并为收费分中心至区域收费中心的数据传输预留 G.703 2 Mb/s 数字接口。

通信系统所采用的单模光缆主要敷设于高速公路中央分隔带的通信管道和入孔内，为光纤数字传输系统和闭路电视传输系统提供高质量的单模光纤。单模光纤技术指标符合 ITU-T G .652 建议。

通信电源系统主要为高速公路通信分中心及各通信站的通信设备提供所需的 48 V 直流电源。整流电源模块采用灵活的积木结构，一般按 N + 1 方式配置。整流电源设备能达到全自动化，适合无人值守的要求，具备远端维护管理接口。

2．系统功能及质量控制目标

通信系统的功能是为高速公路全线运营管理及监控、收费系统的数据传输和视频传输提供不间断的、准确及稳定可靠的通信服务。

通信系统的质量控制目标包括：

(1) 网络稳定可靠、维护便利；

(2) 技术先进、经济实用；

(3) 系统软、硬件具有自我诊断能力，并有冗余功能；

(4) SDH 传输系统确保能够与周边已建成的高速公路通信系统联网，并综合考虑线路接口及容量预留。

3．通信系统的质量控制措施

根据通信系统的系统性强、功能多等特点，质量控制主要按通信管道工程、通信线路工程、数字传输系统工程、程控交换系统工程、紧急电话系统工程、通信电源系统工程的设备材料控制(主要包括设备材料清单技术指标和生产厂家资料审核、设备开箱及外观检查、设备材料的自检与抽样送检、设备材料的存储检查等)，施工过程质量控制(主要包括设备安装工艺检查、通信系统设备软件功能检查、系统功能测试等方面)分别提出对各分项工程施工质量进行控制的要求及检查要点，以控制和实现通信系统的质量目标。

(五) 收费系统质量控制

1．收费系统工程的基本组成

高速公路收费系统一般由收费作业控制和收费管理的计算机网络系统、闭路电视系统、有线对讲和报警系统以及传输介质和电源系统等附属设施所构成，实现高速公路系统收费功能，保障正常的收费运营管理。

由于高速公路收费系统各个子系统设备分布在收费广场、收费站和收费管理分中心，因此收费系统工程分为收费车道设备(包括收费监控设备、ETC 设备)安装工程、收费站设备安装工程、收费管理分中心设备安装工程、收费照明设施安装工程、收费计算机软件工程、通信线路及电源系统工程等。

2．质量控制目标

高速公路收费系统的核心和重点是收费计算机网络系统和闭路电视系统。其要求有高质量的硬件设备保证收费计算机及其设备的准确性和可靠性及稳定性，要求有安全、可靠、稳定的、功能齐全的收费系统软件支持，并通过良好的施工工艺保证并完成收费作业。

收费系统工程涉及面多、实施现场点多、环境条件室内室外均有、施工方法多样等。根据收费系统的系统性强及功能要求和设备特点，质量控制主要按收费车道、收费站、收费(分)中心设备材料控制、施工过程控制，收费系统软件质量检查、系统测试以及收费系统质量监理控制措施等方面，分别提出对各项工程施工质量控制要求及检查要点，控制和实现质量目标。

3. 收费系统工程质量控制方法

收费系统通常有计算机网络系统、闭路电视系统、有线对讲系统、报警系统、传输介质和电源系统等子系统，根据系统分布的特点分为收费车道设备(包括收费监控设备、ETC设备)安装工程、收费站设备安装工程、收费管理分中心设备安装工程、收费照明设施安装工程、收费计算机软件工程、通信线路及电源系统工程等七个分项工程。

因此，收费系统工程质量控制按照基本质量控制措施是"先工程后系统"，即首先是对收费计算机网络系统设备和收费车道设备的质量控制、其次是施工过程中对收费车道、收费站和分中心设备的安装质量控制，然后是对各子系统调试开通的功能测试，重点是收费系统软件的功能和性能的测试。

任务三　学会施工质量事故预防与处理

一、工程质量事故分类

1. 工程质量事故的概念

(1) 质量不合格。根据我国《质量管理体系基础和术语》(GB/T 19000—2016)的规定，凡工程产品未满足某个规定的要求的，就称之为质量不合格；而未满足与预期或规定用途有关的要求的，就称之为质量缺陷。

(2) 质量问题。凡是工程质量不合格，必须进行返修、加固或报废处理，由此造成直接经济损失低于规定限额的称为质量问题。

(3) 质量事故。由于项目参建单位违反工程质量有关法律法规和工程建设标准，使工程产生结构安全、重要使用功能等方面的质量缺陷，必须进行返修、加固或报废处理，由此造成直接经济损失在规定限额以上的称为质量事故。

2. 工程质量事故的分类

因为工程质量事故具有复杂性、严重性、可变性和多发性的特点，所以建设工程质量事故的分类有多种方法，但一般可按以下条件进行分类：

(1) 按事故造成损失的程度分级。按照住房和城乡建设部《关于做好房屋建筑和市政基础设施工程质量事故报告和调查处理工作的通知》(建质 [2010] 111 号)，根据工程质量事故造成的人员伤亡或者直接经济损失，工程质量事故分为 4 个等级。

① 特别重大事故：指造成 30 人以上死亡，或者 100 人以上重伤，或者 1 亿元以上直接经济损失的事故。

② 重大事故：指造成 10 人以上 30 人以下死亡，或者 50 人以上 100 人以下重伤，或者 5000 万元以上 1 亿元以下直接经济损失的事故。

③ 较大事故：指造成 3 人以上 10 人以下死亡，或者 10 人以上 50 人以下重伤，或者 1000 万元以上 5000 万元以下直接经济损失的事故。

④ 一般事故：指造成 3 人以下死亡，或者 10 人以下重伤，或者 100 万元以上 1000 万元以下直接经济损失的事故。

该等级划分所称的"以上"包括本数，所称的"以下"不包括本数。

上述质量事故等级划分标准与国务院令第 493 号《生产安全事故报告和调查处理条例》规定的生产安全事故等级划分标准相同。工程质量事故和安全事故往往会互为因果地连带发生。

(2) 按事故责任分类。根据事故责任可分为 3 类：

① 指导责任事故：指由于工程指导或领导失误而造成的质量事故。例如，由于工程负责人不按规范指导施工，强令他人违章作业，或片面追求施工进度，放松或不按质量标准进行控制和检验，降低施工质量标准等而造成的质量事故。

② 操作责任事故：指在施工过程中，由于操作者不按规程和标准实施操作，而造成的质量事故。例如，浇筑混凝土时随意加水，或振捣疏漏造成混凝土质量事故等。

③ 自然灾害事故：指由于突发的严重自然灾害等不可抗力造成的质量事故。例如地震、台风、暴雨、雷电及洪水等造成工程破坏甚至倒塌。这类事故虽然不是人为责任直接造成的，但事故造成的损害程度也往往与事前是否采取了预防措施有关，相关责任人也可能负有一定的责任。

(3) 按质量事故产生的原因分类。按事故产生原因可分为 4 类：

① 技术原因引发的质量事故：指在工程项目实施中由于设计、施工在技术上的失误而造成的质量事故。例如，结构设计计算错误，对地质情况估计错误，采用了不适宜的施工方法或施工工艺等引发质量事故。

② 管理原因引发的质量事故：指管理上的不完善或失误引发的质量事故。例如，施工单位或监理单位的质量管理体系不完善，检验制度不严密，质量控制不严格，质量管理措施落实不力，检测仪器设备管理不善而失准，材料检验不严等原因引起的质量事故。

③ 社会、经济原因引发的质量事故：指由于经济因素及社会上存在的弊端和不正之风导致建设中的错误行为而发生的质量事故。例如，某些施工企业盲目追求利润而不顾工程质量；在投标报价中恶意压低标价，中标后则采用随意修改方案或偷工减料等违法手段而导致发生的质量事故。

④ 其他原因引发的质量事故：指由于其他人为事故(如设备事故、安全事故等)或严重的自然灾害等不可抗力的原因，导致连带发生的质量事故。

二、施工质量事故的预防

建立健全施工质量管理体系，加强施工质量控制，都是为了预防施工质量问题和质量事故，在保证工程质量合格的基础上，不断提高工程质量。因此，所有施工质量控制的措施和方法，都是预防施工质量问题和质量事故的手段。具体来说，施工质量事故的预防，可以从分析常见的质量通病入手，深入挖掘和研究可能导致质量事故发生的原因，抓住影响施工质量的各种因素和施工质量形成过程的各个环节，采取针对性的有效预防措施。

1. 施工质量事故发生的原因

施工质量事故发生的原因大致有：

(1) **非法承包，偷工减料**。由于社会腐败现象对施工领域的侵袭，非法承包、偷工减料、"豆腐渣"工程，成为近年重大施工质量事故的首要原因。

(2) **违背基本建设程序**。《建设工程质量管理条例》规定，从事建设工程活动，必须严格执行基本建设程序，坚持先勘察、后设计、再施工的原则。但是现实情况是，违反基本建设程序的现象屡禁不止，无立项、无报建、无开工许可、无招投标、无资质、无监理、无验收的"七无"工程，以及边勘察、边设计、边施工的"三边"工程屡见不鲜，几乎所有的重大施工质量事故都能从这个方面找到原因。

(3) **勘察设计的失误**。地质勘察过于疏略，勘察报告不准不细，致使地基基础设计采用不正确的方案；或结构设计方案不正确，计算失误，构造设计不符合规范要求等。这些勘察设计的失误在施工中显现出来，导致地基不均匀沉降，结构失稳、开裂甚至倒塌。

(4) **施工的失误**。施工管理人员及实际操作人员的思想、技术素质差，是造成施工质量事故的普遍原因。缺乏基本业务知识，不具备上岗的技术资质，不懂装懂瞎指挥，胡乱施工盲目干；施工管理混乱，施工组织、施工工艺技术措施不当；不按图施工，不遵守相关规范，违章作业；使用不合格的工程材料、半成品、构配件；忽视安全施工，发生安全事故等，所有这一切都可能引发施工质量事故。

(5) **自然条件的影响**。建筑施工露天作业多，恶劣的天气或其他不可抗力都可能引发施工质量事故。

2. 施工质量事故预防的具体措施

(1) **严格依法进行施工组织管理**。认真学习、严格遵守国家相关政策法规和建筑施工强制性条文，依法进行施工组织管理，是从源头上预防施工质量事故的根本措施。

(2) **严格按照基本建设程序办事**。建设项目立项首先要做好可行性论证，未经深入调查分析和严格论证的项目不能盲目拍板定案；要彻底搞清工程地质水文条件方可开工；杜绝无证设计、无图施工；禁止任意修改设计和不按图纸施工的行为；工程竣工不进行试车运转、不经验收不得交付使用。

(3) **认真做好工程地质勘察**。地质勘察时要适当布置钻孔位置和设定钻孔深度。钻孔间距过大，不能全面反映地基实际情况；钻孔深度不够，难以查清地下软土层、滑坡、墓穴、孔洞等有害地质构造。地质勘察报告必须详细、准确，防止因根据不符合实际情况的地质资料而采用错误的基础方案，导致地基不均匀沉降、失稳，使上部结构及墙体开裂、破坏、倒塌。

(4) **科学地加固处理好地基**。对软弱土、冲填土、杂填土、湿陷性黄土、膨胀土、岩层出露、熔岩、土洞等不均匀地基要作科学的加固处理。要根据不同地基的工程特性，按照地基处理与上部结构相结合使其共同工作的原则，从地基处理与设计措施、结构措施、防水措施、施工措施等方面综合考虑处理。

(5) **进行必要的设计审查复核**。要请具有合格专业资质的审图机构对施工图进行审查复核，防止因设计考虑不周、结构构造不合理、设计计算错误、沉降缝及伸缩缝设置不当、悬挑结构未通过抗倾覆验算等原因，导致质量事故的发生。

(6) **严格把好建筑材料及制品的质量关**。要从采购订货、进场验收、质量复验、存储和使用等几个环节，严格控制建筑材料及制品的质量，防止不合格或是变质、损坏的材料和制品用到工程上。

(7) **对施工人员进行必要的技术培训**。通过技术培训使施工人员掌握基本的建筑结构和建筑材料知识，理解并认同遵守施工验收规范对保证工程质量的重要性，从而在施工中自觉遵守操作规程，不蛮干，不违章操作，不偷工减料。

(8) **加强施工过程的管理**。施工人员首先要熟悉图纸，对工程的难点和关键工序、关键部位应编制专项施工方案并严格执行；施工中必须按照图纸和施工验收规范、操作规程进行；技术组织措施要正确，施工顺序不可搞错，脚手架和楼面不可超载堆放构件和材料；要严格按照制度进行质量检查和验收。

(9) **做好应对不利施工条件和各种灾害的预案**。要根据当地气象资料的分析和预测，事先针对可能出现的风、雨、高温、严寒、雷电等不利施工条件，制定相应的施工技术措施；还要对不可预见的人为事故和严重自然灾害做好应急预案，并有相应的人力、物力储备。

(10) **加强施工安全与环境管理**。许多施工安全和环境事故都会连带发生质量事故，加强施工安全与环境管理，也是预防施工质量事故的重要措施。

三、施工质量事故的处理方法

1. 施工质量事故处理的依据

(1) **质量事故的实况资料**。其包括质量事故发生的时间、地点；质量事故状况的描述；质量事故发展变化的情况；有关质量事故的观测记录、事故现场状态的照片或录像；事故调查组调查研究所获得的一手资料。

(2) **有关的合同文件**。其包括工程承包合同、设计委托合同、设备与器材购销合同、监理合同及分包合同等。

(3) **有关的技术文件和档案**。其主要是有关的设计文件(如施工图纸和技术说明)，与施工有关的技术文件，档案和资料(如施工方案、施工计划、施工记录、施工日志、有关建筑材料的质量证明资料、现场制备材料的质量证明资料、质量事故发生后对事故状况的观测记录、试验记录或试验报告等)。

(4) **相关的建设法规**。其主要包括《中华人民共和国建筑法》《建设工程质量管理条例》和《关于做好房屋建筑和市政基础设施工程质量事故报告和调查处理工作的通知》(建质[2010]111 号)等与工程质量及质量事故处理有关的法规，勘察、设计、施工、监理等单位资质管理方面的法规，从业者资格管理方面的法规，建筑市场方面的法规，建筑施工方面的法规，以及标准化管理方面的法规等。

2. 施工质量事故的处理程序

施工质量事故发生后，按照上述建质 [2010] 111 号文的规定，事故现场有关人员人应立即向工程建设单位负责人报告。工程建设单位负责人接到报告后，应于 1 小时内向事故发生地县级以上人民政府住房和城乡建设主管部门及有关部门报告。同时，施工项目有关负责人应根据事故现场实际情况，及时采取必要措施抢救人员和财产，保护事故现场，防止事故扩大。房屋市政工程生产安全和质量较大及以上事故的查处督办，按照住房和城乡建设部建质 [2011] 66 号文《房屋市政工程生产安全和质量事故查处督办暂行办法》规定的程序办理。

施工质量事故处理的一般程序如图 5.1 所示。

(1) **事故调查**。事故调查应力求及时、客观、全面，以便为事故的分析与处理提供正确的依据。调查结果，要整理撰写成事故调查报告，其主要内容包括工程项目和参建单位概况；事故基本情况；事故发生后所采取的应急防护措施；事故调查中的有关数据、资料；对事故原因和事故性质的初步判断，对事故处理的建议；事故涉及人员与主要责任者的情况等。

(2) **事故的原因分析**。事故原因分析要建立在事故调查的基础上，避免情况不明就主观推断事故的原因。特别是对涉及勘察、设计、施工、材料和管理等方面的质量事故，往往事故的原因错综复杂，因此，必须对调查所得到的数据、资料进行仔细的分析，去伪存真，找出造成事故的主要原因。

(3) **制订事故处理的方案**。事故的处理要建立在原因分析的基础上，并广泛地听取专家及有关方面的意见，经科学论证，决定事故是否进行处理和怎样处理。在制订事故处理方案时，应做到安全可靠，技术可行，不留隐患，经济合理，具有可操作性，满足结构安全和使用功能要求。

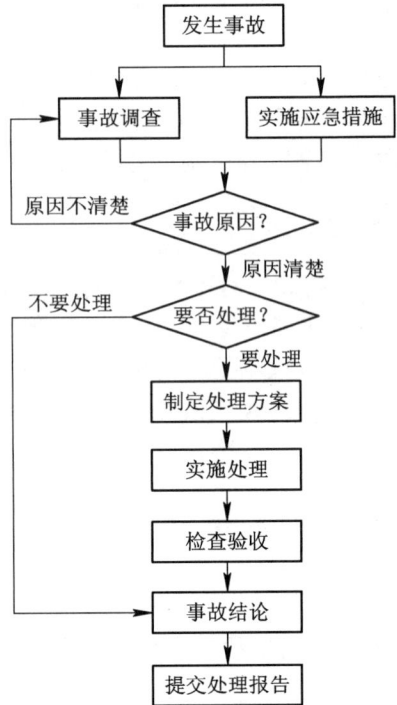

图 5.1　施工质量事故处理的一般程序

(4) **事故处理**。根据制订的质量事故处理的方案，对质量事故进行认真处理。处理的内容主要包括事故的技术处理，以解决施工质量不合格和缺陷问题；事故的责任处罚，根据事故的性质、损失大小、情节轻重对事故的责任单位和责任人做出相应的行政处分直至追究刑事责任。

(5) **事故处理的鉴定验收**。质量事故的处理是否达到预期的目的，是否依然存在隐患，应当通过检查鉴定和验收做出确认。事故处理的质量检查鉴定，应严格按施工验收规范和相关的质量标准的规定进行，必要时还应通过实际量测、试验和仪器检测等方法获取必要的数据，以便准确地对事故处理的结果做出鉴定，最终形成结论。

(6) **提交处理报告**。事故处理结束后，必须尽快向主管部门和相关单位提交完整的事故处理报告，其内容包括事故调查的原始资料、测试的数据；事故原因分析、论证；事故处理的依据；事故处理的方案及技术措施；实施质量处理中有关的数据、记录、资料；检查验收记录；事故处理的结论等。

3. 施工质量事故处理的基本要求

施工质量事故处理的基本要求：

(1) 质量事故的处理应达到安全可靠、不留隐患、满足生产和使用要求、施工方便、经济合理的目的；

(2) 重视消除造成事故的原因，注意综合治理；

(3) 正确确定处理的范围和正确选择处理的时间和方法；

(4) 加强事故处理的检查验收工作，认真复查事故处理的实际情况；

(5) 确保事故处理期间的安全。

4．施工质量事故处理的基本方法

(1) **修补处理**。当工程的某些部分的质量虽未达到规定的规范、标准或设计的要求，存在一定的缺陷，但经过修补后可以达到要求的质量标准，又不影响使用功能或外观的要求时，可采取修补处理的方法。例如，某些混凝土结构表面出现蜂窝、麻面，经调查分析，该部位经修补处理后，不会影响其使用及外观；对混凝土结构局部出现的损伤，如结构受撞击、局部未振实、冻害、火灾、酸类腐蚀、碱骨料反应等，当这些损伤仅仅在结构的表面或局部，不影响其使用和外观时，可进行修补处理。再比如对混凝土结构出现的裂缝，经分析研究后如果不影响结构的安全和使用时，也可采取修补处理。例如，当裂缝宽度不大于 0.2 mm 时，可采用表面密封法；当裂缝宽度大于 0.3 mm 时，可采用嵌缝密闭法；当裂缝较深时，则应采取灌浆修补的方法。

(2) **加固处理**。其主要是针对危及承载力的质量缺陷的处理。通过对缺陷的加固处理，使建筑结构恢复或提高承载力，重新满足结构安全性及可靠性的要求，使结构能继续使用或改作其他用途。例如，对混凝土结构常用的加固方法主要有：增大截面加固法、外包角钢加固法、黏钢加固法、增设支点加固法、增设剪力墙加固法和预应力加固法等。

(3) **返工处理**。当工程质量缺陷经过修补处理后仍不能满足规定的质量标准要求，或不具备补救可能性时，则必须实行返工处理。例如，某防洪堤坝填筑压实后，其压实土的干密度未达到规定值，经核算将影响土体的稳定且不满足抗渗能力的要求，须挖除不合格土，重新填筑，进行返工处理；某公路桥梁工程预应力按规定张拉系数为 1.3，而实际仅为 0.8，属严重的质量缺陷，也无法修补，只能返工处理。

(4) **限制使用**。在工程质量缺陷按修补方法处理后无法保证达到规定的使用要求和安全要求，而又无法返工处理的情况下，不得已时可做出诸如结构卸荷或减荷以及限制使用的决定。

(5) **不作处理**。某些工程质量问题虽然达不到规定的要求或标准，但其情况不严重，对工程或结构的使用及安全影响很小，经过分析、论证、法定检测单位鉴定和设计单位等认可后可不专门作处理。一般可不作专门处理的情况有以下几种：

① 不影响结构安全、生产工艺和使用要求的。例如，有的工业建筑物出现放线定位的偏差，且严重超过规范标准规定，若要纠正会造成重大经济损失，但经过分析、论证其偏差不影响生产工艺和正常使用，在外观上也无明显影响，可不做处理。又如，某些部位的混凝土表面的裂缝，经检查分析，属于表面养护不够的干缩微裂，不影响使用和外观，也可不做处理。

② 后道工序可以弥补的质量缺陷。例如，混凝土结构表面的轻微麻面，可通过后续的抹灰、刮涂、喷涂等弥补，也可不做处理。再比如，混凝土现浇楼面的平整度偏差达到 10 mm，但由于后续垫层和面层的施工可以弥补，所以也可不做处理。

③ 法定检测单位鉴定合格的。例如，检验某批混凝土试块强度值不满足规范要求，强度不足，但经法定检测单位对混凝土实体强度进行实际检测后，其实际强度达到规范允许和设计要求值时，可不做处理。对经检测未达到要求值，但相差不多，经分析论证，只要

使用前经再次检测达到设计强度，也可不做处理，但应严格控制施工荷载。

④ 出现的质量缺陷，经检测鉴定达不到设计要求，但经原设计单位核算，仍能满足结构安全和使用功能的。例如，某一结构构件截面尺寸不足，或材料强度不足，影响结构承载力，但按实际情况进行复核验算后仍能满足设计要求的承载力时，可不进行专门处理。这种做法实际上是挖掘设计潜力或降低设计的安全系数，应谨慎处理。

(6) 报废处理。出现质量事故的工程，通过分析或实践，采取上述处理方法后仍不能满足规定的质量要求或标准，则必须予以报废处理。

四、交通安全设施常见质量问题的预防与处理

(一) 标志

1. 标志牌面反光膜颜色不均匀

标志牌面反光膜颜色不均匀使标志牌面光泽、色泽不一致，降低标志认读的舒适性，严重的可影响标志的认读，是标志牌面质量的重要指标之一。

1) 成因分析

标志牌面反光膜颜色不均匀主要是由于反光膜质量不稳定或返工制作不善引起的。

(1) **不同材料**。不同品牌或同一品牌不同批次的反光膜存在色差不一致的可能，施工过程如不加强控制，可能造成同一路段标志牌面颜色不一致的现象。

(2) **返工制作**。正常的制作一般不会导致标志牌面反光膜颜色不一致，当标志牌面由于不适合工程需要或质量问题需要返修时，在牌面上局部使用清洁剂，或对标志牌面进行挖补操作，将导致同一牌面颜色不一致。

2) 防治措施

(1) 选取质量稳定的品牌。同一路段的标志反光膜，应采用同一品牌、同一批次的材料。

(2) 牌面的制作不允许局部返工处理，更不得挖补牌面。

3) 管理措施

(1) 应加强牌面制作的自检控制，避免牌面局部返工；

(2) 对所有牌面按规范要求，进行 100%检查，当牌面出现颜色不均匀时，应寻找产生质量问题的原因，组织整顿；

(3) 严格按合同条款办理反光膜材料选择，尽可能在同一路段上使用同一批次反光膜材料。

2. 牌面反光膜出现纵向或横向折纹

标志牌面的折纹会影响标志牌面的认读性，降低标志反光膜的使用寿命。标志牌面反光膜不得出现明显的折纹。

1) 成因分析

标志牌面的纵向和横向折纹，往往在较大面积的牌面上出现。当底板需拼接或反光膜需搭接时，制作不善、运输保护措施不足、安装过程操作不当等可引起标志牌面折纹的产生。其具体原因如下：

(1) 压贴反光膜时，底板未清理洁净。

(2) 底板拼接间隙过大，不平整。

(3) 压贴反光膜时，滚筒压力不均匀或不足。

(4) 牌面制作完成后，放置不合理，造成牌面局部弯曲。

(5) 牌面运输放置不平衡，固定不实，造成牌面局部弯曲；牌面装卸时不均衡搬运，牌面局部挠度过大。

2) 防治措施

(1) 牌面压贴前，彻底清洁底板；

(2) 对铝板拼接边进行机械加工，提高拼接质量，减少间隙；

(3) 底板铆接时从中间往两侧依次铆接，减少内应力，提高底板平整度和减少拼接间隙；

(4) 反光膜的压贴应在专用设备上进行压贴，不得人工压贴反光膜；

(5) 牌面在存放或运输时应平行放置，重叠放置时数量应予控制；

(6) 加强牌面装卸管理，要求平衡搬运，轻拿轻放，必要时加设支撑件，增加牌面强度。

3) 管理措施

(1) 压贴应采用专用设备；

(2) 提高底板拼接质量，压贴反光膜时应注意清洁底板，并将该要求作为控制内容之一，列入自检范畴；

(3) 提出牌面运输、装卸、放置的要求，加强牌面安装前的质量控制。

3. 标志牌面出现气泡

标志牌面的气泡会影响标志牌面的认读性，降低标志反光膜的使用寿命。标志牌面反光膜不得出现明显的气泡。

1) 成因分析

气泡主要是由黏结剂失效或制作不当引起的，主要原因如下：

(1) 反光膜黏结剂涂抹不均匀或已经失效；

(2) 底板在压贴前未完全干透，局部有水分；

(3) 反光膜压贴环境的温度、湿度、灰尘度等不符合要求；

(4) 底板在压贴时未清洁干净。

2) 防治措施

(1) 不使用失效的反光膜黏结剂；

(2) 反光膜黏结剂应涂抹均匀；

(3) 牌面压贴前，彻底清洁底板；

(4) 反光膜压贴环境应控制灰尘、温度、湿度；

(5) 牌面局部出现少量气泡时，可允许穿孔排气。

3) 管理措施

(1) 严格按合同条款在合格的环境下压贴反光膜；

(2) 检查黏结剂质量、加强底板及黏结剂涂抹水平的检查；

(3) 对所有牌面按规范要求，进行100%检查，当牌面出现气泡时，应寻找产生质量问题的原因，组织整顿。

4．牌面刮花、划伤

标志牌面刮花、划伤会影响标志牌面的认读性，严重的会降低标志反光膜的使用寿命。标志牌面反光膜不得出现过多或过深的刮花、划伤。

1）成因分析

牌面的刮花、划伤一般是成品牌面在运输、装卸过程中与其他硬物碰撞或牌面之间相对滑动引起的。

2）防治措施

牌面运输时作适当的防护和包装，装卸时轻拿轻放。

3）管理措施

(1) 针对运输和装卸中可能出现的问题，制定相应的控制措施，避免牌面刮花、划伤的出现；

(2) 对所有牌面按规范要求，进行100%检查，当牌面出现刮花、划伤时，应寻找产生质量问题的原因，组织整顿。

5．构件几何尺寸偏差

构件几何尺寸偏差可造成标志安装角度不合格，或造成安装不善而留下安全隐患和标志不能安装等后果，应予以严格控制。

1）成因分析

构件几何尺寸偏差常见问题包括法兰盘螺孔位置偏差、法兰盘边角弯曲、立柱与法兰盘连接角度偏差等。

(1) 法兰盘螺孔位置偏差。法兰盘螺孔位置偏差是由于法兰盘钻孔时定位不准，或夹具等设备不良引起法兰盘加工时偏位所造成的。

(2) 法兰盘边角弯曲。法兰盘在焊接和热浸镀锌时由于热应力分布不均匀可造成法兰盘边角弯曲，或由于法兰盘材料质量问题直接造成法兰盘边角弯曲。

(3) 立柱与法兰盘连接角度偏差。通常由于加工过程中定位偏差或安装不牢引起，使法兰盘与立柱之间角度出现大于或小于90°，造成立柱垂直度达不到要求。

2）防治措施

(1) 法兰盘钻孔时使用模具进行定位，当出现法兰盘个别螺孔偏差时，可扩孔纠正；

(2) 法兰盘焊接前应制定合理的焊接工艺，避免出现因热应力分布不均匀引起法兰盘变形；

(3) 法兰盘热镀锌前应制定合理的操作工艺，避免出现因热应力分布不均匀引起法兰盘变形；

(4) 法兰盘与立柱焊接时应使用可靠的定位夹具进行牢固定位，定位后应进行检查复核角度，不合格时应校正处理。

3）管理措施

(1) 针对构件加工中可能出现的问题，制定相应的控制措施，正确使用专用器具，落实加工过程自检；

(2) 加强施工组织相关内容的审查；

(3) 对所有构件按频率和规范质量要求组织检查，寻找产生质量问题的原因，组织整顿。

6．焊接质量不合格

焊接可以出现的质量问题较多，标志构件加工中较常出现的焊接质量问题主要是焊接不饱满，焊缝成型角度不规范，焊接后出现咬边、夹渣、气孔等缺陷，焊接后未清理焊渣进行镀锌处理等。焊接质量不合格会使标志构件留下外观缺陷和受力隐患，严重的可造成安全隐患。

1）成因分析

焊接质量问题的产生在于操作者水平达不到要求、焊接过程中电压不稳定等环境因素和操作工序不完善或未能严格按操作程序进行除渣处理等原因。焊接的质量(特别是焊接角度)可引起标志支撑强度不足等隐患。

2）防治措施

(1) 焊工应充分掌握规范、设计要求，掌握焊接质量要求和操作程序，并严格落实；

(2) 尽可能采用自动焊接；

(3) 改善焊接环境；

(4) 选用经培训、有证书、技术过硬的焊工。

3）管理措施

(1) 选用经培训的持证人员落实焊接工作，并检查焊工的资质证书；

(2) 针对焊接中可能出现的问题，制定相应的操作程序、焊接工艺，焊接前严格落实技术交底；

(3) 制定焊接的管理措施；

(4) 在构件镀锌前对焊接落实严格自检；

(5) 对所有构件按频率和规范质量要求组织检查，应寻找产生质量问题的原因，组织整顿。

7．钢构件镀锌层颜色不均匀

钢构件镀锌层颜色不均匀的影响构件的外观，严重的可造成构件防锈能力下降。

1）成因分析

引起镀锌层颜色不均匀的原因较复杂，主要由镀锌过程操作不当、基本材料化学成分不均及镀锌后放置不当引起。

2）防治措施

(1) 钢构件镀锌前应提供基体材料化学成分供镀锌加工厂作为参考；

(2) 在镀锌前应向镀锌加工厂提出镀锌质量要求，必要时可共同制定镀锌工艺方案；

(3) 构件镀锌后放置时不得靠近腐蚀物，存放时间不宜过长，存放时应有保护措施。

3）管理措施

(1) 针对可能出现的问题，按"防治措施"内容落实与镀锌厂的交接工作；

(2) 制定并审查镀锌厂家的加工工艺方案；

(3) 制定有关镀锌的管理措施；

(4) 在构件镀锌后进行严格自检；

(5) 加强构件存放管理；

(6) 对所有构件按频率和规范质量要求组织检查，应寻找产生质量问题的原因，组织整顿。

8．镀锌层划伤、碰伤

构件镀锌层划伤、碰伤影响构件的外观质量，严重的可影响构件的防锈能力。

1) 成因分析

构件在运输、安装过程中，由于捆扎、吊装不当等原因，可造成构件镀锌层的划伤和碰伤。

2) 防治措施

(1) 制定相应的吊装、运输操作规程；

(2) 构件运输过程应捆扎牢固，捆扎带应选用帆布带，捆扎位置应用柔软物品填塞保护；

(3) 构件装卸、安装时应采用帆布吊具；

(4) 吊机操作员必须是经培训的持证人员；

(5) 构件运输、吊装过程应有专人管理，运输、吊装后应认真检查。

3) 管理措施

(1) 制定构件吊装、运输操作规程；

(2) 针对在运输、吊装构件时可能出现的问题，加强运输、吊装的管理；

(3) 按规定频率和规范、设计要求对构件落实检查，出现问题时查找原因，加强管理。

9．立柱垂直度不合格

立柱垂直度不合格，使标志立柱和牌面倾斜，影响外观质量，严重的可影响道路通行能力，加重基础承载，留下安全隐患。

1) 成因分析

立柱垂直度不合格可由构件制作质量、基础法兰盘安装质量、构件安装质量引起。

2) 防治措施

(1) 基础法兰盘安装完毕，基础混凝土现浇前，认真检查法兰盘水平及预埋螺栓的垂直度，出现偏差时认真校正；

(2) 基础法兰盘现浇过程中，不断检查法兰盘水平和地脚螺栓垂直度，不符合规定时进行校正；

(3) 构件安装时应认真检查立柱垂直度，不合格时适当调整。

3) 管理措施

(1) 在基础法兰盘安装完毕，基础混凝土现浇前，应对标志法兰盘水平度、地脚螺栓安装进行检查；

(2) 标志基础施工完成后，应对标志法兰盘、地脚螺栓垂直度进行检查，不合格时应要求返工处理，此时不得安装标志立柱；

(3) 标志立柱安装完成后，对立柱垂直度进行检查，不合格时查找原因，进行整顿及返工处理；

(4) 大型的标志基础现浇及立柱安装应积极配合监理的旁站工作。

10．标志牌面不平整

标志牌面不平整可影响标志的外观质量和驾驶员的认读。

1) 成因分析

标志牌面不平整可由标志板面加工不合格及标志牌面安装不当引起，其中标志牌面安装不当是引起牌面不平整的普遍原因，分述如下：

(1) 标志板面加工不合格，板面不平整；

(2) 双柱式立柱、双悬臂标志的支撑杆不垂直且不在同一平面上，安装后造成牌面不平整；

(3) 安装牌面时，抱箍两边螺栓预紧力不等或过大，或抱箍紧固顺序不当，造成牌面不平整。

2) 防治措施

(1) 标志底标加工过程和加工完成后，应检查底板平整度，不合格产品不得出厂；

(2) 标志底板的加工材料应选用合格材料；

(3) 对标志底板加工人员进行技术培训和技术交底工作，明确质量要求和加工工艺；

(4) 牌面安装前应认真检查立柱垂直度；

(5) 立柱安装后应检查立柱是否处在同一平面上，当偏差较大时，应予调校；

(6) 双悬臂支撑架加工完成后，应认真检查支撑杆是否处在同一平面上，对不在同一平面上的支撑杆，应予以返工处理；

(7) 明确抱箍紧固顺序规定，并严格按规定执行操作；

(8) 抱箍预紧力必要时用扭矩扳手安装，保证两边预紧力一致；

(9) 牌面安装完成后，认真检查牌面平整度，不合格时应查找原因，认真处理。

3) 管理措施

(1) 按工序检查立柱垂直度；

(2) 根据可能出现的问题，严格落实板面加工及现场施工自检程序；

(3) 做好施工前技术交底；

(4) 配合监理人员做好重要的标志安装时现场旁站工作；

(5) 标志牌面安装完成后，按频率和规范质量要求组织检查，应寻找产生质量问题的原因，组织整顿。

11. 标志基础施工布筋不合格

1) 成因分析

(1) 布筋时钢筋的绑扎位置不正确；

(2) 布筋时钢筋的绑扎不牢固；

(3) 混凝土现浇时，粗暴倾倒混凝土，造成钢筋变形。

2) 防治措施

(1) 布筋完成后，认真检查布筋质量；

(2) 混凝土现浇时增加适当的辅助措施，达到保护布筋成果的目的。

3) 管理措施

(1) 积极做好自检工作；

(2) 混凝土现浇前进行认真的检查；

(3) 混凝土现浇前做好适当的辅助措施，保护布筋成果。

12. 标志基础预埋法兰盘和预埋螺栓定位不合格

标志基础法兰盘和预埋螺栓定位不合格,将造成标志立柱不能安装或安装位置不正确,可降低标志的安全系数。

1) 成因分析

(1) 预埋法兰盘及地脚螺栓安装位置不正确;

(2) 预埋法兰盘及地脚螺栓的固定措施不到位,未能起到有效的定位作用;

(3) 预埋法兰盘及地脚螺栓在混凝土现浇过程中由于粗暴施工使定位产生移动,未能及时调校。

2) 防治措施

(1) 施工前进行认真研究,制定出有效的法兰盘及地脚螺栓专用固定工具;

(2) 预埋法兰盘及地脚螺栓是现浇前检查的重要内容之一,质检工程师应认真校核其定位是否正确,并检查法兰盘及地脚螺栓的固定措施是否可靠;

(3) 最后约 50 cm 的混凝土现浇应不断对法兰盘和地脚螺栓的定位进行校核,保证其定位准确;

(4) 现浇完成应立即对法兰盘及地脚螺栓的定位进行校核,不合格时可立即采取补救返工措施。

3) 管理措施

(1) 标志基础混凝土现浇前应认真校核法兰盘及地脚螺栓的定位是否正确,并检查固定方案是否可行;

(2) 大型基础施工时,应注意法兰盘及地脚螺栓是否产生移位,并不断校核检查其定位是否正确,及时指出调整的要求;

(3) 按规定频率对标志基础进行检查。

13. 标志牌面字符拼写不正确、地名设置不合理或字体不规范

标志牌面字符拼写不正确、地名设置不合理或字体不规范将影响标志的认读,甚至误导驾乘人员,使驾乘人员不能到达预期的目的地。

1) 成因分析

(1) 设计时调查不足;

(2) 设计时拼写错误;

(3) 制作时拼写错误;

(4) 设计时间过早,政区划分、地名及地方道路的接口发生改变;

(5) 制作过程中阅读图纸不认真、校对不严格。

2) 防治措施

(1) 技术交底前认真校核图纸;

(2) 施工前或施工过程中进行校对,检查地名设置是否符合设置的规则;

(3) 做好内部技术交底,加强制作管理。

3) 管理措施

(1) 组织设计图纸的校核;

(2) 督促现场地名校对工作的落实;

(3) 严格执行内部的技术交底工作，并针对可能出现的问题制定应对方案；

(4) 加强牌面的检查。

14．标志牌基础护脚防护不善

标志牌基础护脚防护不善会使基础周边形成冲刷，影响基础的稳固，破坏边坡的稳定，严重的会使边坡塌方，标志变位或倒塌。

1) 成因分析

(1) 基础回填夯实不足；

(2) 基础护脚位置绿化恢复不善；

(3) 基础护脚无采用砂浆硬化防护措施；

(4) 破坏原边坡排水设施。

2) 防治措施

(1) 基础回填分层夯实，达到规定的压实度；

(2) 基础护脚绿化恢复后，加强绿化的养护；

(3) 基础护脚周边用砂浆硬化；

(4) 恢复及改善边坡排水设施。

3) 管理措施

(1) 基础施工前针对可能出现的问题，做好施工安排工作；

(2) 将基础护脚的防护处理作为文明施工的一项内容，加强管理；

(3) 基础施工完成后，基础检查时，将基础护脚处理及边坡排水设施的恢复作为重点检查内容进行落实。

(二) 标线

1．标线夜间反光质量不合格

标线反光质量不合格，将影响车辆夜间行驶的车道分隔和视线诱导，使标线在夜间达不到应有的作用或失效，影响车辆行驶安全。当标线玻璃珠掺入量不足时，在表面添撒玻璃珠，将使标线在通车不久后，由于表层玻璃珠被磨去，形成反光质量不合格，也属标线玻璃珠掺入量不足引起标线夜间反光质量不合格。

1) 成因分析

(1) 玻璃珠质量不合格；

(2) 涂料玻璃珠掺入量不足；

(3) 涂料加热温度控制不合理(一般为 190℃～220℃)，温度过高造成涂料中玻璃珠沉底，过低使添撒玻璃珠掺入困难。

2) 防治措施

(1) 选用质量稳定的玻璃珠和涂料；

(2) 让施工人员清楚玻璃珠的添撒量，并制定措施严格执行；

(3) 控制涂料的加热时间和加热温度，玻璃珠加入后进行充分的搅拌。

3) 管理措施

(1) 通过合同条款加强玻璃珠的选用控制；

(2) 严格执行内部的技术交底工作，针对可能出现的问题，加强内部管理和控制工作；

(3) 登记和核实各种材料的进场数量和使用数量，完善材料管理；

(4) 加强现场检查。

2. 标线颜色不均匀

标线颜色不均匀将影响标线的外观质量及标线的视觉效果，使标线达不到应有的作用，使车辆行驶车道分隔不清，视线诱导不善，形成安全隐患。

1) 成因分析

(1) 材料质量不稳定；

(2) 热熔材料加热时温度控制不均匀或出现"过火"现象；

(3) 标线施工前，对施工范围路面的去污不彻底；

(4) 玻璃珠与涂料混合不均匀。

2) 防治措施

(1) 选用质量稳定的涂料；

(2) 应与涂料供应商联系，找出选用涂料最佳的加热温度，并在现场施工中严格控制温度；

(3) 选用控温精确的热熔设备；

(4) 标线施工前，应对施工范围的路面进行认真清理。

3) 管理措施

(1) 通过合同条款加强涂料的选用控制；

(2) 当标线施工后出现颜色不均时，调查结果属涂料质量问题的，需更换涂料；

(3) 当标线施工后出现颜色不均时，调查结果属施工机械问题的，需更换施工设备；

(4) 当施工组织设计审查时，应审查标线的施工顺序是否明确，现场检查是否已落实到位；

(5) 标线如出现颜色不均现象，应停止现场标线施工，彻底查清原因，并经试画证实新工艺可行才可开工；

(6) 全面施工前宜先进行试验段考察。

3. 标线出现龟裂或通车不久标线脱落

标线出现龟裂或脱落将影响标线的外观、使用寿命和标线的功能。

1) 成因分析

(1) 涂料黏结性能较差，降低了标线的强度，引起龟裂；

(2) 标线施工时气温过低，加剧标线的局部热胀冷缩所引起；

(3) 标线施工时涂料加热温度不合适；

(4) 混凝土路面抗滑槽过宽或过深；

(5) 标线施工前工作面不洁净；

(6) 标线设置在排水沟盖板上；

(7) 施工前路面湿度过大。

2) 防治措施

(1) 选用质量稳定的涂料；

(2) 应与涂料供应商联系，找出选用涂料最佳的加热温度，并在现场施工中严格控制温度；

(3) 施工时注意天气的变化，当气温低于选用涂料的使用温度时，应停止施工；

(4) 选用控温精确的画线机；

(5) 清洁施工工作面；

(6) 与相关部门、单位协调解决设计中可能形成标线质量隐患的问题。

3) 管理措施

(1) 按合同条款加强涂料的选用控制；

(2) 当标线施工后出现龟裂时，调查结果属涂料质量问题的，应更换涂料；

(3) 当标线施工后出现龟裂时，调查结果属施工质量问题的，应更换施工设备；

(4) 当制定施工组织设计计划时，应加强对可能引起标线龟裂环节的控制；

(5) 标线涂画前落实检查工作；

(6) 标线如出现龟裂现象，应停止现场标线工程的施工，彻底查清原因，并经试画证实存在问题已经解决才能开工；

(7) 全面施工前宜通过试验段进行考察。

4．标线气泡严重

标线产生气泡影响标线的外观和使用寿命。

1) 成因分析

标线气泡的形成主要是由于涂画过程中涂料内或路面上含有沙尘或水蒸气形成的。具体原因如下：

(1) 涂料含有杂质；

(2) 施工范围的路面未彻底清洁；

(3) 施工范围的路面湿度过大，或底漆未完全干透。

2) 防治措施

(1) 选用质量稳定的涂料；

(2) 彻底清洁工作面，包括用水洗等；

(3) 标线施工前应封闭交通，提高施工安全性和标线工作面的洁净程度；

(4) 标线的施工在路面和底漆完全干透后进行。

3) 管理措施

(1) 按合同条款加强涂料的选用控制；

(2) 将标线施工前的清洁工作和封闭交通等作为管理要求；

(3) 当制定施工组织设计计划时，加强对能引起标线气泡环节的控制；

(4) 标线如出现严重气泡现象，应暂时停止现场标线工程的施工，彻底查清原因，并经试画证实存在问题已经解决才能开工；

(5) 全面施工前宜通过试验段进行考察。

5．标线线形不顺直，设置位置不合格

标线不顺直影响标线外观，降低标线线形的诱导作用。标线位置设置不合格包括设置位置、尺寸与设计图纸不符等，会使车道(包括紧急停车带)宽度及车道与中央分隔带的距

离不符合设计要求及行车安全标准，可能会形成车辆行驶的安全隐患。

1) 成因分析

(1) 标线放线设备不合格，造成基线不顺直；

(2) 放线时操作人员操作不认真或操作不熟悉引起；

(3) 画线时操作人员操作不认真或操作不熟悉引起；

(4) 阅读图纸不认真，理解错误，引起标线设置不合格。

2) 防治措施

(1) 选用性能良好的放线设备，提高放线质量；

(2) 选用性能良好的画线机，提高画线质量；

(3) 选用技能熟悉的操作人员；

(4) 做好内部技术交底，组织图纸阅读与理解，加强与设计、监理人员的联系和沟通。

3) 管理措施

(1) 严格按合同条款提供设备的配置；

(2) 严格按合同条款选用技能熟练的操作人员；

(3) 当制定施工组织设计时，加强对画线设备的控制；

(4) 标线如出现普遍的线形不顺直，应停工整顿处理；

(5) 全面施工前宜通过试验段进行考察；

(6) 严格执行内部技术交底，正确理解图纸；

(7) 加强水线、标线的现场检查。

(三) 波形梁护栏

1. 波形梁护栏线形不顺畅

1) 成因分析

波形梁护栏线形不顺畅，集中出现在路桥连接处、路面宽度变化段、弯道等位置。具体成因如下：

(1) 由于桥梁预埋件不合格或桥梁护栏座高程与设计有差异，护栏施工单位在施工前未对高程进行认真详细的测量，以致护栏立柱高程不合适，强行使用可造成护栏线形不顺畅；

(2) 波形梁护栏与混凝土护栏连接时，由于波形梁护栏未作渐变处理，造成护栏线形不顺畅；

(3) 当路面宽度变化时，波形梁护栏横向位置往往改变，未作渐变处理时，造成护栏线形不顺畅；

(4) 弯道处护栏安装工艺不合适，可造成护栏线形不顺畅；

(5) 护栏立柱施工定位不准确，可造成护栏线形不顺畅。

2) 防治措施

(1) 严格按图纸要求长度，精确施工渐变段；

(2) 立柱施工放样、立柱安装、护栏板安装全程控制护栏线形，当出线线形不顺畅时，应及时纠正；

(3) 中、小桥的护栏应认真复核测量其高程，确定每根立柱长度后再行加工；

(4) 弯道放样时调整立柱网距；

(5) 装板时先用拼接螺栓使两件或以上的护栏板连接在一起，再逐步调整紧固，使护栏板圆滑过渡。

3) 管理措施

(1) 将路桥交接段、路面宽度突变段、弯道段作为检查控制的重点；

(2) 按规定工序、检测频率和要求，检查核实护栏的放样、立柱的安装、护栏板的安装；

(3) 针对可能出现的问题，对中、小桥护栏座高程进行测量，对现场路桥交接段、路面宽度变化段、弯道段进行现场考察；

(4) 当渐变段设置长度不合适时，与设计人员协商解决；

(5) 通过试验段的施工，制定护栏板的拼接工艺并严格落实执行。

2. 护栏立柱、护栏板外观质量差

1) 成因分析

(1) 护栏立柱、护栏板运输、装卸、安装过程中受污染破坏；

(2) 护栏立柱、护栏板镀锌后存放时间较长或存放不当，表面产生压痕、发黑、发霉；

(3) 护栏立柱、护栏板镀锌质量不合格；

(4) 护栏板存放时遮盖不严，顶层第一件板氧化严重，颜色与其他护栏板不一致；

(5) 不同厂家供应的护栏板与护栏立柱由于加工工艺的差别，使护栏板、护栏立柱外观质量及颜色不一致。

2) 防治措施

(1) 当镀锌质量不合格时，宜更换镀锌加工厂；

(2) 采用合理方式，适当减少材料存放时间；

(3) 制定材料存放制度，并严格执行；

(4) 制定材料安放、运输、装卸制度，严格执行；

(5) 材料进场后进行严格的工地检查；

(6) 采用同一厂家供应的材料，在不可避免地采用不同厂家的材料时，应将不同厂家的材料分段安装，减少观感不适。

3) 管理措施

(1) 制定相应管理制度，包括材料安装、运输、装卸制度及材料存放制度等，并严格落实；

(2) 按规定频率和要求，对进场材料进行工地检查，将不合格材料清退出场，并分析产生原因，组织处理；

(3) 当制定施工组织设计时，考核控制方案是否可行；

(4) 当镀锌质量不合格时，按合同条款更换镀锌加工厂；

(5) 要求使用同一厂家的材料，在不可避免地要使用不同厂家材料时，应将不同厂家材料分段安装。

3. 现场施工时扯拉、挤压防阻块造成防阻块变形

1) 成因分析

(1) 由于立柱安装的横向定位或高度偏差，未采取有效措施纠正而导致这一现象；

(2) 施工人员对规范、设计要求不明确，技术交底不到位，或施工人员漠视质量，粗暴安装引起。

2）防治措施

(1) 立柱施工不合格，影响下一步安装的，应返工处理；

(2) 立柱重新安装时，在立柱拔起后，应对柱坑填土夯实，才能重新打立柱；

(3) 内部技术交底时强调不得现场切割和钻孔。

3）管理措施

(1) 按规定频率和要求，对放样、立柱安装和护栏板安装进行检查，对于出现切割立柱、现场钻孔，护栏安装过程严重破坏防阻块的，应返工处理；

(2) 当制定施工组织设计计划时，加强对施工工艺的控制；

(3) 当切割立柱、现场钻孔、破坏防阻块等现象较为严重时，应停工整顿。

4．波形梁护栏板和护栏立柱断面尺寸不合格

波形梁护栏板和立柱断面尺寸不合格主要是厚度不足，会降低波形梁的防撞作用，埋下安全隐患。

1）成因分析

波形梁护栏板和立柱断面尺寸不合格产生的理论原因是生产厂家加工精度不足。但在工程实际中，由于波形梁板及立柱按重量计价，厚度越薄，同等重量的波形梁板和立柱可安装的护栏里程越长，容易因利益驱使，抛弃信誉；再加上要求生产厂家按护栏板和护栏立柱厚度要求的下限值生产，加工中又有正常精度误差，则可致使不合格的产品出现。

2）防治措施

树立通过完善管理获得正常利润的概念，重视商业信誉，与生产厂家洽谈时，要求生产厂家按规定值生产，并确认生产厂家的加工精度能满足工程需要。

3）管理措施

(1) 按规定频率和要求对护栏立柱和护栏板材料进行检查；

(2) 当考察生产厂家时，加强加工工艺的考察，确认加工工艺和加工精度能满足工程需要；

(3) 根据可能出现的问题，采取措施确保材料质量。

5．波形梁护栏材料镀锌厚度不足或镀锌层附着性不合格

波形梁护栏材料镀锌量不足或镀锌层附着性不足会降低护栏材料的防腐性能，使护栏材料过早锈蚀，影响外观质量，减弱护栏的防撞能力，形成安全隐患。

1）成因分析

(1) 镀锌工作条件不满足，如材料镀锌的浸镀时间不足、镀锌温度控制不严等；

(2) 镀锌池锌量不足或吹锌时锌量控制不严；

(3) 所采用的锌不合格，不是符合要求的 0 号或 1 号锌；

(4) 浸液配方不满足，如铅的含量过高；

(5) 钢材去污除锈不彻底；

(6) 钢材化学成分不符合要求。

2）防治措施

(1) 做好与加工厂家的技术交底，明确技术要求；

(2) 了解加工厂家的加工工艺，确认加工工艺能满足工程需要；

(3) 要求明确加工厂家对钢材生产及供货的指标，并严格把关；

(4) 加强对加工厂家的质量监控；

(5) 加强材料质量的检查；

(6) 建立与加工厂家的质量反馈渠道。

3) 管理措施

(1) 严格执行技术交底；

(2) 加强对生产厂家的考察，特别是镀锌工艺的考察；

(3) 按规定频率和要求落实工地检查，发现质量问题严格处理；

(4) 与生产厂家建立沟通渠道。

6. 护栏立柱安装不稳固

护栏立柱安装不稳固将使护栏立柱达不到防撞要求，形成安全隐患。

1) 成因分析

(1) 桥上波形梁护栏预埋底座不合格，如预埋螺栓不垂直、螺纹受破坏、螺栓直径不符合要求，以及预埋孔尺寸(直径和深度)、材料不符合要求等，使立柱安装困难，安装连接效果不理想，立柱安装不稳固；

(2) 直接安装的护栏座在钻孔时碰到钢筋，膨胀螺栓打入深度不足；

(3) 打入式的立柱在打入过程中，发现立柱垂直度或间距不合格，随意摆动立柱，以调整立柱垂直度和间距，使立柱打入后不稳固。

2) 防治措施

(1) 加强护栏底座预埋件的质量控制，当护栏底座预埋件由路基桥涵施工单位施工时，应建立沟通渠道，加强检查，参与验收，及时解决存在问题；

(2) 少用或不用直接安装的护栏底座；

(3) 做好技术交底，规范护栏立柱的打桩操作。

3) 管理措施

(1) 加强桥涵护栏底座的质量检查，发现质量问题及时处理；

(2) 与项目参建各方建立沟通渠道；

(3) 在图纸审查阶段，从技术角度出发，建议少用或不用直接安装的护栏底座；

(4) 严格执行内部技术交底，针对可能出现的质量问题，采取相关应对措施。

7. 波形梁护栏连接件安装不稳固

护栏连接件安装不稳固将使护栏板不能很好地固定，影响线形；连接件在受到车辆撞击时可能脱落，达不到防撞效果；防阻块安装时变形，车辆撞击时达不到设计的缓冲作用，危害车辆和驾乘人员的安全。

1) 成因分析

波形梁护栏连接件主要包括护栏立柱与防阻块的连接、防阻块与波形梁板的连接。连接不善的原因主要是立柱的施工安装不合格。当护栏立柱打入深度不足或打入深度过多时，为保证护栏板的线形，使防阻块与立柱、护栏板的连接不善；护栏立柱的横向位置定位不准确，为保证护栏板的线形，也使防阻块与立柱、护栏板的连接不善。在桥涵处的波形梁护栏，由于波形梁护栏底座安装位置不合格，也会出现类似的问题。另外，防阻块和护栏板安装时少上螺栓、螺母或螺母紧固达不到规定力值，也将使连接不稳固。

2) 防治措施

(1) 做好技术交底，规范护栏立柱的打桩操作，从根本上解决下一步的安装问题；

(2) 严格工人施工现场的施工管理；

(3) 连接件安装时要求采用扭力扳手，安装力矩应达到规定值；

(4) 加强质量自检，发现问题及时处理。

3) 管理措施

(1) 按规定频率和要求检查护栏立柱的施工质量；

(2) 按规定频率和要求检查连接件的连接质量；

(3) 连接安装时采用扭力扳手，并安装至规定力矩；

(4) 严格执行技术交底，针对可能出现的问题制定处理措施。

(四) 隔离栅

1. 混凝土立柱外观不合格

混凝土立柱外观出现较多的气孔、麻面、蜂窝、色泽暗淡、缺损等现象，其成因主要是加工过程和运输、装卸、安装过程不当。隔离栅的混凝土立柱的预制，属于小型混凝土件的施工，外观缺陷成因相对复杂。当不属以下原因造成混凝土件外观不合格时，应组织相关技术人员，多方面查找原因并作相应整治。

1) 成因分析

(1) 混凝土浇筑时振捣不足；

(2) 混凝土水灰比控制不严或水灰比不适合；

(3) 使用废机油作为脱模剂；

(4) 模板不干净；

(5) 砂、石、水泥用量控制不严格。

2) 防治措施

(1) 混凝土浇筑时进行充分振捣；

(2) 严格控制水灰比，以及砂、石、水泥用量；

(3) 使用合格的脱模剂；

(4) 模板使用前进行清洗。

3) 管理措施

(1) 加强对预制场的管理，制定相应制度，有效控制各种原料用量；

(2) 预制现场应标示各种材料用量，方便预制人员的控制；

(3) 应按称重确认各种原料用量；

(4) 应配置充分的振捣器具；

(5) 应使用合格的脱模剂及在使用模板前进行清洗；

(6) 严格按规定频率在施工完成后进行检验，不合格产品不得应用于工地现场；

(7) 当存在普遍的某种外观质量缺陷时，组织技术人员查找原因，予以改正。

2. 隔离栅网面松垮或网面与立柱固结不牢

1) 成因分析

(1) 网面安装时未使用专用工具，造成网面张紧不足；

(2) 安装人员经验不足，或技术交底不完善；

(3) 隔离栅立柱安装间距不合格；

(4) 隔离栅网面固定连接件强度不足，网面拉紧时变形；

(5) 隔离栅连接件紧固不足，网面无法拉紧。

2) 防治措施

(1) 网面安装使用专用工具；

(2) 对安装人员作适当培训及完善技术交底工作，明确技术要求；

(3) 隔离栅立柱安装时严格控制间距；

(4) 采用合格的固定连接件；

(5) 连接件安装时应达到规定的力矩要求；

(6) 安装后进行检查，对不合格网面进行调整。

3) 管理措施

(1) 当制订施工组织设计时，审查工具配置是否满足需要；

(2) 严格要求网面安装使用专用工具；

(3) 做好技术交底工作；

(4) 按规定频率和要求进行检查核实，不合格的应予返工处理。

3. 隔离栅基础达不到应有的支撑作用

隔离栅基础达不到应有的支撑作用是指隔离栅基础施工完毕后，检查时发现基础松动。

1) 成因分析

(1) 施工地段土质不合格；

(2) 施工地段土层压实度不足或存在其他恶劣的条件；

(3) 基坑开挖尺寸不足(对于现浇基础)；

(4) 基础埋入深度不足；

(5) 基础混凝土强度不足；

(6) 基础在运输、装卸过程中受破坏，并应用于现场(预制基础)。

2) 防治措施

(1) 对条件恶劣的工作面，可建议增设斜撑；

(2) 加强基坑开挖和基坑现浇的自检控制；

(3) 加强基础预制的质量控制；

(4) 制定相应的运输装卸管理制度，加强运输装卸的控制。

3) 管理措施

(1) 施工前组织现场与设计图纸的对照检查工作，对施工条件恶劣的应增设斜撑；

(2) 通过各种管理渠道，使得自检"真实、准确、同步"；

(3) 制定简单有效的运输、装卸管理制度(预制基础)；

(4) 基坑开挖完成，落实现场检查；

(5) 加强混凝土的抽检；

(6) 加强预制场预制产品的检查(预制基础)。

(五) 突起路标

1. 突起路标线形不顺直、安装角度和间距不符合要求

突起路标线形不顺直、安装角度和间距不符合要求，在视觉上难以达到连点成线，使车辆在行驶过程中，降低突起路标的视觉诱导作用，也影响高速公路的外观效果。

1) 成因分析

(1) 突起路标的设置未结合路线的竖曲线；

(2) 突起路标的设置未结合路线的平曲线；

(3) 突起路标安装未能与标线保持一致；

(4) 标线线形不合格；

(5) 路面平整度不合格；

(6) 施工放样方法错误，间距测量不准确。

2) 防治措施

(1) 施工前认真阅读图纸，测量考察现场，及时提出现场存在的问题；

(2) 在路面标线线形顺畅的情况下，可按路面标线走向设置，当发现路面标线线形不顺畅时，应向业主、监理提出存在的问题，协调处理；

(3) 当安装突起路标时，应注意突起路标的安装角度与道路线形相协调；

(4) 加强突起路标安装间距的放样自检，保证间距设置符合要求。

3) 管理措施

(1) 阅读图纸时，当发现突起路标未能结合路线线形设置时，宜结合路线线形设置；

(2) 加强突起路标安装质量的检查；

(3) 加强安装环境的巡视检查。

2. 使用不合格的突起路标材料

突起路标材料不合格主要包括突起路标反光性能不符合要求和抗压强度不足，造成反光效果不佳，突起路标经车辆辗压后碎裂，使突起路标达不到视觉诱导作用。

1) 成因分析

(1) 反光材料的反光性能不符合要求；

(2) 反光材料抗老化性能不足；

(3) 突起路标结构不合理；

(4) 外壳材料有杂质等缺陷，或材料本身强度不足；

(5) 突起路标填充料填充不饱满、不密实或不平整。

2) 防治措施

严把材料采购控制关。

3) 管理措施

(1) 加强对材料生产厂家的考察，预防伪劣假冒；

(2) 加强材料进场检验把关。

3. 突起路标安装不牢固

1) 成因分析

(1) 突起路标黏结剂不合格，安装后脱落；

(2) 突起路标安装时路面干燥及清洁达不到要求，影响黏结能力，安装后脱落；

(3) 设置的位置部分落在排水沟上，安装不稳或无法安装。

2) 防治措施

(1) 采用合格的黏结剂；

(2) 全面施工前落实试验段的施工，并进行严格的承压试验；

(3) 加强安装环境检查，保证突起路标安装时路面干燥清洁；

(4) 组织设置超高排水路段的现场测量，验证现场与设计是否存在矛盾；

(5) 严格按规定的安装工艺要求操作。

3) 管理措施

(1) 加强材料进场检验把关，预防伪劣假冒；

(2) 组织试验段的施工检查，当发现问题时，应查找原因，妥善解决；

(3) 审查安装工艺。

(六) 通信管道

1. 人手孔混凝土外观不合格

(参见"(四)隔离栅"下"1. 混凝土立柱外观不合格"的相关内容)

人手孔混凝土外观不合格与隔离栅混凝土立柱的外观质量问题是相同的(由于人手孔一般采用现浇处理，不存在运输装卸的问题)，其成因、防治措施、管理措施也相类似，可参照分析。除此之外，人手孔还存在由于模板变形、跑模引起的混凝土表面不平整，由于预埋穿钉、接线环在预埋位置引起跑浆，使预埋件周边出现蜂窝缺陷，以及由于养护不足，产生裂纹等。以下内容只针对这几种现象展开。

1) 成因分析

(1) 钢模厚度不足，混凝土浇筑时振捣使其发生变形；

(2) 模板支撑不合理或支撑强度不足，混凝土振捣时跑模；

(3) 预埋件与模板连接位置周边密封不严、密封措施不稳固，混凝土振捣时跑浆；

(4) 养护不足，产生裂纹。

2) 防治措施

(1) 采用足够强度的模板(钢模厚度不得低于 3.5 mm，或通过安装加强筋加强强度)；

(2) 采用专项制作的上、中、下三道模板固定；

(3) 采用合适的塑料软管作为预埋位置的密封；

(4) 由于人手孔分布分散，养护困难，一般应安排专人负责养护，可在井底适量灌水，井壁上部用浸湿棉袋覆盖，再用塑料纸将井封盖，并定期检查浇水。

3) 管理措施

(1) 在模板制作前，应组织强度计算，采用足够厚度的模板，并对计算结果进行核算；

(2) 模板安装完成，应落实检查模板的支撑是否符合要求，预埋件安装及密封质量是否符合要求；

(3) 人手孔施工完成后，加强混凝土外观检查。

2．人手孔尺寸不合格

人手孔尺寸不合格是指人手孔在浇注完成后，长、宽、高及壁厚不符合设计要求。人手孔尺寸不合格可引起人手孔外观不合格；严重的尺寸不符可影响人手孔的使用功能，如穿缆、通信线路的养护维修等；影响下一步井盖的安装质量，降低人手井的防水性能；影响人手井的牢固性。

1) 成因分析

(1) 模板尺寸不合格；

(2) 模板强度不足或支撑力不足，浇注过程中振捣混凝土模板变形或移位；

(3) 混凝土未浇注到合理高度；

(4) 阅读图纸不认真，放样错误。

2) 防治措施

参见"1. 人手孔混凝土外观不合格"的相关内容。

3) 管理措施

参见"1. 人手孔混凝土外观不合格"的相关内容。

3．预埋钢管试通不合格

预埋钢管的试通检查一般在预埋钢管全面完成之后进行，路面工程一般已经完成，返工处理极其困难，且对路面工程的破坏不可避免地留下隐患，应予以杜绝。预埋钢管试通不合格的原因是多种多样的，较为常见的是受到相关交叉或下道工序的破坏。因此，在管理上应具有预见性，避免该现象的出现。

1) 成因分析

(1) 预埋钢管焊接质量不合格，焊接不顺直，导致钢管试通不合格；

(2) 预埋钢管埋设后，未对管口进行有效的封堵，杂物进入，导致钢管试通不合格；

(3) 预埋钢管埋设时底部不平整，钢管架空，埋设后车辆或机械通过，产生挠曲变形，导致试通不合格；

(4) 预埋钢管受交叉工序或下道工序的工程所破坏，未能及时发现，导致试通不合格。

2) 防治措施

(1) 加强焊接工人的培训，保证钢管的焊接质量，焊接后落实严格的工序自检，发现问题应及时返工处理；

(2) 钢管埋设后应对管口进行有效的封堵；

(3) 钢管埋设前对沟底进行整平夯实，底部用混凝土做垫层的，宜采用核粒径较小的石子，在混凝土未凝结前放置钢管，适当推动钢管，使钢管紧贴在混凝土上；

(4) 预埋钢管由于埋设不深，当交叉工序或下道工序采用重机械时，受破坏未能及时发现而造成试通不合格是较常出现的问题，应予以充分注意。

在钢管埋设完成后，下道工序施工前(尽可能接近下道工序施工时间)，宜对已预埋的钢管进行检查；钢管预埋后，应做明显有效的标志，提醒交叉工序或下道工序的施工人员，减少受破坏的可能性；将预埋钢管的埋设位置通知路基施工队，由路基施工队落实施工保护；应建议业主、监理工程师制订相应的管理措施，当预埋钢管受破坏时，能及时得以发现和处理。

3) 处理措施

(1) 预埋钢管隐蔽前，应协助监理工程师认真检查，检查内容包括钢管焊接质量、沟底整平质量或混凝土垫层的结合情况，钢管管口是否进行有效的封堵；

(2) 制订相应的管理措施，使预埋钢管受破坏时，能及时得以发现和处理。

4．纵向管道试通不合格

1) 成因分析

(1) 管道接头拼接质量不合格，导致管道脱节；

(2) 管道施工敷设线形不顺直，导致管道试通不合格；

(3) 管道绑扎固定不合格，导致管道严重偏离敷设位置；

(4) 管道回填土时粗暴施工，导致管道严重偏离原敷设位置；

(5) 管道回填料含有较大石块，夯实时破坏管道；

(6) 管道受交叉工序或下道工序工程(如路缘石施工、波形护栏立柱的施工等)的破坏；

(7) 在管道施工后，随意设置临时开口，车辆或重机械通过使管道被碾压而受破坏；

(8) 管道覆盖前或覆盖后，在管道上面焚烧或放置高温物料。

2) 防治措施

(1) 加强施工工人的技术培训，提高管道施工质量；

(2) 管道隐蔽前落实严格的自检，发现问题，及时纠正；

(3) 采用合格的回填料；

(4) 管道两侧回填土时，应增强现场管理力度，避免粗暴施工而使管道严重偏离原敷设位置；

(5) 明确施工工序，严格执行；

(6) 指定相应的管理措施，减少管道受破坏的情况发生，在管道受破坏时，能及时得到通知和处理。

3) 管理措施

(1) 管道在隐蔽前，应协助监理工程师认真落实检查工作，检查内容包括拼接质量、绑扎质量和管道是否顺直等内容，管道回填时，监理工程师宜巡视检查回填物料是否符合设计要求；

(2) 制订相应的管理措施和明确施工工序。

5．沥青路面在预埋钢管处产生裂纹

沥青路面在预埋钢管处产生裂纹一般是个别现象，产生的原因及防治措施也较为简单，但因为所产生的危害较大，所以特别提出。这里所阐述的原因及防治措施只针对预埋钢管施工不善而产生裂纹的内容，路面、路槽可能产生裂纹的内容此处不涉及。

1) 成因分析

(1) 预埋钢管回填夯实不足，埋设后基层及沥青面层随着产生局部沉降；

(2) 预埋钢管架空严重，埋设后钢管产生挠曲变形，基层及沥青面层随之产生局部沉降。

2) 防治措施

(1) 沟底整平；

(2) 预埋钢管回填后进行分层夯实，达到路槽规定的压实度；

(3) 采用混凝土回填;

(4) 混凝土采用粒径较细的石子,并在回填时充分捣实,使混凝土回填严实;

(5) 在混凝土垫层凝结前旋转钢管,适当推动使钢管与混凝土紧贴。

3) 管理措施

(1) 为保证路面质量,可在设计上将回填料定为混凝土回填;

(2) 预埋钢管隐蔽前进行认真检查,注意钢管不得出现架空现象;

(3) 钢管回填后宜进行巡视检查。

6. 紧急电话平台接地电阻不合格

1) 成因分析

(1) 接地线与接地扁钢、紧急电话平台焊接不合格;

(2) 接地体角钢与连接的扁钢焊接不合格;

(3) 接地体角钢数量不足;

(4) 接地体施工时地面环境潮湿,与测量要求的环境条件相差过大。

2) 防治措施

(1) 加强施工人员的技术培训和做好技术交底工作,提高焊接质量;

(2) 落实严格的工序自检;

(3) 增加接地体角钢数量;

(4) 当施工接地时地面潮湿,应考虑是否属天气原因或人为原因引起,在天气干燥时复测,不合格时增加接地体角钢数量。

3) 管理措施

(1) 在测量接地电阻时,环境条件应符合防雷接地的环境条件要求;

(2) 紧急电话平台施工时,应检查接地线与焊接质量是否符合要求。

五、交通机电工程常见质量问题的预防与处理

(一) 通信系统

1. 不同路段的光缆之间相连接时纤芯不匹配

1) 成因分析

(1) 光缆材料不合格、质量不稳定;

(2) 采用了不同厂家的光缆,不同生产厂家生产的光缆纤芯直径和模场半径不同,如美国康宁和武汉长飞的纤芯就不同,两种芯不能直接熔接。

2) 纠正措施

(1) 选用质量稳定、可信度高的企业品牌产品,选用光缆符合 ITU、ITE 及中华人民共和国标准;

(2) 同一路段内的光缆应选用同一生产厂家;

(3) 通过光配线架进行跳接处理。

3) 管理/预防措施

(1) 在材料选型、材料供应生产厂家资格审查、确定"材料供应人名录"时,应严格

把好材料质量第一关，充分了解生产厂家的产品质量情况，杜绝伪劣产品进入工程项目；

(2) 通过生产厂家实地考察、生产监造过程等途径控制材料质量；

(3) 工程实施时采用的光纤材料应为同一生产厂家产品；

(4) 光缆材料进场后对其进行 100%的开盘检查，如发现品牌、规格、型号、性能测试指标等不符合设计要求，应对其进行退货处理。

2. 纤芯熔接错误

1) 成因分析

(1) 敷设的光缆的规格型号不符合设计；

(2) 纤芯没有对色谱进行标示，导致纤芯混乱；

(3) 纤芯熔接人员技术不专业。

2) 纠正措施

(1) 重新检测光通路或更换光缆；

(2) 纤芯熔接前应对光纤端别、色谱进行正确、清楚的标示。

3) 管理/预防措施

(1) 光缆敷设前应对其进行复检，保证光缆规格型号、光缆程式、路由正确；

(2) 每一根光缆敷设后，应对纤芯色谱进行详细的标示，并及时填写相关记录资料；

(3) 更换纤芯熔接，要求具有专业资质、经验丰富、责任心强的技术人员完成作业；

(4) 在分项工程施工组织设计中，应严格审查相关的施工专业技术人员资格、经验等资料，在光缆熔接现场要求施工技术人员持证上岗。

3. ODF 架上跳纤分配表与实际跳纤不一致

1) 成因分析

(1) 施工图跳纤分配表有误；

(2) 施工人员技术不专业、不熟练，施工时跳错纤；

(3) 光缆纤芯配置的变动没有及时做好记录或标志不清楚，或没有对技术人员及时进行技术交底。

2) 纠正措施

(1) 复查核对跳纤分配表，如发现有错误应通知各有关单位及时进行讨论处理，更改错误；

(2) 使用责任心强、经验丰富的专业技术人员完成光缆纤芯跳纤施工工作，光缆纤芯应严格按照经审查过的、正确的跳纤分配表进行跳纤；

(3) 当配置出现变化，光缆纤芯配置变动时，在跳纤分配表上应进行详细的标注。

3) 管理/预防措施

(1) ODF 架上跳纤分配表与实际跳纤不一致的现象在工程实施中较为常见，在审查通信系统施工设计图纸时，应加以认真检查，确保施工图跳纤分配表准确无误；

(2) 一旦发现 ODF 架上跳纤分配表与实际跳纤不一致，应重新检测光通路并按正确的跳纤分配表施工；

(3) 在审查施工人员资质时，应充分考虑施工人员的技术资质、专业技术能力、施工经验等，保证施工质量，认为某些专业技术人员不能胜任此项工作时，应及时更换；

(4) 对于工程需求发生的变化，经业主、监理人员等确认后，应及时向专业工程师、技术人员、施工人员等进行技术交底工作。

4. 跳纤与光配线架及熔接盒不匹配

1) 成因分析

(1) 设计图中对材料选型不明确或说明不清楚；

(2) 跳纤有 U、T 等不同型号，跳纤时型号选择出错；

(3) 施工人员技术不专业。

2) 纠正措施

(1) 系统地审查施工设计图，保证施工材料配置相吻合，发现施工材料的规格不匹配时，应及时通知相关单位进行确认并处理；

(2) 采用型号相同的跳纤、光配线架、熔接盒；

(3) 根据光配线架及熔接盒的型号，选择匹配的跳纤型号。

3) 管理/预防措施

(1) 审查施工图中对跳纤与光配线架及熔接盒的型号选择是否匹配，如发现不匹配或有错误，应对其进行更改完善，并在相应的施工图或表中标示清楚；

(2) 对不同型号的跳纤材料应分开放置，标示清楚；

(3) 采用责任心强、经验丰富的专业技术人员完成光缆纤芯跳纤施工工作，光缆纤芯应严格按照经审查过的、正确的跳纤分配表进行跳纤。

5. 光传输质量欠佳

1) 成因分析

光传输质量欠佳一般是因光纤的截止波长处于允许范围的临界值，而传输设备的光口发出的光波也处在传输设备许可范围的临界值。

2) 纠正措施

用 OTDR 测试仪或其他传输设备检测仪器对光缆线路和传输设备光口进行测试，根据测试结果决定是否更换另一根纤芯(如有备用纤芯)或更换传输设备。

3) 管理/预防措施

在审查施工图时，应仔细检查光缆和传输设备光口的技术指标要求，包括临界值、要求采用截止波长允许范围大的设备和材料。

6. 光纤与光端机类型不匹配

1) 成因分析

(1) 设备材料造型出错；

(2) 光缆敷设时，光缆程式和路由不符合设计要求；

(3) 光端机安装的规格型号不符合设计要求。

2) 纠正措施

(1) 采用型号匹配的光纤和光端机；

(2) 光缆敷设不符合要求，重新敷设光缆；

(3) 光端机安装不符合要求，更换光端机(例如本该使用的多模光缆，却用了单模的光端机)。

3) 管理/预防措施

(1) 审查设计图中光纤类型与光端机类型是否匹配，如不匹配，应及时通知各有关单位讨论协商变更；

(2) 光缆施工敷设前，监理工程师应对光缆的规格型号、敷设路由进行核查，保证光缆敷设正确；

(3) 检查光端机设备安装是否正确，其规格型号是否符合设计要求。

7．路由器通信故障

1) 成因分析

(1) 设备质量稳定性差；

(2) 设备安装环境不符合设备环境指标要求；

(3) 设备安装不稳固，接头松动不牢固。

2) 纠正措施

(1) 严格审查有关设备供应商的相关资料，选择质量稳定、信誉好的产品生产厂家；

(2) 改善路由器使用环境，尽量符合厂家提出的环境指标；

(3) 设备保护接地值不合格或接地线连接不牢固，应进行返工或整改；

(4) 路由器安装要求位置正确，在机架上固定端正、稳靠、平整；

(5) 改善接线端子制作工艺，保证与设备接触良好。

3) 管理/预防措施

(1) 在审查设备造型、设备供应生产厂家技术资料，确定"材料供应人名录"时，应严格把好材料质量第一关，充分了解生产厂家的产品质量情况，杜绝伪劣产品进入工程项目；

(2) 设备安装前，检查测试接地电阻值是否满足设备保护要求；

(3) 按设备要求的环境指标改善设备工作环境；

(4) 在施工过程检查中，应严格控制好设备安装、线路连接等施工工艺，保证施工质量。

(二) 监控系统

1．车辆检测器所测数据不准确

1) 成因分析

(1) 车辆检测器设备质量不稳定；

(2) 检测器受周边环境、设施影响；

(3) 检测器参数设定不正确。

2) 纠正措施

(1) 选用质量稳定、可信度高的企业品牌产品；

(2) 线圈埋设点应避免铁磁体；

(3) 沿车道主轴线圈间距应大于 $2\sim4$ m，相邻车道线圈距离应大于 1 m；

(4) 调整检测器的频率和灵敏度等参数设定。

3) 管理/预防措施

(1) 在材料选型、材料供应生产厂家资格审查、确定"材料供应人名录"时，应严格把好材料质量第一关，充分了解生产厂家的产品质量情况，杜绝伪劣产品进入工程项目；

(2) 检查线圈施工放样，要求施工放样符合设计要求，当发现其位置会对检测器产生影响时，应对安装位置进行合理的调整；

(3) 认真查阅检测器使用说明书，按设备使用说明进行参数设定。

2．监控图像质量差

1) 成因分析

(1) 射频传输中受噪声干扰影响；

(2) 传输线本身的质量原因(如分布参数过大、特性阻抗非 75 Ω 等)；

(3) 设备输入/输出阻抗与传输线特性阻抗不匹配。

2) 纠正措施

(1) 尽可能少地使用放大器，同时对设备加以屏蔽及拉制中心加屏蔽网，应最大程度地避免噪声干扰；

(2) 检测使用的传输线质量是否合格，使用高质量的屏蔽电缆；

(3) 射频电极管道采用金属管；

(4) 更换设备或传输线缆，保证设备输入/输出阻抗与传输线特性阻抗相匹配，避免产生高频振荡而严重影响图像质量。

3) 管理/预防措施

(1) 审查监控施工图，对存在影响图像质量的因素应进行优化；

(2) 选择质量稳定可靠的传输线缆，线缆敷设前应对其进行测试检查，测试应符合设计要求，否则，应要求退货并重新选用合格材料；

(3) 核对检查设备材料选型，要求设备材料特性阻抗相匹配。

3．气象条件检测数据不精确

1) 成因分析

(1) 检测器设备质量原因；

(2) 施工工艺原因，如受引线和接点电阻的影响；

(3) 采用线缆材料的质量差。

2) 纠正措施

(1) 采用质量稳定、精确度高的检测器设备；

(2) 采用恒流电源供电，将引线和接电电阻的影响降到最低；

(3) 采用质量合格的线缆材料。

3) 管理/预防措施

(1) 在材料选型、材料供应生产厂家资格审查、确定"材料供应人名录"时，应严格把好材料质量第一关，充分了解生产厂家的产品质量情况，杜绝伪劣产品进入工程项目；

(2) 施工前检查测试线缆电气性能指标及施工工艺，当线缆电气性能指标及施工工艺不合格时，应要求更换或返工处理；

(3) 严格控制施工工艺，对施工工艺不合格的，坚决返工处理。

4．外场摄像机云台控制不灵

1) 成因分析

(1) 控制线缆不合格或线径过小而阻抗大，导致云台驱动控制电流过小；

(2) 接线端子与编/解码器接触不良；

(3) 计算机网络驱动软件存在缺陷。

2) 纠正措施

(1) 更换控制线缆；

(2) 检查并整改接线端子与编/解码器接触，要求接头插入牢固、接触良好；

(3) 完善计算机网络驱动软件。

3) 管理/预防措施

(1) 施工图审查或工程施工前，验算使用控制线缆的线径是否满足要求；

(2) 施工前应对线缆进行开盘检查测试，线缆电气性能指标应符合设计要求，如线缆电气性能指标检查结果不合格，应对其进行退货处理；

(3) 加强施工工艺的控制检查，对施工工艺不符合规范的应进行返工处理。

5. 可变情报板门架安装不合格

1) 成因分析

(1) 法兰盘钻孔时定位不准，或夹具等设备不良引起法兰盘加工时偏位，造成法兰盘螺孔位置偏差；

(2) 法兰盘在焊接和热浸镀锌时由于热应力不均匀分布，造成法兰盘边角弯曲，立柱与法兰盘连接角度有偏差；

(3) 安装不牢固而引起立柱角度不符合要求。

2) 纠正措施

(1) 法兰盘钻孔时使用模具进行定位，当出现法兰盘个别螺孔偏差时，可扩孔纠正；

(2) 法兰盘焊接前应制定合理的焊接工艺，避免出现因热应力分布不均匀引起法兰盘变形；

(3) 法兰盘热镀锌前应制定合理的操作工艺，避免出现因热应力分布不均匀引起法兰盘变形；

(4) 法兰盘与立柱焊接时应使用可靠的定位夹具进行牢固定位，定位后应进行检查，复核角度，不合格时应校正处理。

3) 管理/预防措施

(1) 针对在构件加工中可能出现的问题，制定相应的控制措施，正确使用专用器具，落实加工过程自检；

(2) 加强施工组织设计相关内容的审查；

(3) 对所有构件按频率和规范质量要求组织检查，应寻找产生质量问题的原因，组织整顿；

(4) 加强对施工过程的质量检查，改良施工工艺。

(三) 收费系统

1. 收费车道设备控制信号出错

1) 成因分析

(1) 车道设备质量不稳定；

(2) 接线端子工艺及焊接问题，容易造成接触不良现象而引起通信故障；

(3) 车道收费软件缺陷；

(4) 车道及外界环境条件较为恶劣，如通风、灰尘、震荡等因素引起通信故障。

2) 纠正措施

(1) 更换车道设备，保证车道设备的稳定性和可靠性；

(2) 检查和改善施工工艺，接线端子宜采用环形接线端子连接，对不符合规范要求的应进行返工；

(3) 改善车道收费软件功能；

(4) 改善设备工作环境，保证设备机柜通风良好，机柜出线口做好密封处理等。

3) 管理/预防措施

(1) 加强对进场设备的开箱检查和单机热运行检查，杜绝不合格设备进入施工现场；

(2) 加强对施工过程的质量控制，改良施工工艺；

(3) 车道收费软件安装前做好软件测试检查，并对软件缺陷进行完善；

(4) 按照设备的环境要求改善工作环境。

2. 电动栏杆失控或出现砸车现象

1) 成因分析

(1) 电动栏杆设备质量不稳定；

(2) 检测器受周边环境、设施影响；

(3) 检测器参数设定不正确。

2) 纠正措施

(1) 线圈埋设点应避免铁磁体；

(2) 当线圈置于钢筋混凝土上时，线圈距离钢筋至少 50 mm；

(3) 线圈之间间距控制，沿车道主轴线圈间距应大于 2～4 m，相邻车道线圈距离应大于 1 m；

(4) 按设备要求调整检测器的频率和灵敏度。

3) 管理/预防措施

(1) 在材料选型、材料供应生产厂家资格审查、确定"材料供应人名录"时，应严格把好材料质量第一关，充分了解生产厂家的产品质量情况，杜绝伪劣产品进入工程项目；

(2) 检查线圈施工放样，要求施工放样符合设计要求，当发现其位置会对检测器产生影响时，应对安装位置进行合理的调整；

(3) 认真查阅检测器使用说明书，按设备使用说明进行参数设定。

3. 收费车道数据上传失败或掉网

1) 成因分析

(1) 通信设备质量不稳定；

(2) 通信线路与通信设备接触不良；

(3) 软件缺陷。

2) 纠正措施

(1) 更换车道设备，保证车道设备的稳定性和可靠性；

(2) 检查和改善施工工艺，接线端子宜采用环形接线端子连接，对不符合规范要求的应进行返工；

(3) 完善软件功能。

3) 管理/预防措施

(1) 加强对进场设备的开箱检查和单机热运行检查，要求设备合格证、说明书等资料齐全，杜绝不合格设备进入施工现场；

(2) 加强对施工过程的质量控制，改良施工工艺；

(3) 车道收费软件安装前应做好软件测试检查，并对软件缺陷进行完善。

4．IC卡读、写故障

1) 成因分析

(1) IC卡读写器质量不稳定，IC卡质量差；

(2) IC卡受损坏或卡表面有油迹等污染；

(3) 软件缺陷。

2) 纠正措施

(1) 更换IC卡读写器设备，选用质量稳定、可靠的设备；

(2) 检查并清理受污的IC卡；

(3) 完善软件功能、性能。

3) 管理/预防措施

(1) 加强对进场设备的开箱检查和单机热运行检查，要求设备合格证、说明书等资料齐全，杜绝不合格设备进入施工现场；

(2) 加强对IC卡的管理，对坏卡应进行作废处理；

(3) 严格执行软件测试规程，保证软件的完整性、可靠性和稳定性。

5．图像抓拍系统不准确

1) 成因分析

(1) 设备质量不稳定；

(2) 系统软件缺陷；

(3) 抓拍线圈受周围环境影响；

(4) 接线端子加工、焊接工艺等不符合要求，导致接触不良。

2) 纠正措施

(1) 更换设备；

(2) 完善软件功能、性能；

(3) 线圈埋设点应避免铁磁体；

(4) 当线圈置于钢筋混凝土上时，线圈距离钢筋至少50 mm；

(5) 检查线圈的电感量应符合设计及设备要求，否则，应要求进行返工整改；

(6) 检查和改善施工工艺，接线端子宜采用环形接线端子连接，焊接要求牢固、无虚焊。

3) 管理/预防措施

(1) 加强对进场设备的开箱检查和单机热运行检查，要求设备合格证、说明书等资料齐全，杜绝不合格设备进入施工现场；

(2) 严格执行软件测试规程，保证软件的完整性、可靠性和稳定性；

(3) 检查线圈施工放样，要求施工放样符合设计要求，当发现其位置会对检测器产生影响时，应对安装位置进行合理的调整；

  (4) 应加强对施工过程的质量控制，改良施工工艺。

6. 有线对讲机噪声大或电流声大

1) 成因分析

(1) 对讲机设备质量差；

(2) 通信线缆质量差；

(3) 通信线缆施工工艺不符合设计要求，线缆没按设计要求屏蔽处理。

2) 纠正措施

(1) 更换质量好的对讲机设备；

(2) 更换通信线缆；

(3) 按设计要求，对通信线缆进行屏蔽处理。

3) 管理/预防措施

  (1) 加强对进场设备的开箱检查和单机热运行检查，要求设备合格证、说明书等资料齐全，杜绝不合格设备进入施工现场；

  (2) 在线缆施工前，应严格按照程序对线缆的规格型号、电气性能等进行检查，杜绝不合格材料用于工程施工；

  (3) 认真学习和熟悉设计图纸，按设计要求施工，并严格控制施工工艺质量。

7. 有线对讲声音过小

1) 成因分析

(1) 对讲机设备质量原因；

(2) 对讲机功率小或负荷大；

(3) 通信线缆线径小而导致工作电流不能满足设备要求。

2) 纠正措施

(1) 更换对讲设备；

(2) 根据验算结果选用合适的通信线缆。

3) 管理/预防措施

  (1) 加强对进场设备的开箱检查，要求设备合格证、说明书等资料齐全，不合格设备应作退货处理；

  (2) 在线缆施工前，应严格按照检查程序对线缆的规格型号、电气性能等进行检查，杜绝不合格材料用于工程施工；

  (3) 认真学习和熟悉设计图纸，有设计缺陷应及时指出，并通知有关单位讨论处理。

8. 收费照明照度不满足要求

1) 成因分析

(1) 供电电压不满足要求或线路损耗大；

(2) 照明灯源功率小；

(3) 灯源净空高度偏高而引起照度不足。

2) 纠正措施

(1) 如供电电压不满足设备的工作电压要求，应对供电设备功率进行调整或更换处理；

(2) 检查线路损耗，如线路损耗太大而引起照度不足，应测算后，选择供电线缆重新敷设；

(3) 调整灯源高度，但其净空高度必须符合规范或设计要求。

3) 管理/预防措施

(1) 在审查施工图时，应认真验算供电设备的功率及供电线缆的截面、规格型号等数据是否满足工程要求；

(2) 选择质量稳定的合格线缆材料，线缆敷设前应对其电气性能指标进行测试检查，经检查合格才能进行施工；

(3) 在安装灯源前，应对施工放样的位置、高度、中心轴线等进行检查，以保证施工符合设计要求。

(四) 电源及照明系统

1. 电源系统零地线错接、备用电源与市电电源线序接错

1) 成因分析

(1) 敷设电缆时没有严格按照规范要求的颜色进行施工；

(2) 线缆敷设后没有对其进行标示或标示不清楚；

(3) 接线时没有对线路进行导通检查；

(4) 施工人员技术不专业。

2) 纠正措施

(1) 对不符合规范施工的电缆线路，应要求返工并按规范要求重新敷设；

(2) 线缆敷设后要求进行标示，标示牌内容正确、线缆路由清晰，挂牌牢固；

(3) 电源线路连接前应对线路进行测试检查。

3) 管理/预防措施

(1) 在线缆施工前，应严格按照检查程序对线缆的规格型号、电气性能等进行检查，保证敷设路由正确；

(2) 线缆敷设完毕后，挂牌标示落实到位；

(3) 电源线路连接前做好线路测试检查，并做好检查记录，确保无误后方可连接。

2. 设备漏电或带静电

1) 成因分析

(1) 设备电源质量差；

(2) 设备机壳接地不符合设计要求或没有接地保护；

(3) 接线端子施工不符合要求或没有采取绝缘保护处理。

2) 纠正措施

(1) 单机检查设备质量，如属设备电源问题，应作更换设备处理；

(2) 按设计要求做好设备保护接地施工；

(3) 接线端子的施工工艺应符合设计、规范要求，接线端子的压接或焊接应用热缩管等作绝缘处理。

3) 管理/预防措施

(1) 加强对进场设备的开箱检查，要求设备合格证、说明书等资料齐全，不合格设备

应作退货处理；

(2) 加强对施工过程的质量检查，改良施工工艺，线缆连接后，应对线间、相对地等的绝缘性进行检查，如发现绝缘不好，应及时进行纠正处理。

3. 供电电源开关跳闸断电

1) 成因分析

(1) 电源负荷大而电源开关容量过小；

(2) 线路连接错误。

2) 纠正措施

(1) 验算电源负荷，更换大容量的电源开关；

(2) 检查电源线路，纠正错误连接。

3) 管理/预防措施

(1) 认真做好图纸审查工作，验算电源负荷是否满足工作要求，如发现图纸缺陷，应及时通知有关单位进行确认并作变更处理；

(2) 在线缆施工前，应严格按照程序对线缆的规格型号、电气性能等进行检查，保证敷设路由正确；

(3) 线缆敷设完毕后，挂牌标示落实到位；

(4) 电源线路连接前应做好线路测试检查，并做好检查记录，确保无误后方可连接。

4. 防雷接地电阻值达不到设计要求

1) 成因分析

(1) 土壤导电率差；

(2) 接地极数量或规格不符合设计；

(3) 接地极与连接体焊接质量差等因素引起。

2) 纠正措施

(1) 采用降阻剂或换土处理，直到接地电阻满足设计要求；

(2) 增加接地极数量，接地极的规格、接地极之间间距应符合设计要求；

(3) 检查接地极与连接体焊接质量，要求焊接牢固，不虚焊，并清除焊渣和作防锈处理。

3) 管理措施

(1) 施工前调查并检验土质导电率是否满足接地要求，如接地装置处于山丘等路段，土壤导电率差，应通知有关单位研究解决方案，采用降阻剂或换土处理；

(2) 接地极施工前检查接地极的规格、槽沟开挖深度是否符合设计要求；

(3) 检查接地极施工放样的间距是否大于等于 5 m；

(4) 接地体隐蔽之前应对焊接质量、防锈处理进行检查，以保证符合设计要求。

5. 广场照明高杆灯立柱垂直度不合格

立柱垂直度不合格将会导致灯光照明的均匀度差，以及因受力点不对称发生倾倒的危险。

1) 成因分析

(1) 基础浇筑时法兰盘安装不平稳、基础不平整；

(2) 法兰盘构件制作几何尺寸偏差；

(3) 法兰盘焊接质量不合格。

2) 纠正措施

(1) 在基础混凝土现浇前，认真检查法兰盘安装是否牢固、水平螺栓是否垂直，出现偏差时认真校正；

(2) 在基础法兰盘现浇过程中，要保证法兰盘安装牢固不受影响，不断检查法兰盘水平和地脚螺栓垂直度，不符合规定时进行校正处理；

(3) 法兰盘与立柱焊接时应使用可靠的定位夹具进行牢固定位，定位后应检查复核角度，不合格时应进行校正处理。

3) 管理措施

(1) 法兰盘构件进场后，检查其几何尺寸、焊接工艺和质量，如不合格应作退货处理；

(2) 在基础法兰盘安装完毕，基础混凝土现浇前，应对法兰盘水平度、地脚螺栓安装进行检查核实；

(3) 基础施工完成后，应对法兰盘、地脚螺栓垂直度进行检查，不合格时应要求返工处理，不得安装立柱；

(4) 在立柱安装完成后，对立柱垂直度进行检查，不合格时查找原因，进行整顿及返工处理。

任务四　了解施工质量验收及政府监督要求

《中华人民共和国建筑法》及《建设工程质量管理条例》规定，国家实行建设工程质量监督管理制度，由政府行政主管部门设立专门机构对建设工程质量行使监督职能。

一、施工质量验收的规定和方法

工程施工质量验收是施工质量控制的重要环节，其内容包括施工过程的工程质量验收和施工项目竣工质量验收。

(一) 施工过程的工程质量验收

施工过程的工程质量验收，是在施工过程中、在施工单位自行质量检查评定的基础上，参与建设活动的有关单位共同对检验批、分项、分部、单位工程的质量进行抽样复验，根据相关标准以书面形式对工程质量达到合格与否做出确认。

1. 检验批质量验收合格应符合的规定

检验批是工程验收的最小单位，是分项工程乃至整个建筑工程质量验收的基础。检验批是施工过程中条件相同并有一定数量的材料、构配件或安装项目，由于其质量基本均匀一致，因此可以作为检验的基础单位，并按批验收。检验批质量合格的规定如下：

(1) 主控项目和一般项目的质量经抽样检验合格；

(2) 具有完整的施工操作依据、质量检查记录。

质量控制资料反映了检验批从原材料到最终验收的各施工工序的操作依据、检查情况记录以及保证质量所必需的管理制度等。对其完整性的检查，实际是对过程控制的确认，这是检验批合格的前提。

检验批的合格质量主要取决于对主控项目和一般项目的检验结果。主控项目是对检验批的基本质量起决定性影响的检验项目，因此，必须全部符合有关专业工程验收规范的规定。这意味着主控项目不允许有不符合要求的检验结果，这种项目的检查具有"否决权"。鉴于主控项目对基本质量的决定性影响，必须从严要求。

2. 分项工程质量验收合格应符合的规定

(1) 分项工程所含的检验批均应符合合格质量的规定；

(2) 分项工程所含的检验批的质量验收记录应完整。

分项工程的质量验收在检验批验收的基础上进行。一般情况下，两者具有相同或相近的性质，只是批量的大小不同而已。将有关的检验批验收汇集起来就构成分项工程验收。分项工程质量验收合格的条件比较简单，只要构成分项工程的各检验批的验收资料文件完整，并且均已验收合格，则分项工程验收合格。

3. 分部(子分部)工程质量验收合格应符合的规定

(1) 分部(子分部)工程所含分项工程的质量均应验收合格；

(2) 质量控制资料应完整；

(3) 地基与基础、主体结构和设备安装等分部工程有关安全及使用功能的检验和抽样检测结果应符合有关规定；

(4) 观感质量验收应符合要求。

分部工程的验收在其所含各分项工程验收的基础上进行。分部工程验收合格的条件如下：

首先，分部工程的各分项工程必须已验收合格且相应的质量控制资料文件必须完整，这是验收的基本条件。其次，由于各分项工程的性质不尽相同，因此分部工程不能简单地将各分项工程组合进行验收，尚须增加以下两类检查项目：

(1) 涉及安全和使用功能的地基基础、主体结构及有关安全及重要使用功能的安装分部工程应进行有关见证取样/送样试验或抽样检测。

(2) 进行观感质量验收。这类检查往往难以定量，只能以观察、触摸或简单量测的方式进行，并由每个人的主观印象判断，检查结果并不给出"合格"或"不合格"的结论，而是综合给出质量评价。对于评价为"差"的检查点应通过返修处理等补救。

4. 单位(子单位)工程质量验收合格应符合的规定

(1) 单位(子单位)工程所含分部(子分部)工程的质量均应验收合格；

(2) 质量控制资料应完整；

(3) 单位(子单位)工程所含分部工程有关安全和使用功能的检测资料应完整；

(4) 主要功能项目的抽查结果应符合相关专业质量验收规范的规定；

(5) 观感质量验收应符合要求。

5. 在施工过程的工程质量验收中发现质量不符合要求的处理办法

一般情况下,不合格现象在最基层的验收单位——检验批验收时就应发现并及时处理,否则,将影响后续批和相关的分项工程、分部工程的验收。所有质量隐患必须尽快消灭在萌芽状态,这是以强化验收促进过程控制原则的体现。对质量不符合要求的处理分以下四种情况:

第一种情况,是指在检验批验收时,其主控项目不能满足验收规范或一般项目超过差限值的子项,不符合检验规定的要求,应及时进行处理的检验批。其中,严重的缺陷应推倒重来;一般的缺陷通过翻修或更换器具、设备予以解决,应允许在施工单位采取相应的措施后重新验收。如能够符合相应的专业工程质量验收规范,则应认为该检验批合格。

第二种情况,是指个别检验批发现试块强度等不满足要求或其他问题,难以确定可否验收通过时,应请具有法定资质的检测单位检测鉴定。当鉴定结果能够达到设计要求时,该检验批应认为通过验收。

第三种情况,如经检测鉴定达不到设计要求,但经原设计单位核算,仍能满足结构安全和使用功能,该检验批可以予以验收。一般情况下,规范标准给出了满足安全和功能的最低限度要求,而设计往往在此基础上留有一些余量。不满足设计要求和符合相应规范标准的要求,两者并不一定矛盾。

第四种情况,更为严重的缺陷或者超过检验批的更大范围内的缺陷,可能影响结构的安全性和使用功能。若经法定检测单位检测鉴定以后认为达不到规范标准的相应要求,即不能满足最低限度的安全储备和使用功能,则必须按一定的技术方案进行加固处理,使之能保证其满足安全使用的基本要求。这样会造成一些永久性的缺陷,如改变结构外形尺寸,影响一些次要的使用功能等。为了避免社会财富更大的损失,在不影响安全和主要使用功能的条件下,可按处理技术方案和协商文件进行验收,责任方应承担经济责任。但应该特别指出,这种让步接受的处理办法不能滥用,成为忽视质量而逃避责任的一种出路。

注意:通过返修或加固处理仍不能满足安全使用要求的分部工程、单位(子单位)工程,严禁验收。

(二) 施工项目竣工质量验收

施工项目竣工质量验收是施工质量控制的最后一个环节,是对施工过程质量控制成果的全面检验,是从终端把关方面进行质量控制。未经验收或验收不合格的工程,不得交付使用。

1. 施工项目竣工质量验收的依据

施工项目竣工质量验收的依据主要包括上级主管部门的有关工程竣工验收的文件和规定;国家和有关部门颁发的施工、验收规范和质量标准;批准的设计文件、施工图纸及说明书;双方签订的施工合同;设备技术说明书;设计变更通知书;有关的协作配合协议书等。

2. 施工项目竣工质量验收的条件

施工项目符合下列要求方可进行竣工验收:

(1) 完成工程设计合同确定的各项内容。

(2) 施工单位在工程完工后对工程质量进行检查，确认工程质量符合有关法律、法规和工程建设强制性标准，符合设计文件及合同要求，并提出工程竣工报告。工程竣工报告应经项目经理和施工单位有关负责人审核签字。

(3) 对于委托监理的工程项目，监理单位对工程进行质量评估，具有完整的监理资料，并提出工程质量评估报告。工程质量评估报告应经总监理工程师和监理单位有关负责人审核签字。

(4) 勘察、设计单位对勘察、设计施工过程中由设计单位签署的设计变更通知书进行检查，并提出质量检查报告。质量检查报告应经该项目勘察、设计负责人和勘察、设计单位有关负责人审核签字。

(5) 有完整的技术档案和施工管理资料。

(6) 有工程使用的主要建筑材料、建筑构配件和设备的进场试验报告，以及工程质量检测和功能性试验资料。

(7) 建设单位已按合同约定支付工程款。

(8) 有施工单位签署的工程质量保修书。

(9) 对于住宅工程，应进行分户验收，验收合格后，建设单位按户出具《住宅工程质量分户验收表》。

(10) 建设管理部门及工程质量监督机构责令整改的问题全部整改完毕。

(11) 法律、法规规定的其他条件。

3. 施工项目竣工质量验收程序

竣工质量验收应当按以下程序进行：

(1) 工程完工并对存在的质量问题整改完毕后，施工单位向建设单位提交工程竣工报告，申请工程竣工验收。实行监理的工程，工程竣工报告须经总监理工程师签署意见。

(2) 建设单位收到工程竣工报告后，对符合验收要求的工程，组织勘察、设计、施工、监理等单位组成验收组，制定验收方案。对于重大工程和技术复杂的工程，根据需要可邀请有关专家加入验收组。

(3) 建设单位应当在工程竣工验收 7 个工作日前将验收的时间、地点及验收组名单书面通知负责监督该工程的工程质量监督机构。

(4) 建设单位组织工程竣工验收。

① 建设、勘察、设计、施工、监理单位分别汇报工程合同签约情况和在工程建设各个环节执行法律、法规和工程建设强制性标准的情况；

② 审阅建设、勘察、设计、施工、监理单位的工程档案资料；

③ 实地查验工程质量；

④ 对工程勘察、设计、施工、设备安装质量和各管理环节等方面作出全面评价，形成经验收组人员签署的工程竣工验收意见。参与工程竣工验收的建设、勘察、设计、施工、监理等各方不能形成一致意见时，应当协商提出解决的方法，待意见一致后，重新组织工程竣工验收。

4. 竣工验收报告的内容

工程竣工验收合格后，建设单位应当及时提出工程竣工验收报告。工程竣工验收报告主要包括工程概况，建设单位执行基本建设程序情况，对工程勘察、设计、施工、监理等方面的评价，工程竣工验收时间、程序、内容和组织形式，工程竣工验收意见等内容。

工程竣工验收报告还应附有下列文件：

(1) 施工许可证；

(2) 施工图设计文件审查意见；

(3) 上述"2. 施工项目竣工质量验收的条件"中(2)(3)(4)(8)项规定的文件；

(4) 验收组人员签署的工程竣工验收意见；

(5) 法律、规章规定的其他有关文件。

二、政府对施工质量的监督职能

1. 监督管理部门职责的划分

国务院建设行政主管部门对全国的建设工程质量实施统一监督管理。国家交通、水利等有关部门按照国务院规定的职责分工，负责对全国有关专业建设工程质量的监督管理。

县级以上地方人民政府建设行政主管部门对本行政区域内的建设工程质量实施监督管理。县级以上地方人民政府交通、水利等有关部门在各自的职责范围内，负责对本行政区域内的专业建设工程质量进行监督管理。

为解决近年来建筑工程质量管理面临的突出问题，国务院办公厅转发《住房城乡建设部关于完善质量保障体系 提升建筑工程品质指导意见的通知》(国办函[2019]92 号)，强调要履行政府的工程质量监管责任，强化政府对工程建设全过程的质量监管，采取有效措施，健全省、市、县监管体系，落实监管责任。

2. 工程质量监督的性质与权限

工程质量监督的性质属于行政执法行为，是为了保护人民生命和财产安全，由主管部门依据有关法律法规和工程建设强制性标准，对工程实体质量和工程建设、勘察、设计、施工、监理单位(此五类单位简称为工程质量责任主体)和质量检测等单位的工程质量行为实施监督。

工程实体质量监督，是指主管部门对涉及工程主体结构安全、主要使用功能的工程实体质量情况实施监督。

工程质量行为监督，是指主管部门对工程质量责任主体和质量检测等单位履行法定质量责任和义务的情况实施监督。

工程质量监督管理的具体工作可以由县级以上地方人民政府建设主管部门委托所属的工程质量监督机构实施，鼓励采取政府购买服务的方式，委托具备条件的社会力量进行工程质量监督检查和抽测。

主管部门实施监督检查时，有权采取下列措施：

(1) 要求被检查的单位提供有关工程质量的文件和资料；

(2) 进入被检查单位的施工现场进行检查；

(3) 发现有影响工程质量的问题时，责令改正。

有关单位和个人对政府建设行政主管部门和其他有关部门进行的监督检查应当支持与配合，不得拒绝或者阻碍建设工程质量监督检查人员依法执行职务。

3. 政府质量监督的内容

政府对工程质量的监督管理包括下列内容：

(1) 执行法律法规和工程建设强制性标准的情况；

(2) 抽查涉及工程主体结构安全和主要使用功能的工程实体质量；

(3) 抽查工程质量责任主体和质量检测等单位的工程质量行为；

(4) 抽查主要建筑材料、建筑配件的质量；

(5) 对工程竣工验收进行监督；

(6) 组织或者参与工程质量事故的调查处理；

(7) 定期对本地区工程质量状况进行统计分析；

(8) 依法对违法违规行为实施处罚。

其中，对于涉及工程主体结构安全和主要使用功能的工程实体质量，抽查的范围应包括地基基础、主体结构、防水与装饰装修、建筑节能、设备安装等相关建筑材料和现场实体的检测。

三、施工质量监督管理的实施

建设行政管理部门施工质量监督管理实施的一般程序如下：

1. 受理建设单位办理质量监督手续

在工程项目开工前，监督机构接受建设单位有关建设工程质量监督的申报手续，并对建设单位提供的有关文件进行审查，审查合格签发有关质量监督文件。工程质量监督手续可以与施工许可证或者开工报告合并办理。

2. 制定工作计划并组织实施

监督机构应针对所监督的项目制定具体的质量监督工作计划。在工程项目开工前，监督机构要在施工现场召开由工程建设参与各方代表参加的监督会议，公布监督计划方案，提出监督要求，并进行第一次的监督检查工作。检查的重点是参与工程建设各方主体的质量行为。检查的主要内容有：

(1) 检查与工程项目建设各方的质量保证体系建立情况，包括组织机构、质量控制方案、措施及质量责任制等制度。

(2) 审查参与建设各方的工程经营资质证书和相关人员的执业资格证书。

(3) 审查按建设程序规定的开工前必须办理的各项建设行政手续是否齐全。

(4) 审查施工组织设计、监理规划等文件以及审批手续。

(5) 检查结果的记录保存。

3. 对工程实体质量和工程质量责任主体等单位工程质量行为进行抽查、抽测

(1) 日常检查和抽查抽测相结合，采取"双随机、一公开"(随机抽取检查对象，随机选派监督检查人员，及时公开检查情况和查处结果)检查方式和"互联网+ 监管"模式。检查的内容主要是：参与工程建设各方的质量行为及质量责任制的履行情况，工程实体质量和质量控制资料的完成情况，其中对基础和主体结构阶段的施工应每月安排监督检查。

(2) 对工程项目建设中的结构主要部位(如地基、基础、主体结构等)除进行常规检查外，

监督机构还应在分部工程验收时进行监督，监督检查验收合格后方可进行后续工程的施工，建设单位应将施工、设计、监理和建设单位各方分别签字的质量验收证明在验收后三天内报送工程质量监督机构备案。

(3) 对违反相关规定、造成工程质量事故和严重质量问题的单位和个人依法严肃查处并曝光。对查实的问题可签发质量问题整改通知单或局部暂停施工指令单，对问题严重的单位也可根据问题的性质采取临时收缴资质证书等处理措施。

4. 监督工程竣工验收

在竣工阶段，监督机构主要是按规定对工程竣工验收工作进行监督。

(1) 竣工验收前，针对在质量监督检查中提出的质量问题的整改情况进行复查，了解其整改的情况。

(2) 竣工验收时，参加竣工验收的会议，对验收的组织形式、程序等进行监督。

工程竣工验收合格后，建设单位应当在建筑物明显部位设置永久性标牌，载明建设、勘察、设计、施工、监理单位等工程质量责任主体的名称和主要责任人姓名。

5. 形成工程质量监督报告

编制工程质量监督报告，提交到竣工验收备案部门，对不符合验收要求的责令其改正。对存在的问题进行处理，并向备案部门提出书面报告。

县级以上地方人民政府建设主管部门应当将工程质量监督中发现的涉及主体结构安全和主要使用功能的工程质量问题及整改情况及时向社会公布。

6. 建立工程质量监督档案

建设工程质量监督档案按单位工程建立。要求归档及时，资料记录等各类文件齐全，经监督机构负责人签字后归档，按规定年限保存。

读一读　　　　　**"送、收、用、管"连环错，谁是把关者**

案情简介：

业主方： 某科技大学

承包方： 某工程承包公司

防水材料供应方： ××弘泥防水材料二厂

某工程承包公司 1999 年中标承包一座教学大楼工程。开工后的地下室施工阶段，业主方向承包方推荐了一家防水材料供应商，希望承包方购用该厂商的防水材料。承包方因对该厂商情况不了解，本无意使用该厂商的材料，但考虑到是业主方的推荐，担心拒绝该厂商会影响与业主方的合作关系，在以后的工作中会发生更多的困难，因而采纳了业主方的建议。承包方检验了该厂家提交的样品，没有发现不合格之处，监理工程师也认可了该材料检验报告。于是，承包方同该防水材料供应商签订了订货合同，并按照合同约定交了 2 万元的定金。

工程防水施工中合同双方配合一致。当防水卷材的铺贴约完成 1500 m² 时，发现先铺贴的那部分防水卷材发生大面积鼓包，现场经技术人员、质量管理人员查找原因，认为施工操作完全按照规定进行，不存在操作错误问题。最后请防水卷材厂家到工地现场一起查找原因。卷材供应商技师到现场后发现，现场所使用的防水卷材粘贴剂与防水卷材不是配套产品。进一步查找证实，原订货合同中注明的是粘贴 II 产品，而现场正使用的和存放的都是粘贴 I 产品。问题弄清后，供、订货双方就更换防水卷材粘贴剂问题很快达成新的协议。但因已经使用而造成的损失赔偿及返工费问题双方均不让步。

焦点细节：

承包方：根据现场实际损失，要求卷材供应方赔偿已经过铺贴造成报废的防水卷材1620 m²(按照北京 1996 年概算定额子目卷材材料含量计算)，赔偿报废 1500 m² 防水工程的拆除及返工费，按照双方订货合同以最快的速度将粘贴 II 产品送到施工现场，同时撤回送错的粘贴 I 产品，并希望发包方按照实际情况顺延工期。

供货方：首先对供货出现的错误表示道歉，同意承包方关于"以最快的速度将粘贴 II 产品送到施工现场，同时撤回送错的粘贴 I 产品"。但其认为，在这个事情上，承包方也存在一定过错，因为在货物交接验收时，贵方接收人员也未发现错误，并在货物验收单上签收认可。因此，承包方也应共同承担一些损失。

承包方：错误送货到现场，不是我们去提货出错，这是问题的根源，也是责任问题，其他问题都是因为有了这个根源后才产生的。脱开错误的根源和责任来谈共同承担损失的问题，就把本来很简单的问题搞复杂了。

业主方：大家都不希望出现差错，但问题出了，工程损失的材料数量事实也没有争议，学校方面要求施工方和供货方首先是相互配合，尽快把防水材料正确配送到现场，进行防水工程的施工。对于防水卷材的损失费用及施工返工人工费分担问题，我们要从长远利益考虑，双方如果在此问题上花费过多的时间和精力，对各方的正常生产经营没有什么好处。在此提出一个建议方案，请各方慎重考虑。具体建议是：

(1) 防水卷材粘贴剂的损失费、更换费由供货方全部承担。

(2) 防水卷材的损失费供货方承担 70%，施工方承担 30%。

(3) 需要返工的防水工程返工人工费由施工方自己承担。

供货方当即表示可以考虑发包方的建议，承包方则表示会后需要再交换意见。

第二天，承包方向发包方提出了一份索赔报告。要求发包方赔偿防水工程返工人工费和防水卷材损失费的 30%，并延长工期 9 天。理由是非承包人的原因造成的承包人的损失，引用合同通用条款第 36 条中"36.2　发包人未能按合同约定履行自己的各项义务或发生错误以及应由发包人承担责任的其他情况，造成工期延误和(或)承包人不能及时得到合同价款及承包人的其他经济损失，承包人可按下列程序以书面形式向发包人索赔"。

承包方：供应商是发包人推荐的，错误的根源在供应商，作为承包施工方承担返工费及材料损失费实在太冤枉了。

发包方：如果发包方推荐的供应商的产品质量有问题，而从其提供的产品质量性能说明书上又辨别不出来，推荐方应承担责任。现在是发包方推荐的供货商产品质量没有问题，而是发送货工作中出现的错误，供应商有不可推卸的责任。但是，不能说接收方就没有一点责任。起码是接收人员没有把实物与合同进行认真核对。依此可见，施工管理工作存在的问题可能还不止这一个方面。

承包方：我们一定接受这次教训，加强企业内部管理。

```
                    ┌─────────────────┐
                    │ 材料供应商产品    │
                    │ 销售合同         │
                    └────────┬────────┘
  ┌─ ─ ─ ─ ─ ─┐             │
  │ 本案细节1  │            ◇─────────────────┐  ┌──────────────────────┐
  │ 出现错误   │ ─ ─ ─ ─ ─ ◇ 产品出库 ◇ ──────│ 对照合同的日期、数量、 │
  └─ ─ ─ ─ ─ ─┘            ◇ 检查  ◇         │ 规格、型号、附件逐项进行│
            发现有误         ◇──────┘          │ 核查对照              │
                              │                └──────────────────────┘
                    ┌─────────┴────────┐
                    │ 检查无误签认发送  │
                    └─────────┬────────┘
  ┌─ ─ ─ ─ ─ ─┐             │
  │ 本案细节2  │            ◇──────────┐      ┌──────────────────────┐
  │ 未查出错误 │ ─ ─ ─ ─ ─ ◇ 收货单位  ◇ ────│ 对照合同的日期、数量、 │
  └─ ─ ─ ─ ─ ─┘            ◇ 接收检查  ◇     │ 规格、型号、附件逐项进行│
         发现有误退回         ◇──────┘        │ 核查对照              │
                              │               └──────────────────────┘
                    ┌─────────┴────────┐
                    │ 检查无误接收入库  │
                    └─────────┬────────┘
  ┌─ ─ ─ ─ ─ ─┐             │
  │ 本案细节3  │            ◇──────────┐      ┌──────────────────────┐
  │ 核对失误   │ ─ ─ ─ ─ ─ ◇ 施工领用  ◇ ────│ 使用前对照设计图纸、技 │
  └─ ─ ─ ─ ─ ─┘            ◇ 使用检查  ◇     │ 术要求说明的数量、型号、│
         发现有误退库         ◇──────┘        │ 附件逐项进行核对        │
                              │               └──────────────────────┘
                    ┌─────────┴────────┐
                    │ 检查无误后用于工程│
                    └─────────┬────────┘
  ┌─ ─ ─ ─ ─ ─┐             │
  │ 本案细节4  │            ◇──────────┐      ┌──────────────────────┐
  │ 检查失误   │ ─ ─ ─ ─ ─ ◇ 监理人员  ◇ ────│ 对照设计图纸、技术要求 │
  └─ ─ ─ ─ ─ ─┘            ◇ 质量检查  ◇     │ 检查施工中使用的材料的数│
       发现有误要求返工       ◇──────┘        │ 量、规格、型号          │
                              │               └──────────────────────┘
  ┌─ ─ ─ ─ ─ ─┐            ◇──────────┐      ┌──────────────────────┐
  │ 本案细节5  │            ◇ 工程质量  ◇ ────│ 对照设计图纸，从检查    │
  │ 引起重视   │ ─ ─ ─ ─ ─ ◇ 出现异常  ◇     │ 施工中使用的所有材料、 │
  └─ ─ ─ ─ ─ ─┘            ◇──────┘          │ 使用说明、操作工序入手 │
       查找核对所有细节                        │ 查找原因              │
                                              └──────────────────────┘
```

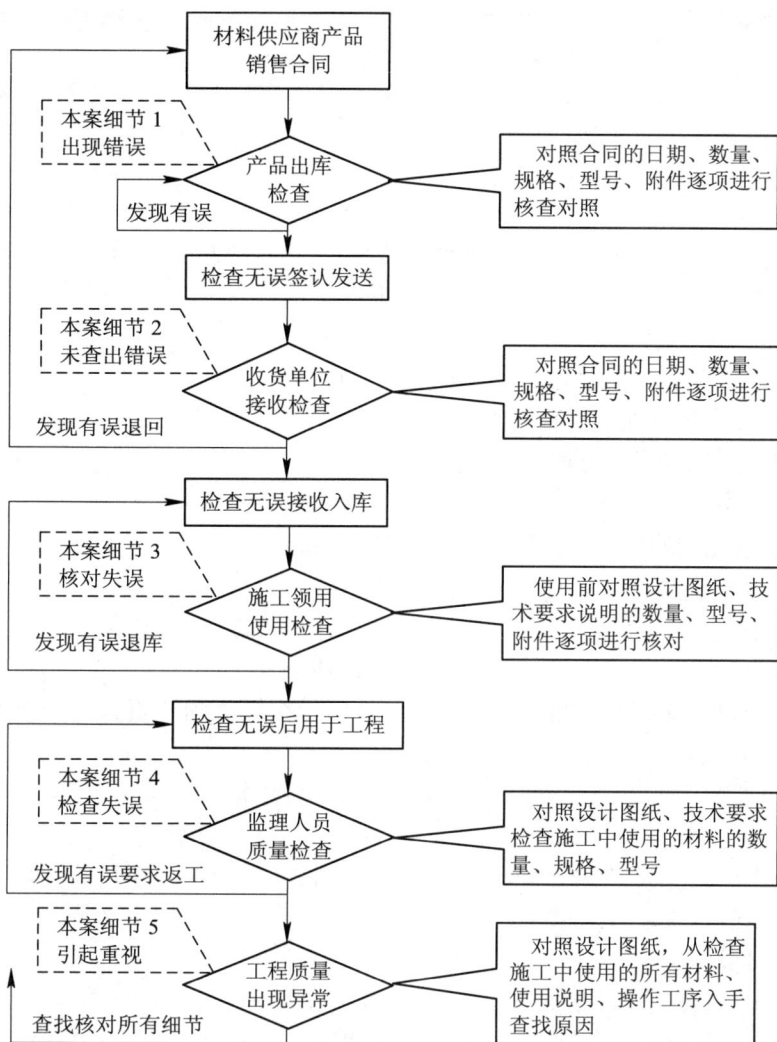

细节管理图解分析图

本案点评:

防水材料供应商按照自己签订合同送货却送错了产品，问题出在哪儿？

承包方的材料管理人员应按照合同核对接收产品，为什么没有发现问题？

施工操作人员在领取防水材料产品时，对领取的产品难道没有进行核对的要求？

防水施工近一半，工程质量检查员为什么没有发现任何问题？

监理工程师是专门进行工程监督的，难道这些不属于监督的内容？

在"细节管理图解分析图"中，整个过程有 5 个环节需要对产品进行检查，对连续 4 个环节没有发现问题。如果不是因为先前铺贴的那部分防水卷材发生大面积的起鼓包，这个案例也许就不存在。事后相关人员找到了一个"重要原因"，认为材料生产厂家对产品的命名方式是造成连环错误的关键。如果不是用"Ⅰ""Ⅱ"的标注方式，问题就能避免了。

有人赞同。这的确可以说是一个重要的需要改进的细节。

有人反对。在本案中，如果不用"Ⅰ""Ⅱ"的标注方式，企业产品的装车出库检查、交验转接入库检查、施工材料使用检查、监理对施工原材料的质量检查等制度是否成了多余的?

练一练

1. 施工企业质量体系文件由质量手册、程序文件、质量计划和( )等构成。
A. 质量方针　　　　　　　　B. 质量目标
C. 质量记录　　　　　　　　D. 质量评审

2. 关于施工质量控制的说法,正确的是( )。
A. 施工质量控制应强调过程控制
B. 施工质量控制独立于施工质量管理
C. 施工质量控制的关键在于工程项目的终检
D. 施工质量控制的特点仅由施工生产的特点决定

3. 施工质量保证体系的运行,应以( )为重心。
A. 过程管理　　　　　　　　B. 计划管理
C. 结果管理　　　　　　　　D. 成品保护

4. 根据施工技术交底有关规定,项目开工前向承担施工的负责人或分包人进行书面技术交底的人,应该是( )。
A. 项目经理　　　　　　　　B. 项目质检员
C. 项目专职安全员　　　　　D. 项目技术负责人

5. 凡涉及工程安全及使用功能的有关材料,应按各专业工程质量验收规范规定进行复验,并应经( )检查认可。
A. 施工项目经理　　　　　　B. 监理工程师
C. 项目设计负责人　　　　　D. 施工项目技术负责人

6. 工程项目开工前,负责向监督机构申报建设工程质量监督手续的单位应该是( )。
A. 施工单位　　　　　　　　B. 建设单位
C. 监理单位　　　　　　　　D. 设计单位

7. 施工质量检查中工序交接检查的"三检"制度是指( )。
A. 质量员检查,技术负责人检查,项目经理检查
B. 施工单位检查,监理单位检查,建设单位检查
C. 自检,互检,专检
D. 施工单位内部检查,监理单位检查,建设单位检查

8. 施工质量事故发生以后,按规定的时间和程序,及时向施工企业报告事故的状况,积极组织事故调查的人,应该是( )。
A. 施工项目负责人　　　　　B. 施工技术负责人
C. 施工单位质检员　　　　　D. 项目总监理工程师

9. 政府质量监督机构对建设工程进行第一次监督检查的重点是( )。
A. 各参与方主体的质量行为　　B. 建设工程的招标结果

C. 工程建设的地址
D. 建设工程的实体质量

10. 根据施工企业质量管理体系文件构成,"质量审查、修改和控制管理办法"属于( )的内容。

A. 程序文件
B. 质量计划

C. 质量手册
D. 质量记录

11. 对各种投入要素和环境条件质量的控制,属于施工过程质量控制中( )的工作。

A. 工序施工质量控制
B. 技术交底

C. 测量控制
D. 计量控制

12. 项目施工质量保证体系中,确定质量目标的基本依据是( )。

A. 质量方针
B. 工程承包合同

C. 质量计划
D. 设计文件

13. 根据质量事故产生的原因,属于管理原因引发的质量事故是( )。

A. 材料检验不严引发的质量事故

B. 采用不适宜的施工方法引发的质量事故

C. 盲目追求利润引发的质量事故

D. 对地质情况估计错误引发的质量事故

14. 根据施工质量控制的特点,施工质量控制应( )。

A. 加强对施工过程的质量控制
B. 解体检查内在质量

C. 建立固定的生产流水线
D. 加强观感质量验收

15. 在施工质量管理中,以控制人的因素为基本出发点而建立的管理制度是( )。

A. 见证取样制度
B. 专项施工方案论证制度

C. 执业资格注册制度
D. 建设工程质量监督管理制度

16. 分部工程验收时,各方分别签字的质量证明文件在验收后3天内,应由( )报送工程质量监督机构备案。

A. 建设单位
B. 监理单位

C. 施工单位
D. 设计单位

17. 下列施工质量控制工作中,属于技术准备工作质量控制的是( )。

A. 建立施工质量控制网
B. 设置质量控制点

C. 制定施工场地质量管理制度
D. 实行工序交接检查制度

情境六

项目职业健康安全与文明施工管理

任务一　认识职业健康安全管理体系与环境管理体系

一、职业健康安全与环境管理的特点和要求

(一) 施工职业健康安全与环境管理的目的

1. 工程施工职业健康安全管理的目的

职业健康安全管理的目的是在生产活动中，通过职业健康安全生产的管理活动，对影响生产的具体因素的状态进行控制，使生产因素中的不安全行为和状态减少或消除，避免事故的发生，以保证生产活动中人员的健康和安全。

对于建设工程项目，施工职业健康安全管理的目的是防止和减少生产安全事故，保护产品生产者的健康与安全，保障人民群众的生命和财产免受损失；控制影响工作场所内员工、临时工作人员、合同方人员、访问者和其他有关部门人员健康和安全的条件和因素；考虑和避免因管理不当对员工健康和安全造成的危害。

2. 工程施工环境管理的目的

环境保护是我国的一项基本国策。对环境管理的目的是保护生态环境，使社会的经济发展与人类的生存环境相协调。

对于建设工程项目，施工环境保护主要是指保护和改善施工现场的环境。企业应当遵照国家和地方的相关法律法规以及行业和企业自身的要求，采取措施控制施工现场的各种粉尘、废水、废气、固体废弃物以及噪声、振动对环境的污染和危害，并且要注意节约资源、避免浪费。

(二) 施工职业健康安全与环境管理的特点

建设工程产品及其生产与工业产品不同，有其自身的特殊性。而正是由于其特殊性，对建设工程职业健康安全和环境管理显得尤为重要。建设工程职业健康安全与环境管理应考虑以下特点：

1. 复杂性

建设工程一方面涉及大量的露天作业，受到气候条件、工程地质和水文地质、地理条

件和地域资源等不可控因素的影响；另一方面受工程规模、复杂程度、技术难度、作业环境和空间有限等复杂多变因素的影响，导致施工现场的职业健康安全与环境管理比较复杂。

2. 多变性

一方面是项目建设现场材料、设备和工具的流动性大；另一方面由于技术进步，项目不断引入新材料、新设备和新工艺等变化因素，以及施工作业人员文化素质低，并处在动态调整的不稳定状态中，加大了施工现场的职业健康安全与环境管理难度。

3. 协调性

项目建设涉及的单位多、专业多、界面多、材料多、工种多，包括大量的高空作业、地下作业、用电作业、爆破作业、施工机械及起重作业等较危险的工程，并且各工种经常需要交叉或平行作业，就要求施工方做到各专业之间、单位之间互相配合，要注意施工过程中的材料交接、专业接口部分对职业健康安全与环境管理的协调性。

4. 持续性

项目建设一般具有建设周期长的特点，从前期决策、设计、施工直至竣工投产，诸多环节、工序环环相扣。前一道工序的隐患，可能在后续的工序中暴露，酿成安全事故。

5. 经济性

一方面由于项目生产周期长，消耗的人力、物力和财力大，必然使施工单位考虑降低工程成本的因素多，从而一定程度影响了职业健康安全与环境管理的费用支出，导致施工现场的健康安全问题和环境污染现象时有发生；另一方面由于建筑产品的时代性、社会性与多样性决定了管理者必须对职业健康安全与环境管理的经济性作出评估。

6. 环境性

项目的生产手工作业和湿作业多，机械化水平低，劳动条件差，工作强度大，从而对施工现场的职业健康安全影响较大，环境污染因素多。

由于上述特点的影响，将导致施工过程中潜在的不安全因素和人的不安全因素较多，使企业的经营管理，特别是施工现场的职业健康安全与环境管理比其他工业企业的管理更为复杂。

(三) 施工职业健康安全与环境管理的要求

1. 施工职业健康安全管理的基本要求

根据《建设工程安全生产管理条例》和《职业健康安全管理体系要求及使用指南》(GB/T 45001—2020 标准)，建设工程对施工职业健康安全管理的基本要求如下：

(1) 坚持安全第一、预防为主和防治结合的方针，建立职业健康安全管理体系并持续改进职业健康安全管理工作。

(2) 施工企业在其经营生产的活动中必须对本企业的安全生产负全面责任。企业的法定代表人是安全生产的第一负责人，项目经理是施工项目生产的主要负责人。施工企业应当具备安全生产的资质条件，取得安全生产许可证的施工企业应设立安全生产管理机构，配备合格的专职安全生产管理人员，并提供必要的资源；施工企业要建立健全职业健康安全体系以及有关的安全生产责任制和各项安全生产规章制度。施工企业针对项目要编制切合实际的安全生产计划，制定职业健康安全保障措施；实施安全教育培训制度，不断提高员工的安全意识和安全生产素质；项目负责人和专职安全生产管理人员应持证上岗。

(3) 在工程设计阶段，设计单位应按照有关建设工程法律法规的规定和强制性标准的要求，进行安全保护设施的设计；对涉及施工安全的重点部分和环节在设计文件中应进行注明，并对如何防范生产安全事故提出指导意见，防止因设计考虑不周而导致生产安全事故的发生；对于采用新结构、新材料、新工艺的建设工程和特殊结构的建设工程，设计文件中应提出保障施工作业人员安全和预防生产安全事故的措施与建议。

(4) 在工程施工阶段，施工企业应根据风险预防要求和项目的特点，制定职业健康安全生产技术措施计划；在进行施工平面图设计和安排施工计划时，应充分考虑安全、防火、防爆和职业健康等因素；施工企业应制定安全生产应急救援预案，建立相关组织，完善应急准备措施；发生事故时，应按国家有关规定，向有关部门报告；处理事故时，应防止二次伤害。

(5) 建设工程实行总承包的，由总承包单位对施工现场的安全生产负总责并自行完成工程主体结构的施工。分包单位应当接受总承包单位的安全生产管理，分包合同中应当明确各自在安全生产方面的权利、义务。分包单位不服从管理导致生产安全事故的，由分包单位承担主要责任，总承包和分包单位对分包工程的安全生产承担连带责任。

(6) 应明确和落实工程安全环保设施费用、安全文明施工和环境保护费等各项费用。

(7) 施工企业应按有关规定为从事危险作业的人员在现场工作期间办理意外伤害保险。

(8) 现场应将生产区与生活、办公区分离，配备紧急处理医疗设施，使现场的生活设施符合卫生防疫要求，采取防暑、降温、保温、消毒、防毒等措施。

(9) 工程施工职业健康安全管理应遵循下列程序：

① 识别并评价危险源及风险；

② 确定职业健康安全目标；

③ 编制并实施项目职业健康安全技术措施计划；

④ 对职业健康安全技术措施计划实施结果进行验证；

⑤ 持续改进相关措施和绩效。

2. 施工环境管理的基本要求

根据《中华人民共和国环境保护法》和《中华人民共和国环境影响评价法》等法律法规的有关规定，建设工程对施工环境管理的基本要求如下：

(1) 涉及依法划定的自然保护区、风景名胜区、生活饮用水水源保护区及其他需要特别保护的区域时，工程施工应符合国家有关法律法规及该区域内建设工程项目环境管理的规定。

(2) 建设工程应当采用节能、节水等有利于环境与资源保护的建筑设计方案、建筑材料、建筑构配件及设备。建筑材料和装修材料必须符合国家标准。禁止生产、销售和使用有毒、有害物质超过国家标准的建筑材料和装修材料。

(3) 建设工程项目中防治污染的设施，必须与主体工程同时设计、同时施工、同时投产使用。防治污染的设施必须经原审批环境影响报告书的环境保护行政主管部门验收合格后，该建设工程项目方可投入生产或者使用。

（4）尽量减少建设工程施工所产生的噪声对周围生活环境的影响。

（5）拟采取的污染防治措施应确保污染物排放达到国家和地方规定的排放标准，满足污染物总量控制要求；涉及可能产生放射性污染的，应采取有效预防和控制放射性污染措施。

（6）应采取生态保护措施，有效预防和控制生态破坏。

（7）禁止引进不符合我国环境保护规定要求的技术和设备。

（8）任何单位不得将产生严重污染的生产设备转移给没有污染防治能力的单位使用。

二、职业健康安全管理体系与环境管理体系的建立和运行

（一）职业健康安全管理体系与环境管理体系的建立

职业健康安全管理体系与环境管理体系的建立应当遵循以下步骤：

1．领导决策

最高管理者亲自决策，以便获得各方面的支持和在体系建立过程中所需的资源保证。

2．成立工作组

最高管理者或授权管理者代表成立工作小组负责建立体系。工作小组的成员要覆盖施工企业的主要职能部门，组长最好由管理者代表担任，以保证小组对人力、资金、信息的获取。

3．人员培训

培训的目的是使有关人员了解建立体系的重要性，了解标准的主要思想和内容。

4．初始状态评审

初始状态评审是对施工企业过去和现在的职业健康安全与环境的信息、状态进行收集、调查分析、识别和获取现有的适用的法律法规与其他要求，进行危险源辨识和风险评价、环境因素识别和重要环境因素评价。评审的结果将作为确定职业健康安全与环境方针、制定管理方案、编制体系文件的基础。

5．制定方针、目标、指标和管理方案

方针是施工企业对其职业健康安全与环境行为的原则和意图的声明，也是施工企业自觉承担其责任和义务的承诺。方针不仅为施工企业确定了总的指导方向和行动准则，而且是评价一切后续活动的依据，并为更加具体的目标和指标提供一个框架。

职业健康安全及环境目标、指标的制定是施工企业为了实现其在职业健康安全及环境方针中所体现出的管理理念及其对整体绩效的期许与原则，与企业的总目标相一致。

管理方案是实现目标、指标的行动方案。为保证职业健康安全和环境管理体系目标的实现，需结合年度管理目标和企业客观实际情况，策划制定职业健康安全和环境管理方案，方案中应明确旨在实现目标、指标的相关部门的职责、方法、时间表以及资源的要求。

6．管理体系策划与设计

体系策划与设计是指依据制定的方针、目标和指标、管理方案确定施工企业机构职责和筹划各种运行程序。

7．体系文件编写

体系文件包括管理手册、程序文件、作业文件三个层次。体系文件的编写应遵循"标

准要求的要写到、文件写到的要做到、做到的要有有效记录"的原则。

(1) 管理手册是对施工企业整个管理体系的整体性描述，为体系的进一步展开以及后续程序文件的制定提供了框架要求和原则规定，是管理体系的纲领性文件。

(2) 程序文件的内容可按"4W1H"的顺序和内容来编写，即明确程序中管理要素由谁做(Who)、什么时间做(When)、在什么地点做(Where)、做什么(What)、怎么做(How)；程序文件的一般格式可按照目的和适用范围、引用的标准及文件、术语和定义、职责、工作程序、报告和记录的格式以及相关文件等的顺序来编写。

(3) 作业文件是指管理手册、程序文件之外的文件，一般包括作业指导书(操作规程)、管理规定、监测活动准则及程序文件引用的表格。其编写的内容和格式与程序文件的要求基本相同。在编写之前应对原有的作业文件进行清理，摘其有用的，删除无关的。

8. 文件的审查、审批和发布

文件编写完成后应进行审查，经审查、修改、汇总后进行审批，然后发布。

(二) 职业健康安全管理体系与环境管理体系的运行

1. 管理体系的运行

体系运行是指按照已建立体系的要求实施作业，其实施的重点是围绕培训意识和能力，信息交流，文件管理，执行控制程序，监测，不符合、纠正和预防措施，记录等活动推进体系的运行工作。上述运行活动简述如下：

(1) **培训意识和能力**。由主管培训的部门根据体系、体系文件(培训意识和能力程序文件)的要求，制定详细的培训计划，明确培训的职能部门、时间、内容、方法和考核要求。

(2) **信息交流**。信息交流是确保各要素构成一个完整的、动态的、持续改进的体系和基础，应关注信息交流的内容和方式。

(3) **文件管理**。文件管理包括对现有有效文件进行整理编号，方便查询索引；对适用的规范、规程等行业标准应及时购买补充，对于适用的表格要及时发放；对于在内容上有抵触的文件和过期的文件要及时作废并妥善处理。

(4) **执行控制程序**。体系的运行离不开程序文件的指导，程序文件及其相关的作业文件在施工企业内部都具有法定效力，必须严格执行，才能保证体系正确运行。

(5) **监测**。为保证体系正确有效地运行，必须严格监测体系的运行情况。监测中应明确监测的对象和监测的方法。

(6) **不符合、纠正和预防措施**。体系在运行过程中，不符合要求的事件出现是不可避免的，包括事故也难免要发生，关键是相应的纠正与预防措施是否及时有效。

(7) **记录**。在体系运行过程中及时按文件要求进行记录，如实反映体系运行情况。

2. 管理体系的维持

(1) **内部审核**。内部审核是施工企业对其自身的管理体系进行的审核，是对体系是否正常进行以及是否达到了规定的目标所作的独立的检查和评价，是管理体系自我保证和自我监督的一种机制。

内部审核要明确提出审核的方式方法和步骤，形成审核日程计划，并发至相关部门。

(2) **管理评审**。管理评审是由施工企业的最高管理者对管理体系的系统评价，判断企业的管理体系面对内部情况的变化和外部环境是否充分适应有效，由此决定是否对管理体系做出调整，包括方针、目标、机构和程序等。

(3) 合规性评价。为了履行对合规性的承诺，合规性评价分公司级和项目组级评价两个层次进行。

项目组级评价，由项目经理组织有关人员对施工中应遵守的法律法规和其他要求的执行情况进行一次合规性评价。当某个阶段施工时间超过半年时，合规性评价不少于一次。项目工程结束时应针对整个项目工程进行系统的合规性评价。

公司级评价每年进行一次，制定计划后由管理者代表组织企业相关部门和项目组，对公司应遵守的法律法规和其他要求的执行情况进行合规性评价。

各级合规性评价后，对不能充分满足要求的相关活动或行为，通过管理方案或纠正措施等方式进行逐步改进。上述评价和改进的结果，应形成必要的记录和证据，作为管理评审的输入。

当管理评审时，最高管理者应结合上述合规性评价的结果、企业的客观管理实际情况、相关法律法规和其他要求，系统评价体系运行过程中对适用法律法规和其他要求的遵守执行情况，并由相关部门或最高管理者提出改进要求。

任务二 熟悉施工安全生产管理

一、安全生产管理制度体系

由于建设工程规模大、周期长、参与单位多、技术复杂以及环境复杂多变等因素，导致建设工程安全生产的管理难度很大。2016 年 2 月的《中共中央国务院关于进一步加强城市规划建设管理工作的若干意见》和 2017 年 2 月的《国务院办公厅关于促进建筑业持续健康发展的意见》(国办发[2017]19 号)文件中强调，建设工程应完善质量安全管理制度，落实工程质量安全主体责任，强化工程质量安全监管，提高工程项目质量安全管理水平。因此，依据现行的法律法规，应通过建立各项安全生产管理制度体系规范建设工程参与各方的安全生产行为，在项目中进行风险评估或论证，并进行信息技术与安全生产深度融合，从而提高建设工程安全生产管理水平，防止和避免安全事故的发生。

(一) 施工安全管理制度体系建立的重要性

依法建立施工安全管理制度体系，能使劳动者获得安全与健康保障，是体现社会经济发展和社会公正、安全、文明的基本标志。

建立施工安全制度体系，可以改善企业安全生产规章制度不健全、管理方法不适当、安全生产状况不佳的现状。

施工安全管理体系对企业环境的安全卫生状态作了具体的要求和限定，从根本上促使施工企业健全安全卫生管理机制，改善劳动者的安全卫生条件，提升管理水平，增强企业参与国内外市场的竞争能力。

推行施工安全管理制度体系建设，是适应国内外市场经济一体化趋势的需要。

(二) 施工安全生产管理制度体系建立的原则

应贯彻"安全第一，预防为主"的方针，施工企业必须建立健全安全生产责任制和群防群治制度，确保工程施工劳动者的人身和财产安全。

施工安全管理体系的建立，必须适用于工程施工全过程的安全管理和控制。

施工安全生产管理体系必须符合《中华人民共和国建筑法》《中华人民共和国安全生产法》《建设工程安全生产管理条例》《安全生产许可证条例》《生产安全事故报告和调查处理条例》《特种设备安全监察条例》《职业安全卫生管理体系标准》《职业安全健康管理体系要求及使用指南》(GB/T 45001—2020)、《建设工程项目管理规范》(GB/T 50326—2017)和国际劳工组织(ILO)167号公约等法律法规及规程的要求。

项目经理部应根据本企业的安全生产管理制度体系，结合各项目的实际情况加以充实，确保工程项目的施工安全。

企业应加强对施工项目的安全生产管理，指导、帮助项目经理部建立和实施安全生产管理制度体系。

企业应按照相关规定实施项目安全生产管理评价，评估项目安全生产能力满足规定要求的程度。

(三) 施工安全生产管理制度体系的主要内容

《中华人民共和国建筑法》《中华人民共和国安全生产法》《建设工程安全生产管理条例》《生产安全事故报告和调查处理条例》《特种设备安全监察条例》《安全生产许可证条例》《建设工程项目管理规范》(GB/T 50326—2017)等建设工程相关法律法规和规范标准对政府主管部门、相关企业及相关人员的建设工程安全生产和管理行为进行了全面的规范，为建设工程施工安全生产管理制度体系的建立奠定了基础。现阶段涉及施工企业的主要安全生产管理制度包括：

1. 安全生产责任制度

安全生产责任制是最基本的安全管理制度，是所有安全生产管理制度的核心。安全生产责任制是按照安全生产管理方针和"管生产的同时必须管安全"的原则，将各级负责人员、各职能部门及其工作人员和各岗位生产工人在安全生产方面应做的事情及应负的责任加以明确规定的一种制度。安全生产责任制度的主要内容如下：

(1) **企业和项目相关人员的安全职责**。其包括企业法定代表人和主要负责人，企业安全管理机构负责人和安全生产管理人员，施工项目负责人、技术负责人、项目专职安全生产管理人员以及班组长、施工员、安全员等项目各类人员的安全责任。

(2) **检查和考核办法**。对各级、各部门安全生产责任制的执行情况制定检查和考核办法，并按规定期限进行考核，对考核结果及兑现情况应有记录。

(3) **明确总、分包的安全生产责任**。实行总承包的由总承包单位负责，分包单位向总包单位负责，服从总包单位对施工现场的安全管理，分包单位在其分包范围内建立施工现场安全生产管理制度，并组织实施。

（4）**安全技术操作规程**。项目的主要工种应有相应的安全技术操作规程，一般应包括砌筑、拌灰、混凝土、木作、钢筋、机械、电气焊、起重、信号指挥、塔式起重机司机、架子、水暖、油漆等工种，特殊作业应另行补充。应将安全技术操作规程列为日常安全活动和安全教育的主要内容，并应悬挂在操作岗位前。

（5）**安全人员**。施工现场应按工程项目大小配备专(兼)职安全人员。以建筑工程为例，可按建筑面积 1 万平方米以下的工地至少有一名专职人员；1 万平方米以上的工地设 2～3 名专职人员；5 万平方米以上的大型工地，按不同专业组成安全管理组进行安全监督检查。

总之，安全生产责任制纵向方面是各级人员的安全生产责任制，即从最高管理者、管理者代表到项目负责人(项目经理)、技术负责人(工程师)、专职安全生产管理人员、施工员、班组长和岗位人员等各级人员的安全生产责任制；横向方面是各个部门的安全生产责任制，即各职能部门(如安全环保、设备、技术、生产、财务等部门)的安全生产责任制。只有这样，才能建立健全安全生产责任制，做到群防群治。

2．安全生产许可证制度

国务院 2004 年《安全生产许可证条例》规定国家对建筑施工企业实施安全生产许可证制度，并于 2014 年进行了修正。其目的是为了严格规范安全生产条件，进一步加强安全生产监督管理，防止和减少生产安全事故。

国务院建设主管部门负责中央管理的建筑施工企业安全生产许可证的颁发和管理；其他企业由省、自治区、直辖市人民政府建设主管部门进行颁发和管理，并接受国务院建设主管部门的指导和监督。

施工企业进行生产前，应依照《安全生产许可证条例》的规定向安全生产许可证颁发管理机关申请领取安全生产许可证。严禁未取得安全生产许可证的施工企业从事施工活动。

安全生产许可证的有效期为 3 年。安全生产许可证有效期满需要延期的，企业应当于期满前 3 个月向原安全生产许可证颁发管理机关办理延期手续。

企业在安全生产许可证有效期内，严格遵守有关安全生产的法律法规，未发生死亡事故的，安全生产许可证有效期届满时，经原安全生产许可证颁发管理机关同意，不再审查，安全生产许可证有效期延期 3 年。

企业不得转让、冒用安全生产许可证或者使用伪造的安全生产许可证。

3．政府安全生产监督检查制度

政府安全监督检查制度是指国家法律、法规授权的行政部门代表政府对企业的安全生产过程实施监督管理。依据《建设工程安全生产管理条例》对建设工程安全监督管理的规定内容如下：

（1）国务院负责安全生产监督管理的部门依照《中华人民共和国安全生产法》的规定，对全国建设工程安全生产工作实施综合监督管理。

（2）县级以上地方人民政府负责安全生产监督管理的部门依照《中华人民共和国安全生产法》的规定，对本行政区域内建设工程安全生产工作实施综合监督管理。

（3）国务院建设行政主管部门对全国的建设工程安全生产实施监督管理。国务院铁路、交通、水利等有关部门按照国务院规定的职责分工，负责有关专业建设工程安全生产的监督管理。

(4) 县级以上地方人民政府建设行政主管部门对本行政区域内的建设工程安全生产实施监督管理。县级以上地方人民政府交通、水利等有关部门在各自的职责范围内，负责本行政区域内的专业建设工程安全生产的监督管理。

(5) 县级以上人民政府负有建设工程安全生产监督管理职责的部门在各自的职责范围内履行安全监督检查职责时，有权纠正施工中违反安全生产要求的行为，责令立即排除检查中发现的安全事故隐患，对重大隐患，可以责令暂时停止施工。建设行政主管部门或者其他有关部门可以将施工现场安全监督检查委托给建设工程安全监督机构具体实施。

4．安全生产教育培训制度

施工企业安全生产教育培训一般包括对管理人员、特种作业人员和企业员工的安全教育。

1) 管理人员的安全教育

(1) **企业领导的安全教育**。企业领导的安全教育的主要内容包括国家有关安全生产的方针、政策、法律、法规及有关规章制度；安全生产管理职责、企业安全生产管理知识及安全文化；有关事故案例及事故应急处理措施等。

(2) **项目经理、技术负责人和技术干部的安全教育**。其主要内容包括安全生产方针、政策和法律、法规；项目经理部安全生产责任；典型事故案例剖析；本系统安全及其相应的安全技术知识等。

(3) **行政管理干部的安全教育**。其主要内容包括安全生产方针、政策和法律、法规；基本的安全技术知识；本职的安全生产责任等。

(4) **企业安全管理人员的安全教育**。其主要内容包括国家有关安全生产的方针、政策、法律、法规和安全生产标准；企业安全生产管理、安全技术、职业病知识、安全文件；员工伤亡事故和职业病统计报告及调查处理程序；有关事故案例及事故应急处理措施等。

(5) **班组长和安全员的安全教育**。其主要内容包括安全生产法律、法规，安全技术及技能，职业病和安全文化的知识；本企业、本班组和工作岗位的危险因素、安全注意事项；本岗位安全生产职责；事故抢救与应急处理措施；典型事故案例等。

2) 特种作业人员的安全教育

特种作业是指对操作者本人，尤其对他人或周围设施的安全有重大危害因素的作业。直接从事特种作业的人，称为特种作业人员。《特种作业人员安全技术培训考核管理规定》已于2010年4月26日国家安全生产监督管理总局局长办公会议审议通过，自2010年7月1日起施行，2015年5月29日国家安全生产监督管理总局令第80号第二次修正。调整后的特种作业范围共11个作业类别、51个工种。这些特种作业具备以下特点：一是独立性，必须有独立的岗位，由专人操作的作业，操作人员必须具备一定的安全生产知识和技能；二是危险性，必须是危险性较大的作业，如果操作不当，容易对操作者本人、他人或物品造成伤害，甚至发生重大伤亡事故；三是特殊性，从事特种作业的人员不能很多，总体上讲，每个类别的特种作业人员一般不超过该行业或领域全体从业人员的30%。

特种作业人员应具备的条件如下：

① 年满18周岁，且不超过国家法定退休年龄；

② 经社区或者县级以上医疗机构体检健康合格，并无妨碍从事相应特种作业的器质性心脏病、癫痫病、美尼尔氏症、眩晕症、癔症、震颤麻痹症、精神病、痴呆症以及其他疾

病和生理缺陷；

　　③ 具有初中及以上文化程度；

　　④ 具备必要的安全技术知识与技能；

　　⑤ 相应特种作业规定的其他条件。

　　危险化学品特种作业人员除符合前款①②④⑤项规定的条件外，应当具备高中或者相当于高中及以上文化程度。

　　因为特种作业较一般作业的危险性更大，所以，特种作业人员必须经过安全培训和严格考核。对特种作业人员的安全教育应注意以下三点：

　　(1) 特种作业人员上岗作业前，必须进行专门的安全技术和操作技能的培训教育，这种培训教育要实行理论教学与操作技术训练相结合的原则，重点放在提高其安全操作技术和预防事故的实际能力上。

　　(2) 培训后，经考核合格方可取得操作证，并准许独立作业。

　　(3) 取得操作证特种作业人员，必须定期进行复审。特种作业操作证每 3 年复审 1 次。

　　特种作业人员在特种作业操作证有效期内，连续从事本工种 10 年以上，严格遵守有关安全生产法律法规的，经原考核发证机关或者从业所在地考核发证机关同意，特种作业操作证的复审时间可以延长至每 6 年 1 次。

　　3) 企业员工的安全教育

　　企业员工的安全教育主要有新员工上岗前的三级安全教育、改变工艺和变换岗位安全教育、经常性安全教育三种形式。

　　(1) 新员工上岗前的三级安全教育。此类安全教育通常是指进厂、进车间、进班组三级，对建设工程来说，具体指企业(公司)、项目(或工区、工程处、施工队)、班组三级。

　　企业新员工上岗前必须进行三级安全教育，企业新员工须按规定通过三级安全教育和实际操作训练，并经考核合格后方可上岗。

　　企业(公司)级安全教育由企业主管领导负责，企业职业健康安全管理部门会同有关部门组织实施，内容应包括安全生产法律、法规，通用安全技术、职业卫生和安全文化的基本知识，本企业安全生产规章制度及状况、劳动纪律和有关事故案例等内容。

　　项目(或工区、工程处、施工队)级安全教育由项目级负责人组织实施，专职或兼职安全员协助，内容包括工程项目的概况，安全生产状况和规章制度，主要危险因素及安全事项，预防工伤事故和职业病的主要措施，典型事故案例及事故应急处理措施等。

　　班组级安全教育由班组长组织实施，内容包括遵章守纪，岗位安全操作规程，岗位间工作衔接配合的安全生产事项，典型事故及发生事故后应采取的紧急措施，劳动防护用品(用具)的性能及正确使用方法等内容。

　　(2) 改变工艺和变换岗位时的安全教育。企业(或工程项目)在实施新工艺、新技术或使用新设备、新材料时，必须对有关人员进行相应级别的安全教育，要按新的安全操作规程教育和培训参加操作的岗位员工和有关人员，使其了解新工艺、新设备、新产品的安全性能及安全技术，以适应新的岗位作业的安全要求。

　　当组织内部员工发生从一个岗位调到另外一个岗位，或从某工种改变为另一工种，或因放长假离岗一年以上重新上岗的情况时，企业必须进行相应的安全技术培训和教育，以使其掌握现岗位安全生产的特点和要求。

(3) **经常性安全教育**。无论何种教育都不可能是一劳永逸的，安全教育同样如此，必须坚持不懈、经常不断地进行，这就是经常性安全教育。在经常性安全教育中，安全思想、安全态度教育最重要。进行安全思想、安全态度教育，要通过采取多种形式的安全教育活动，激发员工搞好安全生产的热情，促使员工重视和真正实现安全生产。经常性安全教育的形式有：每天的班前班后会上说明安全注意事项；安全活动日；安全生产会议；事故现场会；张贴安全生产招贴画、宣传标语及标志等。

5. 安全措施计划制度

安全措施计划制度是指企业在进行生产活动时，必须编制安全措施计划，它是企业有计划地改善劳动条件和安全卫生设施，防止工伤事故和职业病的重要措施之一，对企业加强劳动保护，改善劳动条件，保障职工的安全和健康，促进企业生产经营的发展都起着积极作用。

安全技术措施计划的范围应包括改善劳动条件、防止事故发生、预防职业病和职业中毒等内容，具体包括：

(1) **安全技术措施**。安全技术措施是预防企业员工在工作过程中发生工伤事故的各项措施，包括防护装置、保险装置、信号装置和防爆炸装置等。

(2) **职业卫生措施**。职业卫生措施是预防职业病和改善职业卫生环境的必要措施，其中包括防尘、防毒、防噪声、通风、照明、取暖、降温等措施。

(3) **辅助用房间及设施**。辅助用房间及设施是为了保证生产过程安全卫生所必需的房间及一切设施，包括更衣室、休息室、淋浴室、消毒室、妇女卫生室、厕所和冬期作业取暖室等。

(4) **安全宣传教育措施**。安全宣传教育措施是为了宣传普及有关安全生产法律、法规、基本知识所需要的措施，其主要内容包括安全生产教材、图书、资料，安全生产展览，安全生产规章制度，安全操作方法训练设施，劳动保护和安全技术的研究与实验等。

安全技术措施计划编制可以按照"工作活动分类→危险源识别→风险确定→风险评价→制定安全技术措施计划评价→安全技术措施计划的充分性"的步骤进行。

6. 特种作业人员持证上岗制度

根据《建设工程安全生产管理条例》第二十五条规定：垂直运输机械作业人员、起重机械安装拆卸工、爆破作业人员、起重信号工、登高架设作业人员等特种作业人员，必须按照国家有关规定经过专门的安全作业培训，并取得特种作业操作资格证书后，方可上岗作业。

根据 2015 年 5 月 29 日国家安全监管总局令第 80 号第二次修正的《特种作业人员安全技术培训考核管理规定》，特种作业操作资格证书在全国范围内有效。特种作业操作证每 3 年复审一次。连续从事本工种 10 年以上的，严格遵守有关安全生产法律法规的，经原考核发证机关或者从业所在地考核发证机关同意，特种作业操作证的复审时间可以延长至每 6 年 1 次；离开特种作业岗位达 6 个月以上的特种作业人员，应当重新进行实际操作考核，经确认合格后方可上岗作业。

对于未经培训考核即从事特种作业的，条例第六十二条规定了行政处罚；造成重大安全事故，构成犯罪的，对直接责任人员，依照刑法的有关规定追究刑事责任。

7．专项施工方案专家论证制度

依据《建设工程安全生产管理条例》第二十六条的规定：施工单位应当在施工组织设计中编制安全技术措施和施工现场临时用电方案，对下列达到一定规模的危险性较大的分部分项工程编制专项施工方案，并附具安全验算结果，经施工单位技术负责人、总监理工程师签字后实施，由专职安全生产管理人员进行现场监督，包括基坑支护与降水工程；土方开挖工程；模板工程；起重吊装工程；脚手架工程；拆除、爆破工程；国务院建设行政主管部门或者其他有关部门规定的其他危险性较大的工程。

对前款所列工程中涉及深基坑、地下暗挖工程、高大模板工程的专项施工方案，施工单位还应当组织专家进行论证、审查。

8．严重危及施工安全的工艺、设备、材料淘汰制度

严重危及施工安全的工艺、设备、材料是指不符合生产安全要求，极有可能导致生产安全事故发生，致使人民生命和财产遭受重大损失的工艺、设备和材料。

《建设工程安全生产管理条例》第四十五条规定："国家对严重危及施工安全的工艺、设备、材料实行淘汰制度。具体目录由国务院建设行政主管部门会同国务院其他有关部门制定并公布。"淘汰制度的实施，一方面有利于保障安全生产；另一方面也体现了优胜劣汰的市场经济规律，有利于提高施工单位的工艺水平，促进设备更新。

对于已经公布的严重危及施工安全的工艺、设备和材料，建设单位和施工单位都应当严格遵守和执行，不得继续使用此类工艺和设备，也不得转让他人使用。

9．施工起重机械使用登记制度

《建设工程安全生产管理条例》第三十五条规定："施工单位应当自施工起重机械和整体提升脚手架、模板等自升式架设设施验收合格之日起三十日内，向建设行政主管部门或者其他有关部门登记。登记标志应当置于或者附着于该设备的显著位置。"

这是对施工起重机械的使用进行监督和管理的一项重要制度，能够有效防止不合格机械和设施投入使用；同时，还有利于监管部门及时掌握施工起重机械和整体提升脚手架、模板等自升式架设设施的使用情况，以利于监督管理。

施工单位进行登记应当提交施工起重机械有关资料，包括：

(1) 生产方面的资料，如设计文件、制造质量证明书、监督检验证书、使用说明书、安装证明等。

(2) 使用的有关情况资料，如施工单位对于这些机械和设施的管理制度和措施、使用情况、作业人员的情况等。

监管部门应当对登记的施工起重机械建立相关档案，及时更新，加强监管，减少生产安全事故的发生。施工单位应当将标志置于显著位置，便于使用者监督，保证施工起重机械的安全使用。

10．安全检查制度

(1) **安全检查的目的**。安全检查制度是清除隐患、防止事故、改善劳动条件的重要手段，是企业安全生产管理工作的一项重要内容。通过安全检查可以发现企业及生产过程中的危险因素，以便有计划地采取措施，保证安全生产。

(2) **安全检查的方式**。检查方式有企业组织的定期安全检查，各级管理人员的日常巡回安全检查，专业性安全检查，季节性安全检查，节假日前后的安全检查，班组自检、互检、交接检查，不定期安全检查等。

(3) **安全检查的内容**。检查内容包括查思想、查管理、查隐患、查整改、查伤亡事故处理等。安全检查的重点是检查"三违"和安全责任制的落实。检查后应编写安全检查报告，报告应包括已达标项目、未达标项目、存在问题、原因分析、纠正和预防措施等内容。

(4) **安全隐患的处理程序**。对查出的安全隐患，不能立即整改的，要制定整改计划，定人、定措施、定经费、定完成日期；在未消除安全隐患前，必须采取可靠的防范措施，如有危及人身安全的紧急险情，应立即停工；并应按照"登记→整改→复查→销案"的程序处理安全隐患。

11. 生产安全事故报告和调查处理制度

关于生产安全事故报告和调查处理制度，《中华人民共和国安全生产法》《中华人民共和国建筑法》《建设工程安全生产管理条例》《生产安全事故报告和调查处理条例》《特种设备安全监察条例》等法律法规都对此作出相应规定。

《中华人民共和国安全生产法》第七十条规定："生产经营单位发生生产安全事故后，事故现场有关人员应当立即报告本单位负责人。""单位负责人接到事故报告后，应当迅速采取有效措施，组织抢救，防止事故扩大，减少人员伤亡和财产损失，并按照国家有关规定立即如实报告当地负有安全生产监督管理职责的部门，不得隐瞒不报、谎报或者拖延不报，不得故意破坏事故现场、毁灭有关证据。"

《中华人民共和国建筑法》第五十一条规定："施工中发生事故时，建筑施工企业应当采取紧急措施减少人员伤亡和事故损失，并按照国家有关规定及时向有关部门报告。"

《建设工程安全生产管理条例》第五十条规定："施工单位发生生产安全事故，应当按照国家有关事故报告和调查处理的规定，及时、如实地向负责安全生产监督管理的部门、建设行政主管部门或者其他有关部门报告；特种设备发生事故的，还应当同时向特种设备安全监督管理部门报告。接到报告的部门应当按照国家有关规定，如实上报。"本条是关于发生伤亡事故时的报告义务的规定。一旦发生安全事故，及时报告有关部门是及时组织抢救的基础，也是认真进行调查分清责任的基础。因此，施工单位在发生安全事故时，不能隐瞒事故情况。

《特种设备安全监察条例》第六十二条规定："特种设备发生事故，事故发生单位应当迅速采取有效措施，组织抢救，防止事故扩大，减少人员伤亡和财产损失，并按照国家有关规定，及时、如实地向负有安全生产监督管理职责的部门和特种设备安全监督管理部门等有关部门报告。不得隐瞒不报、谎报或者拖延不报。"条例规定在特种设备发生事故时，应当同时向特种设备安全监督管理部门报告。这是因为特种设备的事故救援和调查处理专业性、技术性更强，因此，由特种设备安全监督部门组织有关救援和调查处理更方便一些。

2007年6月1日起实施的《生产安全事故报告和调查处理条例》对生产安全事故报告和调查处理制度作了更加明确的规定。

12. "三同时"制度

"三同时"制度是指凡是我国境内新建、改建、扩建的基本建设项目(工程)，技术改建项目(工程)和引进的建设项目，其安全生产设施必须符合国家规定的标准，必须与主体工程同时设计、同时施工、同时投入生产和使用。安全生产设施主要是指安全技术方面的设施、职业卫生方面的设施、生产辅助性设施。

《中华人民共和国劳动法》第五十三条规定："新建、改建、扩建工程的劳动安全卫生设施必须与主体工程同时设计、同时施工、同时投入生产和使用。"

《中华人民共和国安全生产法》第二十四条规定："生产经营单位新建、改建、扩建工程项目的安全设施，必须与主体工程同时设计、同时施工、同时投入生产和使用。安全设施投资应当纳入建设项目概算。"

新建、改建、扩建工程的初步设计要经过行业主管部门、安全生产管理部门、卫生部门和工会的审查，同意后方可进行施工；工程项目完成后，必须经过主管部门、安全生产管理行政部门、卫生部门和工会的竣工检验；建设工程项目投产后，不得将安全设施闲置不用，生产设施必须和安全设施同时使用。

13．安全预评价制度

安全预评价是在建设工程项目前期，应用安全评价的原理和方法对工程项目的危险性、危害性进行预测性评价。

开展安全预评价工作，是贯彻落实"安全第一，预防为主"方针的重要手段，是企业实施科学化、规范化安全管理的工作基础。科学、系统地开展安全评价工作，不仅直接起到了消除危险有害因素、减少事故发生的作用，有利于全面提高企业的安全管理水平，而且有利于系统地、有针对性地加强对不安全状况的治理、改造，最大限度地降低安全生产风险。

14．工伤和意外伤害保险制度

根据2010年12月20日修订后重新公布的《工伤保险条例》规定，工伤保险是属于法定的强制性保险。工伤保险费的征缴按照《社会保险费征缴暂行条例》关于基本养老保险费、基本医疗保险费、失业保险费的征缴规定执行。而自2019年4月23日起实施的新的《中华人民共和国建筑法》第四十八条规定："建筑施工企业应当依法为职工参加工伤保险缴纳工伤保险费。鼓励企业为从事危险作业的职工办理意外伤害保险，支付保险费。"修正后的《中华人民共和国建筑法》与修订后的《中华人民共和国社会保险法》和《工伤保险条例》等法律法规的规定保持一致，明确了建筑施工企业作为用人单位，为职工参加工伤保险并交纳工伤保险费是其应尽的法定义务，但为从事危险作业的职工投保意外伤害险并非强制性规定，是否投保意外伤害险由建筑施工企业自主决定。

二、危险源的识别和风险控制

(一) 危险源的分类

危险源是安全管理的主要对象，在实际生活和生产过程中的危险源是以多种多样的形式存在的。虽然危险源的表现形式不同，但从本质上说，能够造成危害后果的(如伤亡事故、人身健康受损害、物体受破坏和环境污染等)，均可归结为能量的意外释放或约束、限制能量和危险物质措施失控的结果。

根据危险源在事故发生发展中的作用，把危险源分为两大类，即第一类危险源和第二类危险源。

1. 第一类危险源

能量和危险物质的存在是危害产生的根本原因，通常把可能发生意外释放的能量(能源或能量载体)或危险物质称作第一类危险源。

第一类危险源是事故发生的物理本质，危险性主要表现为导致事故而造成后果的严重程度方面。第一类危险源危险性的大小主要取决于以下几个方面：

(1) 能量或危险物质的量；

(2) 能量或危险物质意外释放的强度；

(3) 意外释放的能量或危险物质的影响范围。

2. 第二类危险源

造成约束、限制能量和危险物质措施失控的各种不安全因素称作第二类危险源。第二类危险源主要体现在设备故障或缺陷(物的不安全状态)、人为失误(人的不安全行为)和管理缺陷等几个方面。

3. 危险源与事故

事故的发生是两类危险源共同作用的结果，第一类危险源是事故发生的前提，第二类危险源是第一类危险源导致事故的必要条件。在事故的发生和发展过程中，两类危险源相互依存，相辅相成。第一类危险源是事故的主体，决定事故的严重程度；第二类危险源出现的难易，决定事故发生可能性的大小。

(二) 危险源的识别

危险源的识别是安全管理的基础工作，主要目的是找出与每项工作活动有关的所有危险源，并考虑这些危险源可能会对什么人造成什么样的伤害，或导致什么设备设施损坏等。

1. 危险源的分类

我国 2009 年发布了《生产过程危险和有害因素分类与代码》(GB/T13861—2009)，该国家标准适用于各个行业在规划、设计和组织生产时对危险源的预测和预防、伤亡事故的统计分析和应用计算机进行管理。在进行危险源识别时，可参照该标准的分类和编码。

按照该标准，危险源分为四类：① 人的因素；② 物的因素；③ 环境因素；④ 管理因素。

2. 危险源识别方法

危险源的识别方法有询问交谈、现场观察、查阅有关记录、获取外部信息、工作任务分析、安全检查表、危险与操作性研究、事故树分析、故障树分析等。这些方法各有特点和局限性，往往采用两种或两种以上的方法识别危险源。下面简单介绍常用的两种方法。

(1) **专家调查法**。专家调查法是通过向有经验的专家咨询、调查，识别、分析和评价危险源的一类方法，其优点是简便、易行；缺点是受专家的知识、经验和占有资料的限制，可能出现遗漏。常用的有头脑风暴法(Brainstorming)和德尔菲(Delphi)法。

(2) **安全检查表法**。安全检查表(Safety Check List, SCL)实际上是实施安全检查和诊断项目的明细表。运用已编制好的安全检查表，进行系统的安全检查，识别工程项目存在的危险源。检查表的内容一般包括分类项目、检查内容及要求、检查以后处理意见等，可以用"是""否"作回答或用"√""×"符号作标记，同时注明检查日期，并由检查人员和被检单位同时签字。安全检查表法的优点是简单易懂、容易掌握，可以事先组织专家编制检查内容，使安全检查做到系统化、完整化；缺点是只能做出定性评价。

3．危险源的评估

根据对危险源的识别，评估危险源造成风险的可能性和损失大小，对风险进行分级。《职业健康安全管理体系——实施指南》(GB/T 28002—2011)推荐的简单的风险等级评估见表 6.1，结果分为Ⅰ、Ⅱ、Ⅲ、Ⅳ、Ⅴ共五个风险等级。通过评估，可对不同等级的风险采取相应的风险控制措施。

表 6.1　风险等级评估表

风险级别(大小)　后果(*f*)　可能性(*P*)	轻度损失 (轻微伤害)	中度损失 (伤害)	重大损失 (严重伤害)
很大	Ⅲ	Ⅳ	Ⅴ
中等	Ⅱ	Ⅲ	Ⅳ
极小	Ⅰ	Ⅱ	Ⅲ

表中：Ⅰ—可忽略风险；Ⅱ—可容许风险；Ⅲ—中度风险；Ⅳ—重大风险；Ⅴ—不容许风险。

风险评价是一个持续不断的过程，应持续评审控制措施的充分性。当条件变化时，应对风险重新评估。

4．风险的控制

1) 风险控制策划

风险评价后，应分别列出所有识别的危险源和重大危险源清单，对已经评价出的不容许的和重大风险(重大危险源)进行优先排序，由工程技术主管部门的相关人员进行风险控制策划，制定风险控制措施计划或管理方案。对于一般危险源可以通过日常管理程序来实施控制。

2) 风险控制措施计划

不同的组织、不同的工程项目需要根据不同的条件和风险量来选择适合的控制策略和管理方案。表 6.2 是针对不同风险水平的风险控制措施计划表。在实际应用中，应该根据风险评价所得出的不同风险源和风险量大小(风险水平)，选择不同的控制策略。风险控制措施计划在实施前宜进行评审。评审主要包括以下内容：

(1) 更改的措施是否使风险降低至可允许水平；

(2) 是否产生新的危险源；

(3) 是否已选定了成本效益最佳的解决方案；

(4) 更改的预防措施是否能得以全面落实。

表 6.2　基于不同风险水平的风险控制措施计划表

风　险	措　施
可忽略的	不采取措施且不必保留文件记录
可容许的	不需要另外的控制措施，应考虑投资效果更佳的解决方案或不增加额外成本的改进措施，需要监视来确保控制措施得以维持
中度的	应努力降低风险，但应仔细测定并限定预防成本，在规定的时间期限内实施降低风险的措施。在中度风险与严重伤害后果相关的场合，必须进一步地评价，以更准确地确定伤害的可能性，确定是否需要改进控制措施
重大的	直至风险降低后才能开始工作。为降低风险有时必须配给大量的资源。当风险涉及正在进行中的工作时，就应采取应急措施
不容许的	只有当风险已经降低时，才能开始或继续工作。如果无限的资源投入也不能降低风险，就必须禁止工作

3) 风险控制方法

(1) **第一类危险源控制方法**。可以采取消除危险源、限制能量和隔离危险物质、个体防护、应急救援等方法。建设工程可能遇到不可预测的各种自然灾害引发的风险，只能采取预测、预防、应急计划和应急救援等措施，以尽量消除或减少人员伤亡和财产损失。

(2) **第二类危险源控制方法**。提高各类设施的可靠性以消除或减少故障，增加安全系数，设置安全监控系统，改善作业环境等。最重要的是加强员工的安全意识培训和教育，克服不良的操作习惯，严格按章办事，并在生产过程中保持良好的生理和心理状态。

三、安全隐患的处理

(一) 施工安全隐患的处理

施工安全隐患，是指在建筑施工过程中，给生产施工人员的生命安全带来威胁的不利因素，一般包括人的不安全行为、物的不安全状态以及管理不当等。

在工程建设过程中，安全隐患是难以避免的，但要尽可能预防和消除安全隐患的发生。首先需要项目参与各方加强安全意识，做好事前控制，建立健全各项安全生产管理制度，落实安全生产责任制，注重安全生产教育培训，保证安全生产条件所需资金的投入，将安全隐患消除在萌芽之中；其次是根据工程的特点确保各项安全施工措施的落实，加强对工程安全生产的检查监督，及时发现安全隐患；再者是对发现的安全隐患及时进行处理，查找原因，防止事故隐患的进一步扩大。

1. 施工安全隐患处理原则

(1) **冗余安全度处理原则**。为确保安全，在处理安全隐患时应考虑设置多道防线，即使有一两道防线无效，还有冗余的防线可以控制事故隐患。例如：道路上有一个坑，既要设防护栏及警示牌，又要设照明及夜间警示红灯。

(2) **单项隐患综合处理原则**。人、机、料、法、环境五者任一环节产生安全隐患，都要从五者安全匹配的角度考虑，调整匹配的方法，提高匹配的可靠性。一件单项隐患问题的整改需综合(多角度)处理。人的隐患，既要治人也要治机具及生产环境等各环节。例如某工地发生触电事故，一方面要进行人的安全用电操作教育，同时现场也要设置漏电开关，对配电箱、用电电路进行防护改造，还要严禁非专业电工乱接乱拉电线。

(3) **直接隐患与间接隐患并治原则**。对人机环境系统进行安全治理，同时还需治理安全管理措施。

(4) **预防与减灾并重处理原则**。治理安全事故隐患时，需尽可能减少发生事故的可能性，如果不能控制事故的发生，也要设法将事故等级减低。但是不论预防措施如何完善，都不能保证事故绝对不会发生，还必须对事故减灾做充分准备，研究应急技术操作规范。

(5) **重点处理原则**。按对隐患的分析评价结果实行危险点分级治理，也可以用安全检查表打分对隐患危险程度分级。

(6) **动态处理原则**。动态治理就是对生产过程进行动态随机安全化治理，生产过程中发现问题及时治理，既可以及时消除隐患，又可以避免小的隐患发展成大的隐患。

2．施工安全隐患的处理

在建设工程中，安全隐患的发现可以来自于各参与方，包括建设单位、设计单位、监理单位、施工单位自身、供货商、工程监管部门等。各方对于事故安全隐患处理的义务和责任，以及相关的处理程序在《建设工程安全生产管理条例》中已有明确的界定。这里仅从施工单位角度谈其对事故安全隐患的处理方法。

(1) **当场指正，限期纠正，预防隐患发生**。对于违章指挥和违章作业行为，检查人员应当场指出，并限期纠正，预防事故的发生。

(2) **做好记录，及时整改，消除安全隐患**。对检查中发现的各类安全事故隐患，应做好记录，分析安全隐患产生的原因，制定消除隐患的纠正措施，并报相关方审查批准后进行整改，及时消除隐患。对重大安全事故隐患排除前或者排除过程中无法保证安全的，责令从危险区域内撤出作业人员或者暂时停止施工，待隐患消除再行施工。

(3) **分析统计，查找原因，制定预防措施**。对于反复发生的安全隐患，应通过分析统计，属于多个部位存在的同类型隐患，即为"通病"；属于重复出现的隐患，即为"顽症"。查找产生"通病"和"顽症"的原因，修订和完善安全管理措施，制定预防措施，从源头上消除安全事故隐患的发生。

(4) **跟踪验证**。检查单位应对受检单位的纠正和预防措施的实施过程和实施效果进行跟踪验证，并保存验证记录。

(二) 施工安全隐患的防范

1．施工安全隐患防范的主要内容

施工安全隐患防范主要包括基坑支护和降水工程，土方开挖工程，人工挖扩孔桩工程，地下暗挖、顶管及水下作业工程，模板工程和支撑体系、起重吊装和安装拆卸工程，脚手架工程，拆除及爆破工程，现浇混凝土工程，钢结构、网架和索膜结构安装工程，预应力工程，建筑幕墙安装工程以及采用新技术、新工艺、新材料、新设备及尚无相关技术标准的危险性较大的分部分项工程等方面的防范。防范的主要内容包括掌握各工程的安全技术规范，归纳总结安全隐患的主要表现形式，及时发现可能造成安全事故的迹象，抓住安全控制的要点，制定相应的安全控制措施等。

2．施工安全隐患防范的一般方法

安全隐患主要包括人、物、管理三个方面。人的不安全因素，主要是指个人在心理、生理和能力等方面的不安全因素，以及人在施工现场的不安全行为；物的不安全状态，主要是指设备设施、现场场地环境等方面的缺陷；管理上的不安全因素，主要是指对物、人、工作的管理不当。根据安全隐患的内容而采用的安全隐患防范的一般方法包括：

(1) 对施工人员进行安全意识的培训；

(2) 对施工机具进行有序监管，投入必要的资源进行保养维护；

(3) 建立施工现场的安全监督检查机制。

任务三　编制生产安全事故应急预案及事故处理

一、生产安全事故应急预案的内容

(一) 生产安全事故应急预案的概念

生产安全事故应急预案是指事先制定的关于生产安全事故发生时进行紧急救援的组织、程序、措施、责任及协调等方面的方案和计划，是对特定的潜在事件和紧急情况发生时所采取措施的计划安排，是应急响应的行动指南。

编制应急预案的目的，是避免紧急情况发生时出现混乱，确保按照合理的响应流程采取适当的救援措施，预防和减少可能随之引发的职业健康安全和环境影响。

(二) 生产安全事故应急预案体系的构成

生产安全事故应急预案应形成体系，针对各级各类可能发生的事故和所有危险源制订专项应急预案和现场应急处置方案，并明确事前、事中、事后的各个过程中相关部门和有关人员的职责。生产规模小、危险因素少的施工单位，综合应急预案和专项应急预案可以合并编写。

1．综合应急预案

综合应急预案是从总体上阐述事故的应急方针、政策，应急组织结构及相关应急职责，应急行动、措施和保障等基本要求和程序，是应对各类事故的综合性文件。

2．专项应急预案

专项应急预案是针对具体的事故类别(如基坑开挖、脚手架拆除等事故)，危险源和应急保障而制定的计划或方案，是综合应急预案的组成部分，应按照综合应急预案的程序和要求组织制定，并作为综合应急预案的附件。专项应急预案应制定明确的救援程序和具体的应急救援措施。

3．现场处置方案

现场处置方案是针对具体的装置、场所或设施、岗位所制定的应急处置措施。现场处置方案应具体、简单、针对性强。现场处置方案应根据风险评估及危险性控制措施逐一编制，做到事故相关人员应知应会，熟练掌握，并通过应急演练，做到迅速反应、正确处置。

（三）生产安全事故应急预案编制原则和主要内容

1. 生产安全事故应急预案编制原则

制定安全生产事故应急预案时，应当遵循以下原则：

(1) **重点突出、针对性强**。应急预案编制应结合本单位安全方面的实际情况，分析可能导致发生事故的原因，有针对性地制定预案。

(2) **统一指挥、责任明确**。预案实施的负责人以及施工单位各有关部门和人员如何分工、配合、协调，应在应急救援预案中加以明确。

(3) **程序简明、步骤明确**。应急预案程序要简明，步骤要明确，具有高度可操作性，保证发生事故时能及时启动、有序实施。

2. 生产安全事故应急预案编制的主要内容

(1) **制定应急预案的目的和适用范围**。

(2) **组织机构及其职责**。其中应明确应急预案救援组织机构、参加部门、负责人和人员及其职责、作用和联系方式。

(3) **危害辨识与风险评价**。其中应确定可能发生的事故类型、地点、影响范围及可能影响的人数。

(4) **通告程序和报警系统**。其中包括确定报警系统及程序、报警方式、通信联络方式，向公众报警的标准、方式、信号等。

(5) **应急设备与设施**。其中应明确可用于应急救援的设施和维护保养制度，明确有关部门可利用的应急设备和危险监测设备。

(6) **求援程序**。其中应明确应急反应人员向外求援的方式，包括与消防机构、医院、急救中心的联系方式。

(7) **保护措施程序**。其中包括保护事故现场的方式方法，明确可授权发布疏散作业人员及施工现场周边居民指令的机构及负责人，明确疏散人员的接收中心或避难场所。

(8) **事故后的恢复程序**。其中应明确决定终止应急、恢复正常秩序的负责人，宣布应急取消和恢复正常状态的程序。

(9) **保障措施**。其中包括通信与信息保障、应急队伍保障、物资装备保障等。

(10) **培训与演练**。其中包括定期培训、演练计划及定期检查制度，对应急人员进行培训，并确保合格者上岗。

(11) **应急预案的维护**。其中包括更新和修订应急预案的方法，根据演练、检测结果完善应急预案。

二、生产安全事故应急预案的管理

建设工程生产安全事故应急预案的管理包括应急预案的评审、备案、实施和奖惩。

国家安全生产监督管理总局负责应急预案的综合协调管理工作。国务院其他负有安全生产监督管理职责的部门按照各自的职责负责本行业、本领域内应急预案的管理工作。

县级以上地方各级人民政府安全生产监督管理部门负责本行政区域内应急预案的综合协调管理工作。县级以上地方各级人民政府其他负有安全生产监督管理职责的部门按照各自的职责负责辖区内本行业、本领域应急预案的管理工作。

1．生产安全事故应急预案的评审

地方各级安全生产监督管理部门应当组织有关专家对本部门编制的应急预案进行审定；必要时，可以召开听证会，听取社会有关方面的意见。涉及相关部门职能或者需要有关部门配合的，应当征得有关部门同意。

参加应急预案评审的人员应当包括应急预案涉及的政府部门工作人员和有关安全生产及应急管理方面的专家。

评审人员与所评审预案的施工单位有利害关系的，应当回避。

应急预案的评审或者论证应当注重应急预案的实用性、基本要素的完整性、预防措施的针对性、组织体系的科学性、响应程序的操作性、应急保障措施的可行性、应急预案的衔接性等内容。

2．生产安全事故应急预案的备案

地方各级安全生产监督管理部门的应急预案，应当报同级人民政府和上一级安全生产监督管理部门备案。

其他负有安全生产监督管理职责的部门的应急预案，应当抄送同级安全生产监督管理部门。

中央管理的总公司(总厂、集团公司、上市公司)的综合应急预案和专项应急预案，报国务院国有资产监督管理部门、国务院安全生产监督管理部门和国务院有关主管部门备案；其所属单位的应急预案分别抄送所在地的省、自治区、直辖市或者设区的市人民政府安全生产监督管理部门和有关主管部门备案。

上述规定以外的其他生产经营单位中涉及实行安全生产许可的，其综合应急预案和专项应急预案，按照隶属关系报所在地县级以上地方人民政府安全生产监督管理部门和有关主管部门备案；未实行安全生产许可的，其综合应急预案和专项应急预案的备案，由省、自治区、直辖市人民政府安全生产监督管理部门确定。

3．生产安全事故应急预案的实施

各级安全生产监督管理部门、施工单位应当采取多种形式开展应急预案的宣传教育，普及生产安全事故预防、避险、自救和互救知识，提高从业人员安全意识和应急处置技能。

施工单位应当制定本单位的应急预案演练计划，根据本单位的事故预防重点，每年至少组织一次综合应急预案演练或者专项应急预案演练，每半年至少组织一次现场处置方案演练。

有下列情形之一的，应急预案应当及时修订：

(1) 施工单位因兼并、重组、转制等导致隶属关系、经营方式、法定代表人发生变化的；

(2) 生产工艺和技术发生变化的；

(3) 周围环境发生变化，形成新的重大危险源的；

(4) 应急组织指挥体系或者职责已经调整的；

(5) 依据的法律、法规、规章和标准发生变化的；

(6) 应急预案演练评估报告要求修订的；

(7) 应急预案管理部门要求修订的。

施工单位应当及时向有关部门或者单位报告应急预案的修订情况，并按照有关应急预案报备程序重新备案。

三、职业健康安全事故的分类和处理

(一) 职业健康安全事故的分类

1. 按照安全事故伤害程度分类

根据《企业职工伤亡事故分类标准》(GB 6441—1986)规定，安全事故按伤害程度分为如下三类：

(1) 轻伤，指损失 1 个工作日至 105 个工作日的失能伤害；

(2) 重伤，指损失工作日等于和超过 105 个工作日的失能伤害，重伤的损失工作日最多不超过 6000 工作日；

(3) 死亡，指损失工作日超过 6000 工作日，这是根据我国职工的平均退休年龄和平均寿命计算出来的。

2. 按照安全事故类别分类

根据《企业职工伤亡事故分类标准》(GB 6441—1986)中，将事故类别划分为 20 类，即物体打击、车辆伤害、机械伤害、起重伤害、触电、淹溺、灼烫、火灾、高处坠落、坍塌、冒顶片帮、透水、放炮、瓦斯爆炸、火药爆炸、锅炉爆炸、容器爆炸、其他爆炸、中毒和窒息、其他伤害。

3. 按照安全事故受伤性质分类

受伤性质是指人体受伤的类型，实质上是从医学的角度给予创伤的具体名称，常见的有：电伤、挫伤、割伤、擦伤、刺伤、撕脱伤、扭伤、倒塌压埋伤、冲击伤等。

4. 按照生产安全事故造成的人员伤亡或直接经济损失分类

根据 2007 年 4 月 9 日国务院发布的《生产安全事故报告和调查处理条例》(国务院令第 493 号，以下简称《条例》)第三条规定：根据生产安全事故(以下简称事故)造成的人员伤亡或者直接经济损失，事故一般分为以下等级：

(1) 特别重大事故，是指造成 30 人以上死亡，或者 100 人以上重伤(包括急性工业中毒，下同)，或者 1 亿元以上直接经济损失的事故；

(2) 重大事故，是指造成 10 人以上 30 人以下死亡，或者 50 人以上 100 人以下重伤，或者 5000 万元以上 1 亿元以下直接经济损失的事故；

(3) 较大事故，是指造成 3 人以上 10 人以下死亡，或者 10 人以上 50 人以下重伤，或者 1000 万元以上 5000 万元以下直接经济损失的事故；

(4) 一般事故，是指造成 3 人以下死亡，或者 10 人以下重伤，或者 1000 万元以下 100 万元以上直接经济损失的事故。

(本等级划分所称的"以上"包括本数，所称的"以下"不包括本数。)

(二) 施工生产安全事故的处理

1. 生产安全事故报告和调查处理的原则

根据国家法律法规的要求，在进行生产安全事故报告和调查处理时，要坚持实事求是，尊重科学的原则，既要及时、准确地查明事故原因，明确事故责任，使责任人受到追究；又要总结经验教训，落实整改和防范措施，防止类似事故再次发生。因此，施工项目一旦发生安全事故，必须实施"四不放过"的原则：

(1) 事故原因没有查清不放过；

(2) 责任人员没有受到处理不放过；

(3) 职工群众没有受到教育不放过；

(4) 防范措施没有落实不放过。

2. 事故报告的要求

根据《生产安全事故报告和调查处理条例》等相关规定的要求，事故报告应当及时、准确、完整，任何单位和个人对事故不得迟报、漏报、谎报或者瞒报。

1) 施工单位事故报告要求

生产安全事故发生后，受伤者或最先发现事故的人员应立即用最快的传递手段，将发生事故的时间、地点、伤亡人数、事故原因等情况，向施工单位负责人报告；施工单位负责人接到报告后，应当在1小时内向事故发生地县级以上人民政府建设主管部门和有关部门报告。实行施工总承包的建设工程，由总承包单位负责上报事故。

当情况紧急时，事故现场有关人员可以直接向事故发生地县级以上人民政府建设主管部门和有关部门报告。

2) 建设主管部门事故报告要求

建设主管部门接到事故报告后，应当依照下列规定上报事故情况，并通知安全生产监督管理部门、公安机关、劳动保障行政主管部门、工会和人民检察院。

(1) 较大事故、重大事故及特别重大事故逐级上报至国务院建设主管部门；

(2) 一般事故逐级上报至省、自治区、直辖市人民政府建设主管部门；

(3) 建设主管部门依照规定上报事故情况时，应当同时报告本级人民政府，国务院建设主管部门接到重大事故和特别重大事故的报告后，应当立即报告国务院；

(4) 必要时，建设主管部门可以越级上报事故情况。

建设主管部门按照上述规定逐级上报事故情况时，每级上报的时间不得超过2小时。

3) 事故报告的内容

(1) 事故发生的时间、地点和工程项目、有关单位名称；

(2) 事故的简要经过；

(3) 事故已经造成或者可能造成的伤亡人数(包括下落不明的人数)和初步估计的直接经济损失；

(4) 事故的初步原因；

(5) 事故发生后采取的措施及事故控制情况；

(6) 事故报告单位或报告人员；

(7) 其他应当报告的情况。

事故报告后出现新情况，以及事故发生之日起30日内伤亡人数发生变化的，应当及时补报。

3. 事故调查

根据《条例》等相关规定的要求，事故调查处理应当坚持实事求是、尊重科学的原则，及时、准确地查清事故经过、事故原因和事故损失，查明事故性质，认定事故责任，总结事故教训，提出整改措施，并对事故责任者依法追究责任。事故调查报告的内容应包括：

(1) 事故发生单位概况；

(2) 事故发生经过和事故救援情况；

(3) 事故造成的人员伤亡和直接经济损失；

(4) 事故发生的原因和事故性质；

(5) 事故责任的认定和对事故责任者的处理建议；

(6) 事故防范和整改措施。

事故调查报告应当附具有关证据材料，事故调查组成人员应当在事故调查报告上签名。

4．事故处理

1) 施工单位的事故处理

(1) 事故现场处理。事故处理是落实"四不放过"原则的核心环节。当事故发生后，事故发生单位应当严格保护事故现场、做好标识，排除险情，采取有效措施抢救伤员和财产，防止事故蔓延扩大。

事故现场是追溯判断发生事故原因和事故责任人责任的客观物质基础。因抢救人员、疏导交通等原则，需要移动现场物件时，应当做出标志，绘制现场简图并做出书面记录，妥善保存现场重要痕迹、物证，有条件的可以拍照或录像。

(2) 事故登记。施工现场要建立安全事故登记表，作为安全事故档案，对发生事故人员的姓名、性别、年龄、工种等级、负伤时间、伤害程度、负伤部门及情况、简要经过及原因记录归档。

(3) 事故分析记录。施工现场要有安全事故分析记录，对发生轻伤、重伤、死亡、重大设备事故及未遂事故的，必须按"四不放过"的原则组织分析，查出主要原因，分清责任，提出防范措施，应吸取的教训要记录清楚。

(4) 要坚持安全事故月报制度，若当月无事故也要报空表。

2) 建设主管部门的事故处理

(1) 建设主管部门应当依据有关人民政府对事故的批复和有关法律法规的规定，对事故相关责任者实施行政处罚。处罚权限不属本级建设主管部门的，应当在收到事故调查报告批复后 15 个工作日内，将事故调查报告(附具有关证据材料)、结案批复、本级建设主管部门对有关责任者的处理建议等转送有权限的建设主管部门。

(2) 建设主管部门应当依照有关法律法规的规定，对因降低安全生产条件导致事故发生的施工单位给予暂扣或吊销安全生产许可证的处罚；对事故负有责任的相关单位给予罚款、停业整顿、降低资质等级或吊销资质证书的处罚。

(3) 建设主管部门应当依照有关法律法规的规定，对事故发生负有责任的注册执业资格人员给予罚款、停止执业或吊销其注册执业资格证书的处罚。

5．法律责任

1) 事故报告和调查处理的违法行为

根据《条例》规定，对事故报告和调查处理中的违法行为，任何单位和个人有权向安全生产监督管理部门、监察机关或者其他有关部门举报，接到举报的部门应当依法及时处理。

事故报告和调查处理中的违法行为，包括事故发生单位及其有关人员的违法行为，还包括政府、有关部门及有关人员的违法行为，其种类主要有以下几种：

① 不立即组织事故抢救；

② 在事故调查处理期间擅离职守；

③ 迟报或者漏报事故；

④ 谎报或者瞒报事故；

⑤ 伪造或者故意破坏事故现场；

⑥ 转移、隐匿资金、财产，或者销毁有关证据、资料；

⑦ 拒绝接受调查或者拒绝提供有关情况和资料；

⑧ 在事故调查中作伪证或者指使他人作伪证；

⑨ 事故发生后逃匿；

⑩ 阻碍、干涉事故调查工作；

⑪ 对事故调查工作不负责任，致使事故调查工作有重大疏漏；

⑫ 包庇、袒护负有事故责任的人员或者借机打击报复；

⑬ 故意拖延或者拒绝落实经批复的对事故责任人的处理意见。

2) 法律责任

事故发生单位主要负责人有上述①～③条违法行为之一的，处上一年年收入 40%～80%的罚款；属于国家工作人员的，并依法给予处分；构成犯罪的，依法追究刑事责任。

事故发生单位及其有关人员有上述④～⑨条违法行为之一的，对事故发生单位处 100 万元以上 500 万元以下的罚款；对主要负责人、直接负责的主管人员和其他直接责任人员处上一年年收入 60%～100%的罚款；属于国家工作人员的，并依法给予处分；构成违反治安管理行为的，由公安机关依法给予治安管理处罚；构成犯罪的，依法追究刑事责任。

有关地方人民政府、安全生产监督管理部门和负有安全生产监督管理职责的有关部门有上述①③④⑧⑩条违法行为之一的，对直接负责的主管人员和其他直接责任人员依法给予处分；构成犯罪的，依法追究刑事责任。

参与事故调查的人员在事故调查中有上述⑪⑫条违法行为之一的，依法给予处分；构成犯罪的，依法追究刑事责任。

有关地方人民政府或者有关部门故意拖延或者拒绝落实经批复的对事故责任人的处理意见的，由监察机关对有关责任人员依法给予处分。

任务四　掌握施工现场文明施工和环境保护的要求

一、施工现场文明施工的要求

文明施工是指保持施工现场良好的作业环境、卫生环境和工作秩序。文明施工主要包括规范施工现场的场容，保持作业环境的整洁卫生；科学组织施工，使生产有序进行；减少施工对周围居民和环境的影响；遵守施工现场文明施工的规定和要求，保证职工的安全和身体健康等。

(一) 施工现场文明施工的要求

施工现场文明施工应符合以下要求：

(1) 有整套的施工组织设计或施工方案，施工总平面布置紧凑、施工场地规划合理，符合环保、市容、卫生的要求。

(2) 有健全的施工组织管理机构和指挥系统，岗位分工明确；工序交叉合理，交接责任明确。

(3) 有严格的成品保护措施和制度，大小临时设施和各种材料构建、构件、半成品按平面布置堆放整齐。

(4) 施工场地平整，道路畅通，排水设施得当，水电线路整齐，机具设备状况良好，使用合理。施工作业符合消防和安全要求。

(5) 搞好环境卫生管理，包括施工区、生活区环境卫生和食堂卫生管理。

(6) 文明施工应贯穿施工结束后的清场。

(二) 施工现场文明施工的措施

1. 文明施工的组织措施

(1) **建立文明施工的管理组织**。该管理组织应确立项目经理为现场文明施工的第一责任人，以各专业工程师、施工质量、安全、材料、保卫、后勤等现场项目经理部人员为成员的施工现场文明管理组织，共同负责本工程现场文明施工工作。

(2) **健全文明施工的管理制度**。该管理制度包括建立各级文明施工岗位责任制，将文明施工工作考核列入经济责任制，建立定期的检查制度，实行自检、互检、交接检制度，建立奖惩制度，开展文明施工立功竞赛，加强文明施工教育培训等。

2. 文明施工的管理措施

(1) **现场围挡设计**。围挡封闭是创建文明工地的重要组成部分。工地四周设置连续、密闭的砖砌围墙，与外界隔绝进行封闭施工，围墙高度按不同地段的要求进行砌筑，市区主要路段和其他涉及市容景观路段的工地设置围挡的高度不低于2.5 m，其他工地的围挡高度不低于1.8 m，围挡材料要求坚固、稳定、统一、整洁、美观。

结构外墙脚手架设置安全网，防止杂物、灰尘外散，也防止人与物的坠落。安全网使用不得超出其合理使用期限，重复使用的应进行检验，检验不合格的不得使用。

(2) **现场工程标志牌设计**。按照文明工地标准，严格按照相关文件规定的尺寸和规格制作各类工程标志牌。"五牌一图"，即工程概况牌、管理人员名单及监督电话牌、消防保卫(防火责任)牌、安全生产牌、文明施工牌和施工现场平面图。

(3) **临设布置**。现场生产临设及施工便道总体布置时，必须同时考虑工程基地范围内的永久道路，避免冲突，影响管线的施工。

临时建筑物、构筑物，包括办公用房、宿舍、食堂、卫生间及化粪池、水池皆用砖砌。临时建筑物、构筑物要求稳固、安全、整洁，满足消防要求。集体宿舍与作业区隔离，人均床铺面积不小于 $2m^2$，适当分隔，防潮、通风，采光性能良好。按规定架设用电线路，严禁任意拉线接电，严禁使用电炉和明火烧煮食物。对于重要材料设备，搭设相应的适用于存储保护材料设备的场所或临时设施。

(4) 成品、半成品、原材料堆放。 仓库做到账物相符；进出仓库有手续，凭单收、发，堆放整齐；保持仓库整洁，专人负责管理。

严格按施工组织设计中的平面布置图划定的位置堆放成品、半成品和原材料，所有材料应堆放整齐。

(5) 现场场地和道路。 场内道路要平整、坚实、畅通。主要场地应硬化，并设置相应的安全防护设施和安全标志。施工现场内有完善的排水措施，不允许有积水存在。

(6) 现场卫生管理。

① 明确施工现场各区域的卫生责任人；

② 食堂必须有卫生许可证，并应符合卫生标准，生、熟食操作应分开，熟食操作时应有防蝇间或防蝇罩，禁止使用塑料制品作熟食容器，炊事员和茶水工需持有效的健康证明和上岗证；

③ 施工现场应设置卫生间，并有水源供冲洗，同时设简易化粪池或集粪池，加盖并定期喷药，每日有专人负责清洁；

④ 设置足够的垃圾池和垃圾桶，定期搞好环境卫生、清理垃圾，施药除"四害"；

⑤ 建筑垃圾必须集中堆放并及时清运；

⑥ 施工现场按标准制作有顶盖茶棚，茶桶必须上锁，茶水和消毒水有专人定时更换，并保证供水；

⑦ 夏季施工备有防暑降温措施；

⑧ 配备保健药箱，购置必要的急救、保健药品。

(7) 文明施工教育。

① 做好文明施工教育，管理者首先应为建设者营造一个良好的施工、生活环境，保障施工人员的身心健康；

② 开展文明施工教育，教育施工人员应遵守和维护国家的法律法规，防止和杜绝盗窃、斗殴及黄、赌、毒等非法活动的发生；

③ 现场施工人员均佩戴胸卡，按工种统一编号管理；

④ 进行多种形式的文明施工教育，如例会、报栏、录像及辅导，参观学习；

⑤ 强调全员管理的概念，提高现场人员文明施工的意识。

二、施工现场环境保护的要求

(一) 施工现场环境保护的要求

1. 环境保护的目的

(1) 保护和改善环境质量，从而保护人民的身心健康，防止人体在环境污染影响下产生遗传突变和退化；

(2) 合理开发和利用自然资源，减少或消除有害物质影响环境，加强生物多样性的保护，维护生物资源的生产能力，使之得以恢复。

2. 环境保护的原则

(1) 经济建设与环境保护协调发展的原则；

(2) 预防为主、防治结合、综合治理的原则；

(3) 依靠群众保护环境的原则；

(4) 环境经济责任原则，即污染者付费的原则。

3．环境保护的要求

(1) 工程施工前应进行现场环境调查，包括施工现场和周边环境条件、施工可能对环境带来的影响和制定环境管理计划的其他条件。

(2) 工程的施工组织设计中应有防治扬尘、噪声、固体废物和废水等污染环境的有效措施，并在施工作业中认真组织实施；

(3) 施工现场应建立环境保护管理体系，层层落实，责任到人，并保证有效运行；

(4) 对施工现场防治扬尘、噪声、水污染及环境保护管理工作进行检查；

(5) 定期对职工进行环保法规知识的培训考核。

(二) 施工现场环境保护的措施

1．施工环境影响的类型

通常施工环境影响的类型如表 6.3 所示。施工单位应当遵守国家有关环境保护的法律规定，对施工造成的环境影响采取针对性措施，有效控制施工现场的各种粉尘、废气、废水、固体废弃物以及噪声、振动对环境的污染和危害。

表 6.3　环境影响类型表

序号	环境因素	产生的地点、工序和部位	环境影响
1	噪声	施工机械、运输设备、电动工具	影响人体健康、居民休息
2	粉尘的排放	施工场地平整、土堆、砂堆、石灰、现场路面、进出车辆车轮带泥沙、水泥搬运、混凝土搅拌、木工房锯末、喷砂、除锈、衬里	污染大气、影响居民身体健康
3	运输的遗撒	现场渣土、商品混凝土、生活垃圾、原材料运输当中	污染路面和影响人员健康
4	化学危险品、油品泄漏或挥发	实验室、油漆库、油库、化学材料库及其作业面	污染土地和影响人员健康
5	有毒有害废弃物排放	施工现场、办公区、生活区废弃物	污染土地、水体、大气
6	生产、生活污水的排放	现场搅拌站、厕所、现场洗车处、生活服务设施、食堂等	污染水体
7	生产用水、用电的消耗	现场、办公室、生活区	资源浪费
8	办公用纸的消耗	办公室、现场	资源浪费
9	光污染	现场焊接、切割作业、夜间照明	影响居民生活、休息和邻近人员健康
10	离子辐射	放射源储存、运输、使用中	严重危害居民、工作人员健康
11	混凝土防冻剂的排放	混凝土使用	影响工作人员健康

2. 施工现场环境保护的措施

1) 环境保护的组织措施

施工现场环境保护的组织措施是施工组织设计或环境管理专项方案中的重要组成部分，是具体组织与指导环保施工的文件，旨在从组织和管理上采取措施，消除或减轻施工过程中的环境污染与危害。主要的组织措施包括：

(1) 建立施工现场环境管理体系，落实项目经理责任制。项目经理全面负责施工过程中的现场环境保护的管理工作，并根据工程规模、技术复杂程度和施工现场的具体情况，建立施工现场管理责任制并组织实施，将环境管理系统化、科学化、规范化，做到责权分明，管理有序，防止互相扯皮，提高管理水平和效率。该制度主要包括环境岗位责任制、环境检查制度、环境保护教育制度以及环境保护奖惩制度。

(2) 加强施工现场环境的综合治理。加强全体职工自觉保护环境的意识，做好思想教育、纪律教育与社会公德、职业道德和法制观念相结合的宣传教育。

2) 环境保护的技术措施

根据《建设工程施工现场环境与卫生标准》(JGJ 146—2013)的规定，施工单位应当采取下列防止环境污染的技术措施：

(1) 施工现场的主要道路要进行硬化处理，裸露的场地和堆放的土方应采取覆盖、固化或绿化等措施。

(2) 施工现场土方作业应采取防止扬尘措施，主要道路应定期清扫、洒水。

(3) 拆除建筑物或者构筑物时，应采用隔离、洒水等降噪、降尘措施，并及时清理废弃物。

(4) 土方和建筑垃圾的运输必须采用封闭式运输车辆或采取覆盖措施。施工现场出口处应设置车辆冲洗设施，并应对驶出的车辆进行清洗。

(5) 建筑物内垃圾应采用容器或搭设专用封闭式垃圾道的方式清运，严禁凌空抛掷。

(6) 施工现场严禁焚烧各类废弃物。

(7) 在规定区域内的施工现场应使用预拌制混凝土及预拌砂浆。采用现场搅拌混凝土或砂浆的场所应采取封闭、降尘、降噪措施。水泥和其他易飞扬的细颗粒建筑材料应密闭存放或采取覆盖等措施。

(8) 当环境空气质量指数达到中度及以上的污染时，施工现场应增加洒水频次，加强覆盖措施，减少易造成大气污染的施工作业。

(9) 施工现场应设置排水管及沉淀池，施工污水经沉淀处理达到排放标准后，方可排入市政污水管网。

(10) 废弃的降水井应及时回填，并应封闭井口，防止污染地下水。

(11) 施工现场宜选用低噪声、低振动的设备，强噪声设备宜设置在远离居民区的一侧，并应采用隔声、吸声材料搭设的防护棚或屏障。

3) 运用装配式建筑进行环境保护

根据国务院 2016 年 9 月 27 日颁布的《国务院办公厅关于大力发展装配式建筑的指导意见》，装配式建筑是用预制部品部件在工地装配而成的建筑。发展装配式建筑是建造方式的大变革，是推进供给侧结构性改革和新型城镇化发展的重要举措。装配式建筑将大量施工工序移到场外，可有效简化现场工作，并将极大地减少施工工序对施工现场环境的污染，对施工现场安全环境控制具有重大的意义。

(三) 施工现场环境污染的处理

1．大气污染的处理

(1) 施工现场外围围挡不得低于 1.8 m，以避免或减少污染物向外扩散。

(2) 施工现场垃圾杂物要及时清理。清理多层、高层建筑物的施工垃圾时，采用定制带盖铁桶吊运或利用永久性垃圾道，严禁凌空随意抛撒垃圾。

(3) 应合理选定位置存放施工现场堆土，并洒水覆膜封闭或表面临时固化或植草，防止扬尘污染。

(4) 施工现场道路应硬化。采用焦渣、级配砂石、混凝土等作为道路面层，有条件的可利用永久性道路，并指定专人定时洒水和清扫养护，防止道路扬尘。

(5) 易飞扬材料入库密闭存放或覆盖存放。如水泥、白灰、珍珠岩等易飞扬的细颗粒散体材料应入库存放。若室外临时露天存放，必须下垫上盖，严密遮盖防止扬尘。运输水泥、白灰、珍珠岩粉等易飞扬的细颗粒粉状材料时，要采取遮盖措施，防止沿途遗洒、扬尘。卸货时，应采取措施，以减少扬尘。

(6) 施工现场易扬尘处使用密目式安全网封闭，使一网两用，并定人定时清洗粉尘，防止施工过程扬尘或二次污染。

(7) 在大门口铺设一定距离的石子(定期过筛洗选)路自动清理车轮或作一段混凝土路面和水沟用水冲洗车轮车身，或人工清扫车轮车身。装车时，不应装得过满；行车时，不应猛拐，不急刹车。卸货后清扫干净车厢，注意关好车厢门。场区内外定人定时清扫，做到车辆不外带泥沙、不洒污染物、不扬尘，消除或减轻对周围环境的污染。

(8) 禁止施工现场焚烧有毒、有害烟尘和恶臭气体的物资。如焚烧沥青，包装箱、袋和建筑垃圾等。

(9) 尾气排放超标的车辆，应安装净化消声器，防止噪声和冒黑烟。

(10) 施工现场炉灶(如茶炉、锅炉等)采用消烟除尘型，烟尘排放控制在允许范围内。

(11) 拆除旧有建筑物时，应适当洒水，并且在旧有建筑物周围采用密目式安全网和草帘搭设屏障，防止扬尘。

(12) 在施工现场建立集中搅拌站，由先进设备控制混凝土原材料的取料、称料、进料、混合料搅拌、混凝土出料等全过程，在进料仓上方安装除尘器，可使粉尘降低98%以上。

(13) 在城区、郊区城镇和居民稠密区、风景旅游区、疗养区及国家规定的文物保护区内施工的工程，严禁使用敞口锅熬制沥青。凡进行沥青防水作业时，要使用密闭和带有烟尘处理装置的加热设备。

2．水污染的处理

(1) 施工现场搅拌站的污水、水磨石的污水等须经排水沟排放和沉淀池沉淀后再排入城市污水管道或河流，污水未经处理不得直接排入城市污水管道或河流。

(2) 禁止将有毒、有害废弃物作土方回填，避免污染水源。

(3) 施工现场存放油料、化学溶剂等设有专门的库房，必须对库房地面和高 250 mm 墙面进行防渗处理，如采用防渗混凝土或刷防渗漏涂料等。当领料使用时，要采取措施，防止油料跑、冒、滴、漏而污染水体。

(4) 对于现场气焊用的乙炔发生罐产生的污水严禁随地倾倒，要求用专用容器集中存放，并倒入沉淀池处理，以免污染环境。

(5) 施工现场 100 人以上的临时食堂，污水排放时可设置简易有效的隔油池，定期掏油、清理杂物，防止污染水体。

(6) 施工现场临时厕所的化粪池应采取防渗漏措施，防止污染水体。

(7) 施工现场化学药品、外加剂等要妥善入库保存，防止污染水体。

3．噪声污染的处理

(1) 合理布局施工场地，优化作业方案和运输方案，尽量降低施工现场附近敏感点的噪声强度，避免噪声扰民。

(2) 在人口密集区进行较强噪声施工时，须严格控制作业时间，一般避开晚 10 时到次日早 6 时的作业；对环境的污染不能控制在规定范围内的，必须昼夜连续施工时，要尽量采取措施降低噪声。

(3) 夜间运输材料的车辆进入施工现场，严禁鸣笛和乱轰油门，装卸材料要做到轻拿轻放。

(4) 进入施工现场不得高声喊叫和乱吹哨，不得无故甩打模板、钢筋铁件和工具设备等，严禁使用高音喇叭、机械设备空转和不应当的碰撞其他物件(如混凝土振捣器碰撞钢筋或模板等)，减少噪声扰民。

(5) 加强各种机械设备的维修保养，缩短维修保养周期，尽可能降低机械设备噪声的排放。

(6) 施工现场超噪声值的声源，应采取如下措施降低噪声或转移声源：

① 尽量选用低噪声设备和工艺来代替高噪声设备和工艺(如用电动空压机代替柴油空压机、用静压桩施工方法代替锤击桩施工方法等)，降低噪声。

② 在声源处安装消声器消声，即在鼓风机、内燃机、压缩机各类排气装置等进、出风管的适当位置设置消声器(如阻性消声器、抗性消声器、阻抗复合消声器、穿微孔板消声器等)，降低噪声。

③ 加工成品、半成品的作业(如预制混凝土构件、制作门窗等)，尽量放在工厂车间生产，以转移声源来消除噪声。

(7) 在施工现场噪声的传播途径上，采取吸声、隔声等声学处理的方法来降低噪声。

(8) 建筑施工过程中场界环境噪声不得超过《建筑施工场界环境噪声排放标准》(GB 12523—2011)规定的排放限值(昼间：70 dB(A)；夜间：55 dB(A))。夜间噪声最大声级超过限值的幅度不得高于 15 dB(A)。

4．固体废物污染的处理

(1) 施工现场设立专门的固体废弃物临时储存场所，用砖砌成池，废弃物应分类存放，对有可能造成二次污染的废弃物必须单独储存、设置安全防范措施且有醒目标识。对储存物应及时收集并处理，可回收的废弃物做到回收再利用。

(2) 固体废弃物的运输应采取分类、密封、覆盖，避免泄漏、遗漏，并送到政府批准的单位或场所进行处理。

(3) 施工现场应使用环保型的建筑材料、工器具、临时设施、灭火器和各种物质的包装箱袋等，减少固体废弃物污染。

(4) 提高工程施工质量，减少或杜绝工程返工，避免产生固体废弃物污染。

(5) 施工中及时回收使用落地灰和其他施工材料，做到"工完料尽"，减少固体废弃物污染。

5. 光污染的处理

(1) 对施工现场照明器具的种类、灯光亮度加以控制，不对着居民区照射，并利用隔离屏障(如灯罩、搭设排架密挂草帘或篷布等)。

(2) 电气焊应尽量远离居民区或在工作面设蔽光屏障。

读一读　　　　　善意的建议与合理的索赔

有经验的承包商，在建设工程的施工过程中发现设计图纸有误、或者设计不合理的情况是常见的，及时提出进行设计修改或变更可以使工程更加完美。但是同时也存在另外一种情况，承包商为了自己的施工方便或其他经济利益等也会提出设计变更要求。

当承包商提出需要进行设计修改或变更的建议时，作为非工程技术专业的建设单位管理人员应该如何决策呢？希望从本案管理人员的细节决策中可以获得一些教益。

案情简介：

发包方：某市商贸集团公司

承包方：某市新城建设工程公司

发包方的某商业培训楼经过招标、投标竞争，承包方中标并签订了施工合同后，承包方工程人员在核对基础施工图与勘探报告时发现，该工程基础底面标高定在勘探报告中不宜作地基的近代人工杂填土的土层上，于是及时报告给发包方代表，希望发包方与该工程的设计和勘探单位联系，签办一个将基础底标高再降低 0.8 m 的设计变更。此变更需要增加各项工程费共计不会超过 4.6 万元。但发包人看到报告后，认为土还没有开挖，怎么就要求变更，这不就是常说的"低价中标，高价索赔"吗？带着这种敏感的想法，主管人员在没有把此事转告设计单位进行设计复核的情况下，即做出决定："先按照原设计图纸的要求开挖吧。"

发包方既然表示维持原设计不变，承包商就只好按照原设计标高开挖。在基础的验槽期间，设计及勘探单位根据开挖后的现场情况，对应继续下挖 0.8 m 至亚黏土层作为该工程的基础持力层的问题达成了共识，并现场签办了设计变更洽商。承包方根据此项设计变更洽商提出的工程索赔金额(包括工程量增加、挖运土机械二次进出场、二次开辟作业坡道、二次钎探等)为 6.2 万元。合同工期延长 3 天。

在结构施工阶段，承包方发现所设计的较大的现浇阳台嵌入端约束构造薄弱，建议加大连接阳台纵墙上的现浇钢筋混凝土梁，增加钢筋约 3.8 t，并加强与承重墙体连接。发包方代表认为承包方的建议只是为了寻找增加工程量的索赔机会，没有认真对待承包方的建议。竣工使用后，多数阳台发生外端下垂，与沿墙楼板连接部位出现了不正常的受力裂缝，经权威单位鉴定后认为，多数阳台与沿墙楼板连接部位出现的不正常的受力裂缝的原因，是工程设计人员设计计算错误所致，必须进行加固才能够消除不安全隐患。发包方不得已又决定进行加固，共用去加固费 14.4 万元。

如施工中采纳承包方的建议，请设计单位复核一下施工单位提出的建议，增加费用最多不超过 2 万元。

本案点评：

从工程建设的角度讲，发包方与承包方是合作的关系，从企业为盈利而经营的角度看问题，两者又是互相制约的关系。正确处理好这两个关系是搞好工程建设的重要方面。因此，在工程建设施工中，承包方的目标，是付出较小的投入获取最大的利益，把争取利益最大化作为管理重点之一，利用工程中出现的各种情况及各种机会进行索赔，属正常现象。对有些无中生有制造情况进行索赔的，虽然客观存在，的确需要在管理中进行鉴别，并予以拒绝，但是，工程中的技术问题是一个科学的问题，要用科学的手段来解决，不能仅用怀疑对方的心态判定工程中的技术问题。

本案中的发包方管理人员是一位非专业管理人员。承包人发现现浇阳台嵌入端约束构造薄弱，"建议加大"连接阳台纵墙上的现浇钢筋混凝土梁时，被发包方管理人员认为"建议"是可有可无的，当作商品交易的讨价还价处理了。只有到了按照合同进行索赔的时候，该管理人员看到了因自己的主观臆断付出的代价之后，他才真正感觉到工作上"有点不懂"。

其实，在我们国家的许多建设单位，非专业人员管理工程的并非少见，关键问题是要有正常的工作心态和具体问题的正确处理方法。

练一练

1. 根据《生产安全事故报告和调查处理条例》(国务院令第 493 号)，生产安全事故发生后，受伤者或是最先发现事故的人员应立即用最快的传递手段，向(　　)报告。

A. 施工单位负责人　　　　　　　　　B. 项目经理

C. 安全员　　　　　　　　　　　　　D. 项目总监理工程师

2. 施工企业实施环境管理体系标准的关键是(　　)。

A. 坚持持续改进和预防环境污染　　　B. 采用 PDCA 循环管理模式

C. 组织最高管理者的承诺　　　　　　D. 组织全体员工参与

3. 施工现场照明条件属于影响施工质量环境因素中的(　　)。

A. 自然环境因素　　　　　　　　　　B. 施工质量管理环境因素

C. 技术环境因素　　　　　　　　　　D. 作业环境因素

4. 根据现行规定，施工企业为职工缴纳的工伤保险费，属于建筑安装工程费中的(　　)。

A. 文明施工费　　　B. 劳动保险费　　　C. 规费　　　　D. 安全施工费

5. 根据《建设工程安全生产管理条例》，工程监理单位应当审核施工组织设计中的安全技术措施或者专项施工方案是否符合(　　)。

A. 工程建设设计文件　　　　　　　　B. 工程建设施工合同

C. 工程建设技术规程　　　　　　　　D. 工程建设强制性标准

6. 由于受技术、经济条件限制，建设工程施工对环境的污染不能控制在规定范围内的，(　　)应当会同施工单位事先报请当地人民政府建设和环境行政主管部门批准。

A. 建设单位   B. 设计单位   C. 监理单位   D. 设备供应单位

7. 下列施工现场文明施工的措施中，符合现场卫生管理要求的是(   )。

A. 集体宿舍与作业区隔离   B. 工地四周设置连续、封闭的砖砌围墙

C. 食堂禁止使用塑料制品做熟食容器   D. 施工现场不允许有积水存在

8. 下列施工现场超噪声值的声源控制措施中，属于转移声源措施的是(   )。

A. 用电动空压机代替柴油机   B. 在工厂车间生产制作门窗

C. 在鼓风机进、出风管处设置阻性消音   D. 装卸材料轻拿轻放

9. 关于施工中一般特种作业人员应具备条件的说法，正确的是(   )。

A. 年满 16 周岁，且不超过国家法定退休年龄

B. 必须为男性

C. 连续从事本工种 10 年以上

D. 具有初中及以上文化程度

10. 对建设工程来说，新员工上岗前的三级安全教育具体应由(   )负责实施。

A. 公司、项目、班组   B. 企业、工区、施工队

C. 企业、公司、工程处   D. 工区、施工队、班组

11. 生产规模小，危险因素少的施工单位，其生产安全事故应急预案体系可以(   )。

A. 只编写综合应急预案

B. 只编写现场处置方案

C. 将专项应急预案与现场处置方案合并编写

D. 将综合应急预案与专项应急预案合并编写

12. 施工过程中发现问题及时处理，是施工安全隐患处理原则中(   )原则的体现。

A. 动态处理   B. 重点处理

C. 预防与减灾并重   D. 冗余深度处理

13. 建设主管部门按现行法律法规的规定，对因降低安全生产条件导致事故发生的施工单位可以予以的处罚方式是(   )。

A. 吊销安全生产许可证   B. 罚款

C. 停业整顿   D. 降低资质等级

14. 施工企业安全检查制度中，安全检查的重点是检查"三违"和(   )的落实情况。

A. 施工起重机械的使用登记制度   B. 安全责任制

C. 现场人员的安全教育制度   D. 专项施工方案专家论证制度

15. 及时购买补充适用的规范、规程等行业标准的活动，属于职业健康安全体系运行中的(   )活动。

A. 信息交流   B. 执行控制程序

C. 文件管理   D. 预防

情境七

项目合同与风险管理

任务一　认识施工发承包模式

一、施工发承包模式

建设工程施工任务委托的模式(又称作施工发承包模式)反映了建设工程项目发包方和施工任务承包方之间、承包方与分包方等相互之间的合同关系。大量建设工程的项目管理实践证明，一个项目的建设能否成功，能否进行有效的投资控制、进度控制、质量控制、合同管理及组织协调，很大程度上取决于发承包模式的选择，因此应该慎重考虑和选择。

常见的施工任务委托模式主要有如下几种：

(1) 发包方委托一个施工单位或由多个施工单位组成的施工联合体或施工合作体作为施工总承包单位，施工总承包单位视需要再委托其他施工单位作为分包单位配合施工。

(2) 发包方委托一个施工单位或由多个施工单位组成的施工联合体或施工合作体作为施工总承包管理单位，发包方另委托其他施工单位作为分包单位进行施工。

(3) 发包方不委托施工总承包单位，而平行委托多个施工单位进行施工。

施工发承包模式的选择权在业主，业主根据工程的特点和对工程的要求，并考虑各种发承包模式的特点来进行选择。以下主要分析施工发承包的模式，以及从业主的角度分析各种施工发承包模式的特点，而从施工方的角度看，其利弊可能正好相反。

(一) 施工平行发承包模式

施工平行发承包，又称为分别发承包，是指发包方根据建设工程项目的特点、项目进展情况和控制目标的要求等因素，将建设工程项目按照一定的原则分解，将其施工任务分别发包给不同的施工单位，各个施工单位分别与发包方签订施工承包合同，其合同结构图如图 7.1 所示。

施工平行发承包的一般工作程序为：施工图设计完成→施工招、投标→施工→完工验收。一般情况下，发包人在选择施工承包单位时通常根据施工图设计进行施工招标，即施工图设计已经完成，每个施工承包合同都可以实行总价合同。

实行施工平行发承包对建设工程项目的费用、进度、质量等目标控制以及合同管理和组织与协调等的影响如下。

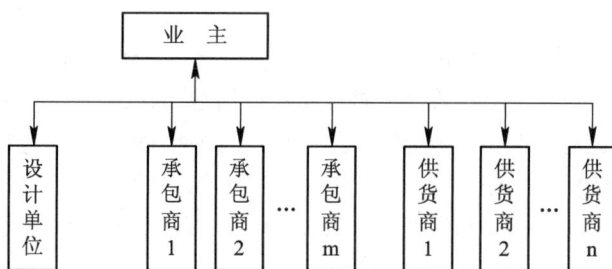

图 7.1 施工平行发承包模式的合同结构图

1．费用控制

(1) 对每一部分工程施工任务的发包，都以施工图设计为基础，投标人进行投标报价较为有依据，工程的不确定性程度降低了，对合同双方的风险也相对降低了；

(2) 每一部分工程的施工，发包人都可以通过招标选择最满意的施工单位(价格低、进度快、信誉好、关系好⋯⋯)来承包，这样对降低工程造价有利；

(3) 对业主来说，要等最后一份合同签订后才知道整个工程的总造价，对投资的早期控制不利。

2．进度控制

(1) 某一部分施工图完成后，即可开始这部分工程的招标，开工日期提前，可以边设计边施工，缩短建设周期；

(2) 由于要进行多次招标，业主用于招标的时间较多；

(3) 施工总进度计划和控制由业主负责；由不同单位承包的各部分工程之间的进度计划及其实施的协调由业主负责(业主直接负责协调各个施工单位似乎控制力度大，但矛盾集中，业主的管理风险大)。

3．质量控制

(1) 对某些工作而言，符合质量控制上的"他人控制"原则，不同分包单位之间能够形成一定的控制和制约机制，对业主的质量控制有利；

(2) 合同交互界面比较多，应非常重视各合同之间界面的定义，否则，对项目的质量控制不利。

4．合同管理

(1) 业主要负责所有施工承包合同的招标、合同谈判、签约，招标工作量大，对业主不利；

(2) 业主在每个合同中都会有相应的责任和义务，签订的合同越多，业主的责任和义务就越多；

(3) 业主要负责对多个施工承包合同的跟踪管理，合同管理工作量较大。

5．组织与协调

(1) 业主直接控制所有工程的发包，可决定所有工程的承包商的选择；

(2) 业主要负责对所有承包商的组织与协调，承担类似于总承包管理的角色，工作量大，对业主不利(业主的对立面多，各个合同之间的界面多，关系复杂，矛盾集中，业主的

管理风险大);

(3) 业主方可能需要配备较多的人力和精力进行管理,管理成本高。

为什么要选择施工平行发承包模式?或者在什么情况下可以考虑施工平行发承包模式呢?

(1) 当项目规模很大,不可能选择一个施工单位进行施工总承包或施工总承包管理,也没有一个施工单位能够进行施工总承包或施工总承包管理;

(2) 由于项目建设的时间要求紧迫,业主急于开工,来不及等所有的施工图全部出齐,只有边设计、边施工;

(3) 业主有足够的经验和能力应对多家施工单位。

对施工任务的平行发包,发包方可以根据建设项目的结构进行分解发包,也可以根据建设项目施工的不同专业系统进行分解发包。例如,某办公楼建设项目中,业主将打桩工程发包给甲施工单位,将主体土建工程发包给乙施工单位,将机电安装工程发包给丙施工单位,将精装修工程发包给丁施工单位等。而某地铁工程施工中,业主将14座车站的土建工程分别发包给14个土建施工单位,14座车站的机电安装工程分别发包给14个机电安装单位,就是典型的施工平行发包模式。

(二) 施工总承包模式

施工总承包,是指发包人将全部施工任务发包给一个施工单位或由多个施工单位组成的施工联合体或施工合作体,施工总承包单位主要依靠自己的力量完成施工任务。当然,经发包人同意,施工总承包单位可以根据需要将施工任务的一部分分包给其他符合资质的分包人。

施工总承包的合同结构如图7.2所示。

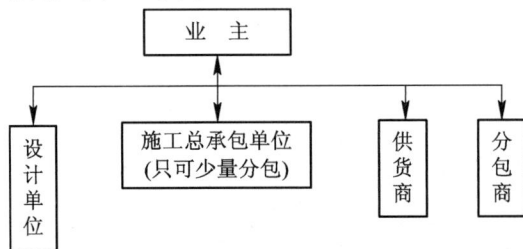

图 7.2　施工总承包模式的合同结构

与施工平行发承包相似,施工总承包的一般工作程序为:施工图设计完成→施工总承包的招投标→施工→竣工验收。一般情况下,招标人在通过招标选择承包人时通常以施工图设计为依据,即施工图设计已经完成,不确定性因素减少了,有利于实行总价合同。施工总承包合同一般实行总价合同。

施工总承包模式的特点如下。

1. 费用控制

(1) 在通过招标选择施工总承包单位时,一般都以施工图设计为投标报价的基础,这样投标人的投标报价就较有依据;

(2) 在开工前就有较明确的合同价,有利于业主对总造价的早期控制;

(3) 若在施工过程中发生设计变更,则可能发生索赔。

2. 进度控制

(1) 一般要等施工图设计全部结束后，才能进行施工总承包的招标，开工日期较迟，建设周期势必较长，对项目总进度控制不利；

(2) 施工总进度计划的编制、控制和协调由施工总承包单位负责，而项目总进度计划的编制、控制和协调，以及设计、施工、供货之间的进度计划协调由业主负责。

3. 质量控制

项目质量的好坏很大程度上取决于施工总承包单位的选择，取决于施工总承包单位的管理水平和技术水平。业主对施工总承包单位的依赖较大。

4. 合同管理

业主只需要进行一次招标，与一个施工总承包单位签约，招标及合同管理工作量大大减小，对业主有利。

在国内的很多工程实践中，业主为了早日开工，在未完成施工图设计的情况下就进行招标，选择施工总承包单位，采用所谓的"费率招标"，实际上是开口合同，对业主方的合同管理和投资控制十分不利。

5. 组织与协调

业主只负责对施工总承包单位的管理及组织协调，工作量大大减小，对业主比较有利。

总之，与平行发承包模式相比，采用施工总承包模式，业主的合同管理工作量大大减小了，组织和协调工作量也大大减小，协调比较容易，但建设周期可能比较长，对项目总进度控制不利。

(三) 施工总承包管理模式

施工总承包管理模式(Managing Contractor，MC)，意为"管理型承包"。它不同于施工总承包模式。当采用该模式时，业主与某个具有丰富施工管理经验的单位或者由多个单位组成的联合体或合作体签订施工总承包管理协议，由其负责整个项目的施工组织与管理。

一般情况下，施工总承包管理单位不参与具体工程的施工，而具体工程的施工需要再进行分包单位的招标与发包，把具体工程的施工任务分包给分包商来完成。但有时也存在另一种情况，即施工总承包管理单位也想承担部分具体工程的施工，这时它也可以参加这一部分工程施工的投标，通过竞争取得任务。

1. 施工总承包管理模式与施工总承包模式的差异

施工总承包管理模式与施工总承包模式不同，其差异性主要表现在以下几个方面：

(1) **工作开展程序不同**。施工总承包管理模式与施工总承包模式的工作开展程序不同。施工总承包模式的一般工作程序是：先完成工程项目的设计，即待施工图设计结束后再进行施工总承包的招投标，然后再进行工程施工，如图 7.3(a)所示。从图中可以看出，对许多大型工程项目来说，要等到设计图纸全部出齐后再进行工程招标，显然是很困难的。

而如果采用施工总承包管理模式，对施工总承包管理单位的招标可以不依赖完整的施工图，换句话说，施工总承包管理模式的招投标可以提前到项目尚处于设计阶段进行。另外，工程实体可以化整为零，分别进行分包单位的招标，即每完成一部分工程的施工图就招标一部分，从而使该部分工程的施工提前到整个项目设计阶段尚未完全结束之前进行，如图 7.3(b)所示。

为了更好地说明施工总承包管理模式与施工总承包模式在工作程序和对进度影响等方面的不同，将施工总承包模式的一般工作程序也同时表示在图 7.3 中。从图中可以看出，施工总承包管理模式可以在很大程度上缩短建设周期。

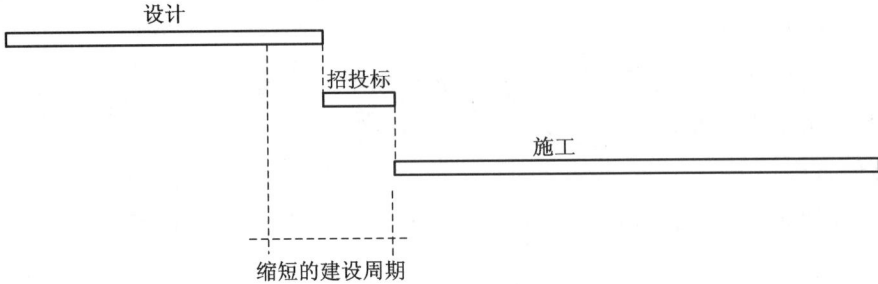

(a) 施工总承包模式下的项目开展顺序

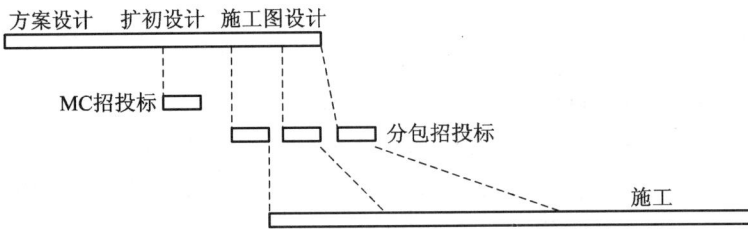

(b) 施工总承包管理模式下的项目开展顺序

图 7.3　施工总承包模式与施工总承包管理模式下工作开展顺序的比较

(2) **合同关系不同**。施工总承包管理模式的合同关系有两种可能，即业主与分包单位直接签订合同或者由施工总承包管理单位与分包单位签订合同。在国内的工程实践中，也有采用业主、施工总承包管理单位和分包单位三方共同签订的形式。

(3) **对分包单位的选择和认可**。在施工总承包模式中，如果业主同意将某几个部分的工程进行分包，施工分包单位往往由施工总承包单位选择，由业主认可。而在施工总承包管理模式中，所有分包单位的选择都是由业主决策的。

业主通常通过招标选择分包单位。一般情况下，分包合同由业主与分包单位直接签订，但每一个分包人的选择和每一个分包合同的签订都要经过施工总承包管理单位的认可，因为施工总承包管理单位要承担施工总体管理和目标控制的任务与责任。如果施工总承包管理单位认为业主选定的某个分包人确实没有能力完成分包任务，而业主执意不肯更换该分包人，施工总承包管理单位也可以拒绝认可该分包合同，并且不承担该分包人所负责工程的管理责任。

有时，在业主要求下并且在施工总承包管理单位同意的情况下，分包合同也可以由施工总承包管理单位与分包单位签订。

(4) **对分包单位的付款**。对各个分包单位的各种款项可以通过施工总承包管理单位支付，也可以由业主直接支付。

（5）**施工总承包管理的合同价格**。施工总承包管理合同中一般只确定总承包管理费(通常是按工程建筑安装造价的一定百分比计取，也可以确定一个总价)，而不需要事先确定建筑安装工程总造价，这也是施工总承包管理模式的招标可以不依赖于施工图设计图纸出齐的原因之一。

分包合同价，由于是在该部分施工图出齐后再进行分包的招标，因此应该采用实价(即单价或总价合同)。由此可以看出，施工总承包管理模式与施工总承包模式相比具有以下优点：

①　合同总价不是一次确定，某一部分施工图设计完成以后，再进行该部分工程的施工招标，确定该部分工程的合同价，因此整个项目的合同总额的确定较有依据；

②　所有分包合同和分供货合同的发包，都通过招标获得有竞争力的投标报价，对业主方节约投资有利；

③　施工总承包管理单位只收取总包管理费，不赚总包与分包之间的差价；

④　业主对分包单位的选择具有控制权；

⑤　每完成一部分施工图设计，就可以进行该部分工程的施工招标，可以边设计边施工，可以提前开工，缩短建设周期，有利于进度控制。

以上的比较分析说明，施工总承包管理模式与施工总承包模式有很多的不同，但两者也存在一些相同的方面，比如承担的责任和义务，以及对分包单位的管理和服务。两者都要承担相同的管理责任，对施工管理目标负责，负责对现场施工的总体管理和协调，负责向分包人提供相应的服务。在国内，普遍对施工总承包管理模式存在误解，认为施工总承包管理单位仅仅做管理与协调工作，而对项目目标控制不承担责任，实际上，每一个分包合同都要经过施工总承包管理单位的确认，施工总承包管理单位有责任对分包人的质量、进度进行控制，并负责审核和控制分包合同的费用支付，负责协调各个分包的关系，负责各个分包合同的管理。因此，在组织结构和人员配备上，施工总承包管理单位仍然要有费用控制、进度控制、质量控制、合同管理、信息管理、组织与协调的组织和人员。

2．施工总承包管理模式的特点

1）费用控制

(1) 某一部分工程的施工图完成后，由业主单独或与施工总承包管理单位共同进行该部分工程的施工招标，分包合同的投标报价较有依据；

(2) 每一部分工程的施工，发包人都可以通过招标选择最好的施工单位承包，获得最低的报价，对降低工程造价有利；

(3) 在进行施工总承包管理单位的招标时，只确定施工总承包管理费，没有合同总造价，是业主承担的风险之一；

(4) 多数情况下，由业主方与分包人直接签约，加大了业主方的风险。

2）进度控制

对施工总承包管理单位的招标不依赖于完整的施工图设计，可以提前到初步设计阶段进行。而对分包单位的招标依据该部分工程的施工图，与施工总承包模式相比也可以提前，从而可以提前开工，缩短建设周期。

施工总进度计划的编制、控制和协调由施工总承包管理单位负责，而项目总进度计划的编制、控制和协调，以及设计、施工、供货之间的进度计划协调由业主负责。

3) 质量控制

(1) 对分包单位的质量控制主要由施工总承包管理单位进行；

(2) 对分包单位来说，也有来自其他分包单位的横向控制，符合质量控制上的"他人控制"原则，对质量控制有利；

(3) 各分包合同交界面的定义由施工总承包管理单位负责，减轻了业主方的工作量。

4) 合同管理

一般情况下，所有分包合同的招投标、合同谈判、签约工作由业主负责，业主方的招标及合同管理工作量大，对业主不利。

对分包单位工程款的支付又可分为总承包管理单位支付和业主直接支付两种形式，前者对加大总承包管理单位对分包单位管理的力度更有利。

5) 组织与协调

由施工总承包管理单位负责对所有分包单位的管理及组织协调，大大减轻了业主的工作。这是施工总承包管理模式的基本出发点。

与分包单位的合同一般由业主签订，一定程度上削弱了施工总承包管理单位对分包单位管理的力度。

二、施工总包与分包

1. 施工总包

"施工总包"只是一种习惯称呼，在有关的法规和文件中并没有明确的定义。施工总承包单位和施工总承包管理单位都可以简称为"施工总包"。

在一个建设工程中，只能有一个"施工总包"(无论是施工总承包还是施工总承包管理)。目前，国内有些业主把全部土建工程发包给一个施工单位，全部安装工程发包给另外一个安装单位，该土建施工单位就叫做"土建总包"，该安装单位就叫做"安装总包"，这都是不严谨的。还有的认为，总包和分包是相对的概念，如果 A 承包商把某部分工程分包给 B 承包单位，B 再把其中的某项专业工程分包给 C 承包单位，则 A 是 B 的总包，B 是 C 的总包；B 称呼 A 为总包，C 称呼 A、B 都是总包，这也是不严谨的。

在市场经济发达国家，传统的合同结构是，业主委托一个设计单位负责所有设计工作，如果有必要，该设计单位再委托其他专业设计单位作为顾问，参与或负责某些专业设计，其合同一般都与该设计单位签订；同样，业主委托一个施工单位(承包商)负责所有施工安装任务，如有必要，该施工单位(承包商)再把某些专业施工或安装任务分包出去，业主也可以直接指定一些分包单位或供货单位(这种情况所占比例比较少)，分包单位一般都与该施工单位(承包商)签订合同，很少与业主签订合同。该施工单位一般称为承包商或总承包商，也就是我们所说的施工总包。

2. 施工分包

在建设工程领域，专业化分工的趋势日益显著。如今的总承包商往往不再亲自承担所有工程甚至是主要工程，只是亲自完成某些特定的有限的工作，大多数工程由分包商完成。分包商与总承包商签订合同，而所有的工程由总承包商对业主负责。分包商为总包商工作，并接受总承包商的领导。与施工总包单位签订合同的分包商就是"施工分包"。

随着专业化的持续发展，又产生了另一种分包商，即分包商的分包商，可以称为"再分包商"，甚至还存在再分包商的分包商。这种工程发包与施工合作形式目前十分普遍，是十分正常的施工组织形式，也是施工专业化发展的必然趋势。

由于各种原因，业主需要指定一些分包工作，这些分包工作的施工单位一般需要与施工总包单位签订合同，业主和分包之间一般没有合同关系。如果业主以指定分包的名义过多地介入工程分解和发包，并与这些分包单位签订合同，就应该理解为是平行发包，而不再是施工总承包模式。

上述的再分包商、业主指定分包商都是施工分包。

从分包的内容来看，施工分包包括专业分包和劳务分包。业主指定分包一般都是专业分包，施工总包则可能将工程发包给专业分包或劳务分包。国内目前普遍实行的两层分离模式决定了劳务分包的普遍性。

任务二　熟悉施工合同与物资采购合同

一、施工承包合同的主要内容

为了规范施工招标资格预审文件、招标文件编制活动，提高资格预审文件、招标文件编制质量，促进招标投标活动的公开、公平和公正，国家发展和改革委员会、财政部、建设部、铁道部、交通部、信息产业部、水利部、民用航空总局、广播电影电视总局联合编制了《标准施工招标资格预审文件》和《标准施工招标文件》，自2008年5月1日起试行，2013年修改为"暂行"文件。

《中华人民共和国招标投标法实施条例》规定："编制依法必须进行招标的项目的资格预审文件和招标文件，应当使用国务院发展改革部门会同有关行政监督部门制定的标准文本。"

国务院有关行业主管部门可根据《标准施工招标文件》并结合本行业施工招标特点和管理需要，编制行业标准施工招标文件。行业标准施工招标文件重点对"专用合同条款""工程量清单""图纸""技术标准和要求"作出具体规定。

《标准施工招标文件》中"通用合同条款"的主要内容如下：

(一) 发包人的责任与义务

1. 发包人的责任

(1) 除专用合同条款另有约定外，发包人应根据合同工程的施工需要，负责办理取得出入施工场地的专用和临时道路的通行权，以及取得为工程建设所需修建场外设施的权利，并承担有关费用。承包人应协助发包人办理上述手续。

(2) 发包人应在专用合同条款约定的期限内，通过监理人向承包人提供测量基准点、基准线和水准点及其书面资料。

发包人应对其提供的测量基准点、基准线和水准点及其书面资料的真实性、准确性和完整性负责。发包人提供上述基准资料错误导致承包人测量放线工作的返工或造成工程损失的，发包人应当承担由此增加的费用和(或)工期延误，并向承包人支付合理利润。

(3) 发包人应按合同约定履行安全职责，授权监理人按合同约定的安全工作内容监督、检查承包人安全工作的实施，组织承包人和有关单位进行安全检查。

发包人应对其现场机构雇佣的全部人员的工伤事故承担责任，但由于承包人原因造成发包人人员工伤的，应由承包人承担责任。

发包人应负责赔偿以下各种情况造成的第三者人身伤亡和财产损失：

① 工程或工程的任何部分对土地的占用所造成的第三者财产损失；

② 由于发包人原因在施工场地及其毗邻地带造成的第三者人身伤亡和财产损失。

(4) 除合同另有约定外，发包人应与当地公安部门协商，在现场建立治安管理机构或联防组织，统一管理施工场地的治安保卫事项，履行合同工程的治安保卫职责。

发包人和承包人除应协助现场治安管理机构或联防组织维护施工场地的社会治安外，还应做好包括生活区在内的各自管辖区的治安保卫工作。

除合同另有约定外，发包人和承包人应在工程开工后，共同编制施工场地治安管理计划，并制定应对突发治安事件的紧急预案。在工程施工过程中，发生暴乱、爆炸等恐怖事件，以及群殴、械斗等群体性突发治安事件的，发包人和承包人应立即向当地政府报告。发包人和承包人应积极协助当地有关部门采取措施平息事态，防止事态扩大，尽量减少财产损失和避免人员伤亡。

(5) 工程施工过程中发生事故的，承包人应立即通知监理人，监理人应立即通知发包人。发包人和承包人应立即组织人员和设备进行紧急抢救和抢修，减少人员伤亡和财产损失，防止事故扩大，并保护事故现场。当需要移动现场物品时，应作出标记和书面记录，妥善保管有关证据。发包人和承包人应按国家有关规定，及时如实地向有关部门报告事故发生的情况，以及正在采取的紧急措施等。

(6) 发包人应将其持有的现场地质勘探资料、水文气象资料提供给承包人，并对其准确性负责。但承包人应对其阅读上述有关资料后所作出的解释和推断负责。

2．发包人的主要义务

(1) 发出开工通知。发包人应委托监理人按合同约定向承包人发出开工通知。

(2) 提供施工场地。发包人应按专用合同条款约定向承包人提供施工场地，以及施工场地内地下管线和地下设施等有关资料，并保证资料的真实、准确、完整。

(3) 协助承包人办理证件和批件。发包人应协助承包人办理法律规定的有关施工证件和批件。

(4) 组织设计交底。发包人应根据合同进度计划，组织设计单位向承包人进行设计交底。

(5) 支付合同价款。发包人应按合同约定向承包人及时支付合同价款。

(6) 组织竣工验收。发包人应按合同约定及时组织竣工验收。

3．发包人违约的情形

在履行合同过程中发生的下列情形，属发包人违约：

(1) 发包人未能按合同约定支付预付款或合同价款，或拖延、拒绝批准付款申请和支付凭证，导致付款延误的；

(2) 发包人原因造成停工的；

(3) 监理人无正当理由没有在约定期限内发出复工指示，导致承包人无法复工的；

(4) 发包人无法继续履行或明确表示不履行或实质上已停止履行合同的；

(5) 发包人不履行合同约定其他义务的。

(二) 承包人的责任与义务

1. 承包人的一般义务

(1) 完成各项承包工作。承包人应按合同约定以及监理人的指示，实施、完成全部工程，并修补工程中的任何缺陷。除专用合同条款另有约定外，承包人应提供为完成合同工作所需的劳务、材料、施工设备、工程设备和其他物品，并按合同约定负责临时设施的设计、建造、运行、维护、管理和拆除。

(2) 对施工作业和施工方法的完备性负责。承包人应按合同约定的工作内容和施工进度要求，编制施工组织设计和施工措施计划，并对所有施工作业和施工方法的完备性和安全可靠性负责。

(3) 保证工程施工和人员的安全。承包人应按合同约定采取施工安全措施，确保工程及其人员、材料、设备和设施的安全，防止因工程施工造成的人身伤害和财产损失。

(4) 负责施工场地及其周边环境与生态的保护工作。承包人应按照合同约定负责施工场地及其周边环境与生态的保护工作。

(5) 避免施工对公众与他人的利益造成损害。承包人在进行合同约定的各项工作时，不得侵害发包人与他人使用公用道路、水源、市政管网等公共设施的权利，避免对邻近的公共设施产生干扰。承包人占用或使用他人的施工场地，影响他人作业或生活的，应承担相应责任。

(6) 为他人提供方便。承包人应按监理人的指示为他人在施工场地或附近实施与工程有关的其他各项工作提供可能的条件。除合同另有约定外，提供有关条件的内容和可能发生的费用，由监理人按合同规定的办法与双方商定后确定。

(7) 工程的维护和照管。工程接收证书颁发前，承包人应负责照管和维护工程。工程接收证书颁发时尚有部分未竣工工程的，承包人还应负责该未竣工工程的照管和维护工作，直至竣工后移交给发包人为止。

2. 承包人的其他责任与义务

(1) 承包人不得将工程主体、关键性工作分包给第三人。除专用合同条款另有约定外，未经发包人同意，承包人不得将工程的其他部分或工作分包给第三人。

承包人应与分包人就分包工程向发包人承担连带责任。

(2) 承包人应在接到开工通知后28天内，向监理人提交承包人在施工场地的管理机构以及人员安排的报告，其内容应包括管理机构的设置、各主要岗位的技术和管理人员名单及其资格，以及各工种技术工人的安排状况。承包人应向监理人提交施工场地人员变动情况的报告。

(3) 承包人应对施工场地和周围环境进行查勘，并收集有关地质、水文、气象条件、交通条件、风俗习惯以及其他与完成合同工作有关的当地资料。在全部合同工作中，应视为承包人已充分估计了应承担的责任和风险。

(三) 进度控制的主要条款内容

1. 进度计划

1) 合同进度计划

承包人应按专用合同条款约定的内容和期限，编制详细的施工进度计划和施工方案说明报送监理人。监理人应在专用合同条款约定的期限内批复或提出修改意见，否则，该进度计划视为已得到批准。经监理人批准的施工进度计划称为合同进度计划，是控制合同工程进度的依据。承包人还应根据合同进度计划，编制更为详细的分阶段或分项进度计划，报监理人审批。

2) 合同进度计划的修订

不论何种原因造成工程的实际进度与合同进度计划不符，承包人可以在专用合同条款约定的期限内向监理人提交修订合同进度计划的申请报告，并附有关措施和相关资料，报监理人审批；监理人也可以直接向承包人作出修订合同进度计划的指示，承包人应按该指示修订合同进度计划，报监理人审批。监理人应在专用合同条款约定的期限内批复。监理人在批复前应获得发包人同意。

2. 开工日期与工期

监理人应在开工日期 7 天前向承包人发出开工通知。监理人在发出开工通知前应获得发包人同意。工期自监理人发出的开工通知中载明的开工日期起计算。

3. 工期调整

1) 发包人的工期延误

在履行合同过程中，由于发包人的下列原因造成工期延误的，承包人有权要求发包人延长工期和(或)增加费用，并支付合理利润。需要修订合同进度计划的，按照合同规定的办法办理。

(1) 增加合同工作内容；

(2) 改变合同中任何一项工作的质量要求或其他特性；

(3) 发包人迟延提供材料、工程设备或变更交货地点的；

(4) 因发包人原因导致的暂停施工；

(5) 提供图纸延误；

(6) 未按合同约定及时支付预付款、进度款；

(7) 发包人造成工期延误的其他原因。

2) 异常恶劣的气候条件

由于出现专用合同条款规定的异常恶劣的气候条件导致工期延误的，承包人有权要求发包人延长工期。

3) 承包人的工期延误

由于承包人原因，未能按合同进度计划完成工作，或监理人认为承包人施工进度不能满足合同工期要求的，承包人应采取措施加快进度，并承担加快进度所增加的费用。由于承包人原因造成工期延误，承包人应支付逾期竣工违约金。承包人支付逾期竣工违约金，不免除承包人完成工程及修补缺陷的义务。

4) 工期提前

发包人要求承包人提前竣工，或承包人提出提前竣工的建议能够给发包人带来效益的，应由监理人与承包人共同协商采取加快工程进度的措施和修订合同进度计划。发包人应承担承包人由此增加的费用，并向承包人支付专用合同条款约定的相应奖金。

4．暂停施工

1) 承包人暂停施工的责任

因下列暂停施工增加的费用和(或)工期延误由承包人承担：

(1) 承包人违约引起的暂停施工；

(2) 由于承包人原因为工程合理施工和安全保障所必需的暂停施工；

(3) 承包人擅自暂停施工；

(4) 承包人其他原因引起的暂停施工；

(5) 专用合同条款约定由承包人承担的其他暂停施工。

2) 发包人暂停施工的责任

由于发包人原因引起的暂停施工造成工期延误的，承包人有权要求发包人延长工期和(或)增加费用，并支付合理利润。

3) 监理人暂停施工指示

(1) 监理人认为有必要时，可向承包人作出暂停施工的指示，承包人应按监理人指示暂停施工。不论由于何种原因引起的暂停施工，暂停施工期间，承包人应负责妥善保护工程并提供安全保障。

(2) 由于发包人的原因发生暂停施工的紧急情况，且监理人未及时下达暂停施工指示的，承包人可先暂停施工，并及时向监理人提出暂停施工的书面请求。监理人应在接到书面请求后的 24 小时内予以答复，逾期未答复的，视为同意承包人的暂停施工请求。

4) 暂停施工后的复工

(1) 暂停施工后，监理人应与发包人和承包人协商，采取有效措施积极消除暂停施工的影响。当工程具备复工条件时，监理人应立即向承包人发出复工通知。承包人收到复工通知后，应在监理人指定的期限内复工。

(2) 承包人无故拖延和拒绝复工的，由此增加的费用和工期延误由承包人承担；因发包人原因无法按时复工的,承包人有权要求发包人延长工期和(或)增加费用,并支付合理利润。

5) 暂停施工持续 56 天以上

(1) 监理人发出暂停施工指示后 56 天内未向承包人发出复工通知，除了该项停工属于由于承包人暂停施工的责任外，承包人可向监理人提交书面通知，要求监理人在收到书面通知后 28 天内准许已暂停施工的工程或其中一部分工程继续施工。如监理人逾期不予批准，则承包人可以通知监理人，将工程受影响的部分按第 15.1(1)项条款中载明的，视为可取消的工作。如暂停施工影响到整个工程，可视为发包人违约，应按第 22.2 款的规定(即发包人违约)办理。

(2) 由于承包人责任引起的暂停施工，如承包人在收到监理人暂停施工指示后 56 天内不认真采取有效的复工措施，造成工期延误，可视为承包人违约，应按承包人违约办理。

(四) 质量控制的主要条款内容

1．承包人的质量管理

承包人应在施工场地设置专门的质量检查机构，配备专职质量检查人员，建立完善的质量检查制度。承包人应在合同约定的期限内，提交工程质量保证措施文件，包括质量检查机构的组织和岗位责任、质检人员的组成、质量检查程序和实施细则等，报送监理人审批。

2．承包人的质量检查

承包人应按合同约定对材料、工程设备以及工程的所有部位及其施工工艺进行全过程的质量检查和检验，并作详细记录，编制工程质量报表，报送监理人审查。

3．监理人的质量检查

监理人有权对工程的所有部位及其施工工艺、材料和工程设备进行检查和检验。承包人应为监理人的检查和检验提供方便，包括监理人到施工场地，或制造、加工地点，或合同约定的其他地方进行察看和查阅施工原始记录。承包人还应按监理人指示，进行施工场地取样试验、工程复核测量和设备性能检测，提供试验样品、提交试验报告和测量成果以及监理人要求进行的其他工作。监理人的检查和检验，不免除承包人按合同约定应负的责任。

4．工程隐蔽部位覆盖前的检查

1) 通知监理人检查

经承包人自检确认的工程隐蔽部位具备覆盖条件后，承包人应通知监理人在约定的期限内检查。承包人的通知应附有自检记录和必要的检查资料。监理人应按时到场检查。经监理人检查确认质量符合隐蔽要求，并在检查记录上签字后，承包人才能进行覆盖。监理人检查确认质量不合格的，承包人应在监理人指示的时间内修整返工后，由监理人重新检查。

2) 监理人未到场检查

监理人未按约定的时间进行检查的，除监理人另有指示外，承包人可自行完成覆盖工作，并作相应记录报送监理人，监理人应签字确认。监理人事后对检查记录有疑问的，可按约定重新检查。

3) 监理人重新检查

承包人按上述 1) 和 2) 条覆盖工程隐蔽部位后，监理人对质量有疑问的，可要求承包人对已覆盖的部位进行钻孔探测或揭开重新检验，承包人应遵照执行，并在检验后重新覆盖恢复原状。经检验证明工程质量符合合同要求的，由发包人承担由此增加的费用和(或)工期延误，并支付承包人合理利润；经检验证明工程质量不符合合同要求的，由此增加的费用和(或)工期延误由承包人承担。

4) 承包人私自覆盖

承包人未通知监理人到场检查，私自将工程隐蔽部位覆盖的，监理人有权指示承包人钻孔探测或揭开检查，由此增加的费用和(或)工期延误由承包人承担。

5．清除不合格工程

(1) 承包人使用不合格材料、工程设备，或采用不适当的施工工艺，或施工不当，造成工程不合格的，监理人可以随时发出指示，要求承包人立即采取措施进行补救，直至达到合同要求的质量标准，由此增加的费用和(或)工期延误由承包人承担。

(2) 由于发包人提供的材料或工程设备不合格造成的工程不合格，需要承包人采取措施补救的，发包人应承担由此增加的费用和(或)工期延误，并支付承包人合理利润。

6．试验和检验

1) 材料、工程设备和工程的试验与检验

(1) 承包人应按合同约定进行材料、工程设备和工程的试验与检验，并为监理人对上述材料、工程设备和工程的质量检查提供必要的试验资料和原始记录。按合同约定应由监理人与承包人共同进行试验和检验的，由承包人负责提供必要的试验资料和原始记录。

(2) 监理人未按合同约定派员参加试验和检验的，除监理人另有指示外，承包人可自行试验和检验，并应立即将试验和检验结果报送监理人，监理人应签字确认。

(3) 监理人对承包人的试验和检验结果有疑问的，或为查清承包人试验和检验成果的可靠性要求承包人重新试验和检验的，可按合同约定由监理人与承包人共同进行。重新试验和检验的结果证明该项材料、工程设备或工程的质量不符合合同要求的，由此增加的费用和(或)工期延误由承包人承担；重新试验和检验结果证明该项材料、工程设备和工程符合合同要求的，由发包人承担由此增加的费用和(或)工期延误，并支付承包人合理利润。

2) 现场材料试验

(1) 承包人根据合同约定或监理人指示进行的现场材料试验，应由承包人提供试验场所、试验人员、试验设备器材以及其他必要的试验条件。

(2) 监理人在必要时可以使用承包人的试验场所、试验设备器材以及其他试验条件，进行以工程质量检查为目的的复核性材料试验，承包人应予以协助。

3) 现场工艺试验

承包人应按合同约定或监理人指示进行现场工艺试验。对大型的现场工艺试验，监理人认为必要时，应由承包人根据监理人提出的工艺试验要求，编制工艺试验措施计划，报送监理人审批。

(五) 费用控制的主要条款内容

1．预付款

预付款用于承包人为合同工程施工购置材料、工程设备、施工设备、修建临时设施以及组织施工队伍进场等。预付款的额度和预付办法在专用合同条款中约定。预付款必须专用于合同工程。

除专用合同条款另有约定外，承包人应在收到预付款的同时向发包人提交预付款保函，预付款保函的担保金额应与预付款金额相同。保函的担保金额可根据预付款扣回的金额相应递减。

2．工程进度付款

(1) **付款周期**。付款周期同计量周期。

(2) **进度付款申请单**。承包人应在每个付款周期末，按监理人批准的格式和专用合同条款约定的份数，向监理人提交进度付款申请单，并附相应的支持性证明文件。

(3) 进度付款证书和支付时间。

① 监理人在收到承包人进度付款申请单以及相应的支持性证明文件后的 14 天内完成核查，提出发包人到期应支付给承包人的金额以及相应的支持性材料，经发包人审查同意后，由监理人向承包人出具经发包人签认的进度付款证书。监理人有权扣发承包人未能按照合同要求履行任何工作或义务的相应金额。

② 发包人应在监理人收到进度付款申请单后的 28 天内，将进度应付款支付给承包人。发包人不按期支付的，按专用合同条款的约定支付逾期付款违约金。

③ 监理人出具进度付款证书，不应视为监理人已同意、批准或接受了承包人完成的该部分工作。

④ 进度付款涉及政府投资资金的，按照国库集中支付等国家相关规定和专用合同条款的约定办理。

(4) 工程进度付款的修正。 在对以往历次已签发的进度付款证书进行汇总和复核中发现错、漏或重复的，监理人有权予以修正，承包人也有权提出修正申请。经双方复核同意的修正，应在本次进度付款中支付或扣除。

3. 质量保证金

监理人应从第一个付款周期开始，在发包人的进度付款中，按专用合同条款的约定扣留质量保证金，直至扣留的质量保证金总额达到专用合同条款约定的金额或比例为止。质量保证金的计算额度不包括预付款的支付、扣回以及价格调整的金额。

在合同约定的缺陷责任期满时，承包人向发包人申请到期应返还承包人剩余的质量保证金金额，发包人应在 14 天内会同承包人按照合同约定的内容核实承包人是否完成缺陷责任。如无异议，发包人应当在核实后将剩余保证金返还承包人。

在合同约定的缺陷责任期满时，承包人没有完成缺陷责任的，发包人有权扣留与未履行责任剩余工作所需金额相应的质量保证金余额，并有权要求延长缺陷责任期，直至完成剩余工作为止。

4. 竣工结算

1) 竣工付款申请单

(1) 工程接收证书颁发后，承包人应按专用合同条款约定的份数和期限向监理人提交竣工付款申请单，并提供相关证明材料。

(2) 监理人对竣工付款申请单有异议的，有权要求承包人进行修正和提供补充资料。经监理人和承包人协商后，由承包人向监理人提交修正后的竣工付款申请单。

2) 竣工付款证书及支付时间

(1) 监理人在收到承包人提交的竣工付款申请单后的 14 天内完成核查后，提出发包人到期应支付给承包人的价款并送发包人审核同时抄送承包人。发包人应在收到付款申请后14 天内审核完毕，由监理人向承包人出具经发包人签认的竣工付款证书。监理人未在约定时间内核查，又未提出具体意见的，视为承包人提交的竣工付款申请单已经监理人核查同意；发包人未在约定时间内审核又未提出具体意见的，监理人提出发包人到期应支付给承包人的价款视为已经发包人同意。

(2) 发包人应在监理人出具竣工付款证书后的 14 天内，将应支付款支付给承包人。发包人不按期支付的，按合同约定，将逾期付款违约金支付给承包人。

(3) 承包人对发包人签认的竣工付款证书有异议的，发包人可出具竣工付款申请单中承包人已同意部分的临时付款证书。存在争议的部分，按第24条(即争议的解决)的约定办理。

5．最终结清

1) 最终结清申请单

(1) 缺陷责任期终止证书签发后，承包人可按专用合同条款约定的份数和期限向监理人提交最终结清申请单，并提供相关证明材料。

(2) 发包人对最终结清申请单内容有异议的，有权要求承包人进行修正和提供补充资料，由承包人向监理人提交修正后的最终结清申请单。

2) 最终结清证书和支付时间

(1) 监理人收到承包人提交的最终结清申请单后的14天内，提出发包人应支付给承包人的价款送发包人审核并抄送承包人。发包人应在收到申请后14天内审核完毕，由监理人向承包人出具经发包人签认的最终结清证书。监理人未在约定时间内核查，又未提出具体意见的，视为承包人提交的最终结清申请已经监理人核查同意；发包人未在约定时间内审核又未提出具体意见的，监理人提出应支付给承包人的价款视为已经发包人同意。

(2) 发包人应在监理人出具最终结清证书后的14天内，将应支付款支付给承包人。发包人不按期支付的，按合同约定，将逾期付款违约金支付给承包人。

(3) 承包人对发包人签认的最终结清证书有异议的，按第24条的约定办理。

(六) 竣工验收

1．竣工验收的含义

竣工验收指承包人完成了全部合同工作后，发包人按合同要求进行的验收。

国家验收是政府有关部门根据法律、规范、规程和政策要求，针对发包人全面组织实施的整个工程正式交付投运前的验收。

需要进行国家验收的，竣工验收是国家验收的一部分。竣工验收所采用的各项验收和评定标准应符合国家验收标准。发包人和承包人为竣工验收提供的各项竣工验收资料应符合国家验收的要求。

2．竣工验收申请报告

当工程具备以下条件时，承包人即可向监理人报送竣工验收申请报告：

(1) 除监理人同意列入缺陷责任期内完成的尾工(甩项)工程和缺陷修补工作外，合同范围内的全部单位工程以及有关工作，包括合同要求的试验、试运行以及检验和验收均已完成，并符合合同要求；

(2) 已按合同约定的内容和份数备齐了符合要求的竣工资料；

(3) 已按监理人的要求编制了在缺陷责任期内完成的尾工(甩项)工程和缺陷修补工作清单以及相应施工计划；

(4) 监理人要求在竣工验收前应完成的其他工作；

(5) 监理人要求提交的竣工验收资料清单。

3. 验收

监理人收到承包人按要求提交的竣工验收申请报告后，应审查申请报告的各项内容，并按以下不同情况进行处理：

(1) 监理人审查后认为尚不具备竣工验收条件的，应在收到竣工验收申请报告后的 28 天内通知承包人，指出在颁发接收证书前承包人还需进行的工作内容。承包人完成监理人通知的全部工作内容后，应再次提交竣工验收申请报告，直至监理人同意为止。

(2) 监理人审查后认为已具备竣工验收条件的，应在收到竣工验收申请报告后的 28 天内提请发包人进行工程验收。

(3) 发包人经过验收后同意接收工程的，应在监理人收到竣工验收申请报告后的 56 天内，由监理人向承包人出具经发包人签认的工程接收证书。发包人验收后同意接收工程但提出整修和完善要求的，限期修好，并缓发工程接收证书。整修和完善工作完成后，监理人复查达到要求的，经发包人同意后，再向承包人出具工程接收证书。

(4) 发包人验收后不同意接收工程的，监理人应按照发包人的验收意见发出指示，要求承包人对不合格工程认真返工重作或进行补救处理，并承担由此产生的费用。承包人在完成不合格工程的返工重作或补救工作后，应重新提交竣工验收申请报告。

(5) 除专用合同条款另有约定外，经验收合格工程的实际竣工日期，以提交竣工验收申请报告的日期为准，并在工程接收证书中写明。

(6) 发包人在收到承包人竣工验收申请报告 56 天后未进行验收的，视为验收合格，实际竣工日期以提交竣工验收申请报告的日期为准，但发包人由于不可抗力不能进行验收的除外。

4. 单位工程验收

发包人根据合同进度计划安排，在全部工程竣工前需要使用已经竣工的单位工程时，或承包人提出经发包人同意时，可进行单位工程验收。验收合格后，由监理人向承包人出具经发包人签认的单位工程验收证书。已签发单位工程接收证书的单位工程由发包人负责照管。单位工程的验收成果和结论作为全部工程竣工验收申请报告的附件。

发包人在全部工程竣工前，使用已接收的单位工程导致承包人费用增加的，发包人应承担由此增加的费用和(或)工期延误，并支付承包人合理利润。

5. 施工期运行

施工期运行是指合同工程尚未全部竣工，其中某项或某几项单位工程或工程设备安装已竣工，根据专用合同条款约定，需要投入施工期运行的，经发包人约定验收合格，证明能确保安全后，才能在施工期投入运行。

在施工期运行中发现工程或工程设备损坏或存在缺陷的，由承包人按合同规定进行修复。

6. 试运行

除专用合同条款另有约定外，承包人应按专用合同条款约定进行工程及工程设备试运行，负责提供试运行所需的人员、器材和必要的条件，并承担全部试运行费用。

由于承包人的原因导致试运行失败的，承包人应采取措施保证试运行合格，并承担相应费用。由于发包人的原因导致试运行失败的，承包人应当采取措施保证试运行合格，发包人应承担由此产生的费用，并支付承包人合理利润。

7．竣工清场

除合同另有约定外，工程接收证书颁发后，承包人应按以下要求对施工场地进行清理，直至监理人检验合格为止。竣工清场费用由承包人承担。

(1) 施工场地内残留的垃圾已全部清除出场；

(2) 临时工程已拆除，场地已按合同要求进行清理、平整或复原；

(3) 按合同约定应撤离的承包人设备和剩余的材料，包括废弃的施工设备和材料，已按计划撤离施工场地；

(4) 工程建筑物周边及其附近道路、河道的施工堆积物，已按监理人指示全部清理；

(5) 监理人指示的其他场地清理工作已全部完成。

承包人未按监理人的要求恢复临时占地，或者场地清理未达到合同约定的，发包人有权委托其他人恢复或清理，所发生的金额从拟支付给承包人的款项中扣除。

8．施工队伍的撤离

工程接收证书颁发后的 56 天内，除了经监理人同意需在缺陷责任期内继续工作和使用的人员、施工设备和临时工程外，其余的人员、施工设备和临时工程均应撤离施工场地或拆除。除合同另有约定外，缺陷责任期满时，承包人的人员和施工设备应全部撤离施工场地。

(七) 缺陷责任与保修责任

1．缺陷责任期的起算时间

缺陷责任期自实际竣工日期起计算。在全部工程竣工验收前，已经发包人提前验收的单位工程，其缺陷责任期的起算日期相应提前。

2．缺陷责任

(1) 承包人应在缺陷责任期内对已交付使用的工程承担缺陷责任。

(2) 缺陷责任期内，发包人对已接收使用的工程负责日常维护工作。发包人在使用过程中，发现已接收的工程存在新的缺陷或已修复的缺陷部位或部件又遭损坏的，承包人应负责修复，直至检验合格为止。

(3) 监理人和承包人应共同查清缺陷和(或)损坏的原因。经查明属承包人原因造成的，应由承包人承担修复和查验的费用。经查验属发包人原因造成的，发包人应承担修复和查验的费用，并支付承包人合理利润。

(4) 承包人不能在合理时间内修复缺陷的，发包人可自行修复或委托其他人修复，所需费用和利润的承担，根据缺陷和(或)损坏原因处理。

3．缺陷责任期的延长

由于承包人原因造成某项缺陷或损坏使某项工程或工程设备不能按原定目标使用而需要再次检查、检验和修复的，发包人有权要求承包人相应延长缺陷责任期，但缺陷责任期最长不超过 2 年。

4．进一步试验和试运行

任何一项缺陷或损坏修复后，经检查证明其影响了工程或工程设备的使用性能的，承包人应重新进行合同约定的试验和试运行，试验和试运行的全部费用应由责任方承担。

5. 缺陷责任期终止证书

在缺陷责任期，包括根据合同规定延长的期限终止后 14 天内，由监理人向承包人出具经发包人签认的缺陷责任期终止证书，并退还剩余的质量保证金。

6. 保修责任

合同当事人根据有关法律规定，在专用合同条款中约定工程质量保修范围、期限和责任。保修期自实际竣工日期起计算。在全部工程竣工验收前，已经发包人提前验收的单位工程，其保修期的起算日期相应提前。

二、施工专业分包合同的内容

针对各种工程中普遍存在专业工程分包的实际情况，为了规范管理，减少或避免纠纷，建设部和国家工商行政管理总局于 2003 年发布了《建设工程施工专业分包合同(示范文本)》(GF—2003—0213)和《建设工程施工劳务分包合同(示范文本)》(GF—2003—0214)。其中《建设工程施工专业分包合同(示范文本)》(GF—2003—0213)的主要内容如下。

(一) 工程承包人(总承包单位)的主要责任和义务

(1) 分包人应了解总包合同，承包人应提供总包合同(有关承包工程的价格内容除外)供分包人查阅。

(2) 项目经理应按分包合同的约定，及时向分包人提供所需的指令、批准、图纸并履行其他约定的义务，否则，分包人应在约定时间后 24 小时内将具体要求、需要的理由及延误的后果通知承包人，项目经理在收到通知后 48 小时内不予答复的，应承担因延误造成的损失。

(3) 承包人的工作：

① 向分包人提供与分包工程相关的各种证件、批件和各种相关资料，向分包人提供具备施工条件的施工场地；

② 组织分包人参加发包人组织的图纸会审，向分包人进行设计图纸交底；

③ 提供本合同专用条款中约定的设备和设施，并承担因此发生的费用；

④ 随时为分包人提供确保分包工程的施工所要求的施工场地和通道等，满足施工运输的需要，保证施工期间的畅通；

⑤ 负责整个施工场地的管理工作，协调分包人与同一施工场地的其他分包人之间的交叉配合，确保分包人按照经批准的施工组织设计进行施工。

(二) 专业工程分包人的主要责任和义务

1. 分包人对有关分包工程的责任

除本合同条款另有约定外，分包人应履行并承担总包合同中与分包工程有关的承包人的所有义务与责任，同时应避免因分包人自身行为或疏漏造成承包人违反总包合同中约定的承包人义务的情况发生。

2．分包人与发包人的关系

分包人须服从承包人转发的发包人或工程师(监理人)与分包工程有关的指令。未经承包人允许，分包人不得以任何理由与发包人或工程师(监理人)发生直接工作联系，分包人不得直接致函发包人或工程师(监理人)，也不得直接接受发包人或工程师(监理人)的指令。如分包人与发包人或工程师(监理人)发生直接工作联系，将被视为违约，并承担违约责任。

3．承包人指令

就分包工程范围内的有关工作，承包人随时可以向分包人发出指令，分包人应执行承包人根据分包合同所发出的所有指令。分包人拒不执行指令的，承包人可委托其他施工单位完成该指令事项，发生的费用从应付给分包人的相应款项中扣除。

4．分包人的工作

(1) 按照分包合同的约定，对分包工程进行设计(分包合同有约定时)、施工、竣工和保修。

(2) 按照合同约定的时间，完成规定的设计内容，报承包人确认后在分包工程中使用。承包人承担由此发生的费用。

(3) 在合同约定的时间内，向承包人提供年、季、月度工程进度计划及相应进度统计报表。

(4) 在合同约定的时间内，向承包人提交详细施工组织设计，承包人应在专用条款约定的时间内批准，分包人方可执行。

(5) 遵守政府有关主管部门对施工场地交通、施工噪声以及环境保护和安全文明生产等的管理规定，按规定办理有关手续，并以书面形式通知承包人，承包人承担由此发生的费用，因分包人责任造成的罚款除外。

(6) 分包人应允许承包人、发包人、工程师(监理人)及其三方中任何一方授权的人员在工作时间内，合理进入分包工程施工场地或材料存放的地点，以及施工场地以外与分包合同有关的分包人的任何工作或准备的地点，分包人应提供方便。

(7) 已竣工工程未交付承包人之前，分包人应负责已完分包工程的成品保护工作，保护期间发生损坏的，分包人自费予以修复；承包人要求分包人采取特殊措施保护的工程部位和相应的追加合同价款，双方在合同专用条款内约定。

(三) 合同价款及支付

(1) 分包工程合同价款可以采用以下三种中的一种(应与总包合同约定的方式一致)：

① 固定价格，在约定的风险范围内合同价款不再调整。

② 可调价格，合同价款可根据双方的约定而调整，应在专用条款内约定合同价款调整方法。

③ 成本加酬金，合同价款包括成本和酬金两部分，双方在合同专用条款内约定成本构成和酬金的计算方法。

(2) 分包合同价款与总包合同相应部分价款无任何连带关系。

(3) 合同价款的支付：

① 实行工程预付款的，双方应在合同专用条款内约定承包人向分包人预付工程款的时

间和数额，开工后按约定的时间和比例逐次扣回；

② 承包人应按专用条款约定的时间和方式，向分包人支付工程款(进度款)，按约定时间承包人应扣回的预付款与工程款(进度款)同期结算；

③ 分包合同约定的工程变更调整的合同价款、合同价款的调整、索赔的价款或费用以及其他约定的追加合同价款，应与工程进度款同期调整支付；

④ 承包人超过约定的支付时间不支付工程款(预付款、进度款)的，分包人可向承包人发出要求付款的通知，承包人不按分包合同约定支付工程款(预付款、进度款)，导致施工无法进行的，分包人可停止施工，由承包人承担违约责任；

⑤ 承包人应在收到分包工程竣工结算报告及结算资料后 28 天内支付工程竣工结算价款，无正当理由不按时支付的，从第 29 天起按分包人同期向银行贷款利率支付拖欠工程价款的利息，并承担违约责任。

三、施工劳务分包合同的内容

《建设工程施工劳务分包合同(示范文本)》(GF—2003—0214)的主要内容如下。

劳务作业分包，是指施工承包单位或者专业分包单位(均可作为劳务作业的发包人)将其承包工程中的劳务作业发包给劳务分包单位(即劳务作业承包人)完成的活动。

(一) 工程承包人的主要义务

对劳务分包合同条款中规定的工程承包人的主要义务归纳如下：

(1) 组建与工程相适应的项目管理班子，全面履行总(分)包合同，组织实施施工管理的各项工作，对工程的工期和质量向发包人负责。

(2) 完成劳务分包人施工前期的下列工作：

① 向劳务分包人交付具备本合同项下劳务作业开工条件的施工场地；

② 满足劳务作业所需的能源供应、通信及施工道路畅通；

③ 向劳务分包人提供相应的工程资料；

④ 向劳务分包人提供生产、生活临时设施。

(3) 负责编制施工组织设计，统一制定各项管理目标，组织编制年、季、月施工计划和物资需用量计划表，实施对工程质量、工期、安全生产、文明施工、计量检测、实验化验的控制、监督、检查和验收。

(4) 负责工程测量定位、沉降观测、技术交底，组织图纸会审，统一安排技术档案资料的收集整理及交工验收。

(5) 按时提供图纸，及时交付材料、设备，所提供的施工机械设备、周转材料、安全设施保证施工需要。

(6) 按合同约定，向劳务分包人支付劳动报酬。

(7) 负责与发包人、监理、设计及有关部门联系，协调现场工作关系。

(二) 劳务分包人的主要义务

对劳务分包合同条款中规定的劳务分包人的主要义务归纳如下：

(1) 对劳务分包范围内的工程质量向工程承包人负责，组织具有相应资格证书的熟练工人投入工作；未经工程承包人授权或允许，不得擅自与发包人及有关部门建立工作联系；自觉遵守法律法规及有关规章制度。

(2) 严格按照设计图纸、施工验收规范、有关技术要求及施工组织设计精心组织施工，确保工程质量达到约定的标准。

科学安排作业计划，投入足够的人力、物力，保证工期。

加强安全教育，认真执行安全技术规范，严格遵守安全制度，落实安全措施，确保施工安全。

加强现场管理，严格执行建设主管部门及环保、消防、环卫等有关部门对施工现场的管理规定，做到文明施工。

承担由于自身责任造成的质量修改、返工、工期拖延、安全事故、现场脏乱造成的损失及各种罚款。

(3) 自觉接受工程承包人及有关部门的管理、监督和检查；接受工程承包人随时检查其设备、材料保管、使用情况，及其操作人员的有效证件、持证上岗情况；与现场其他单位协调配合，照顾全局。

(4) 劳务分包人须服从工程承包人转发的发包人及工程师(监理人)的指令。

(5) 除非合同另有约定，劳务分包人应对其作业内容的实施、完工负责，劳务分包人应承担并履行总(分)包合同约定的、与劳务作业有关的所有义务及工作程序。

(三) 保险

(1) 劳务分包人施工开始前，工程承包人应获得发包人为施工场地内的自有人员及第三人人员生命财产办理的保险，且不需劳务分包人支付保险费用。

(2) 运至施工场地用于劳务施工的材料和待安装设备，由工程承包人办理或获得保险，且不需劳务分包人支付保险费用。

(3) 工程承包人必须为租赁或提供给劳务分包人使用的施工机械设备办理保险，并支付保险费用。

(4) 劳务分包人必须为从事危险作业的职工办理意外伤害保险，并为施工场地内自有人员生命财产和施工机械设备办理保险，支付保险费用。

(5) 当保险事故发生时，劳务分包人和工程承包人有责任采取必要的措施，防止或减少损失。

(四) 劳务报酬

(1) 劳务报酬可以采用以下方式中的任何一种：
① 固定劳务报酬(含管理费)；
② 约定不同工种劳务的计时单价(含管理费)，按确认的工时计算；
③ 约定不同工作成果的计件单价(含管理费)，按确认的工程量计算。

(2) 劳务报酬可以采用固定价格或变动价格。采用固定价格的，则除合同约定或法律政策变化导致劳务价格变化以外，均为一次包死，不再调整。

(3) 在合同中可以约定，下列情况下，固定劳务报酬或单价可以调整：

① 以本合同约定价格为基准，市场人工价格的变化幅度超过一定百分比时，按变化前、后价格的差额予以调整；

② 后续法律及政策变化，导致劳务价格变化的，按变化前、后价格的差额予以调整；

③ 双方约定的其他情形。

(五) 工时及工程量的确认

(1) 采用固定劳务报酬方式的，施工过程中不计算工时和工程量。

(2) 采用按确定的工时计算劳务报酬的，由劳务分包人每日将提供劳务人数报工程承包人，由工程承包人确认。

(3) 采用按确认的工程量计算劳务报酬的，由劳务分包人按月(或旬、日)将完成的工程量上报工程承包人，由工程承包人确认。对劳务分包人未经工程承包人认可，超出设计图纸范围和因劳务分包人原因造成返工的工程量，工程承包人不予计量。

(六) 劳务报酬最终支付

(1) 全部工作完成，经工程承包人认可后 14 天内，劳务分包人向工程承包人递交完整的结算资料，双方按照本合同约定的计价方式，进行劳务报酬的最终支付。

(2) 工程承包人收到劳务分包人递交的结算资料后 14 天内进行核实，给予确认或者提出修改意见。工程承包人确认结算资料后 14 天内向劳务分包人支付劳务报酬尾款。

(3) 劳务分包人和工程承包人对劳务报酬结算价款发生争议时，按合同约定处理。

四、施工物资采购合同的内容

工程建设过程中的物资包括建筑材料(含构配件)和设备等。材料和设备的供应一般需要经过订货、生产(加工)、运输、储存、使用(安装)等各个环节，经历一个非常复杂的过程。

物资采购合同分建筑材料采购合同和设备采购合同，其合同当事人为供货方和采购方。供货方一般为物资供应单位或建筑材料和设备的生产厂家，采购方为建设单位(业主)、项目总承包单位或施工承包单位。供货方应对其生产或供应的产品质量负责，而采购方则应根据合同的规定进行验收。

(一) 建筑材料采购合同的主要内容

1. 标的

标的主要包括购销物资的名称(注明牌号、商标)、品种、型号、规格、等级、花色、技术标准或质量要求等。合同中标的物应按照行业主管部门颁布的产品规定正确填写，不能用习惯名称或自行命名，以免产生差错。订购特定产品，最好还要注明其用途，以免产生不必要的纠纷。

标的物的质量要求应该符合国家或者行业现行有关质量标准和设计要求，应该符合以产品采用标准、说明、实物样品等方式表明的质量状况。

约定质量标准的一般原则如下：

(1) 按颁布的国家标准执行；

(2) 没有国家标准而有部颁标准的则按照部颁标准执行；

(3) 没有国家标准和部颁标准为依据时，可按照企业标准执行；

(4) 没有上述标准或虽有上述标准但采购方有特殊要求的，按照双方在合同中约定的技术条件、样品或补充的技术要求执行。

合同内必须写明执行的质量标准代号、编号和标准名称，明确各类材料的技术要求、试验项目、试验方法、试验频率等。当采购成套产品时，合同内也需要规定附件的质量要求。

2．数量

合同中应该明确所采用的计量方法，并明确计量单位。凡国家、行业或地方规定有计量标准的产品，合同中应按照统一标准注明计量单位。没有规定的，可由当事人协商执行，不可以用含混不清的计量单位。应当注意的是，若建筑材料或产品有计量换算问题，则应该按照标准计量单位确定订购数量。

供货方发货时所采用的计量单位与计量方法应该与合同一致，并在发货明细表或质量证明书中注明，以便采购方检验。运输中转单位也应该按照供货方发货时所采用的计量方法进行验收和发货。

订购数量必须在合同中注明，尤其是一次订购分期供货的合同，还应明确每次进货的时间、地点和数量。

建筑材料在运输过程中容易造成自然损耗，如挥发、飞散、干燥、风化、潮解、破碎、漏损等，在装卸操作或检验环节中换装、拆包检查等也都会造成物资数量的减少，这些都属于途中自然减量。但是，有些情况不能作为自然减量，如非人力所能抗拒的自然灾害所造成的非常损失，由于工作失职和管理不善造成的失误。因此，对于某些建筑材料，还应在合同中写明交货数量的正、负尾数差，合理镑差和运输途中的自然损耗的规定及计算方法。

3．包装

包装包括包装的标准、包装物的供应和回收。

包装标准是指产品包装的类型、规格、容量以及标记等。产品或者其包装标识应该符合要求，如包括产品名称、生产厂家、厂址、质量检验合格证明等。

包装物一般应由建筑材料的供货方负责供应，并且一般不得另外向采购方收取包装费。如果采购方对包装提出特殊要求，双方应在合同中商定，超过原标准费用部分由采购方负责；反之，若议定的包装标准低于有关规定标准，也应相应降低产品价格。

包装物的回收办法可以采用如下两种形式之一：

(1) **押金回收**：适用于专用的包装物，如电缆卷筒、集装箱、大中型木箱等；

(2) **折价回收**：适用于可以再次利用的包装器材，如油漆桶、麻袋、玻璃瓶等。

4．交付及运输方式

交付方式可以是采购方到约定地点提货或供货方负责将货物送达指定地点两大类。如果是由供货方负责将货物送达指定地点，要确定运输方式，可以选择铁路、公路、水路、航空、管道运输及海上运输等，一般由采购方在签订合同时提出要求，供货方代办发运，运费由采购方负担。

5．验收

合同中应该明确货物的验收依据和验收方式。

1）验收依据

(1) 采购合同；

(2) 供货方提供的发货单、计量单、装箱单及其他有关凭证；

(3) 合同约定的质量标准和要求；

(4) 产品合格证、检验单；

(5) 图纸、样品和其他技术证明文件；

(6) 双方当事人封存的样品。

2）验收方式

(1) 驻厂验收：在制造时期，由采购方派人在供货的生产厂家进行材质检验；

(2) 提运验收：对加工订制、市场采购和自提自运的物资，由提货人在提取产品时检验；

(3) 接运验收：由接运人员对到达的物资进行检查，发现问题当场作出记录；

(4) 入库验收：这是广泛采用的正式的验收方法，由仓库管理人员负责数量和外观检验。

6．交货期限

合同应明确具体的交货时间。如果分批交货，要注明各个批次的交货时间。

交货日期的确定可以采用下列方式：

(1) 供货方负责送货的，以采购方收货戳记录的日期为准；

(2) 采购方提货的，以供货方按合同规定通知的提货日期为准；

(3) 凡委托运输部门或单位运输、送货或代运的产品，一般以供货方发运产品时承运单位签发的日期为准，不是以向承运单位提出申请的日期为准。

7．价格

(1) 有国家定价的材料，应按国家定价执行；

(2) 按规定应由国家定价的但国家尚无定价的材料，其价格应报请物价主管部门批准；

(3) 不属于国家定价的产品，可由供、需双方协商确定价格。

8．结算

合同中应明确结算的时间、方式和手续。首先应明确是验单付款还是验货付款。结算方式可以是现金支付和转账结算。现金支付适用于成交货物数量少且金额小的合同；转账结算适用于同城市或同地区内的结算，也适用于异地之间的结算。

9．违约责任

当事人任何一方不能正确履行合同义务时，都可以以违约金的形式承担违约赔偿责任。

双方应通过协商确定违约金的比例，并在合同条款内明确。

1) 供货方违约

供货方的违约行为可能包括不能按期供货、不能供货、供应的货物有质量缺陷或数量不足等。如有违约，应依照法律和合同规定承担相应的法律责任。

供货方不能按期交货分为逾期交货和提前交货。发生逾期交货情况的，要按照合同约定，依据逾期交货部分货款总价计算违约金。对约定由采购方自提货物的，若发生采购方的其他损失，其实际开支的费用也应由供货方承担。比如，采购方已按期派车到指定地点接收货物，而供货方不能交付时，派车损失应由供货方承担。对于提前交货的情况，如果属于采购方自提货物，采购方接到提前提货通知后，可以根据自己的实际情况拒绝提前提货。对于供货方提前发运或交付的货物，采购方仍可按合同规定的时间付款，而且对多交货部分，以及不符合合同规定的产品，在代为保管期内实际支出的保管费、保养费由供货方承担。

供货方不能全部或部分交货，应按合同约定的违约金比例乘以不能交货部分货款来计算违约金。如果违约金不足以偿付采购方的实际损失，采购方还可以另外提出补偿要求。

供货方交付的货物品种、型号、规格、质量不符合合同约定，如果采购方同意利用，应当按质论价；当采购方不同意使用时，由供货方负责包换或包修。

2) 采购方违约

采购方的违约行为可能包括不按合同要求接收货物、逾期付款或拒绝付款等，应依照法律和合同规定承担相应的法律责任。

合同签订以后，采购方要求中途退货的，应向供货方支付按退货部分货款总额计算的违约金，并要承担由此给供货方造成的损失。采购方不能按期提货的，除支付违约金以外，还应承担逾期提货给供货方造成的代为保管费、保养费等。

采购方逾期付款的，应该按照合同约定支付逾期付款利息。

(二) 设备采购合同的主要内容

成套设备供应合同的一般条款可参照建筑材料供应合同的一般条款，包括产品(设备)的名称、品种、型号、规格、等级、技术标准或技术性能指标，数量和计量单位，包装标准及包装物的供应与回收，交货单位、交货方式、运输方式、交货地点、提货单位、交(提)货期限，验收方式，产品价格，结算方式，违约责任等。此外，还需要注意以下几个方面。

1. 设备价格与支付

设备采购合同通常采用固定总价合同，在合同交货期内价格不进行调整。合同中应该明确合同价格所包括的设备名称、套数，以及是否包括附件、配件、工具和损耗品的费用，是否包括调试、保修服务的费用等。合同价内应该包括设备的税费、运杂费、保险费等与合同有关的其他费用。

合同价款的支付一般分三次：

(1) 设备制造前，采购方支付设备价格的 10% 作为预付款；

(2) 供货方按照交货顺序在规定的时间内将货物送达交货地点，采购方支付该批设备总价的 80%；

(3) 剩余的 10%作为设备保证金，待保证期满，采购方签发最终验收证书后支付。

2．设备数量

合同应明确设备名称、套数、随主机的辅机、附件、易损耗备用品、配件和安装修理工具等，应于合同中列出详细清单。

3．技术标准

合同应注明设备系统的主要技术性能，以及各部分设备的主要技术标准和技术性能。

4．现场服务

合同可以约定设备安装工作由供货方负责还是采购方负责。如果由采购方负责，可以要求供货方提供必要的技术服务、现场服务等内容，可能包括供货方派必要的技术人员到现场向安装施工人员进行技术交底、指导安装和调试、处理设备的质量问题、参加试车和验收试验等。在合同中应明确服务内容，对现场技术人员在现场的工作条件、生活待遇及费用等做出明确规定。

5．验收和保修

成套设备安装后一般应进行试车调试，双方应该共同参加启动试车的检验工作。试验合格后，双方在验收文件上签字，正式移交采购方进行生产运行。若检验不合格，属于设备质量原因的，由供货方负责修理、更换并承担全部费用；如果属于工程施工质量问题，则由安装单位负责拆除后纠正缺陷。

合同中还应明确成套设备的验收办法以及是否保修、保修期限、费用分担等。

任务三　熟悉施工计价方式

施工承包合同可以按照不同的方法加以分类，按照承包合同的计价方式可以分为单价合同、总价合同和成本加酬金合同三大类。

一、单价合同

当发包工程的内容和工程量一时还不能明确、具体地予以规定时，可以采用单价合同(Unit Price Contract)形式，即根据计划工程内容和估算工程量，在合同中明确每项工程内容的单位价格(如每米、每平方米或者每立方米的价格)，实际支付时则根据实际完成的工程量乘以合同单价计算应付的工程款。

单价合同的特点是单价优先，例如，FIDIC 土木工程施工合同中，业主给出的工程量清单表中的数字是参考数字，而实际工程款则按实际完成的工程量和承包商投标时所报的单价计算。虽然在投标报价、评标以及签订合同中，人们常常注重总价格，但在工程款结算中单价优先，对于投标书中明显的数字计算错误，业主有权力先作修改再评标，当总价和单价的计算结果不一致时，以单价为准调整总价。例如，某单价合同的投标报价单中，投标人报价见表 7.1。

表 7.1　投标人报价表

序号	工程分项	单位	数量	单价/元	合价/元
1					
2					
⋮					
x	钢筋混凝土	m³	1000	300	30 000
⋮					
总报价					8 100 000

根据投标人的投标单价，钢筋混凝土的合价应该是 300 000 元，而实际只写了 30 000 元，在评标时应根据单价优先原则对总报价进行修正，所以正确的报价应该是

$$8\ 100\ 000 + (300\ 000 - 30\ 000) = 8\ 370\ 000\ 元$$

在实际施工时，如果实际工程量是 1500 m³，则钢筋混凝土工程的价款金额应该是

$$300 \times 1500 = 45\ 0000\ 元$$

由于单价合同允许随工程量变化而调整工程总价，业主和承包商都不存在工程量方面的风险，因此对合同双方都比较公平。另外，在招标前，发包单位无需对工程范围做出完整的、详尽的规定，从而可以缩短招标准备时间，投标人也只需对所列工程内容报出自己的单价，从而缩短投标时间。

采用单价合同对业主的不足之处是，业主需要安排专门力量来核实已经完成的工程量，需要在施工过程中花费不少精力，协调工作量大。另外，用于计算应付工程款的实际工程量可能超过预测的工程量，即实际投资容易超过计划投资，对投资控制不利。

单价合同又分为固定单价合同和变动单价合同。

在固定单价合同条件下，无论发生哪些影响价格的因素都不对单价进行调整，因而对承包商而言就存在一定的风险。当采用变动单价合同时，合同双方可以约定一个估计的工程量，当实际工程量发生较大变化时可以对单价进行调整，同时还应该约定如何对单价进行调整；当然也可以约定，当通货膨胀达到一定水平或者国家政策发生变化时，可以对哪些工程内容的单价进行调整以及如何调整等。因此，承包商的风险就相对较小。

固定单价合同适用于工期较短、工程量变化幅度不会太大的项目。

在工程实践中，采用单价合同有时也会根据估算的工程量计算一个初步的合同总价，作为投标报价和签订合同之依据。但是，当上述初步的合同总价与各项单价乘以实际完成的工程量之和发生矛盾时，则肯定以后者为准，即单价优先。实际工程款的支付也将以实际完成工程量乘以合同单价进行计算。

二、总价合同

1. 总价合同的含义

所谓总价合同(Lump Sum Contract)，是指根据合同规定的工程施工内容和有关条件，业主应付给承包商的款额是一个规定的金额，即明确的总价。总价合同也称作总价包干合同，即根据施工招标时的要求和条件，当施工内容和有关条件不发生变化时，业主付给承

包商的价款总额就不发生变化。如果由于承包人的失误导致投标价计算错误，合同总价格也不予调整。

总价合同又分固定总价合同和变动总价合同两种。

2. 固定总价合同

固定总价合同的价格计算以图纸及规定、规范为基础，工程任务和内容明确，业主的要求和条件清楚，合同总价一次包死，固定不变，即不再因为环境的变化和工程量的增减而变化。在这类合同中，承包商承担了全部的工作量和价格的风险，因此，承包商在报价时对一切费用的价格变动因素以及不可预见因素都做了充分估计，并将其包含在合同价格之中。

在国际上，这种合同被广泛接受和采用，因为有比较成熟的法规和先例的经验；对业主而言，在合同签订时就可以基本确定项目的总投资额，对投资控制有利；在双方都无法预测的风险条件下和可能有工程变更的情况下，承包商承担了较大的风险，业主的风险较小。但是，工程变更和不可预见的困难也常常引起合同双方的纠纷或者诉讼，最终导致其他费用的增加。

当然，在固定总价合同中还可以约定，在发生重大工程变更、累计工程变更超过一定幅度或者其他特殊条件下可以对合同价格进行调整。因此，需要定义重大工程变更的含义、累计工程变更的幅度以及什么样的特殊条件才能调整合同价格，以及如何调整合同价格等。

采用固定总价合同，双方结算比较简单，但是由于承包商承担了较大的风险，因此报价中不可避免地要增加一笔较高的不可预见风险费。承包商的风险主要有两个方面：一是价格风险，二是工作量风险。价格风险有报价计算错误、漏报项目、物价和人工费上涨等；工作量风险有工程量计算错误、工程范围不确定、工程变更或者由于设计深度不够所造成的误差等。

固定总价合同适用于以下情况：

(1) 工程量小、工期短，估计在施工过程中环境因素变化小，工程条件稳定并合理；

(2) 工程设计详细，图纸完整、清楚，工程任务和范围明确；

(3) 工程结构和技术简单，风险小；

(4) 投标期相对宽裕，承包商可以有充足的时间详细考察现场，复核工程量，分析招标文件，拟订施工计划；

(5) 合同条件中双方的权利和义务十分清楚，合同条件完备。

3. 变动总价合同

变动总价合同又称为可调总价合同，合同价格以图纸及规定、规范为基础，按照时价(Current Price)进行计算，得到包括全部工程任务和内容的暂定合同价格。它是一种相对固定的价格，在合同执行过程中，由于通货膨胀等原因而使所使用的工、料成本增加时，可以按照合同约定对合同总价进行相应的调整。当然，一般由于设计变更、工程量变化或其他工程条件变化所引起的费用变化也可以进行调整。因此，通货膨胀等不可预见因素的风险由业主承担，对承包商而言，其风险相对较小，但对业主而言，不利于其进行投资控制，突破投资的风险就增大了。

1) 调整合同价款的条件

根据《建设工程施工合同(示范文本)》(GF—2013—0201)，合同双方可约定，在以下条件下可对合同价款进行调整：

(1) 法律、行政法规和国家有关政策变化影响合同价款；

(2) 工程造价管理部门公布的价格调整；

(3) 一周内非承包人原因停水、停电、停气造成的停工累计超过 8 小时；

(4) 双方约定的其他因素。

2) 引起价格变化的因素

在工程施工承包招标时，施工期限一年左右的项目一般实行固定总价合同，通常不考虑价格调整问题，以签订合同时的单价和总价为准，物价上涨的风险全部由承包商承担。但是对建设周期一年半以上的工程项目，则应考虑下列因素引起的价格变化问题：

(1) 劳务工资以及材料费用的上涨；

(2) 其他影响工程造价的因素，如运输费、燃料费、电力等价格的变化；

(3) 外汇汇率的不稳定；

(4) 国家或者省、市立法的改变引起的工程费用的上涨。

4．总价合同的特点和应用

显然，当采用总价合同时，对发包工程的内容及其各种条件都应基本清楚、明确，否则，发、承包双方都有蒙受损失的风险。因此，一般是在施工图设计完成，施工任务和范围比较明确，业主的目标、要求和条件都清楚的情况下才采用总价合同。对业主来说，由于设计花费时间长，因而开工时间较晚，开工后的变更容易带来索赔，而且在设计过程中也难以吸收承包商的建议。总价合同的特点有：

(1) 发包单位可以在报价竞争状态下确定项目的总造价，可以较早确定或者预测工程成本；

(2) 业主的风险较小，承包人将承担较大的风险；

(3) 评标时易于迅速确定最低报价的投标人；

(4) 在施工进度上能极大地调动承包人的积极性；

(5) 发包单位能更容易、更有把握地对项目进行控制；

(6) 必须完整而明确地规定承包人的工作；

(7) 必须将设计和施工方面的变化控制在最小限度内。

总价合同和单价合同有时在形式上很相似，例如，在有的总价合同的招标文件中也有工程量表，也要求承包商提出各分项工程的报价，与单价合同在形式上很相似，但两者在性质上是完全不同的。总价合同是总价优先，承包商报总价，双方商讨并确定合同总价，最终也按总价结算。

三、成本加酬金合同

1．成本加酬金合同的含义

成本加酬金合同也称为成本补偿合同，这是与固定总价合同正好相反的合同，工程施工的最终合同价格将按照工程的实际成本再加上一定的酬金进行计算。当签订合同时，工程实际成本往往不能确定，只能确定酬金的取值比例或者计算原则。

采用这种合同时承包商不承担任何价格变化或工程量变化的风险，这些风险主要由业主承担，对业主的投资控制很不利。而承包商则往往缺乏控制成本的积极性，常常不仅不愿意控制成本，甚至还会期望提高成本以提高自己的经济效益，因此这种合同容易被那些不道德或不称职的承包商滥用，从而损害工程的整体效益。所以应该尽量避免采用这种合同。

2．成本加酬金合同的特点和适用条件

1) 成本加酬金合同的适用情况

(1) 工程特别复杂，工程技术、结构方案不能预先确定，或者尽管可以确定工程技术和结构方案，但是不可能进行竞争性的招标活动并以总价合同或单价合同的形式确定承包商，如研究开发性质的工程项目；

(2) 时间特别紧迫，如抢险、救灾工程，来不及进行详细的计划和商谈。

2) 成本加酬金合同的优点

对业主而言，这种合同形式也有一定的优点，如：

(1) 可以通过分段施工缩短工期，而不必等待所有施工图完成才开始招标和施工；

(2) 可以减少承包商的对立情绪，承包商对工程变更和不可预见条件的反应会比较积极和快捷；

(3) 可以利用承包商的施工技术专家，帮助改进或弥补设计中的不足；

(4) 业主可以根据自身力量和需要，较深入地介入和控制工程施工和管理；

(5) 业主也可以通过确定最大保证价格约束工程成本不超过某一限值，从而转移一部分风险。

对承包商来说，这种合同比固定总价合同的风险低，利润比较有保证，因而比较有积极性。其缺点是合同的不确定性大，由于设计未完成，无法准确确定合同的工程内容、工程量以及合同的终止时间，有时难以对工程计划进行合理安排。

3．成本加酬金合同的形式

成本加酬金合同有多种形式，主要如下：

(1) **成本加固定费用合同**。根据双方讨论同意的工程规模、估计工期、技术要求、工作性质及复杂性、所涉及的风险等来考虑确定一笔固定数目的报酬金额作为管理费及利润，对人工、材料、机械台班等直接成本则实报实销。如果设计变更或增加新项目，当直接费超过原估算成本的一定比例(如 10%)时，固定的报酬也要增加。在工程总成本一开始估计不准，可能变化不大的情况下，可采用此合同形式，有时可分几个阶段谈判付给固定报酬。这种方式虽然不能鼓励承包商降低成本，但为了尽快得到酬金，承包商会尽力缩短工期。有时也可在固定费用之外根据工程质量、工期和节约成本等因素，给承包商另加奖金，以鼓励承包商积极工作。

(2) **成本加固定比例费用合同**。工程成本中直接费加一定比例的报酬费，报酬部分的比例在签订合同时由双方确定。这种方式的报酬费用总额随成本加大而增加，不利于缩短工期和降低成本。一般在工程初期很难描述工作范围和性质，或工期紧迫，无法按常规编制招标文件供招标时采用。

(3) **成本加奖金合同**。奖金是根据报价书中的成本估算指标制定的，在合同中对这个估算指标规定一个底点和顶点，分别为工程成本估算的 60%～75% 和 110%～135%。承包

商在估算指标的顶点以下完成工程则可得到奖金，超过顶点则要对超出部分支付罚款。如果成本在底点之下，则可加大酬金值或酬金百分比。采用这种方式通常规定，当实际成本超过顶点对承包商罚款时，最大罚款限额不超过原先商定的最高酬金值。

在招标时，当图纸、规范等准备不充分，不能据以确定合同价格，而仅能制定一个估算指标时，可采用这种形式。

(4) **最大成本加费用合同**。在工程成本总价基础上加固定酬金费用，即当设计深度达到可以报总价的深度时，投标人报一个工程成本总价和一个固定的酬金(包括各项管理费、风险费和利润)。如果实际成本超过合同中规定的工程成本总价，由承包商承担所有的额外费用，若实施过程中节约了成本，节约的部分归业主，或者由业主与承包商分享，在合同中要确定节约分成比例。在非代理型(风险型)CM(Fast-Track-Construction Management)模式的合同中就采用这种方式。

4．成本加酬金合同的应用

当实行施工总承包管理模式或 CM 模式时，业主与施工总承包管理单位或 CM 单位的合同一般采用成本加酬金合同。

在国际上，许多项目管理合同、咨询服务合同等也多采用成本加酬金合同方式。

在施工承包合同中采用成本加酬金计价方式时，业主与承包商应该注意以下问题：

(1) 必须有一个明确的如何向承包商支付酬金的条款，包括支付时间和金额百分比。如果发生变更或其他变化，酬金支付如何调整。

(2) 应该列出工程费用清单，要规定一套详细的工程现场有关的数据记录、信息存储甚至记账的格式和方法，以便对工地实际发生的人工、机械和材料消耗等数据进行认真且及时的记录；应该保留有关工程实际成本的发票或付款的账单、表明款额已经支付的记录或证明等，以便业主进行审核和结算。

5．三种合同计价方式的选择

不同的合同计价方式具有不同的特点、应用范围，对设计深度的要求也是不同的，其比较见表 7.2。

表 7.2　合同计价方式比较

	总价合同	单价合同	成本加酬金合同
应用范围	广泛	工程量暂不确定的工程	紧急工程、保密工程等
业主的投资控制工作	容易	工作量较大	难度大
业主的风险	较小	较大	很大
承包商的风险	大	较小	无
设计深度要求	施工图设计	初步设计或施工图设计	各设计阶段

任务四　掌握合同执行过程的管理

合同的履行是指工程建设项目的发包方和承包方根据合同规定的时间、地点、方式、内容和标准等要求，各自完成合同义务的行为。合同的履行是合同当事人双方都应尽的义务。任何一方违反合同，不履行合同义务，或者未完全履行合同义务，给对方造成损失时，都应当承担赔偿责任。

合同签订以后，当事人必须认真分析合同条款，向参与项目实施的有关责任人做好合同交底工作，在合同履行过程中进行跟踪与控制，并加强合同的变更管理，保证合同的顺利履行。

一、施工合同跟踪与控制

合同签订以后，合同中各项任务的执行要落实到具体的项目经理部或具体的项目参与人员身上，承包单位作为履行合同义务的主体，必须对合同执行者(项目经理部或项目参与人)的履行情况进行跟踪、监督和控制，确保合同义务的完全履行。

(一) 施工合同跟踪

施工合同跟踪有两个方面的含义：一是承包单位的合同管理职能部门对合同执行者(项目经理部或项目参与人)的履行情况进行的跟踪、监督和检查；二是合同执行者(项目经理部或项目参与人)本身对合同计划的执行情况进行的跟踪、检查与对比。在合同实施过程中二者缺一不可。

对合同执行者而言，应该掌握合同跟踪的以下方面：

1. 合同跟踪的依据

合同跟踪的重要依据是合同以及依据合同而编制的各种计划文件；其次还要依据各种实际工程文件如原始记录、报表、验收报告等；另外，还要依据管理人员对现场情况的直观了解，如现场巡视、交谈、会议、质量检查等。

2. 合同跟踪的对象

1) 承包的任务

(1) 工程施工的质量，包括材料、构件、制品和设备等的质量，以及施工或安装质量，是否符合合同要求等；

(2) 工程进度，即是否在预定期限内施工，工期有无延长，延长的原因是什么等；

(3) 工程数量，即是否按合同要求完成全部施工任务，有无合同规定以外的施工任务等；

(4) 成本的增加和减少。

2) 工程小组或分包人负责的工程和具体工作

可以将工程施工任务分解交由不同的工程小组或发包给专业分包单位完成，工程承包人必须对这些工程小组或分包人及其所负责的工程进行跟踪检查，协调关系，提出意见、建议或警告，保证工程总体质量和进度。

对专业分包人的工作和负责的工程，总承包商负有协调和管理的责任，并承担由此造成的损失，所以专业分包人的工作和负责的工程必须纳入总承包工程的计划和控制中，防止因分包人工程管理失误而影响全局。

3) 业主和其委托的工程师(监理人)的工作

(1) 业主是否及时、完整地提供了工程施工的实施条件，如场地、图纸、资料等；

(2) 业主和工程师(监理人)是否及时给予了指令、答复和确认等;

(3) 业主是否及时并足额地支付了应付的工程款项。

(二) 合同实施的偏差分析

通过合同跟踪,可能会发现合同实施中存在着偏差,即工程实施实际情况偏离了工程计划和工程目标,应该及时分析原因,采取措施,纠正偏差,避免损失。

合同实施偏差分析的内容包括以下几个方面:

1. 产生偏差的原因分析

通过对合同执行实际情况与实施计划的对比分析,不仅可以发现合同实施的偏差,而且可以探索引起差异的原因。原因分析可以采用鱼刺图、因果关系分析图(表)、成本量差、价差、效率差分析等方法定性或定量地进行。

2. 合同实施偏差的责任分析

合同实施偏差的责任分析即分析产生合同偏差的原因是由谁引起的,应该由谁承担责任。责任分析必须以合同为依据,按合同规定落实双方的责任。

3. 合同实施趋势分析

针对合同实施偏差情况,可以采取不同的措施,应分析在不同措施下合同执行的结果与趋势,包括:

(1) 最终的工程状况,包括总工期的延误、总成本的超支、质量标准、所能达到的生产能力(或功能要求)等;

(2) 承包商将承担什么样的后果,如被罚款、被清算,甚至被起诉,对承包商资信、企业形象、经营战略的影响等;

(3) 最终工程经济效益(利润)水平。

(三) 合同实施偏差处理

根据合同实施偏差分析的结果,承包商应该采取相应的调整措施。调整措施可以分为如下几种:

(1) 组织措施,如增加人员投入,调整人员安排,调整工作流程和工作计划等;

(2) 技术措施,如变更技术方案,采用新的高效率的施工方案等;

(3) 经济措施,如增加投入,采取经济激励措施等;

(4) 合同措施,如进行合同变更,签订附加协议,采取索赔手段等。

二、施工合同变更管理

合同变更是指合同成立以后和履行完毕以前由双方当事人依法对合同的内容所进行的修改,包括合同价款、工程内容、工程的数量、质量要求和标准、实施程序等的一切改变都属于合同变更。

工程变更一般是指在工程施工过程中,根据合同约定对施工的程序,工程的内容、数量,质量要求及标准等做出的变更。工程变更属于合同变更,合同变更主要是由于工程变更而引起的，合同变更的管理也主要是进行工程变更的管理。

(一) 工程变更的原因

工程变更一般主要有以下几个方面的原因：

(1) 业主新的变更指令，对建筑的新要求。如业主有新的意图，业主修改项目计划、削减项目预算等。

(2) 由于设计人员、监理方人员、承包商事先没有很好地理解业主的意图，或设计的错误，导致图纸修改。

(3) 工程环境的变化，预定的工程条件不准确，要求实施方案或实施计划变更。

(4) 由于产生新技术和知识，有必要改变原设计、原实施方案或实施计划，或由于业主指令及业主责任的原因造成承包商施工方案的改变。

(5) 政府部门对工程的新要求，如国家计划变化、环境保护要求、城市规划变动等。

(6) 由于合同实施出现问题，必须调整合同目标或修改合同条款。

(二) 变更的范围和内容

根据国家发展和改革委员会等九部委联合编制的《标准施工招标文件》中的通用合同条款的规定，除专用合同条款另有约定外，在履行合同中发生以下情形之一，应按照本条规定进行变更。

(1) 取消合同中任何一项工作，但被取消的工作不能转由发包人或其他人实施；

(2) 改变合同中任何一项工作的质量或其他特性；

(3) 改变合同工程的基线、标高、位置或尺寸；

(4) 改变合同中任何一项工作的施工时间或改变已批准的施工工艺或顺序；

(5) 为完成工程需要追加的额外工作。

在履行合同过程中，承包人可以对发包人提供的图纸、技术要求以及其他方面提出合理化建议。

(三) 变更权

根据九部委编制的《标准施工招标文件》中通用合同条款的规定，在履行合同过程中，经发包人同意，监理人可按合同约定的变更程序向承包人作出变更指示，承包人应遵照执行。没有监理人的变更指示，承包人不得擅自变更。

(四) 变更程序

根据九部委编制的《标准施工招标文件》中通用合同条款的规定，变更的程序如下：

1. 变更的提出

(1) 在合同履行过程中，可能发生通用合同条款第 15.1 款约定情形的变更(即上述(二)变更的范围和内容中的(1)~(5))，监理人可向承包人发出变更意向书。变更意向书应说明变更的具体内容和发包人对变更的时间要求，并附必要的图纸和相关资料。变更意向书应要求承包人提交包括拟实施变更工作的计划、措施和竣工时间等内容的实施方案。发包人同意承包人根据变更意向书要求提交的变更实施方案的，由监理人按合同约定的程序发出变更指示。

(2) 在合同履行过程中，已经发生通用合同条款第 15.1 款约定情形的，监理人应按照合同约定的程序向承包人发出变更指示。

(3) 承包人收到监理人按合同约定发出的图纸和文件，经检查认为其中存在第 15.1 款约定情形的，可向监理人提出书面变更建议。变更建议应阐明要求变更的依据，并附必要的图纸和说明。监理人收到承包人书面建议后，应与发包人共同研究，确认存在变更的，应在收到承包人书面建议后的 14 天内作出变更指示。经研究后不同意进行变更的，应由监理人书面答复承包人。

(4) 若承包人收到监理人的变更意向书后认为难以实施此项变更的，应立即通知监理人，说明原因并附详细依据。监理人与承包人和发包人协商后确定撤销、改变或不改变原变更意向书。

2. 变更指示

根据九部委编制的《标准施工招标文件》中通用合同条款的规定，变更指示只能由监理人发出。变更指示应说明变更的目的、范围、变更内容以及变更的工程量及其进度和技术要求，并附有关图纸和文件。承包人收到变更指示后，应按变更指示进行变更工作。

(五) 承包人的合理化建议

根据九部委编制的《标准施工招标文件》中通用合同条款的规定，在履行合同过程中，承包人对发包人提供的图纸、技术要求以及其他方面提出的合理化建议，均应以书面形式提交监理人。合理化建议书的内容应包括建议工作的详细说明、进度计划和效益以及与其他工作的协调等，并附必要的设计文件。监理人应与发包人协商是否采纳建议。建议被采纳并构成变更的，应按合同约定的程序向承包人发出变更指示。

承包人提出的合理化建议降低了合同价格、缩短了工期或者提高了工程经济效益的，发包人可按国家有关规定在专用合同条款中约定给予奖励。

(六) 变更估价

根据九部委编制的《标准施工招标文件》中通用合同条款的规定：

(1) 除专用合同条款对期限另有约定外，承包人应在收到变更指示或变更意向书后的 14 天内，向监理人提交变更报价书；报价书内容应根据合同约定的估价原则，详细开列变更工作的价格组成及其依据，并附必要的施工方法说明和有关图纸。

(2) 变更工作影响工期的，承包人应提出调整工期的具体细节。监理人认为有必要时，可要求承包人提交要求提前或延长工期的施工进度计划及相应施工措施等详细资料。

(3) 除专用合同条款对期限另有约定外，监理人收到承包人变更报价书后的 14 天内，根据合同约定的估价原则，按照第 3.5 款商定或确定变更价格。

(七) 变更的估价原则

除专用合同条款另有约定外，因变更引起的价格调整按照本款约定处理。

(1) 已标价工程量清单中有适用于变更工作的子目的，采用该子目的单价。

(2) 已标价工程量清单中无适用于变更工作的子目，但有类似子目的，可在合理范围内参照类似子目的单价，由监理人按第 3.5 款商定或确定变更工作的单价。

(3) 已标价工程量清单中无适用或类似子目的单价，可按照成本加利润的原则，由监理人按第 3.5 款商定或确定变更工作的单价。

任务五　熟悉施工风险管理

一、施工合同风险管理

建设工程的特点决定了工程实施过程中技术、经济、环境、合同订立和履行等方面诸多风险因素的存在。由于我国目前建筑市场尚不成熟，主体行为不规范的现象在一定范围内仍存在，在工程实施过程中还存在着许多不确定的因素，建筑产品的生产比一般产品的生产具有更大的风险。

(一) 工程合同风险的概念

合同风险是指合同中的以及由合同引起的不确定性。

工程合同风险可以按不同的方法进行分类。

(1) **按合同风险产生的原因分**，可以分为合同工程风险和合同信用风险。合同工程风险是指客观原因和非主观故意导致的，如工程进展过程中发生不利的地质条件变化、工程变更、物价上涨、不可抗力等。合同信用风险是指主观故意原因导致的，表现为合同双方的机会主义行为，如业主拖欠工程款，承包商层层转包、非法分包、偷工减料、以次充好、知假买假等。

(2) **按合同的不同阶段进行划分**，可以将合同风险分为合同订立风险和合同履约风险。

(二) 工程合同风险产生的原因

工程合同风险产生的主要原因在于合同的不完全性特征，即合同是不完全的。不完全合同是来自于经济学的概念，是指由于个人的有限理性，外在环境的复杂性和不确定性，信息的不对称、交易成本变化以及机会主义行为的存在，导致合同当事人无法证实或观察全面，这就造成合同条款的不完全性。与一般合同一样，工程合同也是不完全的，并且因为建筑产品的特殊性，致使工程合同不完全性的表现比一般合同更加复杂。

(1) **合同的不确定性**。由于人的有限理性，对外在环境的不确定性是无法完全预期的，不可能把所有可能发生的未来事件都写入合同条款中，更不可能制定好处理未来事件的所有具体条款。

(2) **计划的复杂性**。在复杂的、无法预测的世界中，一个工程的实施会存在各种各样的风险事件，人们很难预测未来事件，无法根据未来情况作出计划，往往是计划不如变化，诸如不利的自然条件、工程变更、政策法规的变化、物价的变化等。

(3) **合同语言表达问题**。合同的语句表达不清晰、不细致、前后不严密、前后矛盾等均可能造成合同的不完全性，这便容易导致双方理解上的分歧，进而发生纠纷，甚至发生争端。

(4) **合同不完全**。由于合同双方的疏忽，未就有关的事宜订立合同，而使合同不完全。

(5) **交易成本的存在**。因为合同双方为订立某一条款以解决某特定事宜的成本超出了其收益而造成合同的不完全。由于存在着交易成本，人们签订的合同在某些方面肯定是不完全的。缔约各方愿意遗漏许多意外事件，认为等一等、看一看，要比把许多不大可能发生的事件考虑进去好得多。

(6) **信息的不对称**。信息不对称是合同不完全的根源，多数问题都可以从信息的不对称中寻找到答案。建筑市场上的信息不对称主要表现为以下几个方面：

① 业主并不真正了解承包商实际的技术和管理能力以及财务状况。

② 承包商也并不真正了解业主是否有足够的资金保证，不知道业主能否及时支付工程款。

③ 总承包商对于分包商是否真有能力完成工程，并不十分有把握，承包商对建筑生产要素的掌握远不如这些要素的提供者清楚。

(7) **机会主义行为的存在**。机会主义行为被定义为这样一种行为，即用虚假的或空洞的，也就是非真实的威胁或承诺来谋取个人利益的行为。经济学通常假定各种经济行为主体是具有利己心的，所追求的是自身利益的最大化，且最大化行为具有普遍性。经济学上的机会主义行为主要强调的是用掩盖信息和提供虚假信息损人利己。

任何交易都有可能发生机会主义行为，机会主义行为可分为事前的和事后的两种。前者不愿意袒露与自己真实条件有关的信息，甚至会制造扭曲的、虚假的或模糊的信息。事后的机会主义行为也称为道德风险。事前的机会主义行为可以通过减少信息不对称来部分地消除，但不能完全消除，而避免事后的机会主义行为方法之一就是在订立合同时进行有效的防范和在履约过程中进行监督管理。

(三) 施工合同风险的类型

1. 项目外界环境风险

(1) 在国际工程中，工程所在国政治环境的变化，如发生战争、禁运、罢工、社会动乱等造成工程施工中断或终止。

(2) 经济环境的变化，如通货膨胀、汇率调整、工资和物价上涨。物价和货币风险在工程中经常出现，而且影响非常大。

(3) 合同所依据的法律环境的变化，如新的法律颁布，国家调整税率或增加新税种，新的外汇管理政策等。在国际工程中，以工程所在国的法律为合同法律基础，对承包商的风险很大。

(4) 自然环境的变化，如百年不遇的洪水、地震、台风等，以及工程水文、地质条件存在不确定性，复杂且恶劣的气候条件和现场条件，其他可能存在的对项目的干扰因素等。

2. 项目组织成员资信和能力风险

(1) **业主资信和能力风险**。例如，业主企业的经营状况恶化、濒于倒闭，支付能力差，资信不好，撤走资金，恶意拖欠工程款等；业主为了达到不支付或少支付工程款的目的，在工程中苛刻刁难承包商，滥用权力，施行罚款和扣款，对承包商的合理索赔要求不答复或拒不支付；业主经常改变主意，如改变设计方案、施工方案，打乱工程施工秩序，发布错误指令，非正常地干预工程但又不愿意给予承包商以合理补偿等；业主不能完成合同责任，如不能及时供应设备、材料，不及时交付场地，不及时支付工程款；业主的工作人员存在私心和其他不正之风等。

(2) 承包商(分包商、供货商)资信和能力风险。 这里主要包括承包商的技术能力、施工力量、装备水平和管理能力不足，没有合适的技术专家和项目管理人员，不能积极地履行合同；财务状况恶化，企业处于破产境地，无力采购和支付工资，工程被迫中止；承包商信誉差，不诚实，在投标报价和工程采购、施工中有欺诈行为；设计单位设计错误(如钢结构深化设计错误)，不能及时交付设计图纸或无力完成设计工作；国际工程中对当地法律、语言、风俗不熟悉，对技术文件、工程说明和规范理解不准确或理解错误等；承包商的工作人员不积极履行合同责任，罢工、抗议或软抵抗等。

(3) 其他方面。 如政府机关工作人员、城市公共供应部门的干预、苛求和个人需求。项目周边或涉及的居民或单位的干预、抗议或苛刻的要求等。

3. 管理风险

(1) 对环境调查和预测的风险。对现场和周围环境条件缺乏足够全面和深入的调查，对影响投标报价的风险、意外事件和其他情况的资料缺乏足够的了解和预测。

(2) 合同条款不严密、错误、二义性，工程范围和标准存在不确定性。

(3) 承包商投标策略错误，或错误地理解业主意图和招标文件，导致实施方案错误、报价失误等。

(4) 承包商的技术设计、施工方案、施工计划和组织措施存在缺陷和漏洞，计划不周。

(5) 实施控制过程中的风险。例如，合作伙伴争执、责任不明；缺乏有效措施保证进度、安全和质量要求；由于分包层次太多，造成计划执行和调整、实施的困难等。

(四) 工程合同风险分配

1. 工程合同风险分配的重要性

业主起草招标文件和合同条件，确定合同类型，对风险的分配起主导作用，有更大的主动权和责任。业主不能随心所欲地不顾主客观条件，任意在合同中增加对承包商的单方面约束性条款和对自己的免责条款，把风险全部推给对方，一定要理性分配风险，否则可能产生如下后果：

(1) 如果业主不承担风险，他也缺乏工程控制的积极性和内在动力，工程也不能顺利进行。

(2) 如果合同不平等，承包商没有合理利润，不可预见的风险太大，则会对工程缺乏信心和履约积极性。如果风险事件发生，不可预见风险费用不足以弥补承包商的损失，他通常会采取其他各种办法弥补损失或减少开支，例如偷工减料、减少工作量、降低材料设备和施工质量标准以降低成本，甚至放慢施工速度或停工等，最终影响工程的整体效益。

(3) 如果合同所定义的风险没有发生，则业主多支付了报价中的不可预见风险费，承包商取得了超额利润。

合理分配风险的好处是：

(1) 业主可以获得一个合理的报价，承包商报价中的不可预见风险费较少。

(2) 减少合同的不确定性，承包商可以准确地计划和安排工程施工。

(3) 可以最大限度地发挥合同双方风险控制和履约的积极性。

(4) 整个工程的产出效益可能会更好。

2. 工程合同风险分配的原则

合同风险应该按照效率原则和公平原则进行分配。

(1) 从工程整体效益出发，最大限度发挥双方的积极性，尽可能做到：

① 谁能最有效地(有能力和经验)预测、防止和控制风险，或能有效地降低风险损失，或能将风险转移给其他方面，就应由谁承担相应的分配风险责任。

② 由风险承担者来控制相关风险是经济的，既能够以最低的成本来承担风险损失，同时他管理风险的成本、自我防范和市场保险费用最低，而且也是有效、方便、可行的。

③ 通过风险分配加强责任，发挥双方管理和技术革新的积极性等。

(2) 公平合理，责权利平衡，具体体现在：

① 承包商提供的工程(或服务)与业主支付的价格之间应体现公平性，这种公平通常以当地当时的市场价格为依据。

② 风险责任与权利之间应平衡。

③ 风险责任与机会对等，即风险承担者同时应能享有风险控制获得的收益和机会收益。

④ 承担风险的可能性和合理性，即给风险承担者以风险预测、计划、控制的条件和可能性。

(3) 符合现代工程管理理念。

(4) 符合工程惯例，即符合通常的工程处理方法。

二、工程保险

(一) 保险概述

保险是指投保人根据合同约定向保险人支付保险费，保险人对合同约定的可能发生的事故所造成的损失承担赔偿保险金责任，或者当被保险人死亡、伤残、疾病或者达到合同约定的年龄、期限时承担给付保险金责任的商业保险行为。

1. 保险标的

保险标的是保险保障的目标和实体，指保险合同双方当事人权利和义务所指向的对象，可以是财产或与财产有关的利益或责任，也可以是人的生命或身体。根据保险标的的不同，保险可以分为财产保险(包括财产损失保险、责任保险、信用保险等)和人身保险(包括人寿保险、健康保险、意外伤害保险等)两大类，而工程保险既涉及财产保险，也涉及人身保险。

2. 保险金额

保险金额是保险利益的货币价值表现，简称保额，是保险人承担赔偿或给付保险金责任的最高限额。当保险金额接近于或等于财产的实际价值时，就称为足额保险或等额保险。

当保险财产的保险金额小于其实际价值时就称为不足额保险。当保险金额高于保险财产的实际价值时，则称为超额保险。对于超额部分，保险公司不负补偿责任，即不允许被保险人通过投保获得额外利益。

3. 保险费

保险费简称保费，是投保人为转嫁风险支付给保险人的与保险责任相应的价金。投保人缴纳保费是保险合同生效和保险人承担保险责任的前提条件之一。保险费的多少由保险金额的大小和保险费率的高低两个因素决定。

4. 保险责任

保险责任是保险人根据合同的规定应予承担的责任。由于保险公司对各类保险都编制了标准化的格式条款，因此保险责任可以划分为基本责任和特约责任。基本责任是指标准化的保险合同中规定，保险人承担赔偿或给付的直接和间接责任。特约责任是指标准化保险合同规定属于除外责任的范围，是需另经双方协商同意后在保险合同内特别注明承保负担的一种责任。

保险投保后，并非将不可合理预见的风险全部转移给了保险人，保险合同内都有除外责任条款，除外责任属于免赔责任，指保险人不承担责任的范围。各类保险合同由于标的的差异，除外责任不尽相同，但比较一致的有以下几项：

(1) 投保人故意行为所造成的损失。

(2) 因被保险人不忠实履行约定义务所造成的损失。

(3) 战争或军事行为所造成的损失。

(4) 保险责任范围以外，其他原因所造成的损失。

(二) 工程保险的概念

工程保险是对以工程建设过程中所涉及的财产、人身和建设各方当事人之间权利义务关系为对象的保险的总称；是对建筑工程项目、安装工程项目及工程中的施工机具、设备所面临的各种风险提供的经济保障；是业主和承包商为了工程项目的顺利实施，以建设工程项目，包括建设工程本身、工程设备和施工机具以及与之有关联的人作为保险对象，向保险人支付保险费，由保险人根据合同约定对建设过程中遭受自然灾害或意外事故所造成的财产和人身伤害承担赔偿保险金责任的一种保险形式。投保人将威胁自己的工程风险通过按约缴纳保险费的办法转移给保险人(保险公司)。如果事故发生，投保人可以通过保险公司取得损失补偿，以保证自身免受或少受损失。其好处是付出一定的小量保险费，换得遭受大量损失时得到补偿的保障，从而增强抵御风险的能力。

(三) 工程保险的种类

按照国际惯例以及国内合同范本的要求，施工合同的通用条款对于易发生重大风险事件的投保范围作了明确规定，投保范围包括工程一切险、第三者责任险、人身意外伤害险、承包人设备保险等。

1. 工程一切险

按照我国保险制度，工程险包括建筑工程一切险、安装工程一切险两类。在施工过程中如果发生保险责任事件使工程本体受到损害，已支付进度款部分的工程属于项目法人的财产，尚未获得支付但已完成部分的工程属于承包人的财产，因此要求投保人办理保险时应以双方名义共同投保。为了保证保险的有效性和连贯性，国内工程通常由项目法人办理保险，国际工程一般要求承包人办理保险。

如果承包商不愿投保一切险，也可以就承包商的材料、机具设备、临时工程、已完工程等分别进行保险，但应征得业主的同意。一般来说，集中投保一切险可能比分别投保的费用少。有时，承包商将一部分永久工程、临时工程、劳务等分包给其他分包商，他可以要求分包商投保其分担责任的那一部分保险，而自己按扣除该分包价格的余额进行保险。

2. 第三者责任险

该项保险是指由于施工的原因导致项目法人和承包人以外的第三人受到财产损失或人身伤害的赔偿。第三者责任险的被保险人也应是项目法人和承包人。该险种一般附加在工程一切险中。

在发生这种涉及第三方损失的责任时，保险公司将对承包商由此遭到的赔款和发生诉讼等费用进行赔偿。但是应当注意，属于承包商或业主在工地的财产损失，或其公司和其他承包商在现场从事与工作有关的事情的职工伤亡不属于第三者责任险的赔偿范围，而属于工程一切险和人身意外险的范围。

3. 人身意外伤害险

为了将参与项目建设人员由于施工原因受到人身意外伤害的损失转移给保险公司，应对从事危险作业的工人和职员办理意外伤害保险。此项保险义务分别由发包人、承包人负责对本方参与现场施工的人员投保。《中华人民共和国建筑法》第四十八条规定，建筑施工企业应当依法为职工参加工伤保险缴纳工伤保险费。鼓励企业为从事危险作业的职工办理意外伤害保险，支付保险费。

4. 承包人设备保险

这类保险保险的范围包括承包人运抵施工现场的施工机具和准备用于永久工程的材料及设备。我国的工程一切险包括此项保险内容。

5. 执业责任险

执业责任险以设计人、咨询人(监理人)的设计、咨询错误或员工工作疏漏给业主或承包商造成的损失为保险标的。

6. CIP 保险

CIP 是英文 Controlled Insurance Programs 的缩写，意思是"一揽子保险"。CIP 保险的运行机制是，由业主或承包商统一购买"一揽子保险"，保障范围覆盖业主、承包商及所有分包商，内容包括劳工赔偿、雇主责任险、一般责任险、建筑工程一切险、安装工程一切险。

CIP 保险的优点是：

(1) 以最优的价格提供最佳的保障范围；

(2) 能实施有效的风险管理；

(3) 降低赔付率，进而降低保险费率；

(4) 避免诉讼，便于索赔。

三、工程担保

(一) 担保的概念

担保是为了保证债务的履行，确保债权的实现，在债务人的信用或特定的财产之上设定的特殊的民事法律关系。其法律关系的特殊性表现在，一般的民事法律关系的内容(即权利和义务)基本处于一种确定的状态，而担保的内容处于一种不确定的状态，即当债务人不按主合同之约定履行债务导致债权无法实现时，担保的权利和义务才能确定并成为现实。

(二) 担保的方式

我国常用的担保方式有五种：保证、抵押、质押、留置和定金。

保证又称第三方担保，是指保证人和债权人约定，当债务人不能履行债务时，保证人按照约定履行债务或承担责任的行为。

抵押是指债务人或者第三人不转移对所拥有财产的占有，将该财产作为债权的担保。债务人不履行债务时，债权人有权依法从将该财产折价或者拍卖、变卖该财产的价款中优先受偿。

质押是指债务人或者第三人将其质押物移交债权人占有，将该物作为债权的担保。债务人不履行债务时，债权人有权依法从将该物折价或者拍卖、变卖的价款中优先受偿。

留置是指债权人按照合同约定占有债务人的动产，债务人不履行债务时，债权人有权依法留置该财产，以该财产折价或者以拍卖、变卖该财产的价款优先受偿。

定金是指当事人可以约定一方向另一方给付定金作为债权的担保，债务人履行债务后，定金应当抵作价款或者收回。给付定金的一方不履行约定债务的，无权要求返还定金。收受定金的一方不履行约定债务的，应当双倍返还定金。

(三) 工程担保

工程担保中大量采用的是第三方担保，即保证担保。工程保证担保在发达国家已有一百多年的历史，已经成为一种国际惯例。

工程担保制度以经济责任链条建立起保证人与建设市场主体之间的责任关系。工程承包人在工程建设中的任何不规范行为都可能危害担保人的利益，担保人为维护自身的经济利益，在提供工程担保时，必然对申请人的资信、实力、履约记录等进行全面的审核，根据被保证人的资信情况实行差别费率，并在建设过程中对被担保人的履约行为进行监督。通过这种制约机制和经济杠杆，可以迫使当事人提高素质，规范行为，保证工程质量、工期和施工安全。另外，承包商拖延工期、拖欠工人工资及分包商工程款和货款、保修期内不履行保修义务，设计人延迟交付图纸及业主拖欠工程款等问题的解决也必须借助工程担保。实践证明，工程担保制度对规范建筑市场、防范风险特别是违约风险、降低建筑业的社会成本、保障工程建设的顺利进行等都有十分重要和不可替代的作用。

建设工程中经常采用的担保种类有投标担保、履约担保、支付担保、预付款担保、工程保修担保等。

(四) 投标担保

1. 投标担保的含义

投标担保是指投标人向招标人提供的担保，保证投标人一旦中标即按中标通知书、投标文件和招标文件等有关规定与业主签订承包合同。

2. 投标担保的形式

投标担保可以采用银行保函、担保公司担保书、同业担保书和投标保证金担保方式，多数采用银行投标保函和投标保证金担保方式。具体担保方式由招标人在招标文件中规定。未能按照招标文件要求提供投标担保的投标，可被视为不响应招标而被拒绝。

3. 担保额度和有效期

根据《工程建设项目施工招标投标办法》规定，施工投标保证金的数额一般不得超过投标总价的 2%，但最高不得超过 80 万元人民币。投标保证金有效期应当超出投标有效期 30 天。投标人不按招标文件要求提交投标保证金的，该投标文件将被拒绝，作废标处理。

根据《中华人民共和国招标投标法实施条例》，投标保证金不得超过招标项目估算价的 2%，投标保证金有效期应当与投标有效期一致。

根据《工程建设项目勘察设计招标投标办法》规定，招标文件要求投标人提交投标保证金的，保证金数额一般不超过勘察设计费投标报价的 2%，最多不超过 10 万元人民币。

国际上常见的投标担保的保证金数额为 2%～5%。

4. 投标担保的作用

投标担保的主要目的是保护招标人不因中标人不签约而蒙受经济损失。投标担保要确保投标人在投标有效期内不要撤回投标书，以及投标人在中标后保证与业主签订合同并提供业主所要求的履约担保、预付款担保等。

投标担保的另一个作用是，在一定程度上起筛选投标人的作用。

(五) 履约担保

1. 履约担保的含义

所谓履约担保，是指招标人在招标文件中规定的要求中标的投标人提交的保证履行合同义务和责任的担保。这是工程担保中最重要也是担保金额最大的工程担保。

履约担保的有效期始于工程开工之日，终止日期则可以约定为工程竣工交付之日或者保修期满之日。由于合同履行期限应该包括保修期，所以履约担保的时间范围也应该覆盖保修期。如果确定履约担保的终止日期为工程竣工交付之日，则需要另外提供工程保修担保。

2. 履约担保的形式

履约担保可以采用银行保函、履约担保书和履约保证金的形式，也可以采用同业担保的方式，即由实力强、信誉好的承包商为其提供履约担保，但应当遵守国家有关企业之间提供担保的有关规定，不允许两家企业互相担保或多家企业交叉互保。在保修期内，工程保修担保可以采用预留质量保证金的方式。

1) 银行履约保函

(1) 银行履约保函是由商业银行开具的担保证明，通常为合同金额的 10%左右。银行保函分为有条件的银行保函和无条件的银行保函。

(2) 有条件的保函是指在承包人没有实施合同或者未履行合同义务时，由发包人或工程师出具证明说明情况，并由担保人对已执行合同部分和未执行合同部分加以鉴定，确认后才能收兑银行保函，由发包人得到保函中的款项。建筑行业通常倾向于采用有条件的保函。

(3) 无条件的保函是指在承包人没有实施合同或者未履行合同义务时，发包人只要看到承包人违约，不需要出具任何证明和理由就可对银行保函进行收兑。

2) 履约担保书

由担保公司或者保险公司开具履约担保书，当承包人在执行合同过程中违约时，开出担保书的担保公司或者保险公司用该项担保金去完成施工任务或者向发包人支付完成该项目所实际花费的金额，但该金额必须在保证金的担保金额之内。

3) 质量保证金

质量保证金是指发包人(工程师)根据合同的约定，每次支付工程进度款时扣除一定数目的款项，作为承包人完成其修补工程缺陷义务的保证。

根据《建设工程施工合同(示范文本)》GF—2017-0201 第 15.3.2 条，发包人累计扣留的质量保证金不得超过工程价款结算总额的 3%。如承包人在发包人签发竣工付款证书后28 天内提交质量保证金保函，发包人应同时退还扣留的作为质量保证金的工程价款。保函金额不得超过工程价款结算总额的 3%。

发包人在退还质量保证金的同时按照中国人民银行发布的同期同类贷款基准利率支付利息。

3. 履约担保的作用

履约担保将在很大程度上促使承包商履行合同约定，完成工程建设任务，从而有利于保护业主的合法权益。一旦承包人违约，担保人要代为履约或者赔偿经济损失。

履约保证金额的大小取决于招标项目的类型与规模，但必须保证承包人违约时，发包人不受损失。在投标须知中，发包人要规定使用哪一种形式的履约担保。中标人应当按照招标文件中的规定提交履约担保。

根据《中华人民共和国招标投标法实施条例》第五十八条，招标文件要求中标人提交履约保证金的，中标人应当按照招标文件的要求提交。履约保证金不得超过中标合同金额的 10%。

(六) 预付款担保

1. 预付款担保的含义

建设工程合同签订以后，发包人往往会支付给承包人一定比例的预付款，一般为合同金额的 10%，如果发包人有要求，承包人应该向发包人提供预付款担保。预付款担保是指承包人与发包人签订合同后领取预付款之前，为保证正确、合理使用发包人支付的预付款而提供的担保。

2. 预付款担保的形式

1) 银行保函

预付款担保的主要形式是银行保函。预付款担保的担保金额通常与发包人的预付款是等值的。预付款一般逐月从工程付款中扣除，预付款担保的担保金额也相应逐月减少。承包人在施工期间，应当定期从发包人处取得同意此保函减值的文件，并送交银行确认。承包人还清全部预付款后，发包人应退还预付款担保函，承包人将其退回银行注销，解除担保责任。

2) 发包人与承包人约定的其他形式

预付款担保也可由担保公司提供保证担保，或采取抵押等担保形式。

3. 预付款担保的作用

预付款担保的主要作用在于保证承包人能够按合同规定进行施工，偿还发包人已支付的全部预付金额。如果承包人中途毁约，中止工程，使发包人不能在规定期限内从应付工程款中扣除全部预付款，则发包人作为保函的受益人有权凭预付款担保向银行索赔该保函的担保金额作为补偿。

(七) 支付担保

1. 支付担保的含义

支付担保是中标人要求招标人提供的保证履行合同中约定的工程款支付义务的担保。

在国际上还有一种特殊的担保——付款担保，即在有分包人的情况下，业主要求承包人提供的保证向分包人付款的担保，即承包商向业主保证，将把业主支付的用于实施分包工程的工程款及时、足额地支付给分包人。在美国等许多国家的公共投资领域，付款担保是一种法定担保。付款担保在私人项目中也有所应用。

2. 支付担保的形式

支付担保通常采用银行保函、履约保证金或担保公司担保等形式。

发包人的支付担保实行分段滚动担保。支付担保的额度为工程合同总额的 20%～25%。本段清算后进入下一段。已完成担保额度但发包人未能按时支付的，承包人可依据担保合同暂停施工，并要求担保人承担支付责任和相应的经济损失。

3. 支付担保的作用

工程款支付担保的作用在于，通过对业主资信状况进行严格审查并落实各项担保措施，确保工程费用及时支付到位。一旦业主违约，付款担保人将代为履约。

发包人要求承包人提供保证向分包人付款的付款担保，可以保证工程款真正支付给实施工程的单位或个人，如果承包人不能及时、足额地将分包工程款支付给分包人，业主可以向担保人索赔，并可以直接向分包人付款。

上述对工程款支付担保的规定，对解决我国建筑市场工程款拖欠现象具有特殊重要的意义。

4. 支付担保有关规定

(1) 《建设工程施工合同(示范文本)》GF—2017-0201 第 2.5 条规定了关于发包人工程

款支付担保的内容：除专用合同条款另有约定外，发包人要求承包人提供履约担保的，发包人应当向承包人提供支付担保。支付担保可以采用银行保函或担保公司担保等形式，具体由合同当事人在专用合同条款中约定。

(2) 《房屋建筑和市政基础设施工程施工招标投标管理办法》关于发包人工程款支付担保的内容为：招标文件要求中标人提交履约担保的，中标人应当提交；招标人应当同时向中标人提供工程款支付担保。

任务六 掌握施工合同的索赔管理

建设工程索赔通常是指在工程合同履行过程中，合同当事人一方因对方不履行或未能正确履行合同或者由于其他非自身因素而受到经济损失或权利损害，通过合同规定的程序向对方提出经济或时间补偿要求的行为。索赔是一种正当的权利要求，它是合同当事人之间一项正常的而且普遍存在的合同管理业务，是一种以法律和合同为依据的合情合理的行为。

在建设工程施工承包合同执行过程中，业主可以向承包商提出索赔要求，承包商也可以向业主提出索赔要求，即合同的双方都可以向对方提出索赔要求。当一方向另一方提出索赔要求时，被索赔方应采取适当的反驳、应对和防范措施，这称为反索赔。

一、施工合同索赔的依据和证据

(一) 索赔的依据

索赔的依据主要有合同文件，法律、法规，工程建设惯例。

(二) 索赔的证据

索赔的证据是当事人用来支持其索赔成立或与索赔有关的证明文件和资料。索赔的证据作为索赔文件的组成部分，在很大程度上关系到索赔的成功与否。证据不全、不足或没有证据，索赔是很难获得成功的。

在工程项目实施过程中，会产生大量的工程信息和资料，这些信息和资料是开展索赔的重要证据。因此，在施工过程中应该自始至终做好资料积累工作，建立完善的资料记录和科学管理制度，认真系统地积累和管理合同、质量、进度以及财务收支等方面的资料。

常见的索赔证据主要有：

(1) 各种合同文件，包括施工合同协议书及其附件、中标通知书、投标书、标准和技术规范、图纸、工程量清单、工程报价单或者预算书、有关技术资料和要求、施工过程中的补充协议等；

(2) 经过发包人或者工程师(监理人)批准的承包人的施工进度计划、施工方案、施工组织设计和现场实施情况记录；

(3) 施工日记和现场记录，包括有关设计交底、设计变更、施工变更指令，工程材料和机械设备的采购、验收与使用等方面的凭证及材料供应清单、合格证书，工程现场水、电、道路等开通、封闭的记录，停水、停电等各种干扰事件的时间和影响记录等；

(4) 工程有关照片和录像等；

(5) 备忘录，对工程师(监理人)或业主的口头指示和电话应随时用书面记录，并请给予书面确认；

(6) 发包人或者工程师(监理人)确认的签证；

(7) 工程各种往来函件、通知、答复等；

(8) 工程各项会议纪要；

(9) 发包人或者工程师(监理人)发布的各种书面指令和确认书，以及承包人的要求、请求、通知书等；

(10) 气象报告和资料，如有关温度、风力、雨雪的资料；

(11) 投标前发包人提供的参考资料和现场资料；

(12) 各种验收报告和技术鉴定等；

(13) 工程核算资料、财务报告、财务凭证等；

(14) 其他，如官方发布的物价指数、汇率、规定等。

(三) 索赔证据的基本要求

索赔证据应该具有真实性、及时性、全面性、关联性、有效性。

(四) 索赔成立的条件

1. 构成施工项目索赔条件的事件

索赔事件，又称为干扰事件，是指那些使实际情况与合同规定不符合，最终引起工期和费用变化的各类事件。在工程实施过程中，要不断地跟踪、监督索赔事件，就可以不断地发现索赔机会。通常，承包商可以提起索赔的事件有：

(1) 发包人违反合同给承包人造成时间、费用的损失；

(2) 因工程变更(含设计变更、发包人提出的工程变更、监理工程师提出的工程变更，以及承包人提出并经监理工程师批准的变更)造成的时间、费用损失；

(3) 由于监理工程师对合同文件的歧义解释、技术资料不确切，或由于不可抗力导致施工条件的改变，造成了时间、费用的增加；

(4) 发包人提出提前完成项目或缩短工期而造成承包人的费用增加；

(5) 发包人延误支付期限造成承包人的损失；

(6) 对合同规定以外的项目进行检验，且检验合格，或非承包人的原因导致项目缺陷的修复所发生的损失或费用；

(7) 非承包人的原因导致工程暂时停工；

(8) 物价上涨，法规变化及其他。

2. 索赔成立的前提条件

索赔的成立，应该同时具备以下三个前提条件：

(1) 与合同对照，事件已造成了承包人工程项目成本的额外支出或直接工期损失；

(2) 造成费用增加或工期损失的原因，按合同约定不属于承包人的行为责任或风险责任；

(3) 承包人按合同规定的程序和时间提交索赔意向通知和索赔报告。

以上三个条件必须同时具备，缺一不可。

二、施工合同索赔的程序

如前所述，工程施工中承包人向发包人索赔、发包人向承包人索赔以及分包人向承包人索赔的情况都有可能发生，以下主要说明承包人向发包人索赔的一般程序，以及反索赔的主要内容。

(一) 索赔意向通知和索赔通知

在工程实施过程中发生索赔事件以后，或者承包人发现索赔机会，首先要提出索赔意向，即在合同规定时间内将索赔意向用书面形式及时通知发包人或者工程师(监理人)，向对方表明索赔愿望、要求或者声明保留索赔权利，这是索赔工作程序的第一步。

索赔意向通知要简明扼要地说明以下四个方面的内容：

(1) 索赔事件发生的时间、地点和简单事实情况描述；

(2) 索赔事件的发展动态；

(3) 索赔依据和理由；

(4) 索赔事件对工程成本和工期产生的不利影响。

一般索赔意向通知仅仅表明索赔的意向，应该尽量简明扼要，涉及索赔内容，但不涉及索赔金额。

根据九部委编制的《标准施工招标文件》中的通用合同条款，关于承包人索赔的提出，规定如下：

根据合同约定，承包人认为有权得到追加付款和(或)延长工期的，应按以下程序向发包人提出索赔：

(1) 承包人应在知道或应当知道索赔事件发生后28天内，向监理人递交索赔意向通知书，并说明发生索赔事件的事由。承包人未在前述28天内发出索赔意向通知书的，丧失要求追加付款和(或)延长工期的权利。

(2) 承包人应在发出索赔意向通知书后28天内，向监理人正式递交索赔通知书。索赔通知书应详细说明索赔理由以及要求追加的付款金额和(或)延长的工期，并附必要的记录和证明材料。

(3) 索赔事件具有连续影响的，承包人应按合理时间间隔继续递交延续索赔通知，说明连续影响的实际情况和记录，列出累计的追加付款金额和(或)工期延长天数。

(4) 在索赔事件影响结束后的28天内，承包人应向监理人递交最终索赔通知书，说明最终要求索赔的追加付款金额和延长的工期，并附必要的记录和证明材料。

根据九部委编制的《标准施工招标文件》中的通用合同条款，发生发包人的索赔事件后，监理人应及时书面通知承包人，详细说明发包人有权得到的索赔金额和(或)延长缺陷责任期的细节和依据。发包人提出索赔的期限和要求与承包人提出索赔的期限和要求相同，延长缺陷责任期的通知应在缺陷责任期届满前发出。

(二) 索赔资料的准备

1. 索赔资料准备阶段的主要工作

(1) 跟踪和调查干扰事件，掌握事件产生的详细经过；

(2) 分析干扰事件产生的原因，划清各方责任，确定索赔根据；

(3) 损失或损害调查分析与计算，确定工期索赔和费用索赔值；

(4) 搜集证据，获得充分而有效的各种证据；

(5) 起草索赔文件(索赔报告)。

2. 索赔文件的主要内容

(1) **总述部分**。概要论述索赔事项发生的日期和过程；承包人为该索赔事项付出的努力和附加开支；承包人的具体索赔要求。

(2) **论证部分**。论证部分是索赔报告的关键部分，其目的是说明自己有索赔权，是索赔能否成立的关键。

(3) **索赔款项(或工期)计算部分**。如果说索赔报告论证部分的任务是解决索赔权能否成立，则款项计算是为解决能得多少款项。前者定性，后者定量。

(4) **证据部分**。要注意引用的每个证据的效力或可信程度，对重要的证据资料最好附以文字说明，或附以确认件。

3. 编写索赔文件(索赔报告)应该注意的问题

(1) **责任分析应清楚、准确**。应该强调：引起索赔的事件不是承包商的责任，事件具有不可预见性，事发以后尽管采取了有效措施也无法制止，索赔事件导致承包商工期拖延、费用增加的严重性，索赔事件与索赔额之间的直接因果关系等。

(2) **索赔额的计算依据要准确，计算结果要准确**。要采用合同规定或法规规定的公认合理的计算方法，并进行适当的分析。

(3) **提供充分有效的证据材料**。在编写索赔文件时注意要提供充分有效的证据材料。

(三) 索赔文件的提交

提出索赔的一方应该在合同规定的时限内向对方提交正式的书面索赔文件。例如，FIDIC 合同条件和我国《建设工程施工合同(示范文本)》(GF—2017-0201)都规定，承包人必须在发出索赔意向通知后的 28 天内或经过工程师(监理人)同意的其他合理时间内向工程师(监理人)提交一份详细的索赔文件和有关资料。如果干扰事件对工程的影响持续时间长，承包人则应按工程师(监理人)要求的合理间隔(一般为 28 天)，提交中间索赔报告，并在干扰事件影响结束后的 28 天提交一份最终索赔报告。否则，将失去该事件请求补偿的索赔权利。

(四) 索赔文件的审核

1. 审核与质疑

对于承包人向发包人的索赔请求，索赔文件应该交由工程师(监理人)审核。工程师(监

理人)根据发包人的委托或授权,对承包人的索赔要求进行审核和质疑,其审核和质疑主要围绕以下几个方面:

(1) 索赔事件是属于业主、监理工程师的责任还是第三方的责任;

(2) 事实和合同的依据是否充分;

(3) 承包商是否采取了适当的措施避免或减少损失;

(4) 是否需要补充证据;

(5) 索赔计算是否正确、合理。

2. 索赔程序

根据《标准施工招标文件》中的通用合同条款,对承包人提出索赔的处理程序如下:

(1) 监理人收到承包人提交的索赔通知书后,应及时审查索赔通知书的内容、查验承包人的记录和证明材料,必要时,监理人可要求承包人提交全部原始记录副本。

(2) 监理人应按第 3.5 款商定或确定追加的付款和(或)延长的工期,并在收到上述索赔通知书或有关索赔的进一步证明材料后的 42 天内,将索赔处理结果答复承包人。

(3) 承包人接受索赔处理结果的,发包人应在作出索赔处理结果答复后 28 天内完成赔付。承包人不接受索赔处理结果的,按合同约定的争议解决办法办理。

(五) 承包人提出索赔的期限

根据《标准施工招标文件》中的通用合同条款,承包人提出索赔的期限如下:

(1) 承包人按合同约定接受了竣工付款证书后,应被认为已无权再提出在合同工程接收证书颁发前所发生的任何索赔。

(2) 承包人按合同约定提交的最终结清申请单中,只限于提出工程接收证书颁发后发生的索赔。提出索赔的期限自接受最终结清证书时终止。

(六) 反索赔的基本内容

反索赔的工作内容可以包括两个方面:一是防止对方提出索赔;二是反击或反驳对方的索赔要求。

要成功地防止对方提出索赔,应采取积极防御的策略。首先是自己严格履行合同规定的各项义务,防止自己违约,并通过加强合同管理,使对方找不到索赔的理由和根据,使自己处于不能被索赔的地位。其次,如果在工程实施过程中发生了干扰事件,则应立即着手研究和分析合同依据,搜集证据,为提出索赔和反索赔做好两手准备。

如果对方提出了索赔要求或索赔报告,则自己一方应采取各种措施来反击或反驳对方的索赔要求。常用的措施有:

(1) 抓住对方的失误,直接向对方提出索赔,以对抗或平衡对方的索赔要求,以求在最终解决索赔时互相让步或者互不支付;

(2) 针对对方的索赔报告,进行仔细、认真研究和分析,找出理由和证据,证明对方索赔要求或索赔报告不符合实际情况和合同规定,没有合同依据或事实证据,索赔值计算不合理或不准确等问题,反击对方的不合理索赔要求,推卸或减轻自己的责任,使自己不受或少受损失。

读一读

合同中没有的条款成为转移风险的条件

案情简介：

中国各建筑企业在走向国际市场的进程中，虽然困难重重，但也已经开辟了一定的渠道，而且逐步学会了在国外市场的经营管理，不断积累经验、适应环境，增加了企业在国际市场上的生存能力。我国一家承包商在国际工程投标竞争中，以低价中标获取非洲某国的一项大型公路建设项目的施工合同。由于该承包商在工程项目的当地没有工程施工基地，因此一切都是从零开始，工程需要的许多设备、物资都必须从国内调运，工程施工技术及管理人员也必须从国内抽调。如果仅仅依靠该公司的力量完成全部该项目的施工，将会使中标工程项目的成本大大增加，加大亏损的风险。要摆脱此种困境，只有另想其他的办法，包括将工程以分包、转包等方式进行风险的转移。

按照我国相关法律法规的规定，严格禁止进行工程转包。因此，承包商了解工程所在国的相关法律规定至关重要。工程所在国有没有该项规定？有没有对工程转包的其他新的规定？该承包商经过努力，确认该承包合同条款中没有"禁止转包"的限制，该国的相关法律法规中也没有对中标工程"禁止转包"的规定，于是转移风险的可能性得到认同。

转包只解决了问题的一半，只有解决了转包给谁的问题才有可能成功。经过认真分析当地承包商及其他承包商的优、劣、利、弊关系，该承包商最终决定将工程的大部分转包给当地具有满足工程施工设备和管理人员等方面要求的一家公司，只留下一个区段的工程由承包商自己负责完成，从而顺利地转移了风险，并且实现了双赢。因为对于承接转包工程施工的当地承包商来说，他们既保留了所具有的本地资源优势，同时又规避了可以引发的工程风险。

本案点评：

本案中的工程，如果由中国的承包商自己全部完成，风险因素将大大增加，而转包给具有本地资源的承包商之后，工程风险就不存在了。这说明不同的承包商具有不同的优势，分析风险、利用优势是国际工程承包中常见的工程管理方法。但至关重要的问题是，对于不同的工程，不同的国度、不同的环境条件，不一定具备转移风险的条件。因此，发现和创造转移风险的可能条件是运用这一方法解决此类问题的前提。

按照一般的情况，合同管理人员应当最关注的是合同中的条款规定了什么，要按照合同的条款规定认真履行，避免自己在履行中违约，并注意对方的履行情况，针对对方的违约行为依据合同实施索赔。而本案的特点恰恰是合同管理的另一面，即利用合同中没有规定的问题来制定风险转移的对策。就像前些年流传的那样，说我国北京人做事情的思路是，中央文件上倡导什么就做什么；而广东人做事情的思路是，中央文件上没有禁止什么就可以做什么。虽然两地人做事的依据都是中央文件，但思维方式却大不相同。所以，某个细节的发现及运用是一门学问，这就要求管理人员不仅要有渊博的知识，还要有高度的责任心和灵活机动的应变能力。

本案中的承包商发现承包合同条款中没有"禁止转包"的限制，该国的其他相关法律法规中也没有对中标工程"禁止转包"的规定，就是发现了转移风险的可能条件；知道当地具有满足工程施工设备和管理人员的一家公司，并愿意接受该工程的转包，是实施转移风险的可能条件。如果合同条款中有"禁止转包"的规定，或者在当地没有愿意接受转包条件的公司，转移风险的行为就不能够实现。

练一练

1. 关于施工总承包模式的说法，正确的是(　　)。

A. 工程质量的好坏取决于业主的管理水平

B. 施工总承包模式适用于建设周期紧迫的项目

C. 施工总承包模式下业主对施工总承包单位的依赖较大

D. 施工总承包合同一般采用单价合同

2. 施工风险管理过程包括施工全过程的风险识别、风险评估、风险响应和(　　)。

A. 风险转移　　　　　　　　　　B. 风险跟踪

C. 风险排序　　　　　　　　　　D. 风险控制

3. 业主把建设项目土建工程发包给 A 施工单位，安装工程发包给 B 施工单位，装饰装修工程发包给 C 施工单位。该业主采用的施工任务委托模式是(　　)。

A. 施工平行承发包模式　　　　　B. 施工总承包模式

C. 施工总承包管理模式　　　　　D. 工程总承包模式

4. 关于施工方项目管理目标和任务的说法，正确的是(　　)。

A. 施工总承包管理方对所承包的工程承担施工任务的执行和组织的总的责任

B. 施工方项目管理服务于施工方自身的利益，而不需要考虑其他方

C. 由业主选定的分包方应经施工总承包管理方的认可

D. 建设项目工程总承包的主要意义是总价包干和"交钥匙"

5. 根据《建设工程项目管理规范》(GB/T 50326—2006)，对于预计后果为中度损失和发生可能性为中等的风险，应列为(　　)等风险。

A. Ⅱ　　　　　B. Ⅳ　　　　　C. Ⅴ　　　　　D. Ⅲ

6. 在施工总承包管理模式下，分包单位一般与(　　)签订合同。

A. 工程总承包单位　　　　　　　B. 施工总承包单位

C. 业主　　　　　　　　　　　　D. 业主、施工总承包管理单位三方共同

7. 关于建设工程索赔成立条件的说法，正确的是(　　)。

A. 导致索赔的事件必须是对方的过错，索赔才能成立

B. 只要对方存在过错，不管是否造成损失，索赔都能成立

C. 不按照合同规定的程序提交索赔报告，索赔不能成立

D. 只要索赔事件的事实存在，在合同有效期内任何时候提出索赔都能成立

8. 根据《建设工程施工专业分包合同(示范文本)》(GF 2003-0213)，关于发包人、承包人和分包人关系的说法，正确的是(　　)。

A. 发包人向分包人提供具备施工条件的施工场地

B. 就分包范围内的有关工作，承包人随时可以向分包人发出指令

    C．分包人可直接致电发包人或工程师

    D．分包合同价款与总承包合同相应部分价款存在连带关系

9．根据《建设工程施工劳务分包合同(示范文本)》(GF—2003-0214)，劳务分包项目的施工组织设计应由(　　)负责编制。

    A．发包人   B．监理人

    C．劳务分包人   D．承包人

10．建设工程施工风险管理的工作程序中，风险响应的下一步工作是(　　)。

    A．风险评估   B．风险控制

    C．风险识别   D．风险预测

11．根据《标准施工招标文件》，关于施工合同索赔程序的规定，正确的是(　　)。

    A．设计变更发生后，承包人应在 14 天内向发包人提交索赔通知

    B．索赔事件持续进行，承包人应在时间终了后立即提交索赔报告

    C．承包人在发出索赔意向通知书后 28 天内，向监理人正式递交索赔通知书

    D．索赔意向通知书发出后 42 天内，承包人应向监理人提交索赔报告及有关资料

12．根据《建设工程工程量清单计价规范》(GB 50500—2013)，如果因发包人原因删除了合同中原定的某项工作，致使承包人发生的费用或(和)得到的收益不能被包括在其他已支付的项目中，也未被包含在任何可替代的工作中，则承包人(　　)。

    A．只能提出费用补偿，不能提出利润补偿

    B．只能提出利润补偿，不能提出费用补偿

    C．有权提出费用及利润补偿

    D．无权要求任何费用和利润补偿

13．根据《标准施工招标文件》，关于暂停施工的说法，正确的是(　　)。

    A．由于发包人原因引起的暂停施工，承包人有权要求延长工期和(或)增加费用，但不得要求补偿利润

    B．发包人原因造成暂停施工，承包人可不负责暂停施工期间工程的保护

    C．因发包人原因发生暂停施工的紧急情况时，承包人可以先暂停施工，并及时向监理人提出暂停施工的书面请求

    D．施工中出现一些意外需要暂停施工的，所有责任由发包人承担

14．施工合同实施偏差分析的内容包括，产生合同偏差的原因分析、合同实施偏差的责任分析以及(　　)。

    A．不同项目合同偏差的对比   B．偏差的跟踪情况分析

    C．合同实施趋势分析   D．业主对合同偏差的态度分析

15．根据《建设工程施工专业分包合同(示范文本)》(GF—2003-0213)，不属于承包人责任和义务的是(　　)。

    A．组织分包人参加发包人组织的图纸会审，向分包人进行设计图纸交底

    B．负责整个施工场地的管理工作，协调分包人与统一施工场地的其他分包人之间的交叉配合

    C．负责提供专业分包合同专用条款中约定的保修与试车，并承担由此发生的费用

    D．随时为分包人提供确保分包工程施工所要求的施工场地和通道，满足施工运输

需要

16. 在固定总价合同形式下，承包人一般应承担的风险是(　　)。

A. 全部工程量的风险，不包括通货膨胀的风险

B. 工程变更的风险，不包括工程量和通货膨胀的风险

C. 全部工程量和通货膨胀的风险

D. 通货膨胀的风险，不包括工程量的风险

17. 工程施工过程中发生索赔事件以后，承包人首先要做的工作是(　　)。

A. 提交索赔证据　　　　　　　　B. 提出索赔意向通知

C. 暂停施工　　　　　　　　　　D. 与业主就索赔事项进行谈判

18. 某工程施工合同结构图如图 7.4 所示，则该工程施工发承包模式是(　　)。

A. 施工总承包模式　　　　　　　B. 施工总承包管理模式

C. 建设项目工程总承包模式　　　D. 施工平行发承包模式

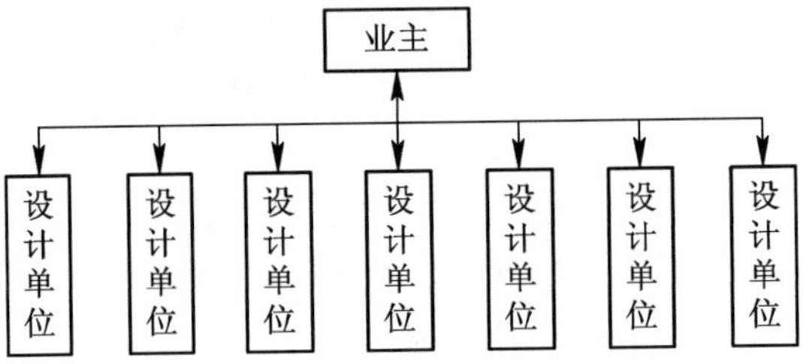

```
                    ┌──────┐
                    │ 业主 │
                    └──────┘
      ┌────┬────┬────┬────┬────┬────┬────┐
   ┌──┴─┐┌─┴──┐┌─┴──┐┌─┴──┐┌─┴──┐┌─┴──┐┌─┴──┐
   │设计││设计││设计││设计││设计││设计││设计│
   │单位││单位││单位││单位││单位││单位││单位│
   └────┘└────┘└────┘└────┘└────┘└────┘└────┘
```

图 7.4　施工合同结构图

19. 施工企业质量管理体系的认证方应为(　　)。

A. 企业最高领导者　　　　　　　B. 第三方认证机构

C. 企业行政主管部门　　　　　　D. 行业管理部门

20. 根据《标准施工招标文件》，下列属于工程变更范围的是(　　)。

A. 改变合同中任何一项工作的质量或其他特性

B. 取消合同中任何一项工作，被取消的工作转由其他人实施

C. 改变合同工程的基线、标高、位置或尺寸

D. 为完成工程需要追加的额外工作

情境八

项目信息与竣工管理

任务一 熟悉施工信息管理的任务和方法

一、施工信息管理的任务

(一) 建设工程项目信息管理的内涵

信息指的是用口头、书面或电子的方式传输(传达、传递)的知识、新闻，或可靠的或不可靠的情报。声音、文字、数字和图像等都是信息表达的形式。建设工程项目的实施需要人力资源和物质资源，应认识到信息也是项目实施的重要资源之一。

信息管理指的是信息传输的合理的组织和控制。施工方在投标过程中、承包合同洽谈过程中、施工准备工作中、施工过程中、验收过程中，以及在保修期工作中形成大量的各种信息。这些信息不但在施工方内部各部门间流转，其中许多信息还必须提供给政府建设主管部门、业主方、设计方、相关的施工合作方和供货方等，还有许多有价值的信息应有序地保存，可供其他项目施工借鉴。上述过程包含了信息传输的过程，由谁(哪个工作岗位或工作部门等)、在何时、向谁(哪个项目主管和参与单位的工作岗位或工作部门等)、以什么方式、提供什么信息等属于信息传输的组织和控制，这就是信息管理的内涵。信息管理不能简单理解为仅对产生的信息进行归档和一般的信息领域的行政事务管理。为充分发挥信息资源的作用和提高信息管理的水平，施工单位和其项目管理部门都应设置专门的工作部门(或专门的人员)负责信息管理。

建设工程项目的信息管理是通过对各个系统、各项工作和各种数据的管理，使项目的信息能方便和有效地获取、存储(存档是存储的一项工作)、处理和交流。

上述"各个系统"可视为与项目的决策、实施和运行有关的各系统，它可分为建设工程项目决策阶段管理子系统、实施阶段管理子系统和运行阶段管理子系统。其中，实施阶段管理子系统又可分为业主方管理子系统、设计方管理子系统、施工方管理子系统和供货方管理子系统等。"各项工作"可视为与项目的决策、实施和运行有关的各项工作。如施工方管理子系统中的工作包括安全管理、成本管理、进度管理、质量管理、合同管理、信息管理、施工现场管理等。"数据"并不仅指数字，在信息管理中，数据作为一个专门术语，它包括数字、文字、图像和声音。在施工方项目信息管理中，各种报表、成本分析的有关数字、进度分析的有关数字、质量分析的有关数字、各种来往的文件、设计图纸、施工摄影、摄像资料和录音资料等都属于信息管理中数据的范畴。

建设工程项目信息管理的目的，旨在通过有效的项目信息传输的组织和控制为项目建设提供增值服务。

建设工程项目的信息包括在项目决策过程，实施过程(设计准备、设计、施工和物资采购过程等)和运行过程中产生的信息，以及其他与项目建设有关的信息，它有多种分类方法。

据有关国际文献的资料统计：

(1) 建设工程项目实施过程中存在的诸多问题，其中三分之二与信息交流(信息沟通)的问题有关；

(2) 建设工程项目10%～33%的费用增加与信息交流存在的问题有关；

(3) 在大型建设工程项目中，信息交流的问题导致工程变更和工程实施的错误约占工程总成本的3%～5%。

由此可见，信息交流对项目实施影响之大。

以上信息交流(信息沟通)的问题指的是一方没有及时，或没有将另一方所需要的信息(如所需信息的内容、针对性的信息和完整的信息)，或没有将正确的信息传递给另一方。如设计变更没有及时通知施工方，而导致返工；如业主方没有将施工进度严重拖延的信息及时告知大型设备供货方，而设备供货方仍按原计划将设备运到施工现场，致使大型设备在现场无法存放和妥善保管；如施工已产生了重大质量问题的隐患，而没有及时向有关技术负责人及时汇报等。以上列举的问题都会不同程度地影响项目目标的实现。

(二) 施工项目相关的信息管理工作

施工项目相关的信息管理的主要工作如下。

1. 收集并整理相关公共信息

公共信息包括法律、法规和部门规章信息，市场信息以及自然条件信息。

(1) 法律、法规和部门规章信息，可采用编目管理或建立计算机文档存入计算机。无论采用哪种管理方式，都应在施工项目信息管理系统中建立法律、法规和部门规章表。

(2) 市场信息包括材料价格表，材料供应商表，机械设备供应商表，机械设备价格表，新材料、新技术、新工艺、新管理方法信息表等，应通过每一表格及时反映出市场动态。

(3) 自然条件信息，应建立自然条件表，表中应包括地区、场地土质类别、年平均气温、年最高气温、年最低气温、冬雨风季时间、年最大风力、地下水位高度、交通运输条件、环保要求等内容。

2. 收集并整理工程总体信息

以房屋建设工程为例，工程总体信息包括工程名称、工程编号、建筑面积、总造价；建设单位、设计单位、施工单位、监理单位和参与建设其他各单位等基本项目信息；以及基础工程、主体工程、设备安装工程、装饰装修工程、建筑造型等特点；工程实体信息、场地与环境、施工合同信息等。

3. 收集并整理相关施工信息

施工信息内容包括施工记录信息、施工技术资料信息。

施工记录信息包括施工日志、质量检查记录、材料设备进场记录、用工记录表等。

施工技术资料信息包括主要原材料、成品、半成品、构配件、设备出厂质量证明和试(检)验报告，施工试验记录，预检记录，隐蔽工程验收记录，基础、主体结构验收记录，设备安装工程记录，施工组织设计，技术交底资料，工程质量检验评定资料，竣工验收资料，设计变更洽商记录，竣工图等。

4．收集并整理相关项目管理信息

项目管理信息包括项目管理规划(大纲)信息，项目管理实施规划信息，项目进度控制信息，项目质量控制信息，项目安全控制信息，项目成本控制信息，项目现场管理信息，项目合同管理信息，项目材料管理信息，构配件管理信息，工、器具管理信息，项目人力资源管理信息，项目机械设备管理信息，项目资金管理信息，项目技术管理信息，项目组织协调信息，项目竣工验收信息，项目考核评价信息等。

(1) 项目进度控制信息包括施工进度计划表、资源计划表、资源表、完成工作分析表等。

(2) 项目成本信息要通过责任目标成本表、实际成本表、降低成本计划和成本分析等来管理和控制，而降低成本计划由成本降低率表、成本降低额表、施工和管理费降低计划表组成。成本分析由计划偏差表、实际偏差表、目标偏差表和成本现状分析表等组成。

(3) 项目安全控制信息主要包括安全交底、安全设施验收、安全教育、安全措施、安全处罚、安全事故、安全检查、复查整改记录等。

(4) 项目竣工验收信息主要包括施工项目质量合格证书、单位工程交工质量核定表、交工验收证明书、施工技术资料移交表、施工项目结算、回访与保修书等。

(三) 信息管理手册的主要内容

施工方、业主方和项目参与其他各方都有各自的信息管理任务，为充分利用和发挥信息资源的价值、提高信息管理的效率以及实现有序的和科学的信息管理，各方都应编制各自的信息管理手册，以规范信息管理工作。信息管理手册描述和定义信息管理的任务、执行者(部门)、每项信息管理任务执行的时间和其工作成果等，它的主要内容包括：

(1) 确定信息管理的任务(信息管理任务目录)；
(2) 确定信息管理的任务分工表和管理职能分工表；
(3) 确定信息的分类；
(4) 确定信息的编码体系和编码；
(5) 绘制信息输入/输出模型(反映每一项信息处理过程的信息的提供者、信息的整理加工者、信息整理加工的要求和内容以及经整理加工后的信息传递给信息的接受者，并用框图的形式表示)；
(6) 绘制各项信息管理工作的工作流程图(如信息管理手册编制和修订的工作流程，为形成各类报表和报告，收集信息、审核信息、录入信息、加工信息、信息传输和发布的工作流程，以及工程档案管理的工作流程等)；
(7) 绘制信息处理的流程图(如施工安全管理信息、施工成本控制信息、施工进度信息、施工质量信息、合同管理信息等的信息处理流程)；
(8) 确定信息处理的工作平台(如以局域网作为信息处理的工作平台，或用门户网站作为信息处理的工作平台等)及明确其使用规定；

(9) 确定各种报表和报告的格式，以及报告周期；

(10) 确定项目进展的月度报告、季度报告、年度报告和工程总报告的内容及其编制原则和方法；

(11) 确定工程档案管理制度；

(12) 确定信息管理的保密制度，以及与信息管理有关的制度。

在当今的信息时代，国际工程管理领域产生了信息管理手册，它是信息管理的核心指导文件。期望我国施工企业对此引起重视，并在工程实践中予以应用。

(四) 信息管理部门的主要任务

项目管理班子中各个工作部门的管理工作都与信息处理有关，他们也都承担一定的信息管理任务，而信息管理部门是专门从事信息管理的工作部门，其主要工作任务有：

(1) 负责主持编制信息管理手册，在项目实施过程中进行信息管理手册的必要修改和补充，并检查和督促其执行；

(2) 负责协调和组织项目管理班子中各个工作部门的信息处理工作；

(3) 负责信息处理工作平台的建立和运行维护；

(4) 与其他工作部门协同组织收集信息、处理信息和形成各种反映项目进展和项目目标控制的报表和报告；

(5) 负责工程档案管理等。

二、施工信息管理的方法

施工方信息管理方法的核心是实现工程管理信息化。

(一) 工程管理信息化

1. 信息化的内涵

信息化指的是信息资源的开发和利用，以及信息技术的开发和应用。信息化是继人类社会农业革命、城镇化和工业化的又一个新的发展时期的重要标志。

"信息资源"涉及范围非常广，从地域上划分，有国内信息资源和国际信息资源，它们都可再按地域细分；从信息的领域区分，则有政治、军事、经济、文化、艺术类等，它们也可再细分；从信息内容的属性划分，则有组织、管理、经济、技术类等；其他信息资源的划分方法略。信息资源对人类社会的发展是非常宝贵的财富，它应得以广泛开发和充分利用。

"信息技术"包括有关数据处理的软件技术、硬件技术和网络技术等。在国际社会中认为，一个社会组织的信息技术水平是衡量其文明程度的重要标志之一。

我国实施国家信息化的总体思路是以信息技术应用为导向，以信息资源开发利用为中心，以制度创新和技术创新为动力，创造环境，鼓励竞争，扩大开放，加快发展通信业、电子信息产品制造业、软件业和信息服务业，以应用促发展，以信息化带动工业化，加快经济结构的战略性调整，全面推动领域信息化、区域信息化、企业信息化和社会信息化进程。我国的信息化建设具体包括以下几个面：

(1) 建设世界一流的网络基础设施。加快建设宽带多媒体基础传输网络和宽带接入网络，加快广播电视节目制作和传输的数字化、网络化进程。

(2) **突出信息资源开发利用的中心地位**。建设一批国家级战略性、基础性和公益性资源数据库，建设政府信息、国家公共信息资源交换服务中心，在数字图书馆、网络新闻、中国历史文化信息、地理空间信息系统、中外文语言机器翻译等领域实施一系列重大工程。

(3) **加快信息化向国民经济和社会各领域的渗透**。在经济商贸、生产制造、财政金融、农业、交通能源、科技教育、资源环境、社会公共服务和综合治理等领域，选择重点，实施领域信息化重大应用工程。

(4) **提高信息技术研发和产业化水平**。在超大规模集成电路技术、密集波分复用技术、信息网络组网和管理技术、高速交换和路由技术、系统和应用软件技术、信息与网络安全技术等方面取得重大进展，使我国通信业、电子信息产品制造业、软件业和信息服务业取得较大的发展。

(5) **大力培养信息化人才**。在基础教育、学历教育和职业教育等各环节统一开设信息化研修课程，加强信息化基础研究和开发，动员社会各方面力量，建设多元化的信息化人才培养教育体系；建立良好的人才选拔、使用和培养机制，制定吸引海外高级人才的政策。

(6) **加快信息化法律法规和标准规范的建设**。制定和完善有关信息化的法律法规，保证网络安全，统一信息化建设中的各项标准和规范，促进国家信息化快速健康发展。

2. 工程管理信息化和施工管理信息化的内涵

工程管理信息化属于领域信息化的范畴，它和企业信息化也有联系。

我国建筑业和基本建设领域应用信息技术与工业发达国家相比，尚存在较大的数字鸿沟，它反映在信息技术应用于工程管理的观念上，也反映在有关的知识管理上，还反映在有关技术的应用方面。

在数字经济与数字生态2000中国高层年会上就提出"认知数字经济、改善数字生态、弥合数字鸿沟、消除数字冲突、把握数字机遇"是推动信息化的重要战略任务。

工程管理信息化指的是工程管理信息资源的开发和利用，以及信息技术在工程管理中的开发和应用。施工管理信息化是工程管理信息化的一个分支，其内涵是：施工管理信息资源的开发和利用，以及信息技术在施工管理中的开发和应用。

工程管理的信息资源包括：

(1) **组织类工程信息**，如建筑业的组织信息、项目参与方的组织信息、与建筑业有关的组织信息和专家信息等；

(2) **管理类工程信息**，如与投资控制、进度控制、质量控制、合同管理和信息管理有关的信息等；

(3) **经济类工程信息**，如建设物资的市场信息、项目融资的信息等；

(4) **技术类工程信息**，如与设计、施工和物资有关的技术信息等；

(5) **法规类信息等**。

我国应重视以上这些信息资源的开发和利用，它的开发和利用将有利于建设工程项目的增值，即有利于节约投资成本，加快建设进度和提高建设质量。

信息技术在工程管理中的开发和应用，包括在项目决策阶段的开发管理、实施阶段的项目管理和使用阶段的设施管理中开发和应用信息技术。

3. 信息技术在工程管理中应用的发展过程

自 20 世纪 70 年代开始，信息技术经历了一个迅速发展的过程，信息技术在工程管理中的应用也有一个相应的发展过程。

(1) 20 世纪 70 年代，单项程序的应用，如工程网络计划的时间参数的计算程序、施工图预算程序等。

(2) 20 世纪 80 年代，程序系统的应用，如项目管理信息系统、设施管理信息系统(Facility Management Information System，FMIS)等。

(3) 20 世纪 90 年代，程序系统的集成，它是随着工程管理的集成而发展的。

(4) 20 世纪 90 年代末期至今，基于网络平台的工程管理。为满足工程项目大量数据处理的需要，在当今的时代应重视利用信息技术的手段(主要指的是数据处理设备和网络)进行信息管理。其核心技术是基于网络的信息处理平台，即在网络平台(如局域网或互联网)上进行信息处理，如图 8.1 所示。

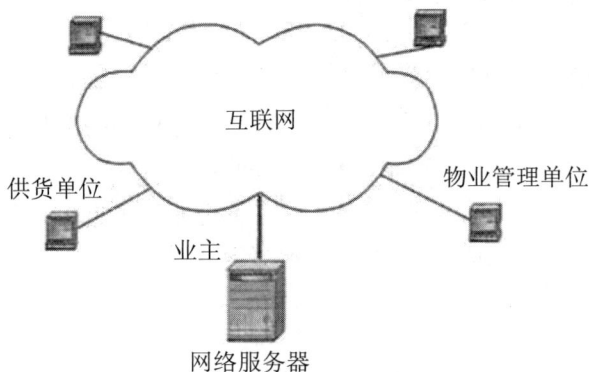

图 8.1　基于互联网的信息处理平台

(5) 中国未来建筑信息化发展已形成了以建筑信息模型(Building Information Modeling，BIM)为核心的产业革命。

2010 年是 BIM 在中国快速发展的一年，目前，BIM 的理念已经深入人心。中国已有非常多的设计和施工单位开始使用 BIM 技术，BIM 应用引起了工程建设信息化热潮。BIM 正在改变项目参与各方的工作协同理念和协同工作方式，使各方都能提高工作效率并获得收益。

为贯彻落实《中共中央国务院关于进一步加强城市规划建设管理工作的若干意见》和《国务院办公厅关于促进建筑业持续健康发展的意见》精神，进一步提升工程质量安全水平，确保人民群众生命财产安全，促进建筑业持续健康发展，2017 年 3 月住房和城乡建设部印发了《工程质量安全提升行动方案》。其中重点任务之三为提升技术创新能力，包括"推进信息化技术应用。加快推进建筑信息模型(BIM)技术在规划、勘察、设计、施工和运营维护全过程的集成应用。推进勘察设计文件数字化交付、审查和存档工作。加强工程质量安全监管信息化建设，推行工程质量安全数字化监管。"

(6)《国家信息化发展战略纲要》(以下简称《纲要》)是为了以信息化驱动现代化，建设网络强国而制定的，2016 年 7 月由中共中央办公厅、国务院办公厅印发，自 2016 年 7 月起实施。《纲要》是根据新形势对《"十四五"国家信息化规划》的调整和发展，是规范和指导未来 10 年国家信息化发展的纲领性文件，是国家战略体系的重要组成部分，是信息化领域规划、政策制定的重要依据。

《纲要》提出，当今世界，信息技术创新日新月异，以数字化、网络化、智能化为特征的信息化浪潮蓬勃兴起。全球信息化进入全面渗透、跨界融合、加速创新、引领发展的新阶段。谁在信息化上占据制高点，谁就能够掌握先机、赢得优势、赢得安全、赢得未来。

在国际上，许多建设工程项目都专门设立信息管理部门(或称为信息中心)，以确保信息管理工作的顺利进行；也有一些大型建设工程项目专门委托咨询公司从事项目信息动态跟踪和分析，以信息流指导物质流，从宏观上和总体上对项目的实施进行控制。

(7) 住房和城乡建设部发布的《"十四五"住房和城乡建设信息化规划》(以下简称《规划》)明确指出：充分运用新一代信息技术，加快提升住房和城乡建设领域整体信息化水平，是实现城市治理现代化的必然途径，也是推动住房和城乡建设行业促改革、调结构、惠民生的重要手段。因此，《规划》的出台，对于加快推进住房和城乡建设领域的数字化、网络化和智能化转型具有重要意义。

《规划》强调，以新技术赋能"新城建"，以"新城建"对接"新基建"，深化 BIM、CIM 技术在住房和城乡建设领域的全面应用，构建大数据慧治、大系统共治、大服务惠民的数字住建体系，推动住房和城乡建设信息化取得跨越式发展。其中重点提到，要夯实信息化基础设施，加快推进 CIM 基础平台建设，深化 CIM+应用，构建部、省、市三级 CIM 平台互联互通体系要求。

同时，《规划》提出，要实施城市市政基础设施智能化建设，包括供水排水设施智能监测、燃热道桥设施智能监测、地下市政设施综合管理等，支撑市政设施运行监测体系建设。在《规划》中，还首次提出推进城市体检信息系统建设，健全发现问题、整改问题、巩固提升的工作机制。

(8) 依据《关于开展对标世界一流管理提升行动的通知》(国资发改革[2020] 39 号)，要求加强信息化管理，提升系统集成能力，主要包括以下四个方面：

① 针对信息化管理缺乏统筹规划、信息化与业务"两张皮"、信息系统互联互通不够、存在安全隐患等问题，结合"十四五"网络安全和信息化规划的制定和落实，以企业数字化智能化升级转型为主线，进一步强化顶层设计和统筹规划，充分发挥信息化驱动引领作用。

② 促进业务与信息化的深度融合，推进信息系统的平台化、专业化和规模化，实现业务流程再造，为企业生产经营管理和产业转型升级注入新动力。

③ 打通信息"孤岛"，统一基础数据标准，实现企业内部业务数据互联互通，促进以数字化为支撑的管理变革。

④ 加强网络安全管理体系建设，落实安全责任，完善技术手段，加强应急响应保障，确保不发生重大网络安全事件。

(二) 工程管理信息化的意义

工程管理信息资源的开发和信息资源的充分利用，可吸取类似项目的正、反两方面的经验和教训，许多有价值的组织信息、管理信息、经济信息、技术信息和法规信息将有助于项目决策期多种可能方案的选择，有利于项目实施期的项目目标控制，也有利于项目建成后的运行。

1. 信息技术在工程管理中开发和应用的作用

(1) 信息存储数字化和存储相对集中(参见图8.2);

(2) 信息处理和变换的程序化;

(3) 信息传输的数字化和电子化;

(4) 信息获取便捷;

(5) 信息透明度提高;

(6) 信息流扁平化。

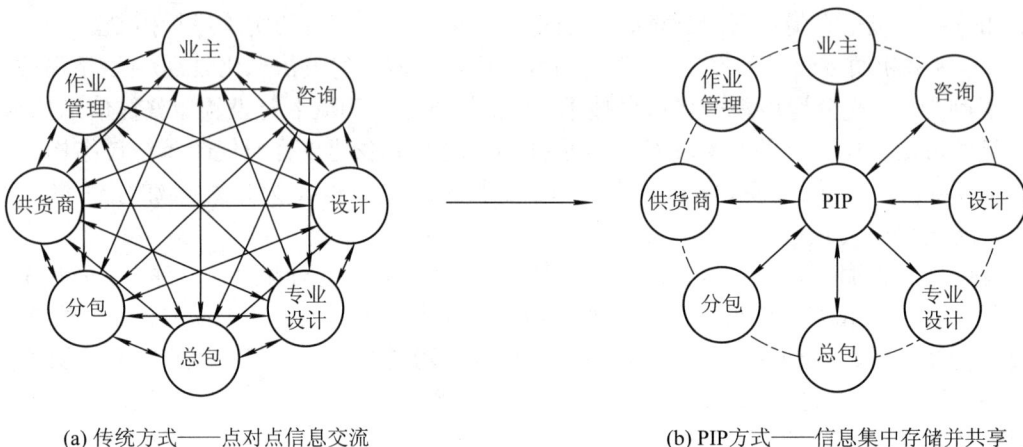

(a) 传统方式——点对点信息交流　　　　　(b) PIP方式——信息集中存储并共享

图8.2　信息存储方式

2. 信息技术在工程管理中开发和应用的意义

(1) "信息存储数字化和存储相对集中"有利于项目信息的检索和查询,有利于数据和文件版本的统一,有利于项目的文档管理;

(2) "信息处理和变换的程序化"有利于提高数据处理的准确性,并可提高数据处理的效率;

(3) "信息传输的数字化和电子化"可提高数据传输的抗干扰能力,使数据传输不受距离限制并可提高数据传输的保真度和保密性;

(4) "信息获取便捷""信息透明度提高"以及"信息流扁平化"有利于项目参与方之间的信息交流和协同工作。

工程管理信息化有利于提高建设工程项目的经济效益和社会效益,以达到为项目建设增值的目的。

任务二　掌握施工项目管理目标的动态控制

一、动态控制方法

基于项目管理的哲学理念:项目实施过程中,主、客观条件的变化是绝对的,不变则是相对的;在项目进展过程中平衡是暂时的,不平衡则是永恒的。因此在项目实施过程中必须随着情况的变化进行项目目标的动态控制。项目目标的动态控制是项目管理最基本的方法论。

(一) 动态控制原理

项目目标动态控制的工作程序如下(见图8.3)。

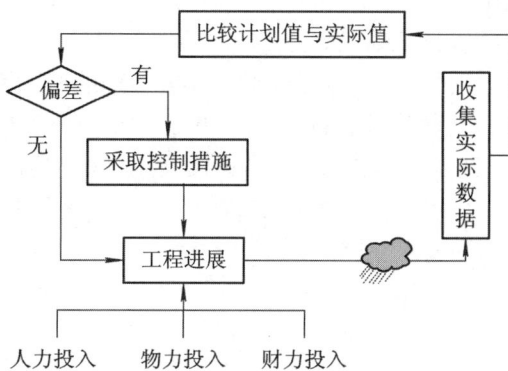

图 8.3　动态控制原理图

1. 项目目标动态控制的准备工作

将对项目的目标(如投资/成本、进度和质量目标)进行分解，以确定用于目标控制的计划值(如计划投资/成本、计划进度和质量标准等)。

2. 在项目实施过程中对项目目标进行动态跟踪和控制

(1) 收集项目目标的实际值，如实际投资/成本、实际施工进度和施工的质量状况等；

(2) 定期(如每两周或每月)进行项目目标的计划值和实际值的比较；

(3) 将项目目标的计划值和实际值进行比较，如有偏差，则采取纠偏措施进行纠偏。

如有必要(即原定的项目目标不合理，或原定的项目目标无法实现)，进行项目目标的调整，目标调整后控制过程再回到上述的第一步。由于在项目目标动态控制时要进行大量的数据处理，当项目的规模比较大时，数据处理的量就相当可观。采用计算机辅助的手段可高效、及时、准确地生成许多项目目标动态控制所需要的报表，如计划成本与实际成本的比较报表、计划进度与实际进度的比较报表等，将有助于项目目标动态控制的数据处理。

(二) 项目目标动态控制的纠偏措施

项目目标动态控制的纠偏措施(见图8.4)主要包括：

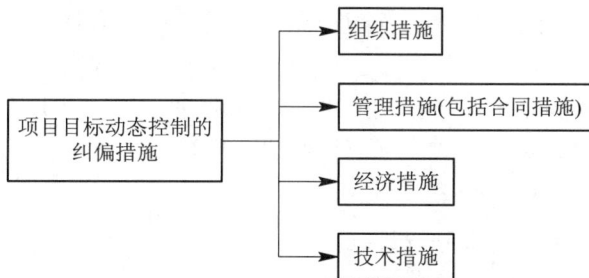

图 8.4　动态控制的纠偏措施

(1) **组织措施**。分析由于组织的原因而影响项目目标实现的问题，并采取相应的措施，如调整项目组织结构、任务分工、管理职能分工、工作流程组织和项目管理班子人员等。

(2) **管理措施(包括合同措施)**。分析由于管理的原因而影响项目目标实现的问题，并采取相应的措施，如调整进度管理的方法和手段，改变施工管理和强化合同管理等。

(3) **经济措施**。分析由于经济的原因而影响项目目标实现的问题，并采取相应的措施，如落实加快工程施工进度所需的资金等。

(4) **技术措施**。分析由于技术(包括设计和施工的技术)的原因而影响项目目标实现的问题，并采取相应的措施，如调整设计、改进施工方法和改变施工机具等。

当项目目标失控时，人们往往首先思考的是采取什么技术措施，而忽略可能或应当采取的组织措施和管理措施。组织论的一个重要结论是：组织是目标能否实现的决定性因素，应充分重视组织措施对项目目标控制的作用。

(三) 项目目标的事前控制

项目目标动态控制的核心是：在项目实施的过程中定期地进行项目目标的计划值和实际值的比较，当发现项目目标偏离时采取纠偏措施。为避免项目目标偏离的发生，还应重视事前的主动控制，即事前分析可能导致项目目标偏离的各种影响因素，并针对这些影响因素采取有效的预防措施(见图 8.5)。

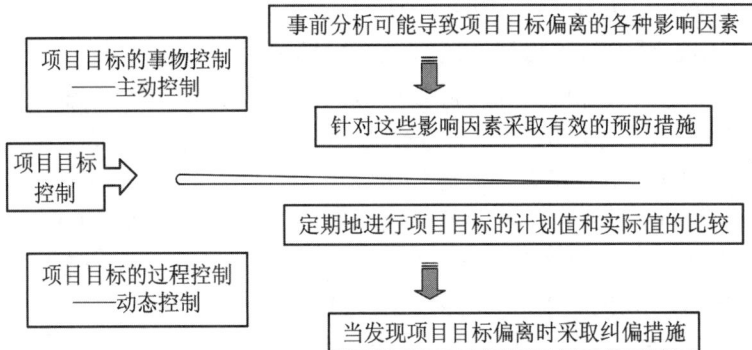

图 8.5 项目的目标控制

二、动态控制方法在施工管理中的应用

我国在施工管理中引进项目管理的理论和方法已多年，但是，运用动态控制原理控制项目的目标尚未得到普及，许多施工企业还不重视在施工过程中依据和运用定量的施工成本控制、施工进度控制和施工质量控制的报告系统指导施工管理工作，项目目标控制还处于相当粗放的状况。应认识到，运用动态控制原理进行项目目标控制将有利于项目目标的实现，并有利于促进施工管理科学化的进程。

(一) 运用动态控制原理控制施工进度

运用动态控制原理控制施工进度的步骤如下：

1．对施工进度目标逐层分解

施工进度目标的逐层分解是从施工开始前和在施工过程中，逐步地由宏观到微观，由粗到细编制深度不同的进度计划的过程。对于大型建设工程项目，应通过编制施工总进度规划、施工总进度计划、项目各子系统和各子项目施工进度计划等，进行项目施工进度目标的逐层分解。

2．在施工过程中对施工进度目标进行动态跟踪和控制

(1) 按照进度控制的要求，收集施工进度实际值。

(2) 定期对施工进度的计划值和实际值进行比较。进度的控制周期应视项目的规模和特点而定，一般的项目控制周期为一个月，对于重要的项目，控制周期可定为一旬或一周等。比较施工进度的计划值和实际值时应注意，其对应的工程内容应一致，如以里程碑事件的进度目标值或再细化的进度目标值作为进度的计划值，则进度的实际值是相对于里程碑事件或再细化的分项工作的实际进度。进度的计划值和实际值的比较应是定量的数据比较，比较的成果是进度跟踪和控制报告，如编制进度控制的旬、月、季、半年和年度报告等。

(3) 将施工进度计划值和实际值进行比较，如发现进度的偏差，则必须采取相应的纠偏措施进行纠偏。

3．调整施工进度目标

如有必要(即发现原定的施工进度目标不合理，或原定的施工进度目标无法实现等)，则应调整施工进度目标。

(二) 运用动态控制原理控制施工成本

运用动态控制原理控制施工成本的步骤如下：

1．施工成本目标的逐层分解

施工成本目标的分解指的是通过编制施工成本规划，分析和论证施工成本目标实现的可能性，并对施工成本目标进行分解。

2．在施工过程中对施工成本目标进行动态跟踪和控制

(1) 按照成本控制的要求，收集施工成本的实际值。

(2) 定期对施工成本的计划值和实际值进行比较。

成本的控制周期应视项目的规模和特点而定，一般的项目控制周期为一个月。

施工成本的计划值和实际值的比较包括(见图 8.6)：

① 工程合同价与投标价中的相应成本项的比较；

② 工程合同价与施工成本规划中的相应成本项的比较；

③ 施工成本规划与实际施工成本中的相应成本项的比较；

④ 工程合同价与实际施工成本中的相应成本项的比较；

⑤ 工程合同价与工程款支付中的相应成本项的比较等。

由上可知，施工成本的计划值和实际值也是相对的，如相对于工程合同价而言，施工成本规划的成本值是实际值；而相对于实际施工成本，则施工成本规划的成本值是计划值等。成本的计划值和实际值的比较应是定量的数据比较，比较的成果是成本跟踪和控制报

告，如编制成本控制的月、季、半年和年度报告等。

(3) 将施工成本计划值和实际值进行比较，如发现进度的偏差，则必须采取相应的纠偏措施进行纠偏。

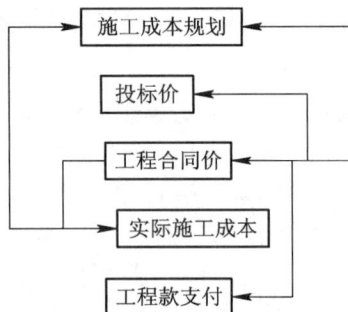

图 8.6　施工成本计划值和实际值的比较

3．调整施工成本目标

如有必要(即发现原定的施工成本目标不合理，或原定的施工成本目标无法实现等)，则调整施工成本目标。

(三) 运用动态控制原理控制施工质量

运用动态控制原理控制施工质量的工作步骤与进度控制和成本控制的工作步骤相类似。质量目标不仅是各分部分项工程的施工质量目标，它还包括材料、半成品、成品和有关设备等的质量目标。在施工活动开展前，首先应对质量目标进行分解，也即对上述组成工程质量的各元素的质量目标作出明确的定义，它就是质量的计划值。在施工过程中，则应收集上述组成工程质量的各元素质量的实际值，并定期地对施工质量的计划值和实际值进行跟踪和控制，编制质量控制的月、季、半年和年度报告。将施工质量计划值和实际值进行比较，如发现质量偏差，则必须采取相应的纠偏措施进行纠偏。

任务三　熟悉施工文件归档管理工作

一、施工文件归档管理的主要内容

建设工程文件是反映建设工程质量和工作质量状况的重要依据，是评定工程质量等级的重要依据，也是单位工程在日后维修、扩建、改造、更新的重要档案材料。

在《建设工程文件归档整理规范》(GB/T 50328—2014)中明确指出建设工程文件指的是："在工程建设过程中形成的各种形式的信息记录，包括工程准备阶段文件、监理文件、施工文件、竣工图和竣工验收文件，也可简称为工程文件。"其中：

(1) 工程准备阶段文件即工程开工以前，在立项、审批、征地、勘察、设计、招投标等工程准备阶段形成的文件；

(2) 监理文件即监理单位在工程设计、施工等监理过程中形成的文件；

(3) 施工文件即施工单位在工程施工过程中形成的文件；

(4) 竣工图即工程竣工验收后，真实反映建设工程项目施工结果的图样；

(5) 竣工验收文件即建设工程项目竣工验收活动中形成的文件。

在《建设工程文件归档整理规范》(GB/T 50328—2019)中明确指出建设工程档案是"在工程建设活动中直接形成的具有归档保存价值的文字、图表、声像等各种形式的历史记录，也可简称工程档案。"

施工文档资料是城建档案的重要组成部分，是建设工程进行竣工验收的必要条件，是全面反映建设工程质量状况的重要文档资料。

(一) 施工单位在建设工程档案管理中的职责

1. 建设项目的参与各方对建设工程档案管理的通用职责

(1) 工程各参建单位填写的工程档案应以工程合同、设计文件、工程质量验收标准、施工及验收规范等为依据。

(2) 工程档案应随工程进度及时收集、整理，并应按专业归类，认真书写，字迹清楚，项目齐全、准确、真实，无未了事项。应采用统一表格，特殊要求需增加的表格应统一归类。

(3) 工程档案进行分级管理，各单位技术负责人负责本单位工程档案的全过程组织工作，工程档案的收集、整理和审核工作由各单位档案管理员负责。

(4) 对工程档案进行涂改、伪造、随意抽撤或损毁、丢失等，应按有关规定予以处罚。

其中，建设单位对于建设工程档案管理的职责包括：

(1) 应加强对建设工程文件的管理工作，并设专人负责建设工程文件的收集、整理和归档工作。

(2) 在与勘察单位、设计单位、监理单位、施工单位签订勘察、设计、监理、施工合同时，应对监理文件、施工文件和工程档案的编制责任、编制套数和移交期限做出明确规定。

(3) 必须向参与建设的勘察设计、施工、监理等单位提供与建设项目有关的原始资料，原始资料必须真实、准确、齐全。

(4) 负责在工程建设过程中对工程档案进行检查并签署意见。

(5) 负责组织工程档案的编制工作，可委托总承包单位或监理单位组织该项工作；负责组织竣工图的绘制工作，可委托总承包单位、监理单位或设计单位具体执行。

(6) 编制建设工程文件的套数不得少于地方城建档案部门要求，并应有完整建设工程文件归入地方城建档案部门及移交产权单位，保存期应与工程合理使用年限相同。

(7) 应严格按照国家和地方有关城建档案管理的规定，及时收集、整理建设项目各环节的资料，建立、健全工程档案，并在建设项目竣工验收后，按规定及时向地方城建档案部门移交工程档案。

2. 施工单位对建设工程档案管理的职责

(1) 实行技术负责人负责制，逐级建立、健全施工文件管理岗位责任制，配备专职档案管理员，负责施工资料的管理工作。工程项目的施工文件应设专门的部门(专人)负责收集和整理。

(2) 建设工程实行施工总承包的，由施工总承包单位负责收集、汇总各分包单位形成的工程档案，各分包单位应将本单位形成的工程文件整理、立卷后及时移交总承包单位。建设工程项目由几个单位承包的，各承包单位负责收集、整理、立卷其承包项目的工程文件，并应及时向建设单位移交，各承包单位应保证归档文件的完整、准确、系统，能够全面反映工程建设活动的全过程。

(3) 可以按照施工合同的约定，接受建设单位的委托进行工程档案的组织和编制工作。

(4) 按要求在竣工前将施工文件整理汇总完毕，再移交建设单位进行工程竣工验收。

(5) 负责编制的施工文件的套数不得少于地方城建档案管理部门的要求，且应将完整的施工文件移交建设单位并自行保存，保存期可根据工程性质以及地方城建档案管理部门有关要求确定。如建设单位对施工文件的编制套数有特殊要求的，可另行约定。

(二) 施工文件档案管理的主要内容

施工文件档案管理的内容主要包括工程施工技术管理资料、工程质量控制资料、工程施工质量验收资料、竣工图四大部分。

1. 工程施工技术管理资料

工程施工技术管理资料是建设工程施工全过程中的真实记录，是施工各阶段客观产生的施工技术文件。其主要内容如下：

(1) **图纸会审记录文件**。图纸会审记录是对已正式签署的设计文件进行交底、审查和会审，对提出的问题予以记录的文件。项目经理部收到工程图纸后，应组织有关人员进行审查，将设计疑问及图纸存在的问题，按专业整理、汇总后报建设单位，由建设单位提交设计单位，进行图纸会审和设计交底准备。图纸会审由建设单位组织设计、监理、施工单位负责人及有关人员参加。设计单位对设计疑问及图纸存在的问题进行交底，施工单位负责将设计交底内容按专业汇总、整理，形成图纸会审记录。由建设、设计、监理、施工单位的项目相关负责人签认并加盖各参加单位的公章，形成正式图纸会审记录。图纸会审记录属于正式设计文件，不得擅自在会审记录上涂改或变更其内容。

(2) **工程开工报告相关资料(开工报审表、开工报告)**。开工报告是建设单位与施工单位共同履行基本建设程序的证明文件，是施工单位承建单位工程施工工期的证明文件。

(3) **技术、安全交底记录文件**。此文件是施工单位负责人把设计要求的施工措施、安全生产贯彻到基层乃至每个工人的一项技术管理方法。交底的主要项目为图纸交底、施工组织设计交底、设计变更和洽商交底、分项工程技术交底、安全交底。技术、安全交底只有当签字齐全后方可生效，并发至施工班组。

(4) **施工组织设计(项目管理规划)文件**。承包单位在开工前为工程所做的施工组织、施工工艺、施工计划等方面的设计，用来指导拟建工程全过程中各项活动的技术、经济和组织的综合性文件。参与编制的人员应在"会签表"上签字，交项目监理签署意见并在会签表上签字，经报审同意后执行并进行下发交底。

(5) **施工日志记录文件**。施工日志是项目经理部的有关人员对工程项目施工过程中的有关技术管理和质量管理活动以及效果进行的逐日连续完整的记录。施工日志要求对工程从开工到竣工的整个施工阶段进行全面记录，要求内容完整，并能完整、全面地反映工程相关情况。

(6) **设计变更文件**。设计变更是在施工过程中，由于设计图纸本身差错，设计图纸与实际情况不符，施工条件变化，建设各方提出合理化建议，原材料的规格、品种、质量不符合设计要求等原因，需要对设计图纸部分内容进行修改而办理的变更设计文件。设计变更是施工图的补充和修改的记载，要及时办理，内容要求明确具体，必要时附图，不得任意涂改和事后补办。按签发的日期先后顺序编号，要求责任明确，签章齐全。

(7) **工程洽商记录文件**。工程洽商是施工过程中一种协调业主与施工单位、施工单位和设计单位洽商行为的记录。工程洽商分为技术洽商和经济洽商两种，通常情况下由施工单位提出。工程洽商需注意以下几点：

① 在组织施工过程中，如发现设计图纸存在问题，或因施工条件发生变化，不能满足设计要求，或某种材料需要代换时，应向设计单位提出书面的工程洽商申请。

② 工程洽商记录应分专业及时办理，内容翔实，必要时应附图，并逐条注明所修改图纸的图号。工程洽商记录应由设计专业负责人以及建设、监理和施工单位的相关负责人签认后生效，不允许先施工后办理洽商。

③ 设计单位如委托建设(监理)单位办理签认，应办理书面委托签认手续。

④ 分包工程的工程洽商记录，应通过总包审查后办理。

(8) **工程测量记录文件**。工程测量记录是在施工过程中形成的确保建设工程定位、尺寸、标高、位置和沉降量等满足设计要求和规范规定的资料统称。其主要包括：

① 工程定位测量记录文件。在工程开工前，施工单位根据建设单位提供的测绘部门的放线成果、红线桩、标准水准点、场地控制网(或建筑物控制网)、设计总平面图，对工程进行准确的测量定位。检查意见及复验意见应分别由施工单位、监理单位相关负责人填写，并签认盖章。工程定位测量完成后，应由建设单位报请规划管理部门下属具有相应资质的测绘部门进行验线。

② 施工测量放线报验表。施工单位应在完成施工测量方案、红线桩校核成果、水准点引测成果及施工过程的各种测量记录后，填写《施工测量放线报验表》报请监理单位审核。

③ 基槽及各层测量放线记录文件。建设工程根据施工图纸给定的位置、轴线、标高进行测量与复测，以保证工程的位置、轴线、标高正确。检查意见及复验意见应分别由施工单位、监理单位相关负责人填写，并签认盖章。

④ 沉降观测记录文件。沉降观测是检查建筑物地基变形是否满足国家规范要求，对建筑物沉降观测点进行沉降测量的工作，以保证工程的正常使用。一般建设工程项目，由施工单位进行施工过程及竣工后保修期内的沉降观测工作。观测单位按设计要求和规范规定，或监理单位批准的观测方案，设置沉降观测点，绘制沉降观测点布置图，定期进行沉降观测记录，并应附沉降观测点的沉降量与时间-荷载关系曲线图和沉降观测技术报告。观测单位的测量员、质检员、技术负责人均应签字，监理工程师应审核签字，测量单位应加盖公章。

(9) **施工记录文件**。施工记录是在施工过程中形成的，确保工程质量和安全的各种检查、记录的统称。其主要包括工程定位测量检查记录、预检记录、施工检查记录、冬期混凝土搅拌称量及养护测温记录、交接检查记录、工程竣工测量记录等。

(10) **工程质量事故记录文件**。其包括工程质量事故报告和工程质量事故处理记录。

① 工程质量事故报告。发生质量事故应有报告，对质量事故进行分析，按规定程序报告。

② 工程质量事故处理记录。做好事故处理鉴定记录，建立质量事故档案，其主要包括

质量事故报告、处理方案、实施记录和验收记录。

(11) **工程竣工文件**。其包括竣工报告、竣工验收证明书和工程质量保修书。

竣工报告是指工程项目具备竣工条件后，施工单位向建设单位报告，提请建设单位组织竣工验收的文件。提交竣工报告的条件是施工单位对合同规定的承包项目内容全部完工，自行组织有关人员进行检查验收且全部符合设计要求和质量标准。由施工单位生产部门填写竣工报告，经施工单位工程管理部门组织有关人员复查，确认具备竣工条件后，法人代表签字，法人单位盖章，报请监理、建设单位审批。

竣工验收证明书是指工程项目按设计和施工合同规定的内容全部完工，达到验收规范及合同要求，满足生产、使用并通过竣工验收的证明文件。建设单位接到竣工报告后，由建设单位项目负责人组织设计单位，监理单位，勘察单位，施工总、分包单位及有关部门，以国家颁发的施工质量验收规范为依据，按设计和施工合同的内容对工程进行全面检查和验收，通过后办理《竣工验收证明书》。由施工单位填写，报建设、监理、设计等单位负责人签认。

建设工程实行质量保修制度，工程承包单位在向建设单位提交工程竣工验收报告时，应当向建设单位出具质量保修书。质量保修书应当明确建设工程的保修范围、保修期限和保修责任等。

2. 工程质量控制资料

工程质量控制资料是建设工程施工全过程中全面反映工程质量控制和保证的依据性证明资料。工程质量控制资料应包括原材料、构配件、器具及设备等的质量证明、合格证明、进场材料试验报告，施工试验记录，隐蔽工程检查记录等。

(1) **工程项目原材料、构配件、成品、半成品和设备的出厂合格证及进场检(试)验报告**。合格证、试验报告的整理按工程进度顺序进行，品种规格应满足设计要求，否则为合格证、试验报告不全。材料检查报告是为保证工程质量，对用于工程的材料进行有关指标测试，由试验单位出具试验证明文件，报告责任人签章必须齐全，有见证取样试验要求的必须进行见证取样试验。

(2) **施工试验记录和见证检测报告**。施工试验记录是根据设计要求和规范规定进行试验，记录原始数据和计算结果，并得出试验结论的资料统称。按照设计要求和规范规定应做施工试验，无专项施工试验表格的，可填写《施工试验记录(通用)》；采用新技术、新工艺及特殊工艺时，对施工试验方法和试验数据进行记录，应填写《施工试验记录(通用)》。见证检测报告是指在建设单位或工程监理单位人员的见证下，由施工单位的现场试验人员对工程中涉及结构安全的试块、试件和材料在现场取样，并送至经过省级以上建设行政主管部门对其资质认可和质量技术监督部门对其计量认证的质量检测单位进行检测，并由检测单位出具的检测报告。

(3) **隐蔽工程验收记录文件**。隐蔽工程验收记录是指为下道工序所隐蔽的工程项目，关系到结构性能和使用功能的重要部位或项目的隐蔽检查记录。隐蔽工程检查是保证工程质量与安全的重要过程控制检查，应分专业、分系统(机电工程)、分区段、分部位、分工序、分层进行。隐蔽工程未经检查或验收未通过，不允许进行下一道工序的施工。隐蔽工程验收记录为通用施工记录，适用于各专业。

隐蔽工程验收记录资料要求如下：

① 验收时，施工单位必须附有关分项工程质量验收及测试资料，包括原材料试(化)验

单、质量验收记录、出厂合格证等，以备查验。

②　需要进行处理的，处理后必须进行复验，并且办理复验手续，填写复验记录，并做出复验结论。

③　工程具备隐检条件后，由施工员填写隐蔽工程验收记录，由质检员提前一天报请监理单位，验收时由专业技术负责人组织施工员、质量检查员共同参加，验收后由监理单位专业监理工程师签署验收意见及验收结论，并签字盖章。

(4) **交接检查记录**。不同工程或施工单位之间工程交接，当前专业工程施工质量对后续专业工程施工质量产生直接影响时，应进行交接检查，填写《交接检查记录》。移交单位、接收单位和见证单位共同对移交工程进行验收，并对质量情况、遗留问题、工序要求、注意事项、成品保护等进行记录。《交接检查记录》中"见证单位"的规定是：当在总包管理范围内的分包单位之间移交时，见证单位为"总包单位"；当在总包单位和其他专业分包单位之间移交时，见证单位应为"建设(监理)单位"。

3．工程施工质量验收资料

工程施工质量验收资料是建设工程施工全过程中按照国家现行工程质量检验标准，对施工项目进行单位工程、分部工程、分项工程及检验批的划分，再由检验批、分项工程、分部工程、单位工程逐级对工程质量做出综合评定的工程质量验收资料。但是，由于各行业、各部门的专业特点不同，各类工程的检验评定均有相应的技术标准，工程质量验收资料的建立均应按相关的技术标准办理。工程质量验收资料具体内容如下所述。

(1) **施工现场质量管理检查记录**。为督促工程项目做好施工前的准备工作，建设工程应按一个标段或一个单位(子单位)工程检查填报施工现场质量管理记录。专业分包工程也应在正式施工前由专业施工单位填报施工现场质量管理检查记录。施工单位项目经理部应建立质量责任制度、现场管理制度及检验制度，健全质量管理体系，配备施工技术标准，审查资质证书、施工图、地质勘察资料和施工技术文件等。按规定，在开工前由施工单位现场负责人填写"施工现场质量管理检查记录"，报项目总监理工程师(或建设单位项目负责人)检查，并做出检查结论。

(2) **单位(子单位)工程质量竣工验收记录**。在单位工程完成后，施工单位经自行组织人员进行检查验收，质量等级达到合格标准，并经项目监理机构复查认定质量等级合格后，向建设单位提交竣工验收报告及相关资料，由建设单位组织单位工程验收的记录。单位(子单位)工程质量控制资料核查记录、单位(子单位)工程安全和功能检验资料核查及主要功能抽查记录、单位(子单位)工程观感质量检查记录等相关内容应齐全并均符合规范规定的要求。

(3) **分部(子分部)工程质量验收记录文件**。分部(子分部)工程完成并经施工单位自检合格后，应填报"＿＿＿＿分部(子分部)工程质量验收记录表"，由总监理工程师(建设单位项目负责人)组织有关设计单位及施工单位项目负责人(项目经理)和技术、质量负责人等到场共同验收并签认。分部工程按部位和专业性质确定。

(4) **分项工程质量验收记录文件**。分项工程完成(即分项工程所包含的检验批均已完工)且施工单位自检合格后，应填报"＿＿＿＿分项工程质量验收记录表"，由监理工程师(建设单位项目专业技术负责人)组织项目专业技术负责人进行验收并签认。分项工程按主要工种、材料、施工工艺、设备类别等划分。

(5) **检验批质量验收记录文件**。检验批施工完成且施工单位自检合格后，应由项目专业质量检查员填报"＿＿＿＿检验批质量验收记录表"，按照建设部施工质量验收系列标准表格执行。检验批质量验收应由监理工程师(建设单位项目专业技术负责人)组织项目专业质量检查员等进行验收并签认。检验批的划分原则是：分项工程的检验批划分应便于质量控制和验收；划分的大小不能过分悬殊；能取得较完整的技术数据及检查记录；符合统一标准和配套施工质量验收规范规定。通常可根据施工及质量控制和专业验收需要按楼层、施工段、变形缝、系统或设备等进行划分。同时项目应在施工技术资料(如施工组织设计、施工方案、方案技术交底)中预先明确工程各分项工程检验批的划分原则，使检验批质量验收更加合理化、规范化、科学化。

4. 竣工图

竣工图是指工程竣工验收后，真实反映建设工程项目施工结果的图样。它是真实、准确、完整反映和记录各种地下和地上建筑物、构筑物等详细情况的技术文件，是工程竣工验收、投产或交付使用后进行维修、扩建、改建的依据，是生产(使用)单位必须长期妥善保存和进行备案的重要工程档案资料。竣工图的编制整理、审核盖章、交接验收按国家对竣工图的要求办理。承包人应根据施工合同约定，提交合格的竣工图。竣工图编制要求如下：

(1) 各项新建、扩建、改建、技术改造、技术引进项目，在项目竣工时要编制竣工图。项目竣工图应由施工单位负责编制。如行业主管部门规定设计单位编制或施工单位委托设计单位编制竣工图的，应明确规定施工单位和监理单位的审核和签认责任。

(2) 竣工图应完整、准确、清晰、规范，修改到位，真实反映项目竣工验收时的实际情况。

(3) 如果按施工图施工没有变动的，由竣工图编制单位在施工图上加盖并签署竣工图章。

(4) 一般性图纸变更及符合杠改或划改要求的变更，可在原图上更改，加盖并签署竣工图章。

(5) 涉及结构形式、工艺、平面布置、项目等重大改变及图面变更面积超过 35%的，应重新绘制竣工图。重绘图按原图编号，末尾加注"竣"字，或在新图图标内注明"竣工阶段"并签署竣工图章。

(6) 同一建筑物、构筑物重复的标准图、通用图可不编入竣工图中，但应在图纸目录中列出图号，指明该图所在位置并在编制说明中注明；不同建筑物、构筑物应分别编制。

(7) 竣工图图幅应按《技术制图复制图的折叠方法》(GB/T 10609.3—2009)要求统一折叠。

(8) 编制竣工图总说明及各专业的编制说明，叙述竣工图编制原则、各专业目录及编制情况。

二、施工文件的立卷

立卷是指按照一定的原则和方法，将有保存价值的文件分门别类整理成案卷，亦称组卷。案卷是指由互相有联系的若干文件组成的档案保管单位。

(一) 立卷的基本原则

施工文件档案的立卷应遵循工程文件的自然形成规律，保持卷内工程前期文件、施工技术文件和竣工图之间的有机联系，便于档案的保管和利用。同时需注意以下事项：

(1) 一个建设工程由多个单位工程组成时，工程文件按单位工程立卷。

(2) 施工文件资料应根据工程资料的分类和"专业工程分类编码参考表"进行立卷。

(3) 卷内资料排列顺序要依据卷内的资料构成而定，一般顺序为封面、目录、文件部分、备考表、封底。组成的案卷力求美观、整齐。

(4) 卷内资料若有多种资料时，同类资料按日期顺序排列，不同资料之间的排列顺序应按资料的编号顺序排列。

(二) 立卷的具体要求

(1) 施工文件可按单位工程、分部工程、专业、阶段等组卷，竣工验收文件按单位工程、专业组卷。

(2) 竣工图可按单位工程、专业等进行组卷，每一专业根据图纸多少组成一卷或多卷。

(3) 立卷过程中宜遵循下列要求：

① 案卷不宜过厚，一般不超过 40 mm；

② 案卷内不应有重份文件，不同载体的文件一般应分别组卷。

(三) 卷内文件的排列

文字材料按事项、专业顺序排列。同一事项的请示与批复、同一文件的印本与定稿、主件与附件不能分开，并按批复在前、请示在后，印本在前、定稿在后，主件在前、附件在后的顺序排列。图纸按专业排列，同专业图纸按图号顺序排列。既有文字材料又有图纸的案卷，文字材料排前，图纸排后。

三、施工文件的归档

归档指文件形成单位完成其工作任务后，将形成的文件整理立卷后，按规定移交相关管理机构。

1．施工文件的归档范围

对与工程建设有关的重要活动、记载工程建设主要过程和现状、具有保存价值的各种载体文件，均应收集齐全，整理立卷后归档。具体归档范围详见《建设工程文件归档规范》(GB/T 50328—2014)的要求。

2．归档文件的质量要求

(1) 归档的文件应为原件。

(2) 工程文件的内容及其深度必须符合国家有关工程勘察、设计、施工、监理等方面的技术规范、标准和规程。

(3) 工程文件的内容必须真实、准确，与工程实际相符合。

(4) 工程文件应采用耐久性强的书写材料，如碳素墨水、蓝黑墨水，不得使用易褪色的书写材料，如红色墨水、纯蓝墨水、圆珠笔、复写纸、铅笔等。

(5) 工程文件应字迹清楚，图样清晰，图表整洁，签字盖章手续完备。

(6) 工程文件文字材料幅面尺寸规格宜为 A4 幅面(297 mm × 210 mm)。图纸宜采用国家标准图幅。

(7) 工程文件的纸张应采用能够长期保存的韧力大、耐久性强的纸张。图纸一般采用蓝晒图，竣工图应是新蓝图。计算机出图必须清晰，不得使用计算机出图的复印件。

(8) 所有竣工图均应加盖竣工图章。

① 竣工图章的基本内容应包括"竣工图"字样、施工单位、编制人、审核人、技术负责人、编制日期、监理单位、现场监理、总监理工程师。

② 竣工图章尺寸为 50 mm×80 mm。具体详见《建设工程文件归档规范》GB/T 50328—2014 的竣工图章示例。

③ 竣工图章应使用不易褪色的红印泥，应盖在图标栏上方空白处。

(9) 利用施工图改绘竣工图，必须标明变更修改依据；凡施工图结构、工艺、平面布置等有重大改变，或变更部分超过图面 1/3 的，应当重新绘制竣工图。

四、施工文件归档的时间和相关要求

(1) 根据建设程序和工程特点，归档可以分阶段分期进行，也可以在单位或分部工程通过竣工验收后进行。

(2) 施工单位应当在工程竣工验收前，将形成的有关工程档案向建设单位归档。

(3) 施工单位在收齐工程文件整理立卷后，建设单位、监理单位应根据城建档案管理机构的要求对档案文件的完整性、准确性、系统情况和案卷质量进行审查。审查合格后向建设单位移交。

(4) 工程档案一般不少于两套，一套由建设单位保管，一套(原件)移交当地城建档案馆(室)。

(5) 施工单位向建设单位移交档案时，应编制移交清单，双方签字、盖章后方可交接。

读一读　　　掉进陷阱越陷越深，将计就计脱离困境

案情简介：

发包方：M 投资公司

承包方：H 建筑公司

2005 年 3 月，H 建筑公司参加了 M 投资公司投资的某市 C 建设项目基础工程招标，经过精心准备，终于获得了该项目的中标通知书，并为施工做了大量的准备。M 投资公司不按照有关规定办事的要求接二连三，其后的许多事情导致了许多争议。

焦点细节：

细节一：中标之后，M 投资公司提出要求，希望由 H 建筑公司先垫付应由招标人支付的招标交易费。H 建筑公司爽快答应，作出积极合作的姿态，主动为签订中标项目施工合同努力。

细节二：按照国家有关规定，中标通知书发出之日起 30 天内签订中标工程施工合同。H 建筑公司主动准备，而 M 投资公司却多次推诿，最后提出先签订一份不送去备案的自制补充合同，然后再签订按照《中华人民共和国招标投标法》规定送到监管部门的正式合同。

由于 H 建筑公司已经为该合同的签订支付了多项费用，也为施工前期做了很多工作，尽管补充合同中 M 投资公司对一些计价的原则作了对 H 建筑公司明显不利的改动，H 建筑公司无奈之下，只得忍痛签字同意。

细节三：H 建筑公司虽然签订了一个对自己不利的施工合同，但仍恪守合同，经过精心的组织管理，按照工期约定如期完成了施工任务。2005年底，C项目基础工程顺利竣工。虽然工程干得无可挑剔，但出乎意料的是，当按照补充合同与M投资公司结算工程款时，对方竟要求在以补充合同为准的一份内部审计报告上签字确认，并以该报告为结算依据，并反复强调说："不签字就无法付钱！"

H建筑公司陷入了两难境地。一方面，外来务工人员等着拿到工资回家过年；被拖欠工程材料款的供货商前来催讨应付货款。另一方面，从该工程签订合同开始的一次次无奈忍让，并没有忍到M投资公司"合理"的对待，现在对方又莫名其妙地要求在审计报告上签字，将意味着自己辛劳了一年的成果将不复存在。更使承包人感到不安的是，在拿到工程款之前，不知对方又会生出什么问题。因此，H公司一直没有在这份文件上签字。

正当承包人万般无奈时，《建筑时报》刊登了一篇类似事件的署名文章。经过多方联络，公司老板找到了在当地颇有知名度的孙律师。

孙律师向H建筑公司介绍了中华人民共和国最高人民法院关于审理建设工程施工合同纠纷案件适用法律问题的解释的相关条文。"第二十一条，当事人就同一建设工程另行订立的建设工程施工合同与经过备案的中标合同实质性内容不一致的，应当以备案的中标合同作为结算工程价款的根据。"

孙律师分析：从法律诉讼角度来看，如果在M投资公司提供的审计报告上签字，肯定会给以后的诉讼带来不利；如果不签字，等着工钱回家过春节的务工人员天天挤在办公室，还扬言要闹到社会上去。经验丰富的孙律师建议：从社会安定、缓解社会矛盾的角度来看，为了避免恶性事件发生，可以先在那个不平等审计报告上签字。但是，同时应向建委等有关职能部门作书面汇报，让主管部门了解被迫签订此不平等审计报告的情况，为日后的诉讼作好铺垫。

H建筑公司采纳了孙律师的意见，"顺从"地在M投资公司提供的审计报告上签了字，拿到了部分工程款。解决了本公司的工资危机后，孙律师协同H建筑公司专程前往建委等相关职能部门，对书面汇报作了进一步解释。

做好所有前期工作后，孙律师受H建筑公司的委托，按照合同的约定，依法向仲裁委员会提起仲裁申请，并递交了经过精心准备的材料。结果没多久，自知理亏的M投资公司在收到仲裁申请书及证据材料后，随即向H建筑公司提出庭外和解，答应了H建筑公司的全部要求，并自愿承担律师费和仲裁申请费用。最终双方达成和解。就这样战幕尚未拉开，双方握手言和，孙律师凭借法律利器"不战而胜"，给本案画上了一个圆满的句号。

本案点评：

在我国建筑市场，本案具有一定的代表性。某些发包人以买方市场的主动地位，在中标之后又强行要求中标人接受其不合理的"协商合同价"并以此签订合同；发包人为了逃避政府相关部门的监督管理，也要签订一份符合《招标投标法》规定的合同，但是并不准备履行。这种发包人与承包人之间以同一建设工程签订两份不同版本的合同，也就是社会上被称为"黑白合同"或者"阴阳合同"的情况，是一种违法行为。《招标投标法》第四十六条规定："招标人和中标人应当自中标通知书发出之日起三十日内，按照招标文件和中标人的投标文件订立书面合同。招标人和中标人不得再订立背离合同实质性内容的其他协议。"

面对"黑白合同"，像本案例H建筑公司的这种结局的情况却并不是很多，而没有学会使用法律手段维护自己的正当权利的情况却并不少见。

练一练

1. 施工方信息管理手段的核心是( )。

A. 实现工程管理信息化 　　　　　　B. 编制信息管理手册

C. 建立基于互联网的信息处理平台 　　D. 实现办公自动化

2. 关于项目目标动态控制的说法，错误的是( )。

A. 动态控制首先应将目标分解，制定目标控制的计划值

B. 当目标的计划值和实际值发生偏差时应进行纠偏

C. 在项目实施过程中对项目进行动态跟踪和控制

D. 目标的计划值在任何情况下都应保持不变

3. 工程项目正式竣工验收完成后，由( )在《竣工验收签订证书》中做出验收结论。

A. 验收委员会 　　　　　　　　　　B. 建设单位

C. 施工单位 　　　　　　　　　　　D. 监理单位

4. 在下列工作中，不属于施工项目目标动态控制程序中的工作是( )。

A. 目标分解 　　　　　　　　　　　B. 目标计划值搜索

C. 目标计划值与实际值比较 　　　　D. 采取措施补救

5. 关于建设工程信息内涵的说法，正确的是( )。

A. 信息管理是指信息的收集和整理

B. 信息管理的目的是有效地反映工程项目管理的实际情况

C. 建设工程项目的信息是指工程项目部在项目运行各阶段产生的信息

D. 建设工程项目管理信息交流的问题会不同程度地影响项目目标的实现

参 考 文 献

[1] 兰凤林. 工程项目管理实务. 2 版. 大连：大连理工大学出版社，2014.

[2] 银花. 建筑工程项目管理. 北京：机械工业出版社，2012.

[3] 杨甲奇，杨陈慧. 工程招投标与合同管理实务. 北京：北京大学出版社，2013.

[4] 陈贵民. 建筑工程管理细节案例与点评. 北京：机械工业出版社，2009.

[5] 苏权科，殷石新，林旭东，陈展欣. 交通工程设施施工监理指南. 北京：人民交通出版社，2005.

[6] 全国一级建造师职业资格考试用书编写委员会. 建设工程项目管理. 北京：中国建筑工业出版社，2022.

[7] 全国一级建造师职业资格考试用书编写委员会. 建设工程法规及相关知识. 北京：中国建筑工业出版社，2022.

[8] 全国二级建造师职业资格考试用书编写委员会. 建设工程施工管理. 北京：中国建筑工业出版社，2022.

[9] 陈烈. 公路工程项目管理. 北京：人民交通出版社，2011.

[10] 宿春燕. 交通工程. 北京：人民交通出版社，2011.